体育・スポーツ書集成

第Ⅲ回　国民体力向上関係書

第一巻　厚生省の設置と業務

民和文庫研究会 編

クレス出版

『国民体力向上関係書（全八巻）』の刊行について

民和文庫研究会代表（福島大学名誉教授）　中村　民雄

子ども達の「体力低下」や「体力の二極化」が叫ばれて久しい今日、その原因と見られるものは、親や国民の多くが子ども達の体を動かすことへの無理解、子ども達を取り巻く遊びや運動環境の変化、子ども達自身の生活習慣の乱れから来ていると言われている。また、体力は人間活動の根源であり、「意欲」や「気力」の充実にも大きく関わっており、今日、学校体育が掲げる「豊かな人間性」や「生きる力」の重要な要素であるとも言われている。

そんな中、現在も続けられている「体育・運動能力調査（通称：体力テスト）」は、昭和三十九（一九六四）年の東京オリンピックから、国民の体力増進策としてはじまったものであることをご存じだろうか。ただし、平成十一（一九九九）年からは新体力テストに移行し、高齢者も参加できる「安全性」の高いテストになり、学校五日制にあわせて実施時間を短縮するという改定を行っている。

今回とり上げる「国民体力向上関係書」では、そうした体力テストの基になった戦前・戦中の「体力章検定」や国民体力法に関する政策や啓蒙書などを網羅した。

昭和十三（一九三八）年一月、それまで内務省衛生局の管轄下で行われてきた国民の体力向上や結核などの疾病の予防については、新しく設立された厚生省に移管され、さらに文部省をも巻き込んだ国家総動員策として位置づけられた。これらは、日中戦争が泥沼化するにつれ、物資の不足を人的資源で補うべく、精神力だけで困難を切り抜けようとする、精神的〝国民体力〟論へと変質していった。そうした「戦争完遂のための人的資源」という考え方を今日では首肯できないとしても、国家が積極的に国民体力の問題に関わった歴史的遺産は検証しておく必要があるだろう。

また、当時「不治の病」とされた結核に立ち向かうためにとられた方法が「体を鍛える」ことであり、予防医学への意識を喚起したことで今日へもその成果が伝えられている。例えば、昭和十五（一九四〇）年四月に公布された「国民体力法」からはじまったツベルクリン反応検査やその後のＢＣＧ接種は、結核予防に大きな成果を上げ、今日にまで引き継がれている。

子ども達の体力は、昭和六十（一九八五）年をピークに年々低下し、「体力の二極化」も著しい今日、まずは人口減少への歯止めとなるような政策を強力に進めることが大切である。同時に、子ども達の体力低下は、意欲・気力の低下に繋がり、ひいては将来的な国力の低下を招きかねないので、学校体育で総合的な体力向上策も計画・推進する必要があるように感じる。

今回とり上げた『体育・スポーツ書集成　第Ⅲ回　国民体力向上関係書（全八巻）』では、厚生省体力局を中心に立案された「国民体力向上策」に関する著作物や、今次の戦争が学徒体位に及ぼした影響についても、貴重な未公刊のガリ刷り資料を掲載した。さらに参考のために、外地（満州国）での体育・体力行政についても収録した。

体育・スポーツ書集成　第Ⅲ回　国民体力向上関係書　各巻収録目次

第一巻　厚生省の設置と業務

厚生行政要覧

●厚生省／一九三八年

歩け・泳げ

●厚生省体力局編／一九三八年／国民精神総動員中央連盟

第二巻　国民体力の向上施策（1）

体力章検定実施要綱

●厚生省／一九三九年

国民体育指導者中央修錬会講演集

●厚生省／一九四〇年

第三巻　国民体力の向上施策（2）

時局と国民体力

●全日本体操連盟編／一九三九年／全日本体操連盟

如何にして日本人の体格を改善すべきか

●入澤達吉／一九三九年／日新書院

第四巻　国民体力法

体力管理と体力検査

●古屋芳雄／一九四一年／保健衛生協会

第五巻　体力章検定

体力向上と体育運動

●栗本義彦／一九四〇年／保健衛生協会

男子体力章検定実施要綱

●厚生省／一九四三年

女子体力章検定実施要綱

●厚生省／一九四三年

第六巻　戦時下の体力向上策

健民修錬所設置要綱・健民修錬所修錬要項

●厚生省人口局／一九四三年／厚生省

健民への道
●大谷武一／一九四四年／目黒書店
大日本国民体操解説
●金子魁一／一九四〇年／厚生省
からだと体操
●三橋体育研究所編／一九四三年／富士出版社
近代戦と体力・人口
●古屋芳雄・舘　稔共著／一九四四年／創元社

第七巻　戦争が学徒体位へ与えた影響

今次戦争の学徒体位に及ぼした影響に関する調査
●文部省初等中等教育局保健課／一九四九年／文部省
わが国学徒体位変遷の概要〈学校保健資料・第1集〉
●文部省初等中等教育局／一九五一年／文部省
学徒の発育に関する調査報告〈学校保健資料・第2集〉
学徒の眼に関する調査報告〈同資料・第3集〉
学徒の歯に関する調査報告〈同資料・第4集〉
ユニセフ粉乳給食の効果に関する調査報告〈同資料・第5集〉
●文部省初等中等教育局／一九五二年／文部省

第八巻　外地での体力向上策

満洲国体育行政概要
●満洲国民生部／一九三九年
第一回武道座談会速記録
●五郎丸保編／一九三八年／満洲帝国協和会東京事務所
初等学校及中等学校児童生徒ノ体位
●在満教務部体育課／一九四〇年
中等学校生徒ノ死亡者疾病ニ依ル退学者・休学者欠席者ニ関スル調査
●在満教務部体育課／一九三九年
青年学校生徒ノ死亡並ニ疾病ニ依ル退学、休学、欠席ニ関スル調査
●在満教務部体育課／一九三九年

別冊　解　題

国民体力向上関係書（全八巻）解題
●尾川翔大　矢野裕介

厚生行政要覧

昭和十三年

厚生行政要覧

厚生省

本書は昭和十三年五月一日現在に依り
編纂したものであるが其の後の異動に
付ては便宜訂正したものもある。

厚生行政要覽

目次

保險院

傷兵保護院

附　錄

厚生行政要覽

緒言

凡そ國民の健康を增進し體力の向上を圖り以て國民の精神力及活動力を充實すると共に、各種の社會的施設を擴充して國民生活の安定を圖ることは、國力發展の基礎を爲す喫緊の要務である。即ち昭和十二年七月是等諸般の行政を綜合統一し且之を擴充刷新するが爲、專管の新省を設くるの方針及要綱が決定せられ、議會に於ても關係豫算の成立を見たのである。然るに時偶々支那事變の勃發に遭ひ其の進展に伴つて更に愼重なる考慮が重ねられたのであるが事變中及事變後に於ける各般の施設の擴充强化を期することは亦極めて緊要なるの情勢に鑑み遂に昭和十三年一月十一日新省の設置が斷行されたのである。

厚生省は大臣官房の外國民保健、社會事業、勞働、職業及軍事援護に關する事務を分掌する體力局、衞生局、豫防局、社會局及勞働局の五局竝に臨時軍事援護部、職業部及失業對策部の三部より成つてゐる。又保險院は健康保險、國民健康保險、勞働者災害扶助責任保險其の他の社會保險竝に簡易生命保險及郵便年金に關する事務を司掌し、傷兵保護院は傷痍軍人の療養、職業保護其の他の保護に關する事務を掌り、何れも厚生省の外局として厚生大臣の管理に屬して居る。

厚生行政の分野は國民の實生活に普遍的に行き亙り且直接密接なる關係を有してゐる。殊に支那事變が益々進展し銃後諸施設の萬全を期することが痛感されつゝある今日、當面緊急なる傷痍軍人の保護其の他軍事援護に關する事業の圓滑なる遂行は勿論、長期に亙る事變に對處して、國防の根基たる人的資源を育成培養し經濟事情の變化に伴ふ國民生活上の不安を除去することなどを管掌する厚生省の使命は洵に重大なるものがある。即ち設置以來國力の進展と銃後經營の萬全を期しつゝあるのである。

以下本書に於ては章を逐ふて官房及各局部院別に其の事務の概要を説明することとする。

厚生本省分課竝に事務分掌表

- 大臣官房
  - 秘書課
    - 官吏の進退、身分及賞罰に關する事項
    - 官吏の服務に關する事項
    - 恩給に關する事項
    - 敍位、敍勳及褒賞に關する事項
    - 儀式、禮典に關する事項
    - 大臣の官印及省印の管守に關する事項
    - 機密に關する事項
  - 文書課
    - 文書の接受、發送、編纂及保存に關する事項
    - 成案文書の審査及進達に關する事項
    - 官報掲載に關する事項
    - 統計の編纂及報告に關する事項
    - 圖書の分類及管理に關する事項
    - 資源の調査及統制運用計畫に關する統轄的事項
    - 各局課の主管に屬せざる事項
  - 會計課
    - 一般會計及特別會計に關する經費及諸收入の豫算決算竝に會計に關する事項
    - 本省所管會計の監督に關する事項
    - 國有財產及物品に關する事項
    - 營繕に關する事項

- 省中取締に關する事項
- 傭人の進退及監督に關する事項

- 體力局
  - 企畫課
    - 體力向上の企畫に關する事項
    - 體力調査に關する事項
    - 妊産婦、乳幼兒及兒童の衞生に關する事項
    - 他課の主管に屬せざる事項
  - 體育課
    - 體育運動の調査研究及指導に關する事項
    - 體育運動指導者の教養に關する事項
    - 體育運動團體に關する事項
    - 其の他體育運動に關する事項
  - 施設課
    - 國立公園其の他公園に關する事項
    - 體育向上施設に關する事項

- 衞生局
  - 保健課
    - 水道及下水道に關する事項
    - 飲食物及飲料水に關する事項
    - 屠畜及屠場に關する事項
    - 清掃衞生に關する事項
    - 鑛泉場、海水浴場、療養地等に關する事項
    - 衞生技術員の教養に關する事項
    - 衞生統計に關する事項
    - 他の主管に屬せざる國民保健に關する事項
  - 指導課
    - 保健所に關する事項
    - 榮養の改善に關する事項
    - 衣服、住宅の改良及住宅の供給に關する事項
    - 其の他衞生指導に關する事項
  - 醫務課
    - 醫師、齒科醫師、産婆及療屬に關する事項
    - 藥劑師、製藥者及藥種商に關する事項
    - 醫師會、齒科醫師會及藥劑師會に關する事項
    - 醫師試驗、齒科醫師試驗及藥劑師試驗に關する事項
    - 診療所及齒科診療所に關する事項
    - 藥品、賣藥及賣藥部外品に關する事項

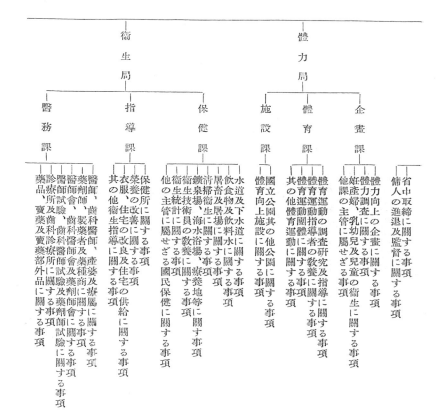

- 阿片及痲藥に關する事項
- 毒物、劇物其の他有害物に關する事項
- 藥草栽培及製藥獎勵に關する事項
- 其の他醫事及藥事に關する事項

厚生本省

豫防局

優生課
- 民族衞生に關する事項
- 精神病に關する事項
- 慢性中毒に關する事項
- 脚氣、癌其の他慢性病に關する事項
- 他課の主管に屬せざる事項

豫防課
- 結核、「トラホーム」、癩、花柳病其の他慢性傳染病に關する事項
- 寄生蟲病、原蟲病及地方病に關する事項

防疫課
- 急性傳染病に關する事項
- 海港檢疫及航空檢疫に關する事項
- 痘苗、血清其の他細菌學的豫防治療品に關する事項

社會局

保護課
- 救護及救療に關する事項
- 罹災救助に關する事項
- 社會事業の助成に關する事項
- 方面委員に關する事項
- 社會事業統計に關する事項
- 恩賜財團濟生會に關する事項
- 他課に屬せざる社會事業に關する事項

福利課
- 公益質屋に關する事項
- 公設の市場、宿泊所其の他社會福利施設に關する事項
- 地方改善に關する事項
- 協和事業に關する事項
- 低利資金融通に關する事項

兒童課
- 母子保護に關する事項
- 少年教護に關する事項
- 兒童虐待防止に關する事項
- 其の他母性及兒童の保護に關する事項

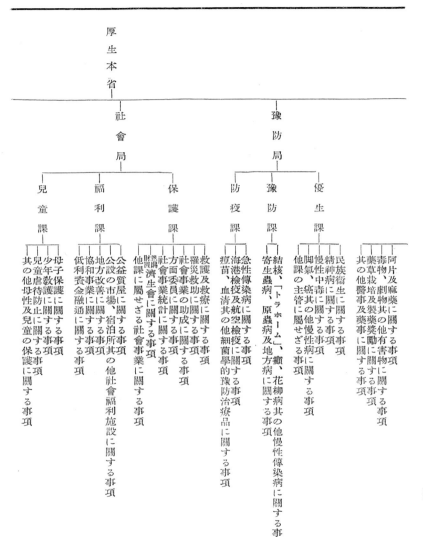

勞動局

- 勞政課
  - 一般勞働政策に關する事項
  - 勞働爭議に關する事項
  - 勞働運動其の他勞働事情の調査に關する事項
  - 他課の主管に屬せざる勞働に關する事項
- 勞務課
  - 國際勞働に關する事項
  - 勞働者災害扶助法の施行に關する事項
  - 勞働者の福利に關する事項
- 監督課
  - 工場法の施行に關する事項
  - 工業勞働者最低年齡法の施行に關する事項
  - 鑛夫に關する事項
  - 鑛業及砂鑛業に於ける勞働衛生に關する事項
  - 退職積立金及退職手當法の施行に關する事項
  - 商店法の施行に關する事項
  - 其の他勞働者保護に關する事項

職業部

- 職業課
  - 入營者職業保障法の施行に關する事項
  - 職業適性の研究に關する事項
  - 國民登錄制に關する事項
  - 失業の救濟に關する事項
  - 他課の主管に屬せざる事項
- 監理課
  - 職業紹介所の監理に關する事項
  - 職業紹介所職員の養成に關する事項
  - 職業紹介委員會に關する事項
- 紹介課
  - 職業紹介所の業務及職業紹介の連絡統制に關する事項
  - 私營職業紹介事業に關する事項
  - 勞務供給事業及勞務者の募集に關する事項

- 總務課
  - 失業狀況の査察に關する事項
  - 失業對策の企畫に關する事項
  - 失業對策委員會に關する事項
  - 他課の主管に屬せざる事項

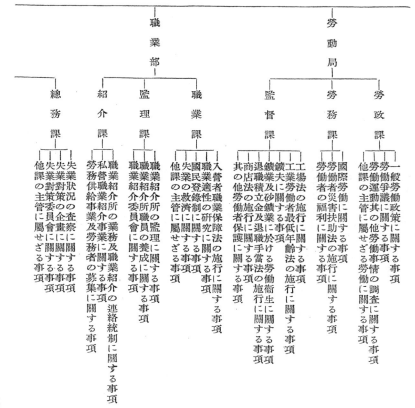

保險院分課竝に事務分掌表

- 失業對策部
  - 轉職課
    - 豫備登錄に關する事項
    - 轉職指導に關する事項
    - 解雇及雇入の調整に關する事項
  - 事業課
    - 職業補導施設に關する事項
    - 授產及內職の施設に關する事項
    - 其の他救濟施設に關する事項
- 臨時軍事援護部
  - 軍事扶助課
    - 軍事扶助法の施行に關する事項
    - 他課の主管に屬せざる軍事援護に關する事項
  - 遺族援護課
    - 遺族の援護に關する事項
- 總務局
  - 庶務課
    - 機密に關する事項
    - 人事に關する事項
    - 官印の管守に關する事項
    - 文書の授受發送竝に編纂保存に關する事項
    - 經費及諸收入の豫算決算竝に會計に關する事項
    - 營繕に關する事項
    - 他の局課に屬せざる事項
  - 企畫課
    - 保險制度の企畫に關する事項
    - 生命保險會社の監督に關する事項
  - 數理課
    - 保險料率の基礎計算其の他保險數理に關する事項
    - 統計的觀察に關する事項
    - 民營生命保險の保險料率の調査に關する事項
  - 施設課
    - 被保險者保健施設の企畫及統括に關する事項
    - 生命保險會社の被保險者保健施設に關する事項

- 保険院
  - 社會保險局
    - 庶務課
      - 健康保險組合に關する事項
      - 健康保險審査會に關する事項
      - 他課の主管に屬せざる事項
    - 監理課
      - 政府の管掌する健康保險に關する事項
      - 健康保險特別會計に關する事項
      - 勞働者災害扶助責任保險に關する事項
      - 勞働者災害扶助責任保險特別會計に關する事項
    - 醫務課
      - 醫療に關する事項
      - 健康保險の保健施設の實施に關する事項
    - 國民健康保險課－國民健康保險に關する事項
    - 健康保險相談所－被保險者の健康保持に關する施設を分掌す
  - 監理課
    - 事業の監督に關する事項
    - 事業の運營及改良計畫に關する事項
    - 被保險者保健施設に關する事項
  - 經理課
    - 簡易生命保險特別會計に關する事項
    - 郵便年金特別會計に關する事項
    - 通信事業特別會計に對する繰入金に關する事項
  - 積立金運用課
    - 積立金運用計畫に關する事項
    - 積立金の貸付竝に有價證券の購入、引受及之か離權に關する事項
    - 積立金運用に關聯する金融經濟及金利利廻竝に社會政策的施設の調査に關する事項
  - 積立金監査課
    - 積立金の貸付契約に關する事項
    - 積立金貸付後の監査竝に債權確保に關する事項
    - 積立金の管理に關する事項
    - 有價證券の保管に關する事項
  - 年金課
    - 年金事業の改良計畫に關する事項
    - 年金契約の締結に關する事項
    - 年金及返還金の支拂に關する事項
    - 年金契約者及年金受取人に對する貸付金に關する事項
    - 掛金及年金雜收入受入に關する事項

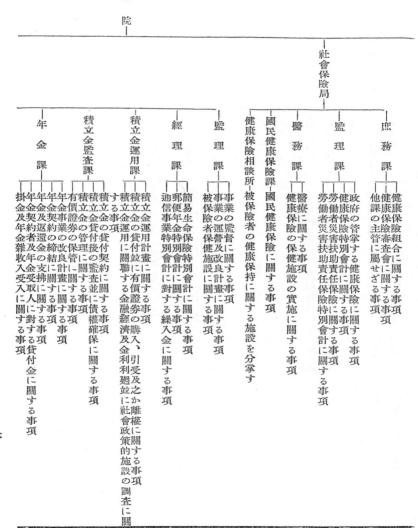

簡易保險局

- 地方課
  - 積立金貸付の調査に關する事項
  - 簡易保險健康相談所其の他保健施設の運營に關する事項
- 業務課
  - 現業事務（簡易保險支局現業事務を除く）に從事する職員に關する事項
  - 現業事務の監査に關する事項
  - 國有財産の管守保存に關する事項
  - 保險事業に屬する受拂金の總計算に關する事項
  - 現業事務に關する文書及各種證據書類の收受發送及保存に關する事項
- 統計課
  - 責任準備金の計算に關する事項
  - 事業の統計に關する事項
- 契約課（福岡、仙臺支局管內を除く）
  - 保險契約の締結に關する事項
  - 保險契約の復活に關する事項
- 第一支拂課（東京都市及東京地方遞信局管內）
  - 保險金及還付金の支拂に關する事項
  - 異動變更に關する事項
- 第二支拂課（名古屋、廣島遞信局及南洋廳管內）
  - 保險金及還付金の支拂に關する事項
  - 異動變更に關する事項
- 第三支拂課（大阪遞信局管內）
  - 保險金及還付金の支拂に關する事項
  - 異動變更に關する事項
- 貸付課（福岡、仙臺支局管內を除く）
  - 保險契約者に對する貸付に關する事項
- 辨濟課（福岡、仙臺支局管內を除く）
  - 保險契約者に對する貸付金の辨濟に關する事項
- 第一徵收課（東京都市遞信局管內）
  - 保險料及延滯料の受入監査に關する事項
- 第二徵收課（東京地方遞信局管內）
  - 保險料及延滯料の受入監査に關する事項
- 第三徵收課（名古屋遞信局管內）
  - 保險料及延滯料の受入監査に關する事項
- 第四徵收課（大阪遞信局管內）
  - 保險料及延滯料の受入監査に關する事項
- 第五徵收課（廣島遞信局及南洋廳管內竝に朝鮮、外國在住者）
  - 保險料及延滯料の受入監査に關する事項

- 福岡簡易保險支局
  - 庶務課
    - 職員に關する事項
    - 現業事務の監査に關する事項
    - 文書及各種證據書類の收受發送及保存に關する事項
    - 會計に關する事項
  - 地方課（熊本遞信局管內）
    - 積立金貸付の調査に關する事項
    - 簡易保險健康相談所其の他保健施設の運營に關する事項
  - 契約課（熊本遞信局管內、關東廳及臺灣）
    - 保險契約の締結に關する事項
    - 保險契約の復活に關する事項
    - 保險金及還付金の支拂に關する事項
    - 保險契約の異動變更に關する事項
    - 保險契約者に對する貸付に關する事項
    - 保險契約者に對する貸付金の辨濟に關する事項
  - 徵收課（熊本遞信局管內、關東廳及臺灣）
    - 保險料及延滯料の受入監査に關する事項
    - 各種受拂金の計算總括に關する事項
- 仙臺簡易保險支局
  - 庶務課
    - 職員に關する事項
    - 現業事務の監査に關する事項
    - 文書及各種證據書類の收受發送及保存に關する事項
    - 會計に關する事項
  - 地方課（仙臺遞信局管內）
    - 積立金貸付の調査に關する事項
    - 簡易保險健康相談所其の他保健施設の運營に關する事項
  - 契約課（仙臺、札幌遞信局管內及樺太）
    - 保險契約の締結に關する事項
    - 保險契約の復活に關する事項
    - 保險金及還付金の支拂に關する事項
    - 保險契約の異動變更に關する事項

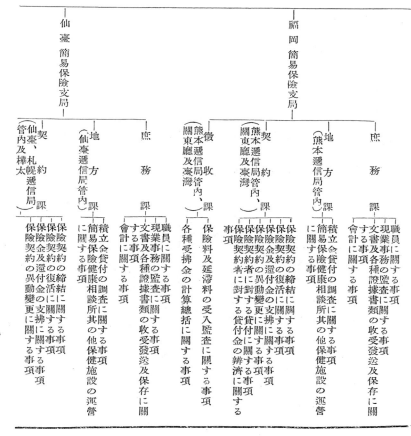

- 保險契約者に對する貸付に關する事項
- 保險契約者に對する貸付金の辨濟に關する事項

- 徴收課（仙臺、札幌遞信局管內及樺太）
  - 保險料及延滯料の受入監査に關する事項
  - 各種受拂金の計算總括に關する事項

- 名古屋簡易保險支局（名古屋遞信局管內）
  - 運用課—積立金貸付の調査に關する事項
  - 福祉課—簡易保險健康相談所其の他保健施設の運營に關する事項
- 大阪簡易保險支局（大阪遞信局管內）
  - 運用課—積立金貸付の調査に關する事項
  - 福祉課—簡易保險健康相談所其の他保健施設の運營に關する事項
- 廣島簡易保險支局（廣島遞信局管內）
  - 運用課—積立金貸付の調査に關する事項
  - 福祉課—簡易保險健康相談所其の他保健施設の運營に關する事項
- 札幌簡易保險支局（札幌遞信局管內）
  - 運用課—積立金貸付の調査に關する事項
  - 福祉課—簡易保險健康相談所其の他保健施設の運營に關する事項

傷兵保護院分課竝に事務分掌表

- 總裁官房—總務課
  - 人事に關する事項
  - 總裁及副總裁の官印竝に院印の管守に關する事項
  - 文書の接受及發送に關する事項

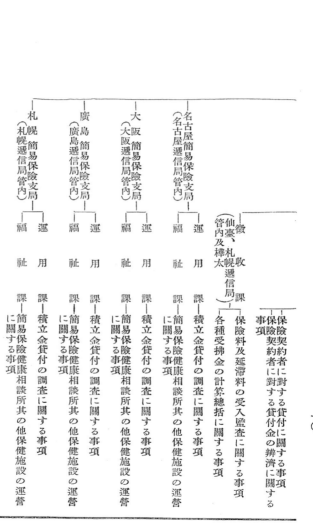

傷兵保護院

- 文書の編纂及保管に關する事項
- 經費及諸收入の豫算決算並に會計に關する事項
- 統計に關する事項
- 他の局課の主管に屬せざる事項

計畫局
- 計畫課
  - 傷痍軍人保護事業の企畫調査に關する事項
  - 傷兵院法の施行に關する事項
  - 傷痍軍人保護施設の監察に關する事項
  - 傷痍軍人保護團體の助成監督に關する事項
  - 身上相談に關する事項
  - 他の局課の主管に屬せざる保護事業に關する事項
- 指導課
  - 傷痍軍人の指導敎化に關する事項
  - 傷痍軍人の優遇表彰に關する事項
  - 一般國民の敎化に關する事項
  - 育英助成に關する事項
- 工營課
  - 營繕に關する事項

業務局
- 業務課
  - 雇傭制度に關する事項
  - 職業指導に關する事項
  - 作業設備及作業方法の改善に關する事項
  - 介護要具に關する事項
  - 他課の主管に屬せざる事項
- 補導課
  - 職業再敎育に關する事項
  - 職業再訓練に關する事項
  - 義肢及作業補助具に關する事項
- 醫療課
  - 醫療に關する事項

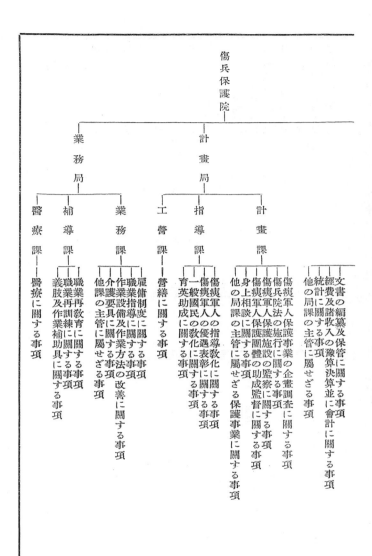

厚生省（含外局）職員調（現在員）（昭和十三年十月廿日現在）

所屬	高等官 勅任	高等官 奏任	高等官 計	判任官	囑託	雇	傭人	合計
官房 秘書課	三 ○一	二	五 ○一	八	△三 二	四	—	二三
官房 文書課	—	三	三	六	四	二五	—	三八
官房 會計課	—	三	三	一八	二	五三	一三四	二一〇
體力局	二	一四	一六	一九	一八	三〇	—	八三
衞生局	一	一五	一六	一八	五	四二	—	八一
豫防局	一	一八	一九	一三	一〇	二〇	—	六二
社會局	一	八	九	一八	八	二六	—	六一
勞働局	一	一九	二〇	一八	四	二四	—	六六
職業部	一	一四	一五	一七	一三	三三	—	七八
失業對策部	—	六	六	二三	—	二五	—	五三
臨時軍事援護部	—	六	六	八	一	一四	—	二九
保險院總務局	二	一一	一三	五二	三	四六	三六	一五〇
同 社會保險局	一	二七	二八	四二	一九	一〇一	—	一九〇
同 簡易保險局	二	三九	四一	二、一七五	△一 二三八	二、八一一	四四二	五、七〇八
福岡簡易保險支局	—	一一	一一	三九九	一七六	六四七	一九	一、三五二
仙臺簡易保險支局	—	八	八	四〇五	一二八	六〇一	一一	一、二五三
名古屋簡易保險支局	—	八	八	五七	一七一	五一	四二	三三九
大阪簡易保險支局	—	七	七	六四	一六二	四九	四四	三二六
廣島簡易保險支局	—	六	六	五五	一五〇	四一	三六	二八八

札幌簡易保險支局	傷兵保護院 總裁官房總務課	同 計畫局	同 業務局	合計	衞生試驗所	榮養研究所	公衆衞生院	國立癩療養所	國立結核療養所	國立少年教護院	國際勞働機關 帝國事務所	傷兵院	職業紹介所	合計	總計
—	●一 一	一	一	○一 ●一 一八	一	—	一	—	—	—	一	—	—	三	○一 ●一 二一
四	二	一三	一〇	二五三	一六	六	六	一七	七	三	一	二	×二一三	五八 ×二一三	三一一 ×二一三
四	●一 三	一三	一二	○一 ●一 二七一	一七	六	七	一七	七	三	二	二	×二一三	六一 ×二一三	○一 ●一 三三二 ×二一三
三三	一三	三〇	一八	三、五〇六	四〇	九	五	二六	一〇	六	一	二	×二、四五八	九九 ×二、四五八	三、六〇五 ×二、四五八
九五	三	一三 △二四	九 △七	一、二四三 △三五	—	—	—	一五	一三	一	二	—	—	三〇	一、二七三 △三五
二八	二七	三五	二六	四、七五九	三七	六	五	三七	一〇	五	—	一	二、一一三	二、二二三	六、九八二
二二	二七	—	—	一、〇一二	二六四	一二	二五	一七六	一三六	七	二	三九	—	六六一	一、六七三
一八〇	七三	一三四	七一	一〇、八二八	三五八	三三	四二	二七一	一七五	三	七	四四	四、七九一	五、七四三	一六、五七一

備考（一）表中○は親任官 ●は名譽官 ×は待遇官 △は無給を示す（二）兼任は本表に包含せず

第一章　大臣官房主管事務

大臣官房は各省官制通則第十條第一項に依り設置せられ、其の主管事務としては同條第二項に㈠機密に屬する事項㈡官吏の進退身分に關する事項㈢大臣の官印及省印の管守に關する事項㈣公文書類及成案文書の接受發送に關する事項㈤統計報告の調製に關する事項㈥公文書類の編纂保存に關する事項㈦本省所管の經費及諸收入の豫算、決算竝に會計に關する事項㈧會計の監査に關する事項㈨本省所管の官有財產及物品に關する事項が列擧せられてゐるが厚生省に於ては大臣官房に秘書課、文書課及會計課の三課を設けて之等の事務を分擔してゐる。

第一　秘書課主管事務

秘書課に於ては㈠官吏の身分、進退及賞罰に關する事項㈡官吏の服務に關する事項㈢恩給に關する事項㈣敍位、敍勳及褒賞に關する事項㈤儀式、禮典に關する事項㈥大臣の官印及省印の管守に關する事項㈦機密に關する事項等を主管してゐる。

一　官吏の身分、進退及賞罰に關する事項

本省職員竝に保險院、傷兵保護院其の他關係官衙及地方廳待遇職員にして高等官待遇以上の者及本省判任官、其の他各種委員會、調査會、審査會の委員等の命免等を取扱ふ。

二　官吏の服務に關する事項

取扱ふべき者の範圍は前項と同じである。

三　恩給に關する事項

厚生省所管高等官及國費支辨高等官待遇の者及本省判任官に付取扱ふ。

四　敍位、敍勳及褒賞に關する事項

厚生省所管判任官待遇以上の職員に付取扱ふ。

五　儀式、禮典に關する事項

主として四大節其の他祝祭日に關する事項及觀櫻會、觀菊會等に關する事項である。

以上の外秘書課に於ては大臣の官印、省印の管守及機密に關する事項等を主管してゐる。

第二　文書課主管事務

文書課の主管事務は(一)文書の接受、發送、編纂及保存に關する事項(二)成案文書の審査及進達に關する事項(三)官報掲載に關する事項(四)統計の編纂及報告に關する事項(五)圖書の分類及管理に關する事項(六)資源の調査及統制運用計畫に關する統轄的事項(七)各局課の主管に屬せざる事項であつて庶務、往復、記錄、統計、資源、調査の六係と圖書室に分れて之等の事務を分擔してゐる。

一　文書の接受、發送、編纂及保存に關する事項

文書の接受及發送に付ては厚生省文書取扱規程に依つて往復係が之に當つてゐる。即ち本省に到達する文書は一部のものを除くの外は總て文書課に於て接受し（執務時間外に到達する文書は文書課宿直員が接受）大臣、次官又は本省の名を以て施行するもの若は其れ以外のものであつても「厚生省文書處分事項」に依つて甲、乙に屬する文書は一部のものを除くの外總て文書課に於て施行發送するのである。又編纂及保存に付ては厚生省文書保存規程に依つて記錄係が之に當り永久保存、二十年保存、十年保存、五年保存及一年保存の五類に區分して編纂保存し文書庫を設置して文書課長が之を管理してゐる。

官報に登載することを要する文書は其の種類又は內容の如何に拘らず尠くとも本省から報告すべきものである限り總て官報報告主任たる文書課長の責任に於て文書課から內閣印刷局へ報告する。從つて官報登載に關する用務に付ての同局との交涉等は一切文書課が其の衝に當つてゐる。

二　成案文書の審査及進達に關する事項

大臣又は次官の閱覽又は決裁を要する文書又は大臣、次官又は本省の名を以て施行する文書は主務局に於て成案後總て文書課に於て審査せられる。尙法令其の他重要事項を審議する爲高等官中から命ぜられた委員に依つて組織せらるる審査委員會が大臣官房に設置せられてゐる。以上文書の審査及進達に關する事項及審査委員會に關する事項は庶務係に於て擔當してゐる。

三　統計の編纂及報告に關する事項

厚生行政全般の實蹟を鳥瞰し將來の計畫及施設の資料に供する爲厚生報告例其の他の法令に基く道府縣其の他の報告に依り省內局課に於て作成したる統計を基礎資料として統計係に於て年報「統計報告」を編纂してゐる。

四　資源の調査及統制運用計畫に關する統轄的事項

資源の統制運用準備の事務は其の內容が頗る廣汎であつて、複雜多岐に亙り其の事項は企畫院及各省に關係するものが多いので厚生省擔任事項の調査及計畫に付ては之等との連絡協調を圖ると共に省内に於ける局課との連絡に當り事務の促進を圖つてゐる。之が事務は資源係に於て擔當してゐる。

尙内外の資料文獻を蒐集し農村問題、物價問題其の他内外の重要事項にして各局部の主管に屬せざる事項の調査に當る爲調査係が置かれ又厚生省に於て購入する圖書は各局課に備付保管することなく圖書室を設けて圖書館式に之を整理し廳員一般に對し閲覽貸出の便を計つてゐる。

五　各局課の主管に屬せざる事項

省内全體又は數局課に關渉する事項に關しての省内及省外との連絡、議會資料の蒐集竝に各局課の主管に屬せざる一般的事務其の他内務厚生時報及厚生行政要覽の編纂等の事務を掌つてゐる。尙特に厚生行政、生活刷新及物價對策に關する諸事項を審議する爲大臣官房に夫々厚生行政委員會、生活刷新委員會及物價對策委員會が設置せられ省内各課長中より委員を指名されてゐる。

第三　會計課主管事務

會計課に於ては　(一)一般會計及特別會計に關する經費及諸收入の豫算決算竝に會計に關する事項　(二)本省所管會計の監督に關する事項　(三)國有財產及物品に關する事項　(四)營繕に關する事項　(五)省中取締に關する事項　(六)傭人の進退及監督に關する事項を掌り庶務、豫算、決算、出納、調度、國有財產及營繕の七掛に於て左の通其の事務を分擔してゐる。

庶務掛　一般庶務及他の掛に屬せざる事務

豫算掛 厚生省所管經費の豫算の編成及執行に關する事務

決算掛 厚生省所管經費の決算、會計の監督に關する事務

出納掛 厚生本省經費の出納に關する事務の外恩賜財團濟生會救療費に關する事務並に歳入歳出外現金出納に關する事務

調度掛 厚生省內に於ける物品の購入、出納、保管等に關する事務の外省內諸般の廳中取締、傭人の進退監督等に關する事務

國有財産掛 厚生省所管の國有財産に關する事務

營繕掛 厚生省所管の國有の廳舍及官舍等の營繕の外國立結核療養所新營に關する事務

昭和十三年度厚生省所管豫算（第七十三回帝國議會に於て協賛公布せられたる豫算）

第一 一般會計

科目	金額	摘要
經常部	圓	
厚生本省	一、〇〇七、五七三	各省官制通則及厚生省官制に依る厚生本省關係職員の俸給、事務費、中央衞生會、日本藥局方調査會、阿片委員會、勞働爭議調停委員會、汽罐規格調査委員會及職業紹介委員會の經費、體育研究及奬勵金、國際分擔金等
保險院	二三三、九一八	保險院官制に依る職員（簡易生命保險及郵便年金に關する事務に從事する職員を除く）の俸給、事務費（簡易保險局關係事務費を除く）社會保險調査會及健康保險審査會經費
國際勞働機關帝國事務所	一二七、六二四	國際勞働機關に關する事務處理の爲瑞西國「ジュネーヴ」に設置せる國際勞働機關帝國事務所の經費

國立少年教護院	四五、六四八	國立少年教護院官制に依る武藏野學院（埼玉縣）の職員の俸給及事務費の外院生費等に要する經費
傷兵院	九九、七八五	傷兵院官制に依る職員の俸給及事務費の外傷兵收容に要する經費
衞生試驗所	一七六、七〇七	衞生試驗所官制に依る東京大阪兩衞生試驗所の職員の俸給及事務費の外藥品其の他衞生上關係ある物品の依賴試驗用諸費
榮養研究所	一〇〇、六九三	榮養研究所官制に依る職員の俸給、事務費及附屬療院等に要する經費
公衆衞生院	一三〇、〇〇〇	公衆衞生に從事すべき技術員の養成機關にして公衆衞生院官制に依る職員の俸給、事務費等
國立結核療養所	四三四、四四九	國立結核療養所官制に依る村松晴嵐莊（茨城縣）の職員の俸給、事務費の外患者收容に要する經費
國立癩療養所	八三三、四八五	國立癩療養所官制に依る長島愛生園（岡山縣）、栗生樂泉園（群馬縣）、星塚敬愛園（鹿兒島縣）及東北新生園（宮城縣）の職員の俸給及事務費の外患者收容に要する諸經費
醫師及藥劑師試驗費	二八、五九九	醫師、齒科醫師及藥劑師の試驗に要する經費等
北海道土人保護救濟費	三七、八五八	北海道舊土人の保護救濟に要する經費
軍事扶助費	五四、一九四、〇二五	軍事扶助法に依る扶助に要する經費にして内今次事變關係の分 五〇、〇〇〇、〇〇〇圓
補助費	三、七二九、三一四	
傳染病豫防費補助	二、九四二、九九〇	傳染病豫防法、癩豫防法、結核豫防法、トラホーム豫防法及花柳病豫防法に依る補助に要する經費
少年教護費補助	一五〇、三七五	少年教護法に依る補助に要する經費
精神病院費補助	二九四、四五二	精神病院法に依る補助に要する經費
職業紹介所費補助	三五四、一〇〇	市町村立職業紹介所費補助に要する經費
地方費補給	五一、七〇〇	道府縣に於ける方面事業指導職員費に對する補給に要する經費

科目	金額	摘要
救護費補助	四、九一六、九四六	救護法に依る補助に要する經費
寄生蟲病豫防費補助	二四、三八五	寄生蟲病豫防法に依る補助に要する經費
兒童虐待防止費補助	二〇、〇〇〇	兒童虐待防止法に依る補助に要する經費
保健所費補助	七一五、〇〇〇	保健所法に依る補助に要する經費
國民健康保險組合補助	一六六、六六六	國民健康保險法に依る補助に要する經費
母子保護費補助	二、五九二、七〇〇	母子保護法に依る補助に要する經費
社會事業費補助	五〇〇、〇〇〇	社會事業法に依る補助に要する經費
健康保險國庫負擔金	四、二六〇、六八四	健康保險特別會計に對する繰入金及健康保險組合に對する交付金
諸支出金	八八、〇九〇	死亡賜金、官吏療治料、死傷手當、死亡手當、行旅病人及死亡人諸費、賠償金、訴訟費、行政處分强制費、簡易生命保險手數料拂込金、郵便年金手數料拂込金、小笠原島及伊豆七島傳染病豫防費
職業紹介所	一、六八四、六八七	職業紹介法に依る職業紹介所の職員の俸給及事業費（臨時部、職業紹介事業諸費の款參照）
經常部計	七六、一九二、一三八	
臨時部		
補助費	三、一六二、五〇〇	
勞務需給調整施設費補助	五六四、〇〇〇	勞務需給の調整を圖る爲の道府縣に就業指導職員設置に對する補助に要する經費
水道費補助	一、七六七、〇〇〇	函館市外百四十市町村等に對する上水道費補助及札幌市外三十二市町村等に對する下水道費補助に要する經費
不良住宅地區改良費補助	一五〇、〇〇〇	不良住宅地區改良法に依る補助に要する經費

公益質屋設備費補助	五〇、〇〇〇	公益質屋法に依る補助に要する經費
醫療機關設置費補助	二二七、五〇〇	無醫村に對する醫療機關設置費補助
恩賜財團濟生會事業費補助	三〇〇、〇〇〇	救療事業の普及を圖る爲、恩賜財團濟生會に對する補助に要する經費
癩豫防協會補助	三〇、〇〇〇	癩豫防協會に對する補助に要する經費
人口問題研究會補助	一四、〇〇〇	人口問題研究會に對する補助に要する經費
東北更新會補助	三〇、〇〇〇	東北更新會に對する補助に要する經費
日本勞働科學研究所補助	三〇、〇〇〇	日本勞働科學研究所補助に要する經費
營繕費	八五〇、六一五	昭和十二年度以降五ケ年間繼續事業として認められたる國立結核療養所新營費、職業紹介所國營實施に伴ふ職業紹介所廳舍新營修繕費其他本省廳舍及官舍等の新營修繕等の經費
傳染病豫防費	一、三七五、一七九	防疫職員官制及臨時海港檢疫所官制に依る職員の俸給、事務費、檢疫諸費及狂犬病豫防に關する補助費
衛生事業諸費	一、八四四、一五六	醫藥品製造費、阿片法に依る阿片買上賠償及購入費、藥用植物栽培試驗及奬勵費、保健衛生調査及奬勵諸費、藥品及齒科材料製造奬勵費及東北地方住民の榮養狀態指導改善の爲地方費に補給する經費
國立公園費	八四、三五七	國立公園法施行に伴ふ職員の俸給事務費等
醫療救護費	六〇〇、〇〇〇	醫藥を受くる能はざる窮民に對する醫療救護を實施するに要する經費
沖繩縣振興事業費	一四八、五三一	沖繩縣振興に要する癩療養所費及保健施設費
國民體力管理制度實施準備費	五〇、〇〇〇	人的國力の强化充實を圖る爲國民體力管理制度を實施せんとするに付ての調査準備に要する經費
醫藥制度調査費	一〇、〇〇〇	醫事制度及藥事制度に關する根本的方針を確立する爲設置せる醫藥制度調査會に要する經費
東北地方出稼者保護奬勵費	二六、三〇〇	東北地方に於ける出稼者の保護指導斡旋の諸施設に要する經費
協和事業費	五〇、〇〇〇	內地在住朝鮮人の生活改善、教育敎化等保護善導等內鮮協調偕和に要する經費

科目	金額	摘要
地方改善費	一、二四七、一三〇	地方改善に關する地區整理費、育英奬勵費、融和機關奬勵費及地方改善施設費補助竝之が事務に從事する職員の經費、其の他事務費
工場災害豫防竝工場及鑛業衞生調査奬勵費	四三、七二九	工場の災害豫防調査竝工場及鑛業の衞生調査に關する職員の經費、其の他事務費及工場及鑛山施設改善事業の奬勵金
職業適性調査諸費	一〇、〇〇〇	職業の適性調査及指導に要する經費
失業應急施設費	一、〇〇〇、〇〇〇	地方公共團體に於ける失業應急施設費、就勞統制費、更生訓練補導施設費に對する各補助竝之が事務取扱に要する經費
臨時軍事援護諸費	一、五五六、二六〇	軍人の援護竝軍需勞務の需給調整等に關する諸施設の整備の爲本省地方廳に於ける專任職員の經費竝軍事援護相談所の設置を助成する等に要する經費
軍人援護事業助成費	一七、〇〇〇、〇〇〇	軍事扶助法に該當せざる要援護者の援護竝に召集解除又は除隊となれる下士官兵を生業に就かしむる爲に要する經費
臨時外國行諸費	一一七、〇七一	瑞西國「ジュネーヴ」に於て開催の第二十四回國際勞働會議竝國際麻藥原料制限準備會議參列に要する經費
第十二回オリムピック大會助成費	七九〇、〇〇〇	第十二回オリムピック大會開催指導監督機關に要する經費竝同大會組織委員會に對する補助
在勤俸其他臨時增給	二九、五四四	國際勞働機關帝國事務所長以下の在勤俸及妻加俸に對する爲替相場の變動に依る臨時增給の經費
特殊疾病豫防諸費	二五〇、〇〇〇	特殊疾病の豫防知識の普及竝治療に要する經費
醫師及藥劑師其他技能登錄諸費	八三、六五三	醫師齒科醫師及藥劑師等の技能登錄に要する經費
職業紹介事業諸費	一、九五四、八三三	職業紹介所職員の養成、監督及求人求職の聯絡統制等の事務處理の爲の本省、地方廳及職業紹介所、職員の俸給、事務費等
傷痍軍人保護諸費	三五、三〇六、七二五	傷痍軍人の保護對策實施に當る中央機關の經費其他各種保護事業に要する經費
臨時部計	六七、五八八、五七一	
歲出合計	一四三、七八〇、七〇九	

第二　特別會計

區分	金額	摘要
健康保險特別會計	圓	健康保險特別會計法に依り政府管掌の健康保險事業經營に要するもの
歳入	三七、七三六、一〇三	
歳出	三七、七三六、一〇三	
勞働者災害扶助責任保險特別會計		勞働者災害扶助責任保險特別會計法に依り勞働者災害扶助責任保險法に依る勞働者災害扶助責任保險事業經營に要するもの
歳入	四、五一〇、四九四	
歳出	四、五一〇、四九四	
簡易生命保險特別會計		簡易生命保險特別會計法に依り簡易生命保險法に依る簡易生命保險事業經營に要するもの
歳入	三三、〇四六、九五四	
歳出	一八〇、二五一、〇八二	
郵便年金收入		郵便年金特別會計法に依り郵便年金法に依る郵便年金事業經營に要するもの
歳入	二三、五三五、二九八	
歳出	八、二四二、二六九	

科目	第二豫備金支出額	摘要
臨時部	圓	
失業對策委員會費	四三、九〇〇	支那事變に因る失業に對する方策に關し調査審議する機關として中央並地方廳に設置せられたる失業對策委員會に要する經費として昭和十三年七月十三日勅裁を經たるもの
醫藥品應急措置費	一四八、六二五	外國爲替の管理に伴ひ醫藥品原料の輸入の節減の結果之が應急措置に要する經費として昭和十三年九月十日勅裁を經たるもの
臨時失業對策諸費	三、三〇五、三二五	今次物資動員の影響に因る失業の防止及救濟の爲本省に失業對策部を設け地方廳及職業紹介所に關係職員を増置すると共に職業補導、救濟施設、協同作業組合助成の經費及地方改善上の應急施設に要する經費として昭和十三年九月二十八日勅裁を經たるもの
地方改善應急施設費	六七八、八〇〇	
學校卒業者使用規制諸費	一六、七〇四	時局に鑑み昭和十四年三月大學、專門學校、實業學校等を卒業すべき工鑛技術者使用の認可制を實施せむとする爲關係職員を本省に增置に要する經費として昭和十三年九月二十八日勅裁を經たるもの
計	四、一九二、三五四	

一般會計所屬 厚生省所管國有財産現在額表（昭和十三年三月三十一日現在）

種別＼區分	土地 數量	土地 價格	立木竹 數量	立木竹 價格	建物及工作物 數量	建物及工作物 價格	船舶 數量	船舶 價格	計
公用財産	坪 七一九、九六九	圓 一、四六三、一五三	石 三三、九七三 一六束	圓 二九、九四〇	坪 二〇、三八五 二三、一二〇	圓 三、六六三、七四〇	隻 一七	圓 一〇〇、六九九	圓 五、二五七、五三一
合計	七一九、九六九	一、四六三、一五三	三三、九七三 一六束	二九、九四〇	二〇、三八五 二三、一二〇	三、六六三、七四〇	一七	一〇〇、六九九	五、二五七、五三一

備考 一、數量は單位未滿又は價格は圓未滿以下切捨たり
二、立木竹の數量欄中右側は材積の石數左傍に併記せるものは材積を以て算定せざる立木竹の束數なり
三、建物の數量欄中右傍は建坪其左傍に併記せるものは延坪なり

特別會計所屬 厚生省所管國有財産現在額表（昭和十三年三月三十一日現在）

種別＼區分	土地 數量	土地 價格	建物及工作物 數量	建物及工作物 價格	計
公用財産	坪 二、二六三	圓 一、八三五、五七八	坪 八、〇三〇 二七、〇九六	圓 七、七二一、九六一	圓 九、五五七、五三九
合計	二、二六三	一、八三五、五七八	八、〇三〇 二七、〇九六	七、七二一、九六一	九、五五七、五三九

備考 一、數量は單位未滿又價格は圓未滿以下切捨たり
二、建物の數量欄中右傍は建坪其左傍に併記せるものは延坪なり

第二章　體力局主管事務

體力局に於ては　(一)體力向上の企畫に關する事項　(二)體力向上の施設に關する事項　(三)體力調査に關する事項　(四)體育運動に關する事項　(五)姙産婦、乳幼兒及兒童の衞生に關する事項を主管し、局に企畫課、體育課及施設課の三課を設けて其の事務を分擔してゐる。

第一　企畫課主管事務

企畫課の主管事務は　(一)體力向上の企畫に關する事項　(二)體力調査に關する事項　(三)姙産婦、乳幼兒及兒童の衞生に關する事項　(四)他課の主管に屬せざる事項であつて其の事務の概要を述ぶれば左の如くである。

一　體力向上の企畫に關する事項

國民體力の向上は人的資源を涵養する所以であつて、獨り狹義國防の見地からのみでなく、産業上、經濟上將又文化上の見地から見ても一日も忽せに出來ない緊急の問題である。

國民體力の向上の爲には衞生豫防施設の充實を圖ると共に保健に對する國民の自覺を促がし、體育運動を奬勵して各自の體力向上に注意せしめ、且社會政策、勞働政策竝に社會保險行政等の徹底を期する必要がある。此處に各國民の體力を適正な方法に依つて調査し、之に適當な指導を與へてその向上を圖り、延いて國民體力向上の根本的方策を樹てる事が喫緊の要務となるのである。

企畫課に於ては之が實行として國民體力管理制度を企畫考究中であるが、去る第七十三議會に於て通過した實施準備費五萬圓を以て、之が準備調査を東京府外一府六縣に於て施行し目下集計中である。
本制度は一定の年齡の國民に體力の檢査を執行し、之に基いて適切な指示を與へ、以て健全な發育を遂げしむると共に、國民體力の實相を確把する事を目的とするのであるが、何分諸外國に於ても未だ類例のない制度である爲に、極力愼重を期し、本制度の立法化に遺憾なからしむる樣努力してゐる次第である。

二 體力調査に關する事項

國民體力の實相を確把することが體力向上の爲にする諸企畫を最も適切ならしめるものであることは論を俟たない所である。本課に於ては前述の國民體力管理制度に依つてこの目的を達しやうと企圖してゐるのである。

三 姙産婦、乳幼兒及兒童の衞生に關する事項

姙産婦、乳幼兒及兒童の衞生は從來社會政策的見地から考慮され、體力向上の見地からは等閑視され勝ちであつた樣であるが、將來の日本民族の體力向上を思へば、その重視すべき事は言ふを俟たない。本課に於ては特に著しく高率なる本邦の乳兒死亡率に着目し之が對策を考究中である。

四 他課の主管に屬せざる事項

第二 體育課主管事務

體育課の主管事務は(一)體育運動の調査研究及指導に關する事項 (二)體育運動指導者の教養に關する事項 (三)體育運動團體に關する事項 (四)其の他體育運動に關する事項である。

而して本省の新設と同時に文部省所管事項中國民體育運動に關する事項が本省に移管されたのであるが、其の具體的事項は左の三項目である。

(一)社會體育指導者の養成(學校組織に依らざるもの)

(二)社會體育運動

(イ)男女青少年團體其の他一般國民に對する體育運動の指導奬勵助成

(ロ)全國的社會體育運動團體の指導奬勵助成(學生々徒兒童を以て組織せる團體を除く)

(ハ)地方的社會體育運動團體の指導奬勵助成(學生々徒兒童を以て組織せる團體を除く)

(ニ)其の他の社會體育運動事業の奬勵助成

(三)國民體育館

一 體育運動の調査研究及指導に關する事項

國民體育の目的は國家の人的資源としての國民の心身を鍛錬陶冶して其の體力を向上せしめ、産業、國防、文化並に民族の繁榮に寄與せしめんとするにあつて、其の體力なるものは精神力をも包含せるもので、强靱なる身體と共に旺盛なる精神力を育成せんとするものである。之が爲には心身倂行した鍛錬並に集團的國民訓練を期せねばならぬ。而して對象としては國民の中でも次代の日本を荷ふべき男女青少年に重點を置かねばならない。從つて男女青少年の體力訓練の方法を講ずること及公共的事業に對し彼等を動員して勤勞奉仕に依る團體的訓練を實施せしむることなどが喫緊の方策であると信ずると同時に、國民的體操の普及、步行の奬勵、體力章制度、國民皆泳及市町村に體育實行團體を設置する等は、體育運動を國民全體に普及せしむるに必要なことであり、更に又國家的記念日に全國的團體運動の實施或は體育大會、武道大會等の國家的開催により國民を刺戟し鼓舞することも必要なることである。

二　體育運動指導者の教養に關する事項

更に重要なのは確固たる人生觀と明確なる指導原理とを把握する立派なる體育運動指導者の養成である。此の目的を達成する爲には、體育運動の科學的研究機關と一元化されたる養成機關の設立が急務である。夫れと同時に從來行ひ來りたる如き體操指導者講習會、水泳指導者講習會の如きものを全國的或は地方的に數多く開催し、指導者の可及的普及を計らねばならない。

三　體育運動團體に關する事項

我が國に於ける社會體育運動團體にして全國的なものは種目別にして約四十を算ふる現狀であり、又道府縣には夫々道府縣體育協會あり、之等に對しては其の組織竝に管理に關し夫々指導監督及奬勵を與へ、以て健全なる社會體育の發達を企圖しなければならない。依つて特に機構を整備し事業の堅實なるものに對しては體育奬勵金を交付して居る次第である。

昭和十三年四月一日現在に於ける社會體育運動團體は左の通である。

全國的社會體育運動團體

團體名	設立年月日	所在地
明治神宮體育會	大正十五年九月十四日	麴町區霞ケ關三丁目文部省體育課内

團體名	設立年月日	所在地
財團法人大日本體育協會	明治四十四年七月	赤坂區葵町 滿鐵ビル內
日本陸上競技聯盟	大正十四年四月	麴町區丸ノ內仲六號館ノ一
全國マラソン聯盟	大正十年六月十八日	豐島區目白町一丁目學習院內
日本庭球協會	大正十年三月	京橋區銀座四ノ五安藤七寶ビル內
日本庭球聯盟	大正十三年三月	麴町區永田町一丁目一九
日本卓球會	昭和六年七月十二日	芝區田村町一ノ二榮和ビル四階
大日本蹴球協會	大正十年九月	芝區新橋三ノ一六駒場ビル五號
日本ラグビー蹴球協會	大正九年三月	麴町區丸ノ內丸ビル三四一號
大日本ホッケー協會	大正十二年十一月	芝區南佐久間町二ノ一石川方
大日本バスケットボール協會	昭和五年九月三十日	麴町區丸ノ內丸ビル內
大日本排球協會	昭和二年七月三十一日	芝區芝恩賜公園事務所內
財團法人全日本體操聯盟	昭和五年四月十一日	神田區一ツ橋國民體育館內
財團法人日本國際馬術協會	昭和四年九月九日	京橋區銀座二丁目米井ビル內
日本乘馬協會	昭和四年十二月十三日	京橋區銀座二丁目米井ビル內
日本水上競技聯盟	大正十三年十月	麴町區丸ノ內二丁目丸ビル八〇五
日本游泳聯盟	大正十四年二月	小石川區西江戶川町一千葉方
日本漕艇協會	大正九年六月一日	京橋區銀座西八丁目
日本ヨット協會	昭和七年十一月二十七日	芝區新橋一丁目二〇堤第一ビル
全日本スキー聯盟	大正十四年二月十五日	本鄉區駒込神明町三〇八
大日本スケート競技聯盟	昭和四年十月	麴町區丸ノ內三ノ一〇仲五號館三
財團法人大日本武德會	明治二十八年四月	京都市上京區岡崎町
財團法人講道館	明治十五年	小石川區小石川町一

財團法人國士館	大正八年十一月六日	世田谷區世田谷一ノ一〇〇六
大日本弓道會	明治四十二年四月三日	豐島區巣鴨六ノ一二五〇
大日本射覺院	大正十二年二月	大森區入新井四ノ二六
社團法人生弓會	大正十四年三月	豐島區西巣鴨四ノ二四七
財團法人大日本相撲協會	大正十一年十二月	本所區東兩國町二丁目二
全日本アマチュア拳闘聯盟	大正十五年七月十四日	麹町區丸ノ内丸ビル内
財團法人奬健會	大正十五年六月二十二日	麹町區大手町厚生省體力局内
日本山岳會	明治三十八年一月	芝區琴平町一不二屋ビル内
スポーツ醫事研究會	昭和三年十二月	文部省運動醫事相談所内
日本女子體育聯盟	大正十三年二月	大阪市北區大阪帝大醫學部内
體育研究協會	昭和八年五月一日	澁谷區代々木西原町
大日本體育藝術協會	昭和六年七月十六日	赤坂區葵町大日本體育協會内
日本重量擧競技聯盟	昭和十二年九月二十七日	神田區一ツ橋國民體育館内
日本自轉車聯盟	昭和十一年六月	麹町區有樂町二ノ五東京市電氣研究所内
大日本射擊協會	昭和十一年十二月	大森區山王二ノ二二一〇

道府縣を單位とする體育運動團體

團體名	設立年月日	所在地
北海道體育協會	昭和七年九月	北海道廳學務部内
青森縣體育協會	大正十三年十一月三日	青森縣廳教育課内
岩手縣體育協會	昭和六年二月十日	岩手縣廳學務部内

團體名	設立年月日	所在地
宮城縣體育協會	昭和六年四月二十三日	宮城縣廳教育課內
秋田縣體育協會	大正十二年九月十四日	秋田縣廳學務部內
山形縣體育協會	昭和六年四月二十日	山形縣廳內
福島縣體育協會	昭和五年十一月九日	福島縣廳學務部內
茨城縣體育協會	昭和六年五月十七日	茨城縣廳內
栃木縣體育協會	昭和五年四月二日	栃木縣廳學務課內
群馬縣體育協會	昭和三年十二月十二日	群馬縣廳學務課內
埼玉縣體育協會	大正十四年二月二十六日	埼玉縣廳內
千葉縣體育協會	昭和五年六月十三日	千葉縣廳社會教育課內
新潟縣體育協會	大正十五年七月二十五日	新潟縣廳社會課內
富山縣體育協會	昭和三年十一月五日	富山縣廳學務部內
石川縣體育協會	大正十四年五月十日	石川縣廳社會教育課內
福井縣體育協會	昭和五年九月二十二日	福井縣廳學務課內
山梨縣體育協會	昭和四年三月二十九日	山梨縣廳學務課內
長野縣體育協會	大正十五年九月二十日	長野縣廳社會教育課內
岐阜縣體育協會	大正十五年四月	岐阜縣廳學務部內
靜岡縣體育協會	昭和三年十月二十四日	靜岡縣廳教育課內
愛知縣體育協會	昭和六年十一月	愛知縣廳教育課內
三重縣體育協會	昭和五年十一月二十二日	三重縣廳教育課內
滋賀縣體育協會	大正十四年五月十七日	滋賀縣廳學務部內
大阪府體育運動聯盟	昭和八年四月一日	大阪府廳學務部內
兵庫縣體育協會	昭和五年六月十八日	兵庫縣廳社會教育課內

奈良縣體育聯盟	昭和六年七月八日	奈良縣廳教育課內
和歌山縣體育協會	昭和七年六月九日	和歌山縣廳學務課內
鳥取縣體育協會	昭和五年十月二十七日	鳥取縣廳學務課內
島根縣體育協會	大正十三年一月二十六日	島根縣廳內
岡山縣體育協會	大正十五年九月二十一日	岡山縣廳學務課內
廣島縣體育協會	昭和五年十二月十五日	廣島縣廳學務課內
山口縣體育協會	昭和五年十二月十日	山口縣廳學務課內
德島縣體育協會	昭和五年十月一日	德島縣廳學務課內
香川縣體育協會	昭和八年四月十日	香川縣廳學務課內
愛媛縣體育協會	大正十三年十月二十五日	愛媛縣廳教育課內
高知縣體育協會	大正十五年九月十五日	高知縣廳內
福岡縣體育協會	昭和二年五月三十日	福岡縣廳社會教育課內
佐賀縣體育協會	昭和六年四月二十二日	佐賀縣廳學務課內
長崎縣體育協會	昭和六年五月十四日	長崎縣廳學務課內
熊本縣體育協會	昭和四年四月四日	熊本縣廳學務課內
大分縣體育協會	昭和六年二月	大分縣廳內
宮崎縣體育協會	昭和五年十一月十七日	宮崎縣廳學務課內
鹿兒島縣體育協會	昭和五年十月	鹿兒島縣廳
沖繩縣體育協會	昭和五年十一月二十一日	沖繩縣廳學務課內

四　其の他體育運動に關する事項

第三　施設課主管事務

施設課に於ては㈠國立公園其の他公園に關する事項㈡體力向上施設に關する事項を分掌することに定められ

てゐる。便宜上之を國立公園に關する事項、一般公園に關する事項、體育運動施設に關する事項、奬健施設に關する事項及其の他の施設に關する事項に區分して概說することゝする。

一　國立公園に關する事項

國立公園に關する事項は換言すれば國立公園法の施行に關する事務であつて、國立公園の指定に關する事項、國立公園計畫に關する事項、國立公園事業に關する事項、國立公園管理に關する事項及國立公園委員會に關する事項を其の内容としてゐる。

(一)　國立公園の指定

國立公園の制度は夙に北米合衆國に創められ歐米各國に發達しつゝある制度である。我が國に於ても明治四十四年第二十八回帝國議會に日光を帝國公園とするの請願が提出せられて以來、漸次國立公園設置の要望が民間に熾烈となつたのであるが、一方政府に在りては大正十年以降内務省衛生局に於て其の調査に着手し、次で昭和五年に至り國立公園調査會が設置せられて本格的に國立公園制度、國立公園選定方針に關する調査が開始せられた。其の審査の結果に依り國立公園法案が昭和五年の通常議會に提出せられ、貴衆兩院の協賛を得て昭和六年十月一日より施行せられた。此の法律の施行に伴ひ内務省内に朝野の權威達識を網羅した國立公園委員會が設立せられ、内務大臣の諮問に基き國立公園候補地選定の審議が行はれた。委員會に於ては十數回の會議の外、候補地の實地調査をも行つて昭和七年十月十二箇所の國立公園候補地を選定答申した。内務省に於ては右の答申に基き各箇所毎に實地調査を行つて其の區域を決定し、昭和九年三月より昭和十一年二月迄の間に十二箇所の國立公園の指定を完了したのである。指定せられた國立公園の概要は左の如くである。

國立公園名	總面積	關係道府縣名	指定年月日
阿寒國立公園	八七、四九八陌	北海道	昭和九年十二月四日
大雪山國立公園	二三一、九二九		
十和田國立公園	四二、八六二	青森縣、秋田縣	昭和十一年二月一日
日光國立公園	五六、九二三	栃木縣、群馬縣、福島縣、新潟縣	昭和九年十二月四日
富士箱根國立公園	七一、六四一	山梨縣、靜岡縣、神奈川縣	昭和十一年二月一日
中部山岳國立公園	一六九、七六八	長野縣、富山縣、岐阜縣、新潟縣	昭和九年十二月四日
吉野熊野國立公園	五五、〇八六	奈良縣、三重縣、和歌山縣	昭和十一年二月一日
大山國立公園	一二、四〇三	鳥取縣	昭和十一年二月一日
瀬戸内海國立公園	一八三、一〇〇	香川縣、岡山縣、廣島縣	昭和九年三月十六日
阿蘇國立公園	六七、八二七	熊本縣、大分縣	昭和九年十二月四日
雲仙國立公園	一三、〇二九	長崎縣	昭和九年三月十六日
霧島國立公園	二一、五六〇	宮崎縣、鹿兒島縣	同

(二) 國立公園計畫

國立公園計畫は國立公園の保護及利用に關する統制の計畫竝に施設の計畫であつて左の事項に付之を定むることゝなつてゐる。

(イ) 特別地域
(ロ) 制限緩和地區
(ハ) 保存地區

(ニ) 集團施設地區
(ホ) 單獨施設
(ヘ) 道　路
(ト) 埠頭棧橋
(チ) 保護施設
(リ) 其の他必要なる事項

此等の計畫は所謂國立公園百年の大計を爲すべきものであるから、綿密なる調査の基礎の上に周到なる用意を以て樹立せられなければならない。從つて其の計畫に付ては一定の計畫標準を定め之に依據せしむることが必要であるので、先年內務省衞生局に於て國立公園計畫標準が決定せられた。調査及計畫の進捗狀況を概說すれば、特別地域、制限緩和地區、保存地區等の統制計畫に屬するものは略其の調査を完了し、阿寒、大雪山、日光、富士箱根、大山、阿蘇の六國立公園に付ては國立公園委員會の審議を經て特別地域及制限緩和地區の指定が爲された。尙他の六國立公園に付ても近く其の指定が爲さるゝ豫定である。其の他の統制及施設の計畫に付ても旣に數年來調査が行はれて居り、夫々近く成案を得る運びとなつてゐる。

尙道路及埠頭棧橋中緊急を要するものにつきては其の一部を決定してゐる。

(三) 國立公園事業

國立公園事業は國立公園計畫の決定ありたる後、之に基きて執行すべき國立公園の施設に關するものであるが、此の國立公園事業に付ても各國立公園每に具體案を作製したる上、國立公園委員會に附議して決定せらるるものである。而して最近に於ける國立公園利用者激增の趨勢に鑑み、國立公園施設就中道路其他の交通施設を緊急整備するの要を痛感せらるゝに至つたので、利用者最も多き日光、富士箱根、瀬戸內海、阿蘇、雲仙の五國立公園に付、其の區域內の交通幹線に當る道路及港灣施設中特に重要なるものの新設改修計畫を昭和十二年度に於て決定し、且國庫より工事費の三分の一乃至三分の二(總額十萬圓)を補助し栃木、神奈川、靜岡、山梨の四縣をして決定事業中の一部の工事を執行せしめた。今後も國立公園計畫の樹立と併行し引續き豫算の許す限り事業の執行を進むる豫定である。

國立公園事業の主體は原則として國であるが、事業の性質に依り或は公共團體をして事業を執行せしめ、又は私人に特許して之を執行せしめ得ることになつてゐる。

(四) 國立公園の管理

國立公園の保護利用の統制上必要なる國立公園の管理事務即ち特別地域內に於ける一定行爲の許可、協議又は屆出の受理、普通地域內の屆出又は通知の受理、一定行爲の禁止及制限の命令若は處分又は措置下命、要許可又は屆出行爲の義務違反に對する原狀回復下命の如きは現在當課に於て直接處理することゝなつて居り、其の處理件數は一ケ年約千三百件に達してゐる。之等の事務の一部は將來地方廳に於ける專任機關の整備に伴ひ漸次之を地方長官に委任することゝなるであらう。尙現在に於ても查察、調查等の現地の事務は實際の便宜を考慮し必要なる職員を地方廳に配置し關係地方長官をして行はしむることゝし、國立公園地元道縣中關係最も深き北海道、青森、栃木、神奈川、山梨、長野、奈良、鳥取、香川、長崎、熊本、鹿兒島の一道十一縣に專務職員各一名を配置して執行に便してゐる。

國立公園事業の執行に依り生じた施設の管理は原則として執行者をして管理せしむること丶爲つてゐる。

二　公園に關する事項

公園に關し當課に於て主管する事項は其の施設及利用に關する指導、奬勵、助成並に一般的監督に關する事項である。

公園は公衆の運動、休養、教化等の用に供する目的を以て設置する園地であつて、國又は公共團體の管理するものであるが、現在我が國に於ては國立の公園は前述の所謂國立公園のみであり、他の公園は道府縣立又は市町村立の公園であるが、體力局に於ては之を機能に依り左の通分類してゐる。

(1) 休養公園＝主として一般公衆の休養の用に供するもの
(2) 運動公園＝主として一般公衆の運動の用に供するもの
(3) 兒童公園＝主として兒童の運動の用に供するもの
(4) 自然公園＝主として一般公衆の自然の享用に供するもの
(5) 其の他の公園＝(イ)道路公園及之に類するもの　(ロ)動物園、植物園及之に類するもの　(ハ)史蹟又は自然物等の保存を主とするもの　(ニ)　其の他

我が國に於ける公園の發祥は明治六年の太政官布告に基き衆庶遊覽の場所が公園として設置せられたのに始まる。從つて我が國初期の公園は從來の舊蹟、勝區の外城趾及諸侯の私園を公開したものが其の大多數を占めて居つたのであるが、明治の中葉以後に至り漸次各地に洋式公園の新設を見るに至つた。又之と共に自然公園設置の氣運も漸く擡頭したのであるが、大正十二年の大震火災後東京市内の下町方面に大小の兒童公園、運動公園が造られたのを機とし

近代的な公園機能を發揮し得る様な公園が次第に六大都市其の他に於て造られること〻爲つた。然しながら地方の大多數の諸都市に於ては未だ少數の休養公園を有するに過ぎない狀態である。我が國に於ける公園の普及過程及現狀を示せば左の如き狀況である。

全國公園運動場創設累年增加表

創設年次	公園運動場 兒童公園	運動公園及運動競技場	休養公園其ノ他ノ公園	計	備考
明治六年—同十五年	一	五	四二	四八	
同十六年—同二十五年	三	一	一三	一七	
同二十六年—同三十五年	—	二	一九	二一	
同三十六年—同四十五年	六	一	四八	五五	
大正二年—同十年	一四	一一	四〇	六五	
同十一年—昭和五年	七四	六四	六二	二〇〇	
昭和六年以後	一〇一	二六	五三	一八〇	
創設年次不明	三〇	三五	二四	八九	
計	二二九	一四五	三〇一	六七五	

註　本表は昭和十二年三月現在推定人口二五、〇〇〇人以上の都市（町村を含む）一六六に關する公園、運動場を集計せるものとす

全國公園運動場調

人口級	都市數	人口	公園運動場 兒童公園 數	兒童公園 面積(アール)	運動公園及運動競技場 數	運動公園及運動競技場 面積(アール)	休養公園其ノ他ノ公園 數	休養公園其ノ他ノ公園 面積(アール)	準公園 數	準公園 面積(アール)	計 數	計 面積(アール)
二五、〇〇〇人〜五〇、〇〇〇人	六九 一都市平均 人口一人當(平方米)	二、四四八、四〇〇	四	七九、二四 一、一四 〇、〇〇三	二七	七、一八三、〇七 一〇四、一〇 〇、二九三	七九	一一七、八六一、四九 一、七〇八、一四 四、八一四	一七	六、九七八、五二 一〇一、一四 〇、二八五	一二七	一二三、一〇二、三二 一、九一四、五三 五、三九五
五〇、〇〇〇人〜一〇〇、〇〇〇人	六〇 一都市平均 人口一人當(平方米)	四、一八四、五〇〇	一八	九一五、五〇 一五、二六 〇、〇〇二	四八	二七、九七二、五一 四六六、二一 〇、六六八	九四	一二六、二四七、六〇 二、一〇七、一三 三、〇一七	二八	一四、九一三、四五 二四八、五六 〇、三五六	一八八	一七〇、〇四九、〇六 二、八三四、一五 四、〇六三
一〇〇、〇〇〇人〜五〇〇、〇〇〇人	三一 一都市平均 人口一人當(平方米)	五、五五二、六〇〇	三八	一、八五六、四三 五九、八八 〇、〇三三	四〇	二六、五一七、三八 八五五、四〇 〇、四七八	六七	六三、八六五、三〇 二、〇六〇、一七 一、一五〇	二九	八、〇二八、五四 二五八、九九 〇、一四五	一七四	一〇〇、二六七、六四 三、二三四、四四 一、八〇六
五〇〇、〇〇〇人以上	六 一都市平均 人口一人當(平方米)	一三、五四〇、一〇〇	一六九	九、七七九、四四 一、六二九、九一 〇、〇七二	三〇	一七、六三八、九一 二、九三九、八二 〇、一三〇	六一	八四、七〇六、九六 一四、一一七、八三 〇、六二六	五六	三〇、五一六、七三 五、〇八六、一二 〇、二二五	三一六	一四二、六四二、〇四 二三、七七三、六七 一、〇五三
計			二二九		一四五		三〇一		一三〇		八〇五	

註一　本表は昭和十二年三月現在推定人口二五、〇〇〇人以上の都市一六六（町村を含む）に關する公園、運動場を集計せ

るものとす

二　準公園とあるは社寺苑、公開私園等公園に準ずべき施設を示す

右の數字は歐米に於ける人口一人當り二〇乃至四〇平方米の標準に對し其の十分の一にも達せざる狀態であるので、是非適當なる方策を樹てて速に其の普及を圖ることが緊要である。就中都市の稠密地域に於ては日常の保健運動上此等公園殊に運動本位、兒童本位の公園の擴充が刻下の急務として要求せられてゐる。又之と共に大自然を保存して都市生活に於ける「自然」の缺乏に備へ、國民の積極的野外心身鍛錬の場所としての自然公園を設置することも國民生活の現狀に徵して重要のことである。而して此等施設に付ては莫大の費用を要するのみならず、技術其の他に付種々の困難なる事情を生ずることが豫想せらるるので、國家として十分なる助成及指導の途を講ぜなければならない。當課に於ては之等の事項に付考究を重ねてゐる。

三　體育運動施設に關する事項

體育運動施設に關し當課に於て主管する事項も公園に於けるものと略同樣の事項である。

現在我が國に於ける國立の施設としては、明治神宮外苑の運動場は別として體育館一を有するのみに過ぎないが、將來國家的競技を行ふに必要なる施設又は地方團體其の他の施設に對し模範たるべき施設としての武道殿、體育館、綜合運動場等が國營として設置せらるゝことが必要である。然れども眞に國民全般の要望を滿足せしむるに足るべき施設は、道府縣市町村を始め諸種の公益團體等に於て施設する所に俟たなければならない。而して國家としては之に對し適當なる指導助成の途を講ずることは我が國の現狀に鑑み必要なる事項である。今後當課に於て其の普及を指導助成すべき體育運動施設は大要左の如きものである。

(一) 體育館—體育運動施設を綜合せる屋內施設
(二) 武道場—劍道、柔道、弓道其の他武道の用に供する施設
(三) 運動場—體育運動の用に供する屋外又は屋內施設
(イ) 運動廣場
(ロ) 體操場
(ハ) 陸上競技場
(ニ) 野球場
(ホ) 庭球場
(ヘ) 蹴球場
(ト) 籠球場
(チ) 排球場
(リ) 相撲場
(ヌ) 馬場
(ル) 射擊場
(ヲ) 自轉車競走場
(ワ) 其の他の運動場—スキー、スケート、ホッケー、拳鬪等の用に供する施設
(四) 水泳池—水泳(競泳、游泳、飛込、徒渉等)の用に供する人工施設

（五）漕艇場―端艇、端舟、ヨット、カヌー其の他漕艇の用に供する施設

（六）綜合運動場―體育館、武道場、各種運動場、水泳池等の中數施設を綜合せるもの

我が國の體育運動施設としては古來武道場等の如く非常に發達し來つたものもあるが、概して外來スポーツの移入に依り俄に其の建設が促進せられたものである。從つて其の現狀は前掲全國公園運動場調に示すが如く極て微々たるもので、歐米諸國例へば獨逸の運動場面積の最低標準人口一人當り三平方米と云ふ樣な數字とは凡そ比較にならない狀態である。而も現在の施設は一部專門選手の使用を主眼とするもので一般大衆の利用は殆んど顧みられて居ない。固より體育運動施設は國家的又は地方的行事の爲の施設としても體育運動の普及發達に寄與する所が大なることは云ふ迄もないが、夫は何處迄も一般大衆の使用を目的とした施設と併行的に施設せられなければならない。此の點我が國の體育運動施設は內容が貧弱である外跛行的な缺點をも併せ有してゐる。從つて今後に於ける普及奬勵の重點は、平易なる大衆的全體的施設の建設に集中せられなければならないので目下其の方策に付調査を進めてゐる。

四　奬健施設に關する事項

新鮮なる空氣と日光とに浴する野外の體育運動は全國民就中都市民の保健上最も緊切なる要求である。然るに從來此の種の體育運動が一部階級の者に限られゐたかの觀があつたのは、餘暇享有の問題を始め國民經濟の問題等諸種の原因の存することではあるが、適當なる施設の缺けて居つたことも其の重要なる一因であつて今後の施設に俟つべきものが尠くない。當課に於て將來其の普及を助成指導すべき施設として考慮せられてゐるものは（イ）青年宿舍（ロ）徒步旅行施設（ハ）登山施設（ニ）野營場（ホ）海水浴場（ヘ）溫泉場（ト）スキー場（チ）スケート場（リ）ゴルフ場（ヌ）グライダー場（ル）自轉車旅行、漕艇、種藝、釣魚等の用に供する施設である。此等諸施設中青年宿舍は青少年の野外に於ける

各種の體育運動の據點として重視せらるべきものなるのみならず、之が利用に依り剛健濶達なる氣性と困苦缺乏に耐ゆる習慣を養はしめ、野外宿舍の共同生活を通じ凡ゆる階級の青少年に相互理解、融和親善の機會を與ふるの外宿舍生活を通じ規律ある團體的訓練を體得せしむる上にも極めて緊要なる施設なるを以て之が普及は最も考慮せらるべきものである。徒歩旅行、登山、野營、海水浴等の如き野外運動に付ても之に相當の施設が爲さるるならば、其の指導奬勵上裨益する所極めて大なるものがある。而して之等の施設の整備は今後の指導助成に俟たなければならないので目下調査に努めてゐる。

五　其の他の施設に關する事項

國民體力向上の爲必要なる施設としては以上の外尚種々の施設が考へられる。體育團體、職場團體、工場、商店其の他私人の設くる運動施設、遊園地其の他の營利的施設等も其の經營又は利用が適當に爲さるゝならば國民體力向上に重要なる役割を爲すものと思料せられる。

學校運動場等の既存施設の有效なる利用を期する爲必要なる諸施設例へば夜間照明其の他の施設又は之に附隨する指導機關の整備の如きも十分考慮せられなければならない事項である。

第四　體力局關係官署、審議會、委員會概要

一　體育研究所

體育研究所は體育研究所官制（大正十三年勅令第二百五十號）に基き設置せられたもので文部大臣の所管に屬し體育に關する調査研究及指導教授を掌つてゐたのであるが、厚生省の設置と共に體育に關する調査研究及學校に於ける體育以外の體育の

指導教授の事務は厚生大臣の管掌する所となり、目下之が擴充に付考究中である。

二　體育運動審議會

體育運動審議會は體育運動審議會官制（昭和七年勅令第三百七十九號）に基き設置せられたものであつて厚生省設置と共に文部省から移管せられ厚生大臣の監督の下に體育運動に關し厚生大臣より諮問せられた事項を審議し且體育運動に關する重要なる事項に付厚生大臣に建議を爲し得る權限を有してゐる。審議會は會長一人及委員四十五人以內を以て組織されるが、必要ある場合は臨時委員を置くことを得る。

三　國立公園委員會

國立公園委員會は國立公園委員會官制（昭和六年勅令第二百四十三號）に基き設置せられたものであつて厚生大臣の監督の下に國立公園の指定、國立公園計畫及國立公園事業の決定に付厚生大臣より諮問せられた事項を調査審議し且國立公園に關する重要なる事項に關し關係各大臣に建議を爲し得る職務權限を有してゐる。委員會は會長一人及委員四十人以內を以て組織されるが、特別事項の調査審議の爲必要あるときは臨時委員を置くことを得る。會長は厚生大臣である。

本委員會は設置以來既に十回の委員會を開催し國立公園の指定、國立公園計畫及國立公園事業の決定に參與し多大の貢獻を爲す所があつた。

第三章　衞生局主管事務

衞生局に於ては(一)衣食住の衞生に關する事項　(二)衞生指導に關する事項　(三)醫事及藥事に關する事項　(四)其の他國民保健に關する事項にして他の主管に屬せざるものを掌り局に保健課、指導課及醫務課を設けて其の事務を分擔してゐる。

第一　保健課主管事務

保健課の主管事務は(一)水道及下水道に關する事項　(二)飲食物及飲料水に關する事項　(三)屠畜及屠場に關する事項　(四)清掃衞生に關する事項　(五)鑛泉場、海水浴場、療養地等に關する事項　(六)衞生技術員の敎養に關する事項　(七)衞生統計に關する事項　(八)他の主管に屬せざる國民保健に關する事項であつて、其の事務の概要を述ぶれば次の如くである。

一　水道及下水道に關する事項

(一)水道　水道に關する法令としては、水道條例(明治二十三年法律第九號)水道條例第二十一條ノ二ノ規定ニ依ル職權委任ニ關スル件(大正十年勅令第三百三十一號)水道條例第三條及第十一條但書ノ規定ニ依ル命令ニ關スル件(大正十年内務省令第二十二號)及常水ノ判定標準及試驗方法(昭和七年内務省令第三十五號)がある。

水道の布設及增改築は厚生、內務兩大臣の認許を要するのであるが、前記勅令の委任に依り基本計畫に於ける給水人口一萬以下の水道の布設及工費三萬圓を超えざる水道の増改築は地方長官の認許する處となつてゐる。但し六大都市の場合に於ては右勅令の範圍内のものは大正十五年六月勅令第二百十二號に依り地方長官の認可を要せざることゝなつてゐる。而して水道は市町村が之を布設せんとする場合に於て認可するを本則とし、例外的に市町村以外の企業者に布設を許可することがある。

水道は保健衞生上は勿論、保安上產業上極めて重要の施設なるを以て、國は出來得る限りの保護奬勵を加へてゐる。即ち水道用地に關する國税其の他の公課の免除、水道用地に必要なる官有地の拂下又は貸付、流水占用料の免除、道路使用料の免除及布設費に對する國庫補助等これである。從つて、水道の布設は近年著しく其の數を增加し昭和十三年四月一日現在に於ける布設水道數は六百五十七であつて其の狀況は左表の通である。

廳府縣	給水人口一萬以上ノ水道				給水人口一萬以下ノ水道				合計
	市町村	其ノ他	縣營	計	市町村	其ノ他	縣營	計	
北海道	七	—	—	七	一八	三	—	二一	二八
青森	四	—	—	四	—	—	—	—	四
岩手	二	一	—	三	五	六	—	一一	一四
宮城	五	—	—	五	一五	二	—	一七	二二
秋田	一	—	—	一	—	—	—	—	一
山形	五	—	—	五	一四	—	—	一四	一九
福島	八	—	—	八	六	—	—	六	一四
茨城	一	—	—	一	一	三	—	四	五
栃木	三	—	—	三	四	—	—	四	七

廳府縣	給水人口一萬以上ノ水道 市町村	其ノ他	縣營	計	給水人口一萬以下ノ水道 市町村	其ノ他	縣營	計	合計
群馬	五	|	|	五	|	|	|	|	五
埼玉	五	|	|	五	一	|	|	一	六
千葉	一	一	一	三	三	六	|	九	一二
東京	三	一	|	四	五	三	|	八	一二
神奈川	五	|	一	六	一〇	一	|	一一	一七
新潟	一三	|	|	一三	三	|	|	三	一六
富山	一	|	|	一	四	|	|	四	五
石川	二	|	|	二	五	|	|	五	七
福井	一	|	|	一	二	|	|	二	三
山梨	二	|	|	二	八	三	|	一一	一三
長野	一一	|	|	一一	二二	|	|	二二	三三
岐阜	一	|	|	一	一五	四	|	一九	二〇
靜岡	五	|	|	五	二一	一	|	二二	二七
愛知	七	|	|	七	一	二	|	三	一〇
三重	六	|	|	六	一	|	|	一	七
滋賀	一	|	|	一	一	|	|	一	二
京都	四	|	|	四	二三	二	|	二五	二九
大阪	一九	|	|	一九	八	二	|	一〇	二九
兵庫	一五	|	|	一五	六	七	|	一三	二八
奈良	三	一	|	四	五	一	|	六	一〇
和歌山	四	一	|	五	三	七	|	一〇	一五

鳥取	三	|	|	三	一〇	一	|	一一	一四
島根	二	|	|	二	六	八	|	一四	一六
岡山	三	一	|	四	一三	|	一	一四	一八
廣島	五	|	|	五	八	一八	|	二六	三一
山口	七	|	|	七	五	九	一	一五	二二
德島	三	|	|	三	一	|	|	一	四
香川	四	|	|	四	四	六	|	一〇	一四
愛媛	四	|	|	四	一九	一	|	二〇	二四
高知	一	|	|	一	七	三	|	一〇	一一
福岡	一二	|	|	一二	五	一	|	六	一八
佐賀	二	|	|	二	四	一	|	五	七
長崎	二	|	|	二	一二	四	|	一六	一八
熊本	三	|	|	三	六	|	|	六	九
大分	六	|	|	六	二	一	|	三	九
宮崎	一	|	|	一	四	二	|	六	七
鹿兒島	二	|	|	二	九	三	|	一二	一四
沖縄	一	|	|	一	|	|	|	|	一
合計	二一一	六	二	二一九	三二五	一一一	二	四三八	六五七

尚水道の經營上の監督及水道條例に據らざる水道の取締は地方長官が其の任に當つて居るのであるが、之が指導、監督に付ては一段と整備、充實を要するものがあるので目下其の方策に關し考究中である。

(二)下水道　下水道に關する法令としては下水道法（明治三十三年法律第三十二號）及下水道法施行規則（明治三十四年内務省令第二十一號）がある。

下水道の築造（新築、改築及增築）は厚生、内務兩大臣の認可を要するのであつて、其の築造に付ては公營主義を採用し、市又は町村に限り其の築造を認めるのである。

下水道は集團地域の汚水雨水の排除施設として衛生上最も望ましきものであるから、其の築造に付ては下水道用地に必要なる國有地の讓與又は無償貸付を行ひ、或は築造費に對し國庫補助金を交付する等之が奬勵を圖つてゐる。

昭和十三年四月一日現在に於ける築造下水道數は四十九であつて其の狀況は左表の通である。

廳府縣	市	町	村	計
北海道	二	｜	｜	二
宮城	一	｜	｜	一
秋田	一	｜	｜	一
山形	一	｜	｜	一
福島	一	｜	｜	一
群馬	一	｜	｜	一
埼玉	一	｜	｜	一
千葉	一	｜	｜	一
東京	一	｜	｜	一
神奈川	二	｜	｜	二
新潟	一	｜	｜	一
靜岡	一	｜	｜	一
岐阜	一	｜	｜	一
愛知	五	｜	｜	五
三重	一	二	｜	三
京都	一	一	｜	二
大阪	一	｜	｜	一
兵庫	四	｜	二	六
和歌山	｜	一	｜	一
鳥取	一	｜	｜	一
岡山	一	｜	｜	一
廣島	一	｜	｜	一
山口	二	一	｜	三
香川	一	｜	｜	一
愛媛	一	一	｜	二
福岡	四	｜	｜	四
大分	一	｜	｜	一
宮崎	一	｜	｜	一
沖繩	一	｜	｜	一
合計	四一	六	二	四九

二　飲食物及飲料水に關する事項

(一)飲食物

飲食物に關する法令としては飲食物其ノ他ノ物品取締ニ關スル法律(明治三十三年法律第十五號)を初として飲食物其他ノ物品取締ニ關スル法律施行ノ件(明治三十三年内務省令第十號)　飲食物用器具取締規則(明治三十三年内務省令第五十號)　牛乳營業取締規則(明治三十三年内務省令第十五號)　清涼飲料水營業取締規則(明治三十三年内務省令第三十號)　氷雪營業取締規則(明治三十三年内務省令第三十七號)　人工甘味質取締規則(明治三十四年内務省令第三十一號)　有害性著色料取締規則(明治三十三年内務省令第十七號)　飲食物防腐劑、漂白劑取締規則(昭和三年内務省令第二十二號)　メチールアルコール(木精)取締規則(明治四十五年内務省令第八號)　警察犯處罰令第二條第三十五號第三十六號及第三條第九號並に之等法令の施行上必要なる試驗方法其の他八件の内務省令がある。

飲食物に關する事務は取締が主であつて其の直接取締は地方廳が行つて居り、本省としては法規の解釋、取締方針の統一、取締の督勵等の外、時世に順應し法規の改正に努力しつゝあり、本年に入り之が改正を爲せるもの一件、目下改正に就き考究中のもの二、三件がある。

社會の複雜化が其の度を增すに比例して、有害、不良、不正の飲食物が增加するので本省地方廳共に其の取締に不斷の努力を續けて居り、昭和十一年中各地方廳に於て行ひたる之等飲食物の檢査成績は左表の通である。

種類	檢査件數	同上中有害件數	百分比	種類	檢査件數	同上中有害件數	百分比
乳及乳製品	八五、一六八	四、九八二	五・八五	罐詰、瓶詰類	一六、六〇二	四八八	二・九四
氷雪類	三、二四〇	一四二	四・三八	酒類	九三、五九七	一、七一三	一・八三
清涼飲料水類	三三五、八四一	二四、七三三	七・三六	其の他の飲食物類	九九、七七五	四、四三三	四・四四
飲食物用器具類	八三、三八一	九、二八六	一一・一四	防腐劑漂白劑類	三七八	四八	一二・七〇
菓子類	四八、二七五	一、三三五	二・五四	合計	七六六、三五七	四七、〇三九	六・一四

(二)飲料水　飲料水の良否は國民の保健衛生に至大なる影響を齎すものであるから、常に地方當局を督勵して其の改善に努力を續けてゐるので、他面水道の普及と相俟つて不良飲料水の使用は漸次減少を示してゐる。之を數字を以て示せば左表の通である。

飲料水の種類	昭和六年調 使用戸數	昭和六年調 百分比	大正六年調 百分比
水道水	二、八九七、八九七	二三・二四	一三・五三
鑽井水	一、一六一、〇九三	九・三五	五・一四
普通井水	六、八八二、六六三	五五・四三	六一・八三
涌泉水	五八一、六九〇	四・六九	六・五八
河川水	三六九、二五九	二・九八	五・五三
溪流水	四五五、三八〇	三・六七	五・二五
池沼水	三八、九〇八	〇・三一	〇・五五
雨水	二七、八八二	〇・二二	〇・一八
田甫用水	九	—	—
水田用水路流水	六二四	〇〇〇・一未滿	一・四三
田甫溜水	四九八		—

前表に顯れざる昭和六年以後の飲料水の改善で特記すべきものは、沖繩縣及鹿兒島縣大島郡に於ける飲料水の改善である。即ち前記兩地方の飲料水は甚だ不良にして、緊急改善の要を認め、沖繩縣振興事業及鹿兒島縣大島郡振興事業中に飲料水の改善事業を加へ、沖繩縣に付ては昭和八年度以降大島郡に付ては昭和九、十兩年度國庫補助を爲し其の助成を圖つた。

三　屠畜及屠場に關する事項

屠畜及屠場に關する法令としては屠場法(明治三十九年法律第三十二號)屠場法施行規則(明治三十九年內務省令第十六號)屠場ノ構造設備標準(明治三十九年內務省令第十七號)食肉輸移入取締規則(昭和二年內務省令第四號)があり、之等に依り地方廳に於て取締つてゐる。

昭和十一年末現在の屠場總數は七百十箇所にして其の狀況は左表の通である。

廳府縣	市	町村	其他	計
北海道	六	三二	二六	六四
青森	二	四	四	一〇
岩手	｜	九	一〇	一九
宮城	一	七	三	一一
秋田	一	四	七	一二
山形	四	六	二	一二
福島	一	六	一三	二〇
茨城	一	一九	一	二一
栃木	二	一一	一	一四
群馬	三	一〇	八	二一
埼玉	二	三	九	一四
千葉	二	一二	九	二三
東京	三	七	一三	二三
神奈川	一	｜	一一	一二
新潟	二	六	一五	二三
富山	｜	一	九	一〇
石川	一	二	一〇	一三
福井	一	一	三	五
山梨	｜	二	九	一一
長野	二	一七	五	二四
岐阜	二	六	一	九

廳府縣	市	町村	其他	計
滋賀	｜	五	二	七
京都	一	六	二	九
大阪	二	六	｜	八
兵庫	三	一三	九	二五
奈良	一	九	｜	一〇
和歌山	一	四	二	七
鳥取	二	二	一	五
島根	一	一三	一	一五
岡山	二	三	四	九
廣島	三	一一	二	一六
山口	三	一二	一	一六
德島	｜	五	三	八
香川	二	四	二	八
愛媛	四	六	｜	一〇
高知	一	一〇	一	一二
福岡	八	六	｜	一四
佐賀	二	四	二	八
長崎	二	八	二	一二
熊本	｜	一〇	四	一四
大分	一	一二	二	一五
宮崎	三	七	｜	一〇

廳府縣	市	町村	其他	計
靜岡	三	九	六	一八
愛知	五	九	四	一八
三重	二	六	八	一六
鹿兒島	—	二一	八	二九
沖繩	二	一四	四	二〇
合計	九一	三八〇	二三九	七一〇

而して之等屠場に於て食用に供する目的を以て昭和十一年中に屠殺したる家畜の頭數は、牛二十九萬三千百六十頭、犢三萬三千二百四十頭、緬羊千四百九十七頭、山羊四千五十五頭、豚百十八萬百九頭、馬九萬四千八百八十六頭であり、又食肉輸移入取締規則に依り、横濱、敦賀、大阪、神戸、宇品、下關、門司、長崎、嚴原の各港に於て檢査したる輸移入食肉の肉量は千六百九十六萬三千百五十三瓩に達してゐる。

四　清掃衞生に關する事項

清掃衞生に關する法令としては汚物掃除法（明治三十三年法律第三十一號）及汚物掃除法施行規則（明治三十三年內務省令第五號）がある。此の法規は原則として市に適用せられるのであるが、地方長官は町村又は之に準ずべき地に其の全部又は一部を準用し得るのである。

汚物掃除法に依つて掃除すべき汚物は塵芥汚泥、汚水及屎尿である。

汚物掃除の義務者は法の適用又は準用ある區域內の土地の所有者、使用者又は占有者及市（準用町村を含む）であつて、市は義務者の蒐集したる汚物を一定の場所に運搬し、之を處分するの外、尙汚水排泄の爲必要なる公共溝渠を築造修繕するの義務を負ふものであるが、之等の監督、取締は專ら地方長官が當つて居る。

昭和十一年度に於て汚物掃除法に依り汚物掃除を施行せる市は百三十三、其の掃除施行區域内の戸數は四、五〇三、四八七戸で、右より搬出したる汚物の概況は左表の通である。

種類	百三十三市の施行區域内より搬出したる總數量	同上平均一戸より搬出したる數量
塵芥	三、二七〇、〇六八、四八〇瓩	七二六瓩一
汚泥	六五六、二八一、五五八瓩	一四五瓩七
屎尿	一、五八五、二七四竏	〇竏四

尚昭和十一年度に於ける塵芥焼却場設置數は左表の通一三六に上り、右に於ての同年度中の焼却總量は一、八一五、九二一、四五七瓩である。

市名	設備數	市名	設備數	市名	設備數	市名	設備數	市名	設備數
札幌市	一	八王子市	一	清水市	一	新宮市	二	若松市(福岡縣)	一
小樽市	二	横濱市	三	名古屋市	六	鳥取市	一	八幡市	二
函館市	一	横須賀市	二	豐橋市	一	松江市	一	戸畑市	一
弘前市	二	川崎市	一	一宮市	一	岡山市	一	久留米市	一
青森市	二	高田市	一	瀬戸市	一	倉敷市	一	大牟田市	一
仙臺市	三	三條市	一	津市	一	津山市	一	門司市	二
山形市	一	富山市	一	四日市市	一	福山市	一	直方市	一
米澤市	一	高岡市	一	宇治山田市	一	下關市	二	唐津市	一
鶴岡市	一	金澤市	三	大津市	二	宇部市	一	長崎市	一

市名	設備數	市名	設備數	市名	設備數	市名	設備數	市名	設備數
水戸市	三	福井市	二	京都市	三	山口市	一	熊本市	三
宇都宮市	一	甲府市	一	大阪市	三	徳山市	一	大分市	一
足利市	二	長野市	一	岸和田市	一	高松市	一	別府市	一
前橋市	一	松本市	一	豐中市	一	丸龜市	一	中津市	一
高崎市	一	岡谷市	一	神戸市	五	松山市	一	延岡市	一
桐生市	一	岐阜市	一	姫路市	二	宇和島市	二	鹿兒島市	二
浦和市	一	高山市	二	西宮市	三	八幡濱市	二		
銚子市	一	濱松市	一	奈良市	一	高知市	一		
東京市	八	沼津市	一	和歌山市	一	福岡市	二	總計	一三六

五　鑛泉場、海水浴場、療養地等に關する事項

(一)鑛泉場

我國は世界有數の溫泉國であつて、昭和九年十月現在の調査に依れば泉源數實に五千八百八十九(溫泉五千五百六十七、冷泉三百二十二)を算するのであるが、特に鑛泉のみを律すべき法律又は中央命令は未だ制定せられず、專ら地方命令に依つて之を取締つてゐる。隨つて近時鑛泉の濫掘又は鑛山の經營其の他の人爲的事由に依つて既設の鑛泉に影響を與へ、これが爲種々の紛爭を惹起した例が乏しく無いのに鑑み、鑛泉に關する權利義務及行爲制限等を法律を以て規定し以て鑛泉場の保護發達を圖るべく調査研究を行つてゐる。

其の他鑛泉の衛生的利用の增進、鑛泉場設備の改善泉質の闡明等に付ては關係官廳、關係團體等と協力して其の實現に努めてゐる。

（二）海水浴場、療養地等　に付ては特に利用多き地を選び調査隊を派遣し、衞生各般の事項を調査したる結果に基き、衞生的改善例へば貸家貸間の消毒、清潔の保持、飲料水の改善、飲食物販賣の取締、診療施設の擴充等に付關係者の注意を喚起しつゝある。

六　衞生技術員の教養に關する事項

衞生行政の徹底を圖り、國民保健の改善發達を期する上に於て、衞生行政に從事する技術員の教養は重要なる事項であつて、衞生技術員の資質の如何は直ちに衞生行政の成績に反影する處顯著であり、其の技能及實際の運營力に就ては時運に即應したる修練が要望せらるゝのである。

本省としては從來本件に付多分の關心を持ち又考究し來つたのであるが、今回別項の如く公衆衞生院の設置を見るに至り、衞生技術員の養成訓練機關として學理及實際の兩方面に亙り教養事業に當ることゝなつた。

七　衞生統計に關する事項

厚生省報告例に依り地方廳より報告の各種の衞生關係統計を調査集計し、「衞生局年報」として刊行し、全國關係方面に配布するのみならず世界主要國の關係方面にも寄贈してゐる。

尚此の外時宜に應じ衞生關係の統計を編纂し關係方面へ配布してゐる。

八　他の主管に屬せざる國民保健に關する事項

（一）墓地及埋火葬　墓地及埋火葬に關する法令としては墓地及埋葬取締規則（明治十七年太政官布達第二十五號）墓地及埋葬取締規則に違背する者處分方（明治十七年太政官達第八十二號）墓地及埋葬取締規則施行方法細目標準（明治十七年内務省達乙第四十號）等があり、尚地方廳に於ても夫々必要なる命令を公布してゐる。

昭和十一年末現在の墳墓地總數は九十七萬七千八百四十八箇所、其の面積は二萬三千二百八十四「ヘクタール」である。又火葬場の總數は三萬四千五百七十三箇所である。之等墓地及火葬場の取締は所轄警察署が之に當つてゐる。

(二)**理容術**　頭髮、鬚髯の剪剃、結髮、美毛術、美爪術又は美顏術等の所謂理容術は保健衞生に尠からざる關係を有するので、之等の營業は地方命令を以て夫々取締を爲しつゝあるのであるが、理容術免許資格の不統一及免許の全國不共通等の不便があるので目下中央命令の制定に付て考究中である。

(三)**右の外**衞生上の見地よりする玩具化粧品其の他の物品の取締、有害避姙用器具取締、內地產獸毛消毒、死體解剖及保存、衞生功勞者表彰、劇場其の他多衆の集合する場所の衞生、河川及海面の汚濁防止竝に煤煙防止等國民保健關係の多樣の事務を取扱つて居り此の內には幾多の研究問題がある。

第二　指導課主管事務

指導課の主管事務は(一)保健所に關する事項　(二)榮養の改善に關する事項　(三)衣服、住宅の改良及住宅の供給に關する事項　(四)其の他衞生指導に關する事項であつて、各事務の概要を述ぶれば次の如くである。

一　保健所に關する事項

第七十回帝國議會の協贊を經て昭和十二年四月二日法律第四十二號を以て公布せられた保健所法に關する事務は之を當課に於て主管する。

保健所は國民保健の現狀に鑑み體位向上を圖る爲の指導機關として計畫せられたものであるが、衞生行政が、取締方面より一轉して指導方面へ伸びんとする現在に於て、眞に衞生行政に一新紀元を劃するものである。

一般國民の健康を增進し體位の向上を圖る爲には先づ國民の保健思想を啓發し、日常生活に於て常に保健衞生に留意せしめ、衣食住其の他各般の生活態樣を保健的に改善し一面疾病豫防に就ても充分な指導を行ふことが急務である。

保健所には、一定地域內に於ける住民の健康を增進し、體位の向上を圖る爲必要な豫防醫學的指導を爲すを本旨とし、擔當區域內の各種社會福祉機關、醫療救療機關等と相協調して保健所法第二條に依り左記の如き各種の指導を行ふのである。

一　衞生思想の涵養に關する事項
二　榮養の改善及飮食物の衞生に關する事項
三　衣服、住宅其の他環境衞生に關する事項
四　姙產婦及乳幼兒の衞生に關する事項
五　疾病の豫防に關する事項
六　其の他健康の增進に關する事項

以上は保健所にて行ふべき事業の例示であるが、凡そ國民體位の向上を目的とする保健上の指導は如何なる事項に付いても總て之を行ふのである。

保健所設置の計畫は道府縣に在りては大體人口十二、三萬に付一ヶ所、六大都市は大體二十萬に付一ヶ所とし、此の外に保健所の事業遂行上必要の地には支所を置くことゝし、昭和十二年度以降大體十ヶ年間に全國に本所五五〇、支

所一、一〇〇を建設する豫定である。

國庫は道府縣及六大都市に於ける保健所の設置及經營を容易ならしめる爲に建設費に對しては二分の一以內、經常費に對しては三分の一以內の補助金を交付する。

昭和十二年度に於ては北海道、各府縣（沖繩を除く）、京都市に各一ケ所宛、大阪市に二ケ所合計四十九ケ所に設置され、昭和十三年度に於ては總數四十七ケ所に設置の計畫である。

昭和十二年度設置保健所概要一覽表

經營主體	保健所名	位置	擔當區域	區域內人口
北海道廳	旭川保健所	旭川市十條通九丁目	旭川市	九一、〇二一
東京府	西多摩同	西多摩郡青梅町	西多摩郡	一〇〇、六〇〇
京都府	福知山同	福知山市堀	福知山市、天田郡、何鹿郡	一一六、三六三
大阪府	富田林同	南河内郡富田林町	南河內郡	一四四、三七〇
神奈川縣	小田原同	足柄下郡酒匂村	足柄下郡、足柄上郡	一〇六、七三〇
兵庫縣	姫路同	姫路市市ノ鄕	姫路市	一〇一、七八六
長崎縣	大村同	東彼杵郡大村町	東彼杵郡	八九、九二四
新潟縣	新津同	中蒲原郡新津町	中蒲原郡	一九五、八六五
埼玉縣	忍同	北埼玉郡忍町	北埼玉郡ノ半	九〇、九一一
群馬縣	太田同	新田郡太田町	新田郡、山田郡ノ一部	一〇〇、三〇三
千葉縣	木更津同	君津郡木更津町	君津郡ノ大部	一二〇、五八九
茨城縣	太田同	久慈郡太田町	久慈郡	一二五、〇四九
栃木縣	大田原同	那須郡大田原町	那須郡ノ半、鹽谷郡ノ一部	一六二、三八一

奈良縣	奈良同	奈良市油坂町	奈良市、添上郡ノ大部、小邊郡ノ一部	一一五、三七三
三重縣	伊賀上野同	阿山郡上野町	阿山郡、名賀郡	一一六、〇四七
愛知縣	一宮同	一宮市古金町	一宮市、葉栗郡、中島郡ノ一部	一〇四、九五三
靜岡縣	清水同	清水市上清水	清水市、庵原郡	一四二、三四〇
山梨縣	日下部同	東山梨郡日下部町	東山梨郡、東八代郡	一三四、三九三
滋賀縣	長濱同	坂田郡長濱町	伊香郡、坂田郡、東淺井郡	一四二、七七六
岐阜縣	太田同	加茂郡太田町	加茂郡ノ半、可兒郡ノ大部	八六、五九七
長野縣	上田同	上田市	上田市、小縣郡	一五三、九一二
宮城縣	古川同	志田郡古川町	志田郡、遠田郡、栗原郡ノ一部、玉造郡ノ一部	一二一、七九四
福島縣	平同	平市八幡小路	平市、石城郡ノ大部	二〇九、六八七
岩手縣	盛岡同	盛岡市仁王	盛岡市、岩手郡	一六一、四五六
青森縣	青森同	青森市浦町	青森市、東津輕郡	一八四、〇〇三
山形縣	酒田同	酒田市船場町	酒田市、飽海郡	一〇七、四四八
秋田縣	大館同	北秋田郡大館町	北秋田郡	一三二、九〇五
福井縣	朝日同	丹生郡朝日村	丹生郡ノ大部、今立郡ノ一部、足羽郡ノ一部	九六、五二四
石川縣	七尾同	鹿島郡七尾町	鹿島郡、羽咋郡ノ一部	八四、九九〇
富山縣	三日市同	下新川郡三日市町	下新川郡	一一四、八四二
鳥取縣	智頭同	八頭郡智頭町	八頭郡	六四、一五七
島根縣	川本同	邑智郡川本町	邑智郡、安濃郡、邇摩郡	一一二、五二七
岡山縣	岡山同	岡山市上伊福	岡山市、御津郡、上道郡ノ一部、赤磐郡ノ一部	二二七、九八二
廣島縣	福山同	福山市入船町	福山市、深安郡	一〇六、一三六
山口縣	防府同	防府市三田尻町	防府市、佐波郡、都濃郡ノ一部	一一三、二四〇
和歌山縣	御坊同	日高郡御坊町	日高郡	一〇〇、六五一
德島縣	撫養同	板野郡撫養町	板野郡	一一二、一六八

經營主體	保健所名	位置	擔當區域	區域內人口
香川縣	琴平同	仲多度郡琴平町	丸龜市、仲多度郡、綾歌郡ノ一部	一三二、一九六
愛媛縣	宇和島同	宇和島市堀端通	宇和島市、北宇和郡ノ大部	一二五、〇三二
高知縣	安藝同	安藝郡安藝町	安藝郡	八五、三三九
福岡縣	飯塚同	飯塚市飯塚	飯塚市、嘉穂郡	一八七、二八四
大分縣	中津同	中津市上宮永	中津市、下毛郡	七七、七〇三
佐賀縣	唐津同	唐津市唐津	唐津市、東松浦郡	一三〇、〇二三
熊本縣	八代同	八代郡八代町	八代郡	一一二、八八二
宮崎縣	延岡同	延岡市恒富健光	東臼杵郡ノ半、西臼杵郡ノ大部	一六三、三〇四
鹿兒島縣	川內同	薩摩郡川內町	薩摩郡	一五六、六五九
京都市	二條同	上京區竹屋町通	上京區ノ一部、中京區ノ一部	二二五、七〇七
大阪市	阿倍野同	住吉區阪南町	住吉區	一五七、〇四八
	生野同	東成區北生野町	東成區、東區、天王寺區ノ各一部	三七九、六四六

二　榮養の改善に關する事項

榮養の改善は健康の增進、體位の向上、疾病の豫防上極めて重要なる事項の一なるを以て、常に地方當局を督勵して榮養智識の普及、榮養食の改善指導に努めしむるの外、昭和十一年度より國費を支出して榮養改善の最も緊急を要する東北六縣に各二名宛の榮養指導員を配置し、實際的榮養指導に當らしめてゐる。

三　衣服、住宅の改良及住宅の供給に關する事項

(一)衣服の改良　國民の保健衛生上、衣服の清潔、日光消毒等に就ては多年國民の實踐を强調して來たのであるが、

現在の衣服が保健衞生上幾多改善を要する點があるので、特に專任の職員を設置し之が改良に就き攻究を重ねてゐる。

(二)住宅の改良及供給 住宅は半永久的建物で容易に改築することが出來ぬから、當初より最も保健的に建築することが必要であるが、既成の住宅に依りても相當改善を要する點がある、即ち所謂萬年床の廢止、寢室の通風採光臺所流し場の改良、便所の改善等に就ては夙に之が指導を加へ來りたる所なるも、住宅の供給と併せて之が改善に關する施設は庶民生活の福利增進、國民保健の改善上極めて緊要とする所であつて、從來執り來りたる方策の主なるものは公營住宅の建設、住宅組合及住宅供給を目的とする產業組合の住宅建設に對する助成監督並に不良住宅地區改良事業に對する奬勵、罹災地住宅の復舊助成等である。

(イ)公營住宅 大正七、八年の交世界大戰の影響に依る經濟界の異常なる好況に伴ひ、人口の都市集中の傾向に一層の刺戟を與へ、之が爲急激なる住宅不足の現象を見るに至つた。殊に建築材料の騰貴、勞働賃銀の高騰は一般貸家業者の住宅建築手控となり、益々住宅難を激甚ならしめ、庶民生活に大なる脅威を加ふるに至つたので、保健經濟兩面より改善されたる住宅を供給し、住宅難緩和を圖る爲低利資金を融通して公共團體の住宅經營を勸奬して來たのである、

昭和十二年度迄に融通した低利資金の總額は四千七百餘萬圓に上り其の建設住宅は二萬五千餘戶に達してゐる。

(ロ)住宅組合 公營住宅の勸奬に依り各地に公營住宅の建設を見たるも、住宅難は依然として解消しないので、之が解決策の一として大正十年住宅組合法を制定し、低利資金を融通して、互助組織に依り、中產階級以下の者の住宅の供給を圖つたのである。住宅組合は之を法人とし、稅法其の他用地の取得等に關して、法律上各種の

特典を認めてゐる。又産業組合にして住宅を目的とするものに對しては住宅組合と同樣の取扱をしてゐる。

住宅組合法制定以來昭和十二年十一月末迄に於ける住宅組合數（産業組合を含む）は二、八二八で組合員三萬七百五十一人、其の住宅建築費は六千九百五十二萬圓に達してゐる。

(ハ) 不良住宅地區改良　大都市には殆ど住宅と認め難き程度の不良住宅の密集地區が存在し、衞生、風紀、並に保安上甚だ憂ふべきものがあるのみならず、延て思想上、社會上に及ぼす影響も亦尠くないので、大正十五年七月新に設置された社會事業調査會に對し、之等不良住宅密集地區改良方策に關し諮問し、其の答申に基いて、之が整理改良に關する法案を定め、第五十二議會の協賛を經て、昭和二年法律第十四號を以て不良住宅地區改良法を公布し、六大都市及其の隣接町村中の代表的地區より漸次改良事業を施行することゝなり、國庫は事業施行者に對し、其の經費の二分の一以内を補助して、本事業の遂行を期することゝなつたのである。

事業は先づ東京（日暮里、西巣鴨、三河島）、大阪（天王寺區下寺町及其の附近）、兵庫（神戸市葺合新川）、愛知（名古屋市中區奥田町地内及其の附近）及神奈川（横濱市中區南太田町）の府縣内に於ける不良住宅地區の改良を行ふことゝし、昭和二年度より、東京府、大阪市、神戸市、財團法人同潤會、財團法人愛知縣社會事業協會をして施行せしめたのである。內東京市西巣鴨、三河島の兩所及名古屋市奥田町、横濱市南太田町の四地區は之が完成を見たるも、大阪、兵庫及東京日暮里の三地區は引繼き施行中で、之が促進の要切なるものがあるので、昭和十一年度以降は國庫補助を繼續豫算として、本事業遂行の萬全を企圖したのである。

昭和二年度より昭和十二年度迄の間に支出した國庫補助は四百十六萬四千七百三十圓で、昭和十一年度以降十二ケ年度間に於て支出すべき補助額は百七十萬七千六百八十五圓である。

(二)**罹災地住宅の復舊**　大正十二年大震災の罹災住宅の内自力復舊の資力なき者に對し、大正十二年度以降年々低利資金を融通し、又東京府及神奈川縣に對しては別に大正十四年度より震災地木造店舖及店舖向住宅資金を融通して之が復舊改善を助成せる外、財團法人同潤會をして、普通住宅、アパートメントハウス等を建設せしめ、住宅難の緩和を圖つたのである。

此の外各地の震災、風水害災、大火災等に依る罹災住宅復舊に就ては其の都度低利資金を融通して、之が復舊に努めて限地的住宅難の緩和を圖つてゐるのである。

一　自大正八年度至昭和十一年度　低利資金融通及同資金に依る住宅建設戸數調

年度	融通額	建設戸數	年度	融通額	建設戸數
大正八年度	一二、七九〇、九三三円	六、〇八三戸	昭和四年度	二、四一八、三〇〇円	二、〇三四戸
同九年度	四、三五九、〇〇〇	二、二六一	同五年度	三、一六二、六〇〇	五、五二五
同十年度	九、六四七、〇〇〇	四、四七九	同六年度	一、八〇一、八〇〇	一、六四一
同十一年度	八、七七三、六〇〇	四、一四九	同七年度	二、〇九八、七〇〇	二、〇八六
同十二年度	一三、一六七、一〇七	六、四二三	同八年度	七五一、六〇〇	一、六五一
同十三年度	一四、二〇六、八三七	九、三三二	同九年度	五三四、六〇〇	八八七
同十四年度	一〇、四七二、四〇〇	五、七五五	同十年度	一、八六二、二〇〇	四、九三八
大正十五年度 昭和元年度	九、二五六、〇〇〇	五、一七五	同十一年度	六九二、七〇〇	五九四
昭和二年度	一三、七三六、六〇〇	八、七四八			
同三年度	一〇、六〇三、〇〇〇	六、〇三六	計	一二〇、三三四、九七七	七七、七九七

二　住宅組合調

（昭和十二年十一月末現在）

道府縣	組合數	組合員數	住宅建設費
北海道	六五	七九七人	一、六九四、八三三円
東京	五三九	五、三七三	一六、五七八、六五〇
京都	一三九	二、七九九	五、九五五、八六四
大阪	一三五	一、四六八	四、二六七、〇七〇
神奈川	二三八	二、二五五	四、四二〇、九二〇
兵庫	一八八	二、〇二七	四、五九六、六九四
長崎	七八	六九九	一、五二〇、〇六九
新潟	二一	三七三	六七五、一〇〇
埼玉	一三	一九八	四〇四、一四〇
群馬	二八	二八七	五三五、四八四
千葉	四六	四九〇	七一六、八〇〇
茨木	二六	二一七	三六八、五〇〇
栃木	三三	三三三	六七六、七二〇
奈良	二四	二三五	四七五、八〇〇
三重	五一	五八五	一、〇三四、七七四
愛知	九三	九七七	一、七七五、八〇〇
靜岡	六一	六四三	一、一九三、六五四
山梨	二七	二〇九	三五九、五四〇
滋賀	一五	二一八	四五五、九四〇
岐阜	六四	六一二	八八四、五三六
長野	五四	四六六	一、〇〇七、九八〇
宮城	三三	三九二人	一、〇四九、八〇〇円
福島	六一	六〇三	六七一、三七五
岩手	四六	四七七	七〇〇、六八〇
青森	二六	二五八	五一四、〇五三
山形	一八	二〇四	三三六、九二〇
秋田	一五	三九一	六三六、四五六
福井	三五	三三〇	五九七、九〇〇
石川	三七	三三一	六八三、五〇〇
富山	五〇	七四九	八三三、六二〇
鳥取	八	二九八	五八四、九二〇
島根	四五	五六六	九六九、六六五
岡山	一〇	二八二	九三一、一七〇
廣島	一〇九	一、〇九〇	二、一〇四、六五〇
山口	四六	五六〇	九一六、八五八
和歌山	一九	三一〇	五七七、一二〇
德島	一一	一一三	二四一、〇五三
香川	六	八〇	二〇九、四〇〇
愛媛	四五	三七七	六七五、九八一
高知	四二	三五二	五六七、一九〇
福岡	一一七	一、二四〇	二、六〇五、六五〇
大分	二三	二四九	五七〇、七〇〇

佐賀	一九	一九四	五一〇、七二〇
熊本	二三	三二四	七五八、六六〇
宮崎	二九	三三五	五五四、三〇〇
鹿兒島	一八	二九七	八八〇、四五〇
沖繩	一五	一二〇	二四六、六〇〇
合計	二、八一三	三一、七五一	六九、五一八、二六六

四　其の他衞生指導に關する事項

衞生指導に關する事項は極めて多岐廣汎に亙るが、要は一般の衞生思想を涵養し、國民の實踐を促し、國民の健康を增進し體位の向上を圖ることに歸するのである。

從來各種の方法に依つて之が强調に努めて來たのであるが其の一方法として昭和五年より健康週間を計畫して、地方廳をして夫々實情に即して適切なる運動の實施を促して來たのであるが、昭和十二年六月各省長官會議に於て「國民敎化運動に關する宣傳實施基本計畫」が決定され、健康週間も今後は政府總掛りの下に每年五月の候に於て、國を擧げて實施することゝなり其の第一回は昭和十三年五月十七日より一週間に亙り實施し、保健衞生智識の普及と保健生活の實踐を促したのである。

第三　醫務課主管事務

醫務課は(一)醫師、齒科醫師、產婆及療屬に關する事項　(二)藥劑師、製藥者及藥種商に關する事項　(三)醫師會、齒科醫師會及藥劑師會に關する事項　(四)醫師試驗、齒科醫師試驗及藥劑師試驗に關する事項　(五)診療所及齒科診療所に關する事項　(六)藥品、賣藥及賣藥部外品に關する事項　(七)阿片及痲藥に關する事項　(八)毒物、劇物其の他有害物に關す

る事項　(九)藥草栽培及製藥奬勵に關する事項　(十)其の他醫事及藥事に關する事項を主管して居り、其の事務の概要を説明すれば左の通である。

一　醫師、齒科醫師、産婆及療屬に關する事項

(一)醫師、齒科醫師　醫師、齒科醫師に關しては夫々其の身分法にして業務法たる醫師法及齒科醫師法がある。醫師法は明治三十九年法律第四十七號を以て制定せられ其の附屬命令として醫師法施行規則(明治三十九年内務省令第二十七號)　醫師會令(大正八年勅令第四百二十九號)　醫師試驗規則(大正二年文部省令第二十七號)　等がある。齒科醫師法は明治三十九年法律第四十八號を以て制定せられ其の附屬命令として齒科醫師法施行規則(明治三十九年内務省令第二十八號)　齒科醫師法第一條第三號の資格に關する件(大正十五年勅令第十三號)　齒科醫師會令(大正十五年勅令第十四號)　齒科醫師試驗規則(大正二年文部省令第三十八號)及醫師の齒科專門標榜其の他許可に關する件(大正五年内務省令第十一號)等がある。

而して醫師及齒科醫師たらんとするものは厚生大臣の免許を受くることを要し、厚生大臣は免許を與ふるときは醫籍及齒科醫籍に登録したる後免許證を下付するのであるが、昭和十一年末現在に於ける醫師總數は五萬九千七百六人(外に外國人三十人)、齒科醫師總數は二萬一千六十七人(外に外國人三人)である。又昭和十一年中に新に醫師免許證を下附したるものは三千三百三十八人、齒科醫師免許證を下附したるものは千百九十二人である此の外登録事項に變更を生じた場合及免許證を毀損亡失の場合は夫々免許證の書換又は再下附を爲し、廢業、死亡の場合は醫籍及齒科醫籍の抹消を爲してゐる。

厚生大臣は醫師又は齒科醫師が一定の刑罰に處せられ若くは不正の行爲ありたるときは、行政處分として其の免許を取消し又は期間を定めて其の業務を停止することあり、昭和十一年中に醫師の免許を取消したるもの二人、

業務停止を爲したるもの四十四人、齒科醫師の業務停止を爲したるもの十人（免許取消を受けたるものなし）に及んでゐる。

（二）**產婆**　產婆に關しては其の身分法にして業務法たる產婆規則がある。產婆規則は明治三十二年勅令第三百四十五號を以て制定せられ之に產婆名簿登錄規則（明治三十二年內務省令第四十八號）產婆試驗規則（明治三十二年內務省令第四十七號）私立產婆學校產婆講習所指定規則（明治四十五年內務省令第九號）が附屬してゐる。昭和十一年末現在に於ける內務大臣の指定に係る產婆學校及講習所は六十六である。又昭和十一年末現在に於ける產婆總數は六萬九百六十七人（外に外國人二人）である。看護婦に關しては大正四年內務省令第九號を以て制定せられた看護婦の身分及業務に關する看護婦規則がある。各地方廳に於て免許を與へたる看護婦の昭和十一年末現在總數は十一萬三千九百八十七人（內三千八百四十四人は准看護婦）に達してゐる。

（三）**此の外**　按摩術營業取締規則（明治四十四年內務省令第十號）鍼灸術營業取締規則（明治四十四年內務省令第十一號）に依る按摩術、鍼術、灸術、柔道整腹術の營業者がある。何れも地方廳に於て免許鑑札を交付してゐる。昭和十一年末現在に於ける其の總數按摩術專業者三萬六千三百十二人、鍼術專業者五千百五十五人、灸術專業者五千六十六人、鍼術灸術兼業者一萬七百四人、鍼術按摩術兼業者四千四百七十六人、灸術按摩術兼業者一千二百一人、鍼術按摩術兼業者一萬一千三百五十二人で右按摩術業者中柔道整腹術業者は二千百六十四人ある。

三　藥劑師、製藥者及藥種商に關する事項

（一）**藥劑師**　藥劑師に關しては其の身分法にして業務法たる藥劑師法がある。藥劑師法は大正十四年法律第四十四號を以て制定せられ其の附屬命令として藥劑師法施行規則（大正十五年內務省令第六號）藥劑師法第二條第二項第三號の資格に關

する件（大正十五年勅令第十六號）　藥劑師會令（大正十五年勅令第十七號）及藥劑師試驗規則（明治二十二年法律第十號）等がある。

藥劑師たらんとする者も醫師と同樣厚生大臣の免許を受くることを要するのであるが、昭和十一年末現在に於ける藥劑師總數は二萬六千七百三十二人（外に外國人一人）である。又昭和十一年中藥劑師免許證を下付したるものゝ總數は一千六百四十五人にして、此の外免許證の書換及再下付、抹消並に行政處分等は總べて醫師、齒科醫師と同樣であつて昭和十一年中に行政處分として免許取消を爲したるもの一人、業務停止を爲したるもの十三人である。

㈡製藥者及藥種商　製藥者及藥種商は藥劑師と共に所謂藥品營業者であつて、何れも地方廳の免許鑑札を受けねばならぬことゝなつてゐるが、昭和十一年末現在に於ける其の數は製藥者四千二百十八人、藥種商三萬六百三十八人である。

三　醫師會、齒科醫師會及藥劑師會に關する事項

醫師會には郡市區醫師會、道府縣醫師會、日本醫師會があり、齒科醫師會には郡市齒科醫師會、道府縣齒科醫師會、日本齒科醫師會があり、藥劑師會には道府縣藥劑師會、日本藥劑師會がある。何れも公法人であつて醫師會は醫事衛生の改良發達を圖るを以て目的とし齒科醫師會は齒科醫事衛生の改良發達を圖るを以て目的とし藥劑師會は藥事衛生の改良發達を圖るを以て目的としてゐるのである。日本醫師會、日本齒科醫師會、日本藥劑師會は厚生大臣に於て監督し、其の他の醫師會、齒科醫師會、藥劑師會は地方長官に於て監督してゐる。

四　醫師試驗、齒科醫師試驗及藥劑師試驗に關する事項

㈠醫師試驗　醫師試驗規則は大正二年文部省令第二十七號を以て制定せられ、爾來每年二回宛施行せられて來たの

であるが、昭和六年より毎年一回となり東京に於て施行し、其の施行期日は大體五六月の頃を通例とする。受驗者の殆ど全部が外國人であつて、昭和十二年に於ける受驗者は第一部に於て三名第二部に於て五名、其の合格者は第一部に於て三名第二部に於て四名である。

(二)齒科醫師試驗　齒科醫師試驗規則は大正二年文部省令第二十八號を以て制定せられ爾來毎年春秋二期に施行せられてゐる。

昭和十二年中に於ける受驗者は學說試驗にあつては六百三十七名の內合格者百八十九名、實地試驗にあつては五百五十四名の內合格者百四十五名である。

(三)藥劑師試驗　藥劑師試驗規則は大正二年文部省令第二十九號を以て制定せられ爾來春秋二回齒科醫師試驗と同時に施行せられる。昭和十二年中に於ける受驗者は學說試驗にあつては百六十三名の內合格者五十名、實地試驗にあつては六十一名の內合格者五十一名である。

五　診療所及齒科診療所に關する事項

診療所に關しては診療所取締規則(昭和八年內務省令第三十號)を制定し衞生上又は保安上の危害防止に努めてゐる。

齒科診療所に關しては齒科診療所取締規則(昭和八年內務省令第三十一號)がある。

昭和十一年末現在に於ける診療所數は病院に非ざる診療所三萬六千三百八十四箇所にして、病院數は四萬四百七十院である。昭和十一年末現在に於ける病院に非ざる齒科診療所の數は一萬八千八百八十八箇所である。

尙其の他診療用エックス線裝置取締規則(昭和十二年內務省令第三十二號)がある。

エックス線裝置の使用は必要なる危害防止施設の下に取扱者の充分なる注意を以て行ふに非ざれば、患者は固より診療從事者及第三者に對し危害發生の虞があるので、此の診療用エックス線裝置取締規則に依り、診療用のエックス線裝置に對しては一定のエックス線危害防止施設を强制することゝし、且醫師、齒科醫師をして之が使用上の必要なる注意を爲さしむることゝし、之に依りエックス線に依る危害の發生を未然に防止して其の診療效果を一層發揮せしめんことを期せんとするものである。

六　藥品、賣藥及賣藥部外品に關する事項

(一)藥品の取締　藥品の取締に關しては藥品營業竝藥品取扱規則（明治二十二年法律第十號）があつて、之に附隨する省令としては日本藥局方があり、主要藥品の性狀、品質に關する規格を定め、又藥局方に記載せられざる藥品に付ては、何れの藥局方にも記載せざる藥品又は製劑取締に關する件（明治四十四年內務省令第十八號）に依り、毒劇性ある藥品取締の爲には、昭和七年內務省令第二十三號に依り毒藥劇藥品目の指定があつて、衞生上の危害防止に努めつゝある。藥品品質の純良保持及取引に依る危險の防止竝に濫用の防止に付ては法規の勵行に努むるの外、藥品監視員をして藥局及藥品を販賣又は製造する場所を巡視せしめてゐる。

(二)賣藥　賣藥に關しては賣藥法（大正三年法律第十四號）があつて賣藥の發賣は地方長官の免許を受けしむることゝし、其の他各種の規定が爲されてゐる。

(三)賣藥部外品に關する事項　賣藥部外品に關しては賣藥部外品取締規則（昭和七年內務省令第二十五號）があつて、賣藥若くは藥品に屬せざる藥物にして疾病の豫防其の他特定の效能ありとするものに付、其の販賣に依る衞生上の危害防止に努めつゝある。

七　阿片及麻藥に關する事項

阿片及痲藥に付ては阿片法(明治三十年法律第二十七號)及痲藥取締規則(昭和五年五月内務省令第十七號)がある。阿片、痲藥中毒の慘害の甚しきことよりして國民保健上嚴に取締を勵行しなければならぬ。尚痲藥の國際取引に當つては許可制度を實施し條約に依る義務の遵守に努めてゐる。

八　毒物劇物其の他有害物に關する事項

毒物劇物に關しては毒物劇物營業取締規則(明治四十五年内務省令第五號)があつて毒物劇物の取引に依る危險の發生を防止するに努めてゐる。

九　防毒資材に關する事項

防毒資材に關しては防毒資材取締規則(昭和十三年内務、厚生省令第一號)が制定せられ、それに依つて防毒具の種類、製造、販賣、輸移入、檢定、請賣竝に修覆營業等に關する規定及之等違反に對する罰則等が規定せられ居り、防毒藥物に就ては毒物劇物たるものは本規則の外、尙毒物劇物營業取締規則の適用を受くることゝし、防毒藥物は內務、厚生兩大臣の指定する藥物となつてゐる。

一〇　藥草栽培及製藥奬勵に關する事項

藥草栽培及製藥の奬勵に付ては醫藥品及齒科材料製造奬勵金交付規則(昭和七年内務省令第五十號)があつて、必要なる品目に關し奬勵金を交付する等の方法を講じてゐる。

一一　其の他醫事及藥業に關する事項

(一)無醫村に對する醫療機關の普及

無醫村に對する醫療機關の普及に付ては、全國三千二百四十三箇村の無醫村中特に醫療困難と認むる千四百二十六箇村を對象とし、全國に七百五十箇所の診療所を道府縣をして設置せしむるのであつて、昭和十二年度に於ては百五十箇所、同十三年度に於ては五十箇所の診療所を設置し又は設置せしむることゝなつてゐる。

(二)**醫療關係者職業能力申告** 國家總動員法が制定せられたので戰時に於て同法第四條の帝國臣民徵用の規定が發動せらるゝ場合を豫想し、醫師、齒科醫師、藥劑師、看護婦等に關しては敏速且圓滑なる徵用を行ひ、併せて銃後國民醫療の萬全をも期する爲、平素より徵用計畫を樹立して置くの必要を認め、昭和十三年より同法第二十一條の規定に依り、之等のものより其の職業能力に關する一定事項の申告を爲さしめ之を登錄すべく昭和十三年八月二十四日勅令第六百號を以て醫療關係者職業能力申告令が公布され、同年九月五日厚生省令第二十六號を以て同施行規則が又同申告等に關する事務取扱手續が訓令される等一朝有事に際し之等の人的資源の統制運用の圓滑を期することゝなつた。

第四　衞生局關係官署、調査會、委員會等概要

一　衞生試驗所

明治二十年勅令第十七號を以て衞生試驗所官制公布せられ、當時既に存したる衞生局試驗所を改變し更に明治二十三年全部改正を爲して今日に及んでゐるのである。

衞生試驗所は厚生大臣の管理に屬し　(一)衞生上の試驗　(二)藥用植物栽培の指導　(三)醫藥品の製造試驗に關する事務を掌る。各衞生試驗所の職員としては所長、技師、技手及書記を置くのであるが、昭和十一年度に於ける東京及大阪兩試驗所の職員數は左の通である。

東京　技　師（所長以下十五名）
　　　技　手（二十七名）　書　記（六名）
大阪　技　師（所長以下三名）
　　　技　手（五名）　　書　記（二名）
尚各衞生試驗所の事務分掌は次の通である。
(一)檢明部　官廳公署又は私人の依賴に係る大氣、用水、土壤、衣服料、飮食物、鑛泉其の他衞生上に關係ある物料の試驗及警察裁判醫事の化學試驗に關する事項を掌る。
(二)藥劑部　官廳公署又は私人の依賴に係る藥品の精粗眞贋、醫藥用適否試驗及阿片法第二條第二項に依る阿片の試驗に關する事項を掌る。
(三)調査部　檢明部前段に揭ぐる物料の衞生上利害調査、藥品の試驗、製藥品の性質及試驗方法の調査、衞生試驗方法の調査竝に病源の檢索に關する事項を掌る。
(四)庶務部　依賴試驗の受渡及藥品檢査印紙貼付に關する事項竝に用度會計其の他各部に屬せざる事項を掌る。
尚東京衞生試驗所に於ては阿片法第三條第一項に依る製藥用阿片の賣下に關する事項を管掌し、大阪衞生試驗所に於ては阿片法第三條第一項に依る醫藥用阿片の試驗及調劑を管掌してゐる。

大阪衞生試驗所には調査部を置かず必要ある場合には調査部主管に屬する事項にして藥品に關するものは藥劑部に於て其の他は檢明部に於て施行しつゝあるのである。

尚東京には歐洲戰亂當時より製藥部及藥用植物栽培試驗部を置きたるも事務分課の制定を見ずして今日に至つ

たのであるが、其の事務の種類を略記すれば左の如くである。

製藥部

一、醫藥品の製造試驗　二、同上原料に關する調査及研究　三、和漢藥の成分に關する研究　四、醫藥品の藥理學的研究

藥用植物栽培試驗部

一、藥用植物の品種改良其の他栽培に關する試驗　二、藥用植物生産に關する調査　三、藥用植物の應用成分等に關する研究　四、有毒植物に關する研究

藥用植物栽培圃場は埼玉縣粕壁町に在る。

昭和十一年度より製藥部の分工場を目黑に設け燐酸コデイン製造を開始してゐる。

二　榮養研究所

榮養研究所は大正九年勅令第四百七號榮養研究所官制に基いて大正十年十二月十七日東京市小石川區駕籠町に設置されたのであつて、厚生大臣の管理に屬し、國民の榮養に關する調査研究を爲す機關である。

職員は所長一人、技師六人、書記二人、技手十人、囑託五人、雇四人を置いてゐる。

榮養研究所に於て調査研究を爲し、又は爲しつゝある事項の主要なるものを擧ぐれば次の如くである。

一　米の消費法改善に關する研究

二　麥の消費法改善に關する研究

三　粟、稗等の消費法改善に關する研究

四　搗粉の利害得失に關する研究
五　日本人の標準食に關する研究
六　精神的作業及筋肉的勞作時の榮養の研究
七　經濟榮養に關する研究
八　廢物利用に關する研究
九　救荒食品に關する研究
一〇　體格、體質改善に關する研究
一一　食品の生産に關する研究
一二　加工食品に關する研究
一三　食品の改善に關する研究

又榮養の缺陷に因り各種疾病を招來する事例が尠くないので、之を豫防、治療上に應用する爲、臨床上榮養の調査研究の必要が痛感され、附屬療院を設置することゝなり、此の程竣工せるを以て近く必要の職員を增置し、事業開始の豫定である。

三　公衆衞生院

公衆衞生院は公衆衞生院官制（昭和十三年勅令第百四十七號）に依り設置せられたものであつて、厚生大臣の管理に屬し公衆衞生技術者の養成訓練、公衆衞生に關する講習及學理應用の調査研究をなす機關である。

公衆衞生院は東京市芝區白金臺町に在り、職員は昭和十三年度に於て教授六人（院長を含む）助教授六人、書記三人及助手十二人を置く豫定で既に其の一部の發令を見着々事業實施の準備を進めて居り、其の行ふ事業の概要は次の如くである。

(一)養成訓練　養成訓練に付ては醫學部、藥學部及獸醫學部の三部に分つて之を爲すことゝなつて居り、(一)修業期間は醫學部及藥學部は一年、獸醫學部は四ヶ月(二)時間は見學、實習を加へて醫學部及藥學部は千五百五十時間、獸醫學部は四百六十八時間(三)定員は醫學部五十人、藥學部二十人、獸醫學部二十五人であり、尚聽講生及研究生の制度がある。

(二)講習　公衆衞生に關する講習を隨時開設する。

(三)調査研究　國民保健の向上進展を期するに必要なる公衆衞生に關する學理應用の調査研究を行ふ。

尚本院の實地訓練機關として東京市京橋區明石町に都市保健館、埼玉縣所澤町に農村保健館あり、前者は東京市、後者は埼玉縣が其の經營に當つて居る。

四　中央衞生會

中央衞生會は明治二十八年勅令第五十七號を以て設置せられてゐる。

中央衞生會は厚生大臣の監督に屬し公衆衞生、獸畜衞生に關する事項に付各省大臣の諮詢に應じ意見を開申するの機關である。本會は會長一人、委員三十人以内を以て組織するのであるが特別の事項を審議する爲必要ある時は臨時委員を置くことが出來る。現在委員は二十九人、臨時委員十七人で會長は厚生大臣之に當り委員及臨時委員は何れも關係各廳高等官及學識經驗ある者の中より命ぜられてゐる。本會設立以來衞生關係の重要法令の制定及改正、醫師、齒科醫師、獸醫師及藥劑師の免許取消、業務停止等の行政處分に付ては總て本會の諮詢を經てゐる。

五　日本藥局方調査會

日本藥局方調査會は昭和十年勅令第二百七十四號を以て設置せられたのであるが、本會は厚生大臣の監督に屬し其の諮問に應じ日本藥局方の改正及衞生試驗の方法に關する事項を調査審議する機關である。

本會は會長一人、委員十六人以内を以て組織するものであるが特別の事項を調査審議する必要ある時は臨時委員を命ずることが出來る。又本會の會長は委員中より任命せらるることになつてゐる。

現在會長以下委員十六名、臨時委員三名、幹事十一名、書記四名である。

六　阿片委員會

近時阿片及痲藥類の取締が人道上將又國際關係上より極めて重要性を加へて來たので、昭和七年勅令第三十八號を以て阿片委員會の設置を見たのである。

阿片委員會は厚生大臣の監督に屬し關係各大臣の諮問に應じ阿片及痲藥類に關する重要事項を調査審議する機關である。

本會は會長一人、委員三十人以内を以て組織するのであるが、委員は全部關係各省の高等官のみを以て充てることになつてゐる。現在は委員二十三名、幹事十一名及書記五名である。

七　保健衞生調査會

保健衞生調査會は保健衞生調査會官制(大正五年勅令第百七十二號)に基き設置せられたものであつて、厚生大臣の監督の下に國民の保健衞生に關する事項を調査審議する。本調査會は會長（厚生大臣)、委員四十人以内及臨時委員若干名を以て之を組織し外に幹事及書記を置く。

本調査會に於て調査審議を爲したる主なる事項としては結核豫防法、精神病院法、花柳病豫防法、汚物掃除法、有害避姙用器具取締規則、寄生蟲病豫防法、牛乳營業取締規則等法令の制定又は改正に協力し、榮養研究所の新設、國立公園に關する基礎的調査、明治神宮競技大會の開催、國立癩療養所の新設、農村實地調査の施行、家庭衞生に關する小冊子三十二種の刊行、衞生映畫の作成、結核豫防根本對策の樹立等に關する調査等を爲し又は之等に協力せることと等を擧げることが出來る。

八　醫藥制度調査會

今回醫藥制度調査會(昭和十三年勅令第四七三號)を設置し醫療機關の普及、整備統制及醫療費の合理化其の他醫事制度、藥事制度の改善に關する重要事項の調査研究をなしてゐる。

醫藥制度調査會は厚生大臣の監督に屬し其の諮問に應じて醫藥制度の改善に關する重要事項を調査審議する。

本會は會長一人委員四十人以內を以て之を組織し、特別の事項を調査審議する爲必要あるときは臨時委員を置くことを得る現在委員四十人で幹事及書記を置いてゐる。

第四章　豫防局主管事務

豫防局に於ては　(一)傳染病、地方病其の他の疾病の豫防に關する事項　(二)檢疫に關する事項　(三)精神病に關する事項　(四)民族衛生に關する事項を掌り、局に優生課、豫防課及防疫課の三課を設けて其の事務を分擔せしめて居る。

第一　優生課主管事務

優生課の主管事務は　(一)民族衛生に關する事項　(二)精神病に關する事項　(三)慢性中毒に關する事項　(四)脚氣、癌其の他慢性病に關する事項　(五)他課の主管に屬せざる事項とあるが、以下各事項に付て事務の内容を概説すれば次の如くである。

一　民族衛生に關する事項

民族衛生の主なる目的は健常なる者を增加せしめ、同時に惡質素質者の減少を圖りて國民の平均素質の向上を期するにある。即ち斷種法の如き優生方策の樹立に就き愼重なる考慮を要する所以である。

二　精神病に關する事項

精神病に關する法令としては精神病院法(大正八年法律第二十五號)精神病院法施行令(大正十二年勅令第三百二十五號)精神病院法施行規則(大正十二年內務省令第十七號)精神病者監護法(明治三十三年法律第三十八號)精神病者監護法施行規則(明治三十三年內務省令第三十五號)及精神病者市區町村長に於

て監護に關する件（明治三十三年勅令第二百八十二號）等がある。

次に精神病患者の狀況を示せば次の如くである。

(一)精神病者數

精神病者の數は左表一號に示すが如く逐年增加し、明治三十八年の二萬三千九百三十一人、人口萬に對し五人の割合の處、大正四年には四萬一千九百二十人、人口萬に對し、七・五一人となり、更に大正十四年には五萬六千八百十三人、人口萬に對し九・五一人と增加し、昭和十一年末現在に八萬六千四十七人、人口萬に對し一二・二五人となつてゐる。又最近五ヶ年の道府縣別精神病患者數は左表二號に示すが如くである。

精神病者累年比較

一號表

年度別	精神病者總數	人口一萬ニ付精神病者數
明治三十八年	二三、九三一	五・〇〇
大正四年	四一、九二〇	七・五一
同十四年	五六、八一三	九・五一
同十五年 昭和元年	六〇、四〇九	九・九八
同二年	六二、三六七	一〇・一七
同三年	六九、五五三	一〇・二〇
同四年	六八、〇〇〇	一〇・八〇
昭和五年	七三、一六六	一一・三五
同六年	七三、七三一	一一・二八
同七年	七三、五四〇	一一・〇九
同八年	七六、〇三九	一一・三一
同九年	七九、一三五	一一・六〇
同一〇年	八三、三六五	一二・〇四
同一一年	八六、〇四七	一二・二五

二號表　最近五ケ年に於ける道府縣別精神病者數調

道府縣	昭和七年度			昭和八年度			昭和九年度			昭和十年度			昭和十一年度		
	男	女	計	男	女	計	男	女	計	男	女	計	男	女	計
北海道	九六三	六一一	一、五七四	一、〇〇一	六二五	一、六二六	一、〇三〇	六二四	一、六五四	一、〇二〇	六一〇	一、六三〇	二、一三二	一、四六八	三、五九九
青森	四四八	一七九	六二七	四五四	一八二	六三六	四〇〇	一五三	五五三	四四六	一六六	六一二	六八七	二九六	九八三
岩手	五七〇	二七一	八四一	五四五	二五三	七九七	五六九	二六三	八三二	五六九	二六〇	八二九	六三三	二六一	八九四
宮城	七四六	三七八	一、一二四	八三〇	三九一	一、二二一	七七六	四〇二	一、一七八	七六二	四三六	一、一九八	七七〇	四三八	一、二〇八
秋田	四六六	一五四	六二〇	四六五	一五八	六二三	四六五	一五九	六二四	四六九	一五四	六二三	四八一	一六五	六四六
山形	一、一三三	五五〇	一、六八二	一、一一四	五六八	一、六八二	一、二六四	五七九	一、八四三	一、一四三	五七五	一、七一七	一、一七八	五七二	一、七五〇
福島	七五三	三〇四	一、〇五六	八七〇	三九六	一、二六六	九七九	五〇一	一、四八〇	九〇六	四四七	一、三五三	九四五	四五三	一、三九八
茨城	一、三三三	六六五	一、九八七	一、三八五	六九六	二、〇八一	一、四六七	七五六	二、二二三	一、四〇九	七三九	二、一四八	一、五三一	七八三	二、三一四
栃木	一、一六三	六五一	一、八一四	一、一五一	六五一	一、八〇二	一、二四八	七六八	二、〇一六	一、三三六	七四六	一、九八二	一、二六八	七七八	二、〇四六
群馬	七三三	四五八	一、一八〇	七五四	四五九	一、二一三	一、〇九〇	七二三	一、八一三	九九〇	六三三	一、六二三	九七九	六三三	一、六一一
埼玉	一、三一七	七二〇	二、〇三七	一、三七八	七一二	二、〇九〇	一、四三六	七五〇	二、一八六	一、四六一	七八六	二、二四七	一、四三七	八四八	二、二八五
千葉	七一九	三一九	一、〇三八	七二七	三〇七	一、〇三四	七七六	三六〇	一、一三六	八七四	三六四	一、二三八	八五六	三七〇	一、二二六
東京	三、五九三	二、六六八	六、二六一	三、四〇三	二、六六〇	六、〇六三	三、四九一	二、六六七	六、一五八	三、六四九	二、八〇九	六、四五八	三、五九七	二、九一一	六、五〇八
神奈川	一、一一五	六七二	一、七八七	一、二八四	八一九	二、一〇三	一、四四五	七六八	二、二一三	一、四一九	九三四	二、三五三	一、〇二九	七九〇	一、八一九
新潟	一、〇一二	四九一	一、五〇三	九七六	四八五	一、四六一	一、〇六四	五八一	一、六四五	一、〇九一	五八一	一、六七二	一、一一六	五八三	一、六九九
富山	五四二	二一二	七五四	五八五	二三六	八二一	五三九	二三四	七七三	五七一	二三六	八〇七	四八八	一九五	六八三
石川	六四五	二八〇	九二五	六七六	三〇五	九八一	六七七	三一三	九九〇	七二一	三三一	一、〇五二	六五八	三〇〇	九五八
福井	五七〇	三二六	八九六	六九四	三七四	一、〇六八	六七八	四一二	一、〇九〇	六八一	四一五	一、〇九六	七一四	四九七	一、二一一
山梨	三五四	一八八	五四二	三四四	一八二	五二六	三七二	一八九	五六一	四〇〇	二一七	六一七	四〇七	二三四	六四一
長野	一、一〇〇	五二三	一、六二三	一、一一八	五一九	一、六三七	一、〇七六	五三三	一、六〇九	一、一四九	五〇九	一、六五八	一、一五六	五〇四	一、六六〇

道府縣	昭和七年度 男	昭和七年度 女	昭和七年度 計	昭和八年度 男	昭和八年度 女	昭和八年度 計	昭和九年度 男	昭和九年度 女	昭和九年度 計	昭和十年度 男	昭和十年度 女	昭和十年度 計	昭和十一年度 男	昭和十一年度 女	昭和十一年度 計
岐阜	六九八	四五〇	一、一四八	七六二	四六三	一、二二五	七三七	四六三	一、二〇〇	七七五	四七五	一、二五〇	七六四	四七八	一、二四二
靜岡	一、五八六	八二四	二、四一〇	一、五五九	八〇九	二、三六八	一、六二五	八〇九	二、四三四	一、六六二	八六四	二、五二六	一、六九〇	八七五	二、五六五
愛知	一、六〇三	九三一	二、五三四	一、六三一	九三四	二、五六五	一、七二九	九五三	二、六八二	一、九四六	一、〇八八	三、〇三四	一、九八六	一、〇九二	三、〇七八
三重	一、〇一三	六一八	一、六三一	一、一六三	七〇七	一、八六九	一、一二四	六八八	一、八一二	一、一二四	六八〇	一、八〇四	一、二〇八	七二三	一、九三〇
滋賀	七五〇	二九一	一、〇四一	七六三	三三八	一、一〇〇	六六〇	三四三	一、〇〇三	六七八	三七八	一、〇五六	六八二	四〇四	一、〇八六
京都	一、七七九	一、一〇二	二、八八一	一、九五四	一、一七〇	三、一二四	二、〇二九	一、二二二	三、二五一	二、一一九	一、三八五	三、五〇四	二、一一二	一、三〇〇	三、四二二
大阪	二、六一五	一、九五三	四、五六八	二、七三八	二、〇四二	四、七八〇	二、九一八	二、一七八	五、〇九六	三、二六四	二、三七〇	五、六三四	三、五四二	二、四八九	六、〇三二
兵庫	二、二二四	一、三五三	三、五七六	二、三三三	一、三八六	三、七一九	二、一四六	一、四三八	三、五八四	二、二四三	一、四七五	三、七一八	二、二八三	一、六五〇	三、九三三
奈良	五九六	三五二	九四八	五九〇	三七一	九六一	五八六	三六〇	九四六	六五三	三九五	一、〇四八	六五四	三八八	一、〇四二
和歌山	六五四	三三一	九八五	六一九	二八九	九〇八	六三八	三〇九	九四七	七五五	二五〇	一、〇〇五	七四五	二九五	一、〇四〇
鳥取	二六二	一五四	四一六	二八九	一六二	四五一	三一四	一八五	四九九	三三四	一八〇	五一四	三三三	一九五	五二八
島根	六四〇	三八八	一、〇二八	六七八	四一四	一、〇九二	六九〇	四〇六	一、〇九六	七二二	四五一	一、一七三	七二三	四五二	一、一七四
岡山	一、〇六四	五六五	一、六二九	一、一一五	五八三	一、六九八	一、一六五	六一八	一、七八三	一、一九九	六一二	一、八一一	一、二一六	六三四	一、八五〇
廣島	二、六〇〇	一、六一〇	四、二一〇	二、七五八	一、七六一	四、五一九	二、七二四	一、七八二	四、五〇六	二、七四四	一、八〇八	四、五五二	二、八〇六	一、八六〇	四、六六六
山口	七六四	四〇四	一、一六八	七八五	四一九	一、二〇四	七七二	四一九	一、一九一	七八五	四一四	一、一九九	七三七	三九五	一、一三三
徳島	六〇四	二八三	八八七	六〇六	二六七	八七三	五八六	二六〇	八四六	六一七	二五五	八七二	四二六	一七〇	五九六
香川	八二三	五〇七	一、三三〇	九四四	五〇八	一、四五三	九七一	五三八	一、五〇九	一、〇〇六	五六八	一、五七四	一、〇一七	五六九	一、五八六
愛媛	七四六	四〇四	一、一五〇	七六六	四一五	一、一八一	七九三	四三一	一、二二四	八〇三	四五〇	一、二五三	八一九	三八九	一、二〇八
高知	三二三	一三一	四五四	三五七	一六〇	五一七	三九九	一九一	五九〇	三八九	二一三	六〇二	三九一	二一六	六〇七
福岡	一、三二五	七二六	二、〇五一	一、二〇六	六五九	一、八六五	一、二八〇	七〇一	一、九八一	一、三七七	七四九	二、一二六	一、三五〇	七三三	二、〇八三
佐賀	四五八	一九四	六五二	四四四	一八八	六三二	四二三	一八二	六〇五	四四二	二〇二	六四四	四六三	二二八	六九一

長崎	九二八	六〇六	一、五三四	九〇九	六一七	一、五二六	九三三	六二一	一、五四四	九〇八	五六七	一、四七五	九七六	六二四	一、六〇〇
熊本	八八一	四二五	一、三〇六	九八八	四四八	一、四三六	一、〇九四	四三六	一、五三〇	一、三二一	六八六	二、〇〇七	一、二九〇	七四〇	二、〇三〇
大分	三六〇	一九五	五五五	三五三	一七八	五三一	三七五	一七九	五五四	三七九	一八五	五六四	四九六	二三七	七三三
宮崎	四九一	三〇九	八〇〇	五一五	三四五	八六〇	五七八	三九〇	九六八	九九〇	七二九	一、七一九	七四四	五七七	一、三二一
鹿児島	一、五七五	六七八	二、二五三	一、六一六	六九三	二、三〇九	一、七五〇	八〇〇	二、五五〇	二、〇五三	一、〇四八	三、一〇一	二、〇三七	一、〇〇七	三、〇四四
沖縄	三八五	一四〇	五二五	四一一	一四二	五五三	四七〇	一五八	六二八	五一七	一七一	六八八	五一〇	一八一	六九一
合計	四六、九九八	二六、五四二	七三、五四〇	四八、六〇四	二七、四三五	七六、〇三九	五〇、三五一	二八、七八四	七九、一三五	五二、七七〇	三〇、五九五	八三、三六五	五四、〇七〇	三一、九七七	八六、〇四七

(二)精神病院法に依る施設

精神病者を保護治療する收容施設は甚だ僅少にして、精神病院法の規定に依り府縣に設置を命じたるは、公立精神病院七、府縣代用精神病院として指定したる精神病院七十二にして、昭和十三年六月末日現在のものを示せば次の如くである。

イ　公立精神病院（設置命令に依り設置せるもの）

府縣名	名稱	收容定員
東京	松澤病院	一、〇三二
大阪	中宮病院	四五〇
神奈川	芹香院	二三四
愛知	精神病院	一〇〇
兵庫	光風寮	四〇〇
福岡	筑紫保養院	二〇〇
鹿児島	鹿児島保養院	一〇〇
計		二、五一六

府縣名	名稱	收容定員	代用患者定員
東京	根岸病院	四九八	二三〇
	王子腦病院	二七九	一五〇
	保養院	五九八	二九〇
	加命堂病院	二三二	一三〇
	井村病院	二四七	一一〇
	青山腦病院	四〇五	二七〇
	鳥山病院	四四一	二〇〇
	井之頭病院	四二八	一九〇
	小林病院	八二	三五
	慈雲堂病院	七三七	九五
	田端腦病院	一七五	五〇
京都	岩倉病院	四五六	二五五
	京都腦病院	三六七	二四〇
	川越病院	一〇〇	四五
	伏見病院（長岡分院）	一三九	八〇
大阪	堺腦病院	四四五	三三五
	大阪腦病院	二二一	一一〇
	阪本腦病院	一六八	一一〇
	濱寺病院	三六七	二六〇
	七山腦病院	二七四	二一〇

府縣名	名稱	收容定員	代用患者定員
	關西病院	一三六	八〇
	天美腦病院	二三六	一五〇
	香里腦病院	三一五	二〇〇
	吹田腦病院	一三九	七〇
	新京阪病院	一八四	八〇
	京阪病院	一一二	五〇
	小阪病院	九〇	四〇
	藤井寺病院	一二八	六〇
	石丸病院	七六	四〇
	大阪腦神經病院	一七二	五〇
神奈川	横濱腦病院	三一三	一四〇
	鎌倉腦病院	一五三	三〇
	曾我腦病院	一一二	三〇
兵庫	須磨病院	二七五	五六
	湊川腦病院	二九五	五五
新潟	新潟腦病院	一五〇	五〇
	高田腦病院	八八	三五
埼玉	毛呂病院	一七〇	三五
群馬	厩橋病院	二三九	六〇

千葉	中山腦病院	一二〇	五五
	木村病院	五八	二五
茨城	土浦腦病院	五二	一五
奈良	吉田病院	五一	三〇
	信貴病院	七四	四〇
三重	宮川腦病院	一七〇	七〇
静岡	静岡腦病院	一四〇	四五
	沼津腦病院	一〇〇	二五
	濱松腦病院	七九	二五
	三方原腦病院	八二	二五
	駿府病院	六六	一五
山梨	山梨腦病院	五二	一五
滋賀	水口腦病院	一〇四	三七
岐阜	岐阜腦病院	一九九	三〇
長野	鶴賀腦病院	一二六	一五
宮城	東北腦病院	一一七	六〇
	名取療養所	六〇	一五
福島	郡山腦病院	七三	一五
岩手	岩手保養院	四〇	一五
山形	山形腦病院	一一三	五〇
秋田	秋田腦病院	五九	一五
福井	平岡腦病院	九八	三三
石川	金澤腦病院	八二	一五
	松原病院	四八	一五
富山	富山腦病院	七〇	一五
岡山	河田腦病院	一八二	四〇
	岡山腦病院	一一一	二〇
廣島	養神館病院	七八	三五
香川	大西腦病院	一五〇	五〇
愛媛	今治腦病院	一三一	三二
	松山腦病院	一一五	二三
高知	土佐腦病院	五九	一五
熊本	熊本腦病院	一三四	一五
	計七二院	一三、二三五	五、六五一

(三)精神病者監護法に依る監護

精神病院法に依らざる病院其の他の場所に監護中の精神病者數は昭和十二年末現在患者總數八萬六千四十七名の中一萬二千八百七十二名にして其の內譯は

一	病院に監置せるもの	男	三、六九〇人
		女	二、一一〇
		計	五、八〇〇
二	其の他の場所に監置せるもの	男	五、七八八
		女	一、二八四
		計	七、〇七二

で、計 一二、八七二人である。

最近十ケ年の精神病者收容監置の狀況を示せば左の通である。

最近十ケ年に於ける精神病者收容監置調

年度別	男女計	精神病院法ニ依ルモノ 公立精神病院ニ收容シタルモノ	精神病院法ニ依ルモノ 代用精神病院ニ收容シタルモノ	精神病院法ニ依ルモノ 計	精神病者監護法ニ依ルモノ 同上以外ノ病院ニ監置シタルモノ	精神病者監護法ニ依ルモノ 其ノ他ノ場所ニ監置シタルモノ	精神病者監護法ニ依ルモノ 一時假監置者	精神病者監護法ニ依ルモノ 計	收容又ハ監置ヲ爲スニ至ラザルモノ	合計
昭和二年	男	六二一	一、一四六	一、七六七	一、九四八	四、六二五	五〇	六、六二三	三一、八八三	四〇、二七三
	女	四三一	七六五	一、一九六	八七四	一、〇四〇	一一	一、九二五	一八、九七三	二二、〇九四
	計	一、〇五二	一、九一一	二、九六三	二、八二二	五、六六五	六一	八、五四八	五〇、八五六	六二、三六七

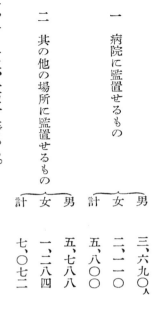

昭和三年	男	六二七	一、二七五	一、九〇二	一、六四二	五、四一七	七四	七、一三三	三五、五七三	四四、六〇八
	女	四四七	八二五	一、二七二	八〇八	一、三四二	一七	二、一六七	二一、五〇六	二四、九四五
	計	一、〇七四	二、一〇〇	三、一七四	二、四五〇	六、七五九	九一	九、三〇〇	五七、〇七九	六九、五五三
昭和四年	男	八〇七	一、一八〇	一、九八七	一、八七六	五、二九二	一一七	七、二八五	三四、四〇四	四三、六七六
	女	五四三	七四〇	一、二八三	九〇四	一、二五二	四四	二、二〇〇	二〇、八四一	二四、三二四
	計	一、三五〇	一、九二〇	三、二七〇	二、七八〇	六、五四四	一六一	九、四八五	五五、二四五	六八、〇〇〇
昭和五年	男	八四二	一、七二五	二、五六七	二、二四二	五、四七八	一〇〇	七、八二〇	三六、四四三	四六、八三〇
	女	五五二	一、〇一一	一、五六三	一、〇六六	一、三一一	三六	二、四一三	二三、三五九	二六、三三五
	計	一、三九四	二、七三六	四、一三〇	三、三〇八	六、七八九	一三六	一〇、二三三	五八、八〇二	七三、一六五
昭和六年	男	九五三	一、二六五	二、二一八	二、六二八	五、三〇一	一〇八	八、〇三七	三六、六九〇	四六、九四五
	女	五八二	七九〇	一、三七二	一、三六九	一、一七一	二八	二、五六八	二三、八四六	二六、七八六
	計	一、五三五	二、〇五五	三、五九〇	三、九九七	六、四七二	一三六	一〇、六〇五	五九、五三六	七三、七三一
昭和七年	男	一、〇三三	一、三五一	二、三八四	二、八九六	五、三六八	六五	八、三二九	三六、二八五	四六、九九八
	女	六〇三	八一五	一、四一八	一、六一七	一、一五五	一八	二、七九〇	二三、三三四	二六、五四二
	計	一、六三六	二、一六六	三、八〇二	四、五一三	六、五二三	八三	一一、一一九	五八、六一九	七三、五四〇
昭和八年	男	一、一五六	一、五九〇	二、七四六	二、八一五	五、四六三	七五	八、三五三	二七、五〇五	四八、六〇四
	女	六四九	一、〇一八	一、六六七	一、五四二	一、一九三	一九	二、七五四	二三、〇一四	二七、四三五
	計	一、八〇五	二、六〇八	四、四一三	四、三五七	六、六五六	九四	一一、一〇七	六〇、五一九	七六、〇三九
昭和九年	男	一、二四七	一、八〇三	三、〇五〇	三、〇三八	五、五四一	八六	八、六六五	三八、六三六	五〇、三五一
	女	七〇〇	一、〇七九	一、七七九	一、六七四	一、二四一	三〇	二、九四五	二四、〇六〇	二八、七八四
	計	一、九四七	二、八八二	四、八二九	四、七一二	六、七八二	一一六	一一、六一〇	六二、六九六	七九、一三五
昭和十年	男	一、三九九	二、〇五四	三、四五三	三、二二八	五、八六〇	一一五	九、二〇三	四〇、一一四	五二、七七〇
	女	七四九	一、二三七	一、九八六	一、八三五	一、三三八	三六	三、一九九	二五、四一〇	三〇、五九五
	計	二、一四八	三、二九一	五、四三九	五、〇六三	七、一八八	一五一	一二、四〇二	六五、五二四	八三、三六五

年度別	男女計	精神病院法ニ依ルモノ 公立精神病院ニ收容シタルモノ	精神病院法ニ依ルモノ 代用精神病院ニ收容シタルモノ	精神病院法ニ依ルモノ 計	精神病者監護法ニ依ルモノ 同上以外ノ病院ニ監置シタルモノ	精神病者監護法ニ依ルモノ 其ノ他ノ場所ニ監置シタルモノ	精神病者監護法ニ依ルモノ 一時假監置者	精神病者監護法ニ依ルモノ 計	收容又ハ監置ヲ爲スニ至ラザルモノ	合計
昭和十一年	男	一、三八一	二、二五四	三、六三五	三、六九〇	五、七八八	九九	九、五七七	四〇、八五八	五四、〇七〇
	女	七六七	一、三三七	二、一〇四	二、一一〇	一、二八四	一九	三、四一三	二六、四六〇	三一、九七七
	計	二、一四八	三、五九一	五、七三九	五、八〇〇	七、〇七二	一一八	一二、九九〇	六七、三一八	八六、〇四七

三　慢性中毒に關する事項

痲藥中毒、酒精中毒等の慢性病の豫防を目的としてゐる。

四　脚氣、癌其の他慢性病に關する事項

五　他課の主管に屬せざる事項

他課の主管に屬せざる事項の主なるものは學校衛生中疾病の豫防及治療に關する事項にして就中近視眼及齒科疾病の豫防に關する事項で、之が施設の擴充を圖る目的を以て目下鋭意考究中である。

第二　豫防課主管事務

豫防課の主管事務は㈠結核、トラホーム、癩其の他慢性傳染病に關する事項　㈡寄生蟲病、原蟲病及地方病に關する事項である。以下各事項に付其の內容を概說すれば次の如くである。

一　結核、トラホーム、癩、花柳病其の他慢性傳染病に關する事項

國民の間に蔓延する慢性傳染病の豫防と豫防施設の擴充とを主たる目的としてゐる。

(一)結核　結核の豫防に關する法令としては、結核豫防法（大正八年法律第二十六號改正昭和十二年法律第四十一號）結核豫防法施行令（大正八年勅令第四百五號改正昭和三年勅令第九號）結核豫防法施行規則（大正八年内務省令第二十號改正大正十二年内務省令第五號昭和十二年同第二十八號）等がある。

(イ)結核蔓延の狀況　我國に於ては結核は都市と云はず、農漁山村と云はず、國民大衆の間に蔓延し、百數十萬人が此の結核に侵され、年々十二、三萬人の死亡者を出してゐるが、昭和十一年には十四萬五千人と十四萬臺になり、人口一萬に對する比も大正十四年以來久しく二〇を割つてゐたものが二〇・七となり此の中肺結核は一五・三を示してゐる。

結核死亡累年比較

年次	人口五萬以上の市 肺結核	人口五萬以上の市 其ノ他ノ結核	人口五萬以上の市 全結核	其ノ他ノ市町村 肺結核	其ノ他ノ市町村 其ノ他ノ結核	其ノ他ノ市町村 全結核	全國 肺結核	全國 其ノ他ノ結核	全國 全結核
明治四十二年	一七、九〇五	六、二五三	二四、一五八	六四、七一八	二四、七四六	八九、四六四	八二、六六三	三〇、九九九	一一三、六六三
同　四十三年	一七、七〇九	六、〇三二	二三、七四一	六四、九四三	二四、五一九	八九、四六二	八二、六五二	三〇、五五一	一一三、二〇三
同　四十四年	一七、六七〇	六、一一七	二三、八四六	六三、〇九六	二三、七八〇	八六、八七六	八〇、七六六	二九、九五六	一一〇、七二三
同四十五年 大正元年	一八、三七六	六、一〇六	二四、四八二	六三、六七二	二六、〇四三	八九、七一五	八二、〇四八	三二、一四九	一一四、一九七
同　二年	一七、八七八	五、九五七	二三、八三五	六二、三五五	二四、五六三	八六、九一八	八〇、二三三	三二、五三〇	一一〇、七五三
同　三年	一八、七九四	六、五六三	二五、三五七	六二、六二〇	二五、三六四	八七、九八四	八一、四一四	三一、九二七	一一三、三四一
同　四年	一九、〇四一	六、八六〇	二五、九〇二	六四、二一二	二五、七九九	九〇、〇一一	八三、二五四	三二、六五九	一一五、九一三
同　五年	二〇、二六五	七、三三三	二七、五九八	六六、三六八	二七、八四四	九四、二一二	八六、六六三	三五、一七七	一二一、八一〇
同　六年	二〇、二三一	七、七〇二	二七、九三三	六七、七二一	二九、一三三	九六、八五四	八七、九五二	三六、八三五	一二四、七七七

年次	人口五萬以上ノ市			其ノ他ノ市町村			全國		
	肺結核	其ノ他ノ結核	全結核	肺結核	其ノ他ノ結核	全結核	肺結核	其ノ他ノ結核	全結核
大正七年	二三、三七八	九、一七一	三二、五四九	七五、八三七	三二、三六一	一〇八、一九八	九九、二一五	四一、五三二	一四〇、七四七
同八年	二三、一〇六	九、三二六	三二、四三二	七〇、〇一一	三〇、一一三	一〇〇、一二三	九三、一一七	三九、四四八	一三二、五六五
同九年	二一、四〇八	八、八五五	三〇、二六三	六五、六九四	二九、二〇八	九四、九〇二	八七、一〇二	三八、〇六三	一二五、一六五
同十年	二〇、二二六	八、八六六	二九、〇九二	六二、六七七	二八、九五〇	九一、六二七	八二、九〇三	三七、八一六	一二〇、七一九
同十一年	二一、〇六二	九、三八三	三〇、四四五	六四、四五三	三〇、六〇八	九五、〇六一	八五、五一五	三九、九九一	一二五、五〇六
同十二年	一三、九一四	六、〇三七	一九、九五一	六七、六三三	三〇、六三二	九八、二六五	八一、五四七	三六、六六九	一一八、二一六
同十三年	一三、〇七二	五、五七六	一八、六四八	六六、三三八	二九、二四三	九五、五八一	七九、四一〇	三四、八一九	一一四、二二六
同十四年	一五、〇七五	六、〇七二	二一、一四七	六六、四七一	二八、三三八	九四、八〇九	八一、五四六	三四、四一〇	一一五、九五六
同十五年 昭和元年	一六、〇八七	六、二八二	二二、三六九	六四、二四三	二六、四三三	九〇、六七六	八〇、三三〇	三二、七一五	一一三、〇四三
同二年	一七、九四七	六、六五五	二四、六〇二	六七、五五五	二七、二八二	九四、八三七	八五、五〇二	三三、九三七	一一九、四三九
同三年	一七、七一二	六、六九三	二四、四〇五	六八、一六六	二七、〇六一	九五、二二七	八五、八七八	三三、七五四	一一九、六三二
同四年	一八、五六六	七、〇九四	二五、六六〇	六九、八七四	二七、九五六	九七、八三〇	八八、四四〇	三五、〇五〇	一二三、四九〇
同五年	一八、三〇九	六、八六一	二五、一七〇	六七、七七三	二六、六九二	九四、四六五	八六、〇八二	三三、五五三	一一九、六三五
同六年	二一、二〇九	七、三七二	二八、五八一	六七、九八三	二五、三一一	九三、二九四	八九、一九二	三二、六八三	一二一、八七五
同七年	二二、二九九	七、五六〇	二九、八五九	六五、一二八	二四、二〇九	八九、三三七	八七、四二七	三一、七六九	一一九、一九六
同八年	二九、四四四	九、五四六	三八、九九〇	六四、一九六	二三、五一七	八七、七一三	九三、六四〇	三三、〇六三	一二六、七〇三
同九年	二九、八九〇	九、九八一	三九、八七一	六七、〇六一	二四、五九三	九一、六五四	九六、九五一	三四、五七四	一三一、五二五
同十年	三〇、四三五	一〇、一六三	四〇、五九八	六六、九七四	二四、五七九	九一、五五三	九七、四〇九	三四、七四二	一三二、一五一
同十一年	三五、八九八	一一、八〇三	四一、二九八	七一、二五九	三二、六〇三	一〇三、八六二	一〇七、一五七	三八、〇〇三	一四五、一六〇

備考　一、大正十二年以降に於ける「人口五萬以上の市」欄の計數は人口十萬以上の市に係るものとす

二、昭和八年以降の「肺結核」欄の計數は呼吸器の結核（氣管及氣管支の淋巴腺を含む）とす

結核死亡率累年比較（人口一萬ニ付）

年次	人口五萬以上ノ市 肺結核	人口五萬以上ノ市 其ノ他結核	人口五萬以上ノ市 全結核	其ノ他ノ市町村 肺結核	其ノ他ノ市町村 其ノ他結核	其ノ他ノ市町村 全結核	全國 肺結核	全國 其ノ他結核	全國 全結核
明治四十二年	二八・六	一〇・〇	三八・六	一四・八	五・七	二〇・五	一六・六	六・二	二三・八
同四十三年	二七・三	九・四	三六・七	一四・八	五・六	二〇・四	一六・四	六・〇	二三・四
同四十四年	二七・八	九・七	三七・五	一四・〇	五・三	一九・三	一五・七	五・八	二一・五
同四十五年 大正元年	二八・四	九・五	三七・九	一三・九	五・七	一九・六	一五・八	六・一	二一・九
同二年	二六・六	八・〇	三五・五	一三・五	五・三	一八・八	一五・二	五・八	二二・〇
同三年	二六・一	九・〇	三五・一	一三・五	五・五	一九・〇	一五・二	六・〇	二二・三
同四年	二五・七	九・二	三四・九	一三・七	五・五	一九・二	一五・三	六・〇	二二・三
同五年	二六・五	九・六	三六・一	一三・九	五・九	一九・八	一五・七	六・四	二三・一
同六年	二五・八	九・八	三五・六	一四・一	六・〇	二〇・一	一五・七	六・五	二三・二
同七年	二六・〇	一一・二	三九・一	一六・〇	六・八	二三・八	一七・八	六・五	二五・三
同八年	二五・三	一〇・二	三五・五	一四・九	六・四	二一・三	一六・六	七・〇	二三・六
同九年	二四・四	一〇・一	三四・五	一三・九	六・二	二〇・一	一五・六	六・八	二三・四
同十年	二一・八	九・五	三一・三	一三・一	六・〇	一九・一	一四・六	六・七	二一・三
同十一年	二一・六	九・六	三一・二	一三・六	六・四	二〇・〇	一四・八	六・九	二一・七
同十二年	一八・四	八・九	二六・四	一三・三	六・〇	一九・三	一三・九	六・二	二一・七
同十三年	一七・九	七・七	二五・六	一二・八	五・六	一八・四	一三・四	五・九	二〇・一
同十四年	一八・六	七・五	二六・一	一二・九	五・五	一八・四	一三・七	五・七	一九・三
同十五年 昭和元年	一七・八	七・〇	二四・八	一二・五	五・一	一七・六	一三・三	五・四	一九・四
同二年	一九・〇	七・一	二六・一	一三・〇	五・三	一八・三	一四・〇	五・五	一八・七
同三年	一八・一	九・八	二四・九	一三・〇	五・二	一八・二	一三・八	五・四	一九・五

年次	人口五萬以上ノ市 肺結核	人口五萬以上ノ市 其ノ他ノ結核	人口五萬以上ノ市 全結核	其ノ他ノ市町村 肺結核	其ノ他ノ市町村 其ノ他ノ結核	其ノ他ノ市町村 全結核	全國 肺結核	全國 其ノ他ノ結核	全國 全結核
昭和四年	一八・二	六・九	二五・一	一三・三	五・三	一八・六	一四・一	五・六	一九・二
同五年	一七・九	六・七	二四・六	一二・五	四・九	一七・四	一三・四	五・二	一九・七
同六年	一八・五	六・五	二五・〇	一二・六	四・七	一七・三	一三・六	五・〇	一八・六
同七年	一四・九	五・〇	一九・九	一二・七	四・七	一七・四	一三・二	四・八	一八・〇
同八年	一九・〇	六・二	二五・二	一二・四	四・五	一七・〇	一三・九	四・九	一八・八
同九年	一六・七	六・二	二四・九	一三・九	四・七	一七・六	一四・二	五・一	一九・三
同十年	一八・一	六・一	二四・二	一二・八	四・七	一七・五	一四・一	五・〇	一九・一
同十一年	一九・八	六・五	二六・三	一三・七	六・三	二〇・〇	一五・三	五・四	二〇・七

備考　一、大正十二年以降に於ける「人口五萬以上の市」欄の計數は人口十萬以上の市に係るものとす
　　　二、昭和八年以降の「肺結核」欄の計數は呼吸器の結核（氣管及氣管支の淋巴腺を含む）とす

(ロ)醫師の結核患者屆出　昭和十二年法律第四十一號結核豫防法中改正法律により昭和十二年七月以降醫師は環境上病毒傳播の虞ありと認めた結核患者の屆出をなすことゝなつた。昭和十三年迄の屆出數は左の通である。

結核豫防法に依る醫師屆出結核患者調

一　年齡別

期間		一歳—五歳	六—一〇	一一—一五	一六—二〇	二一—二五	二六—三〇	三一—三五	三六—四〇	四一—五〇	五一—六〇	六一歳以上	合計
昭和十二年七月ヨリ十二月マデノ累計	男	四四	八八	二五〇	一、五五八	一、八六九	一、五一三	九五八	六四〇	七八八	四九八	二七三	八、四七九
	女	四一	八一	四九八	一、五八四	一、四四九	一、一〇八	六〇四	三八三	四二九	二八二	一〇九	六、五六八
	計	八五	一六九	七四八	三、一四二	三、三一八	二、六二一	一、五六二	一、〇二三	一、二一七	七八〇	三八二	一五、〇四七
昭和十三年一月分	男	二	八	二一	一四三	二一七	一六五	一〇三	八六	八八	六〇	二五	九一八
	女	二	五	三六	一五七	一五三	一〇八	五四	四六	三八	二二	一五	六三六
	計	四	一三	五七	三〇〇	三七〇	二七三	一五七	一三二	一二六	八二	四〇	一、五五四
昭和十三年二月分	男	二	一三	二六	一八六	二三五	一九〇	一二三	一〇一	一二一	六八	二七	一、〇九二
	女	一	四	五〇	二一二	一八九	一四二	九一	六五	七五	三一	一八	八七八
	計	三	一七	七六	三九八	四二四	三三二	二一四	一六六	一九六	九九	四五	一、九七〇
昭和十三年三月分	男	二	一一	二一	二一八	二八七	二二七	一四二	一三九	一〇九	八一	四〇	一、二七七
	女	八	一二	五七	二五三	二〇七	一六一	一〇三	六九	七五	三三	一五	九九三
	計	一〇	二三	七八	四七一	四九四	三八八	二四五	二〇八	一八四	一一四	五五	二、二七〇
昭和十三年一月ヨリ三月マデノ累計	男	六	三三	六八	五四七	七三九	五八二	三六八	三二六	三一八	二〇九	九二	三、二八七
	女	一一	二二	一四三	六二二	五四九	四一一	二四八	一八〇	一八八	八六	四八	二、五〇七
	計	一七	五五	二一一	一、一六九	一、二八八	九九三	六一六	五〇六	五〇六	二九五	一四〇	五、七九四
合計	男	五〇	一二〇	三一八	二、一〇五	二、六〇八	二、〇九五	一、三二六	九六六	一、一〇六	七〇七	三六五	一一、七六六
	女	五二	一〇三	六四一	二、二〇六	一、九九八	一、五一九	八五三	五六三	六一七	三六八	一五七	九、〇七五
	計	一〇二	二二三	九五九	四、三一一	四、六〇六	三、六一四	二、一七八	一、五二九	一、七二三	一、〇七五	五二二	二〇、八四一

二　道府縣別

道府縣名	昭和十二年七月ヨリ十二月マデ累計 男	女	計	昭和十三年一月分 男	女	計	昭和十三年二月分 男	女	計	昭和十三年三月分 男	女	計	昭和十三年一月ヨリ三月マデノ累計 男	女	計	合計 男	女	計
北海道	一、二七六	一、〇〇〇	二、二七六	一二七	八八	二一五	一五一	一一六	二六七	一八四	一六三	三四七	四六二	三六七	八二九	一、七三八	一、三六七	三、一〇五
東京	一、一〇二	七八七	一、八八九	一〇二	六九	一七一	一六四	一二九	二九三	二五七	一五〇	四〇七	五二三	三四八	八七一	一、六二五	一、一三五	二、七六〇

道府縣名	昭和十二年七月ヨリ十二月マデ累計 男	女	計	昭和十三年一月分 男	女	計	昭和十三年二月分 男	女	計	昭和十三年三月分 男	女	計	昭和十三年一月ヨリ三月マデノ累計 男	女	計	合計 男	女	計
京都	二五七	一九一	四四八	二三	一六	三九	一四	九	二三	三一	二一	五二	六八	四六	一一四	三二五	二三七	五六二
大阪	一六六	一〇二	二六八	一八	一六	三四	三三	三八	七一	二六	一六	四二	七七	七〇	一四七	二四三	一七二	四一五
神奈川	九九四	六一四	一、六〇八	一三四	六九	二〇三	一三三	八三	二一六	九八	七一	一六九	三六五	二二三	五八八	一、三五九	八三七	二、一九六
兵庫	一八〇	九七	二七七	一九	四	二三	五〇	四二	九二	二六	二三	四九	九五	六九	一六四	二七五	一六六	四四一
長崎	九六	六〇	一五六	一五	一一	二六	一五	七	二二	一五	八	二三	四五	二六	七一	一四一	八六	二二七
新潟	六二	四九	一一一	二	二	四	二	二	四	三	一	四	七	五	一二	六九	五四	一二三
埼玉	一一六	八七	二〇三	五	三	八	一三	一〇	二三	七	七	一四	二四	二〇	四四	一四〇	一〇七	二四七
群馬	八三	七九	一六二	四	六	一〇	一〇	一〇	二〇	七	九	一六	二一	二五	四六	一〇四	一〇四	二〇八
千葉	二八	一六	四四	三	二	五	六	六	一二	二	五	七	一一	一三	二四	三九	二九	六八
茨城	四四	三四	七八	三	一	四	五	一	六	五	四	九	一三	六	一九	五七	四〇	九七
栃木	九	一〇	一九	二	—	二	二	一	三	一一	一五	二六	一五	一六	三一	二四	二六	五〇
奈良	三八	三一	六九	一二	九	二一	七	三	一〇	八	五	一三	二七	一七	四四	六五	四八	一一三
三重	一五〇	一三八	二八八	一六	一〇	二六	二〇	二三	四三	一九	一三	三二	五五	四五	一〇〇	二〇五	一八三	三八八
愛知	二五九	二二六	四八五	二八	二二	五〇	二四	一九	四三	一九	二三	四二	七一	六三	一三四	三三〇	二八九	六一九
静岡	七九	五七	一三六	五	六	一一	三	八	一一	六	二	八	一四	一六	三〇	九三	七三	一六六
山梨	二九	二一	五〇	—	三	三	四	五	九	一〇	五	一五	一四	一三	二七	四三	三四	七七
滋賀	一〇六	九二	一九八	一〇	—	一〇	九	七	一六	二二	一四	三六	四一	二一	六二	一四七	一一三	二六〇
岐阜	二五七	二二五	四八二	六九	五一	一二〇	四五	三四	七九	六三	五三	一一六	一七七	一三八	三一五	四三四	三六三	七九七
長野	一四三	九五	二三八	二七	一二	三九	五	七	一二	三	—	三	三五	一九	五四	一七八	一一四	二九二

宮城	福島	岩手	青森	山形	秋田	福井	石川	富山	鳥取	島根	岡山	廣島	山口	和歌山	徳島	香川	愛媛	高知	福岡	大分	佐賀
四七	五八	一九〇	一三一	七三	三二	三八八	一九七	八三	一〇一	二六	四三	一九一	一〇一	一四五	一五	一三七	九五	八九	三四五	一〇	一六
四五	二七	一八一	一一七	六〇	二五	三四二	一九七	六六	六八	一六	五一	一六〇	六八	一一五	一〇	七九	九六	七七	二八一	九	二〇
九二	八五	三七一	二四八	一三三	五七	七三〇	三九四	一四九	一六九	四二	九四	三五一	一六九	二六〇	二五	二一六	一九一	一六六	六二六	一九	三六
三	一	二九	四	六	二	三六	二〇	九	一一	—	九	一九	一四	八	三	一九	一〇	三	八	四	—
四	—	二一	二	二	四	三九	一六	五	一〇	—	九	一三	四	六	二	八	一五	一	一七	二	—
七	一	五〇	六	八	六	七五	三六	一四	二一	—	一八	三二	一八	一四	五	二七	二五	四	二五	六	—
三	二	二八	一〇	三四	一〇	二六	一九	六	一〇	二	一五	五四	四	九	一	九	九	二	一九	八	三
二	二	二七	五	一六	六	二五	一八	一〇	九	—	一七	四四	二一	四	六	九	一四	一二	一五	七	—
五	四	五五	一五	五〇	一六	五一	三七	一六	一九	二	三二	九八	二五	一三	七	一八	二三	一四	三四	一五	三
二八	一	三九	九	二五	四	五八	二二	一六	七	—	二二	五五	一一	一三	一	二一	二七	七	二三	一八	三
一四	—	三六	五	二七	二	四五	二四	一一	九	二	一七	四一	一二	九	一	四	三一	五	三七	八	一
四二	一	七五	一四	五二	六	一〇三	四六	二七	一六	二	三九	九六	二三	二二	二	二五	五八	一二	六〇	二六	四
三四	四	九六	二三	六五	一六	一二〇	六一	三一	二八	二	四六	一二八	三九	三〇	五	四九	四六	一二	五〇	三〇	六
二〇	二	八四	一二	四五	一二	一〇九	五八	二六	二八	二	四三	九八	二七	一九	九	二一	六〇	一八	六九	一七	一
五四	六	一八〇	三五	一一〇	二八	二二九	一一九	五七	五六	四	八九	二二六	六六	四九	一四	七〇	一〇六	三〇	一一九	四七	七
八一	六二	二八六	一五四	一三八	四八	五〇八	二五八	一一四	一三九	二八	八九	三一九	一四〇	一七五	二〇	一八六	一四一	一〇一	三九五	四〇	二一
六五	二九	二六五	一二九	一〇五	三七	四五一	二五五	九二	九六	一八	九四	二五八	九五	一三四	一九	一〇〇	一五六	九五	三五〇	二六	二二
一四六	九一	五五一	二八三	二四三	八五	九五九	五一三	二〇六	二三五	四六	一八三	五七七	二三五	三〇九	三九	二八六	二九七	一九六	七四五	六六	四三

道府縣名	昭和十二年七月ヨリ十二月マデ累計 男	女	計	昭和十三年一月分 男	女	計	昭和十三年二月分 男	女	計	昭和十三年三月分 男	女	計	昭和十三年一月ヨリ三月マデノ累計 男	女	計	合計 男	女	計
熊本	二五〇	一八四	四三四	四〇	二六	六六	三〇	二六	五六	二二	二四	四六	九二	七六	一六八	三四二	二六〇	六〇二
宮崎	一八七	二〇九	三九六	二六	二九	五五	三〇	一八	四八	二一	二一	四二	七七	六八	一四五	二六四	二七七	五四一
鹿兒島	四三	四六	八九	六	一	七	二五	一五	四〇	二	一	三	三三	一七	五〇	七六	六三	一三九
沖繩	一二	八	二〇	四	—	四	—	—	—	—	—	—	四	—	四	一六	八	二四
合計	八、四七九	六、五六八	一五、〇四七	九一八	六三六	一、五五四	一、〇九二	八七八	一、九七〇	一、二七七	九九三	二、二七〇	三、二八七	二、五〇七	五、七九四	一一、七六六	九、〇七五	二〇、八四一

(ハ)結核豫防法に依る施設

結核豫防の理想としては一年間の結核死亡數に相當する病床數即ち十二、三萬床の設置を必要とするのであるが、未だ其の施設は極めて不十分である。昭和十三年四月末現在の數は

一　法第六條に依り內務大臣が地方公共團體に設置を命じたる結核療養所四十五箇所で其の病床數一萬四百三十八床である。

二　內務大臣の設置命令に依らずして地方公共團體及公益法人に於て設置したる結核療養所にして法第九條に依り國庫補助を爲すものは五箇所で其の病床數は千二百九十七床である。

(ニ)結核療養施設擴充計畫

結核豫防上からすれば多數の病床數を成るべく早急に擴充することが極めて效果的であるが、國及地方の財政を考慮し第一期計畫として昭和十二年度以降十年間に三萬床擴充の計畫を樹立した。即ち國に於て設立する結核療養所四千二百床（內健康保險の療養所千七百床を含む）と地方公共團體に對し設置命令を爲して施設せしむるもの二萬五千八百床とである。

（ホ）結核豫防法に依らざる施設　昭和七年度以降日本放送協會より前年度末現在の道府縣内の有料ラヂオ聽取者數に應じ一箇月分の聽取料額を其の道府縣に納付せしめ、道府縣は之を結核豫防法に依らざる施設に使用することにした。昭和十二年度に於ける道府縣の納付金は總額百三十五萬一千圓であつて其の主なる施設は次の如くである。

一　健康相談所の設置（昭和十二年三月末現在で百二十九箇所を開所す）

二　結核豫防の第一線に立たしむるに必要な知識を與へる爲の長期の講習（結核專任醫師百八名、結核豫防看護婦二百六十四名を養成してゐる）

三　公私立病院に對し貧困患者を委託入院せしめてゐる。昭和十一年度に於ける其の數は實人員二千九百三十三人延人員三十七萬四千六十五人である。

四　其の他委託診療、輕快者保養施設、虛弱兒童養護施設、榮養品給與、消毒藥品給與等をしてゐる。

（ニ）トラホーム　トラホーム豫防法（大正八年法律第二十七號）トラホーム豫防法施行規則（大正八年內務省令第十三號）等の法令がある。

（イ）トラホーム蔓延の狀況　トラホームは古來から我が國民の間に廣く蔓延してゐる疾患で罹患者は視力の上に多大の障害を蒙るので忽諸に附することを許さぬ疾病である。今統計を示せば次の通である。

「トラホーム」検診成績総覧（昭和十一年中）

廳府縣	檢診人員	患者ト決定シタル人員 重症	輕症	疑似症	計	受診者百ニ付患者	從業停止ヲ命ゼラレタルモノ	備考
北海道	九二九、八〇五	七、八〇九	五一、六六八	一七、〇一八	七六・四九五	八・二三	—	
東京	三五〇、九九八	三〇二	九、九五九	三、〇三九	一三、三〇〇	三・七九	—	壯丁ノ分ヲ除ク 工場從業者ノ分ヲ除ク
京都	一二一、八七三	九三	一、五一六	五一四	二、一一三	一・七四	—	
大阪	九三、一六五	一一一	一、三一七	七	一、四三五	一・五四	—	壯丁ノ分ヲ除ク 工場從業者ノ分ヲ除ク 其ノ他ノ分ヲ除ク
神奈川	四二五、六九〇	一、二〇三	一五、一三六	四、二四五	二〇、五八四	四・八四	—	
兵庫	二〇、四六〇	一九	六二九	七九	七二七	三・五五	—	壯丁ノ分ヲ除ク 工場從業者ノ分ヲ除ク
長崎	二九、六一五	一三七	一、五三三	六九四	二、三五三	七・九五	—	工場從業者ノ分ヲ除ク
新潟	一五、〇六六	一九四	二、〇七〇	三五五	二、六一九	一七・三八	—	工場從業者ノ分ヲ除ク
埼玉	九三、〇七六	二〇三	二、九二〇	一、四七二	四、五九五	四・九四	—	
群馬	一三、〇三五	一三八	一、〇二四	一、〇七一	二、二三三	一七・一三	—	其ノ他ノ分ヲ除ク
千葉	七五、四五七	一二九	二、四九一	一三三	二、七五三	三・六五	—	
茨城	六〇、〇九〇	一七八	三、三二四	二、四一六	五、九一八	九・八五	—	
栃木	五〇六、九〇三	四、三七五	四五、六一五	五、三二七	五五、三一七	一〇・九一	—	
奈良	三九、三三四	一三〇	二、二二二	五一五	二、八五七	七・二六	—	
三重	六一八、三三三	三、〇一三	二〇、六九四	一三、九五八	三七、六六五	六・〇九	—	
愛知	一七七、四一〇	五五七	六、七〇五	三、〇七〇	一〇、三三二	五・八二	—	接客業者ノ分ヲ除ク
靜岡	二三、四九五	一二六	七六九	四五二	一、三四七	五・七三	—	工場從業者ノ分ヲ除ク
山梨	二三、七六八	六八	七六二	四一八	一、二四八	五・二五	—	
滋賀	四六、九八八	一八	五九二	一六七	七七七	一・六五	三	

岐阜	一三五、五九三	二六三	三、三二五	二、一九六	五、七八四	四・二七	｜	其ノ他ノ分ヲ除ク
長野	一三六、四四六	六八	一、九七六	九八三	三、〇二七	二・二三	｜	同
宮城	六〇、一二七	一、一二七	九、四七八	三、四四一	一四、〇四六	二三・三六	｜	
福島	三四一、三四六	二、八八一	二〇、七一九	一〇、八七八	三四、四七八	一〇・一〇	｜	
岩手	六五、三一七	五〇三	五、〇八二	一、一九〇	六、七七五	一〇・三七	｜	
青森	一八五、四九五	六三五	四四、三三一	七、〇五四	五二、〇二〇	二八・〇四	八	
山形	三六三、五九九	三、六七六	二六、六三七	六、七九六	三七、一〇九	一〇・二二	｜	
秋田	二四五、二五四	二、四一六	一九、三八一	三、七三五	二五、五三二	一〇・四一	｜	
福井	七四、一四二	五二四	四、五四五	二、三〇七	七、三七六	九・九五	｜	
石川	六、七六五	五	二三〇	一三九	三七四	五・五三	一	工場従業者ノ分ヲ除ク 其ノ他ノ分ヲ除ク
富山	二七三、七六九	三三三	五、七五三	三、二七〇	九、三五五	三・四二	｜	工場従業者ノ分ヲ除ク
鳥取	二九、三七〇	二九	五八八	四八四	一、一〇一	三・七五	｜	
島根	一四、三〇五	一六	三五四	三一〇	六八〇	四・七五	｜	工場従業者ノ分ヲ除ク
岡山	三二八、八一七	一、五六六	二、八八三	六、四三八	二九、八八七	九・〇九	｜	
廣島	一五七、五七五	三、八二七	三四、一六六	六、六一〇	四四、六〇三	二八・三一	｜	
山口	一〇五、四七五	九三八	五、八一七	一、八〇六	八、五六一	八・一二	｜	工場従業者ノ分ヲ除ク
和歌山	一四七、一五一	九二三	七、六五六	一、五七七	一〇、一一五	六・九〇	｜	
徳島	二六、三二四	九〇	一、三六五	三三一	一、六八六	六・四〇	｜	
香川	一六七、五九九	九八三	一〇、七九〇	五、〇四一	一六、八一四	一〇・〇三	｜	
愛媛	四〇五、二七〇	一、五六三	三四、一四三	五、九七六	四一、六八一	一〇・二八	｜	
高知	六、二八九	三四	四一二	二九	四七五	七・五五	六	壯丁ノ分ヲ除ク
福岡	八二、五三一	三〇八	四、四九五	五三一	五、三三四	六・四六	｜	壯丁ノ分ヲ除ク 工場従業者ノ分ヲ除ク
大分	三四、七〇六	二六三	三、六三八	六一〇	四、五一一	一三・〇〇	一八八	
佐賀	一一、二七二	八〇	八一九	一〇七	一、〇〇六	八・九二	二八	工場従業者ノ分ヲ除ク 壯丁ノ分ヲ除ク

廳府縣	檢診人員	患者ト決定シタル人員 重症	輕症	疑似症	計	受診者百ニ付患者	從業停止ヲ命ゼラレタルモノ	備考
熊本	九、九四六	六八	七〇七	二九七	一、〇七二	一〇・七八	—	工場從業者ノ分ヲ除ク
宮崎	一三、二四一	二〇	四三八	四一三	八七一	六・五八	—	
鹿兒島	一七、四九二	一	四九五	四	五〇〇	二・八六	—	工場從業者ノ分ヲ除ク 壯丁ノ分ヲ除ク 其ノ他ノ分ヲ除ク
沖繩	八、六六八	一七	七〇六	三五	七五八	八・七四	—	壯丁ノ分ヲ除ク 其ノ他ノ分ヲ除ク 工場從業者ノ分ヲ除ク
合計	七、一二八、四四四	四一、九五八	四四〇、八五三	一二七、四三七	六一〇、二四八	八・五七	三三四	

接客業者檢診成績表（昭和十一年中）

廳府縣	檢診人員	患者ト決定シタル人員 重症	輕症	疑似症	計	受診者百ニ付患者	從業停止ヲ命ゼラレタルモノ	備考
北海道	七九、五九〇	一八七	二、七一四	四七五	三、三七六	四・二四	—	
東京	三二五、〇五〇	一一七	六、七〇八	二、〇四二	八、八六七	二・七三	—	
京都	四四、八一四	一五	六二一	二七三	九〇九	二・〇三	—	
大阪	九三、一六五	一一一	一、三一七	七	一、四三五	一・五四	—	
神奈川	三五、一五九	一三一	一、三二四	二三三	一、六八八	四・八〇	—	
兵庫	二〇、四〇五	一八	六一五	七五	七〇八	三・四七	—	
長崎	二六、一八三	一三九	一、三四四	五九九	二、〇八二	七・九五	—	
新潟	二、八七八	五	一二九	一五	一四九	五・一八	—	

埼玉	三九、七七九	一三	一、三二七	五八三	二、〇三一	五・一一	｜
群馬	九六六	一	二七	三五	六三	六・五三	｜
千葉	四六、三七九	三四	一、〇三三	三三	一、〇八九	二・三五	｜
茨城	二六、〇一八	八九	一、一八五	一、〇二一	二、二九五	八・八二	｜
栃木	六、六一七	六一	三六九	九四	五二四	七・九二	｜
奈良	二七、六一五	一八	八九〇	二七	九三五	三・三九	｜
三重	一七、六二四	一九	二三三	一〇八	三六〇	二・〇四	｜
愛知	｜	｜	｜	｜	｜	｜	｜
静岡	一三、二七二	六六	四三三	二四三	七三二	五・五二	｜
山梨	五、四二七	一三	一一八	五一	一八一	三・三四	｜
滋賀	二〇、八三七	三	一七二	三四	二〇九	一・〇〇	三
岐阜	四九、一三六	四五	六九五	五七四	一、三一四	二・六七	｜
長野	五九、一七三	五	六二九	一七一	八〇五	一・三六	｜
宮城	二一、五三三	二四一	二、四六四	六〇〇	三、三〇五	一五・三五	｜
福島	五二、五〇六	六一七	二、八七九	一、五六〇	五、〇五六	九・六三	｜
岩手	二六、三三九	二〇三	一、四二五	五二五	二、一五三	八・一八	｜
青森	一三、四六六	五九	一、八三〇	三八一	二、二七〇	一六・八六	八
山形	七、〇八二	三六	三〇二	一六五	五〇三	七・一〇	｜
秋田	七、〇三七	二四	五〇〇	一五一	六七五	九・五九	｜
福井	二三、〇三二	一四二	一、二七六	七八二	二、二〇〇	九・五五	｜
石川	二、四八一	｜	七四	三三	一〇七	四・三一	｜
富山	二四、六一六	一一	二一三	二九二	五一五	二・〇九	｜
鳥取	七、一七二	｜	一〇〇	一九五	二九五	四・一一	｜
島根	五、五一九	二	三九	二五	六六	一・二〇	｜

廳府縣	検診人員	患者ト決定シタル人員 重症	輕症	疑似症	計	受診者百ニ付患者	從業停止ヲ命ゼラレタルモノ	備考
岡山	二、七一六	一〇	七一	一九	一〇〇	三・六八	—	
廣島	三三、二九二	七	四二七	一六三	五九七	一・七九	—	
山口	二一、〇五八	九五	五〇七	二八四	八八六	四・二一	—	
和歌山	七、五六四	七〇	五五二	三九	六六一	八・七四	—	
徳島	七、三九八	七	一七六	六	一八九	二・五五	—	
香川	四一、四九四	八	七三三	三一五	一、〇五六	二・五四	—	
愛媛	二八、八六九	八	六五七	三五三	一、〇一八	三・五三	—	
高知	五、三八三	二六	三三〇	一三	三六九	六・八五	六	
福岡	五一、八八六	二三四	三、二五七	二二二	三、七一三	七・一六	—	
大分	一一、六〇六	一三五	一、四五五	一三四	一、七一四	一四・七七	一三五	
佐賀	一〇、一六〇	六五	七六二	一〇〇	九二七	九・一二	二八	
熊本	七、五二一	五八	四九二	一九〇	七四〇	九・八五	—	
宮崎	七、六七四	五	二四〇	二四三	四八八	六・三六	—	
鹿兒島	一七、四九二	一	四九五	四	五〇〇	二・八六	—	
沖繩	八、六六八	一七	七〇六	三五	七五八	八・七四	—	
合計	一、三九三、六三三	三、二四八	四三、七二四	一三、六四一	六〇、六一三	四・三五	一七〇	

廳府縣	檢診人員	患者ト決定シタル人員 重症	輕症	疑似症	計	受診者百ニ付患者	從業停止ヲ命ゼラレタルモノ	備考
北海道	八、八九七	一四	二四四	三六	二九四	三・三〇	—	
東京	—	—	—	—	—	—	—	
京都	六九、一三一	七四	八一六	二〇一	一、〇九一	一・五八	—	
大阪	—	—	—	—	—	—	—	
神奈川	六二、九二三	七七	一、五四〇	六五二	二、二六九	三・六一	—	
兵庫	—	—	—	—	—	—	—	
長崎	—	—	—	—	—	—	—	
新潟	—	—	—	—	—	—	—	
埼玉	三五、三七六	二七	一、〇二七	三三五	一、三七九	三・九〇	—	
群馬	二、二七〇	一八	一〇五	一〇六	二二九	一〇・〇九	—	
千葉	一三、〇七二	六	三九七	四	四〇七	三・一一	—	
茨城	一二、五〇〇	一〇	六二五	三三〇	九六五	七・七二	—	
栃木	二五、五七三	七六	一、〇二三	一七八	一、二七七	四・九九	—	
奈良	二、二一三	—	一三〇	—	一三〇	五・八七	—	
三重	三二、七八九	四二	八四八	二七一	一、一六一	三・五四	—	
愛知	一五五、四三四	四四六	五、二九五	二、一四六	七、八八七	五・〇七	—	
靜岡	—	—	—	—	—	—	—	
山梨	—	—	—	—	—	—	—	
滋賀	一〇、七八五	—	二七	—	二七	〇・二五	—	
岐阜	七五、二三七	一八九	二、二七七	一、二八五	三、七五一	四・九九	—	
長野	六一、三四二	四三	九六二	四五〇	一、四五五	二・三七	—	

廳府縣	檢診人員	患者ト決定シタル人員 重症	患者ト決定シタル人員 輕症	患者ト決定シタル人員 疑似症	患者ト決定シタル人員 計	受診者百ニ付患者	從業停止ヲ命ゼラレタルモノ	備考
宮城	四八八	三	一〇二	九	一一四	二三・三六	—	
福島	三、二三一	一五七	八一五	五〇四	一、四七六	六・六四	—	
岩手	一三、〇九五	二五	七五九	一〇〇	八八四	六・七五	—	
青森	三、七三三	九	四六一	一〇一	五七一	一五・三四	—	
山形	二〇、三一二	七七	一、〇七三	四九二	一、六四二	八・〇八	—	
秋田	一、九六六	一三	一四四	七九	二三六	一二・〇〇	—	
福井	三九、一〇四	一八六	二、四六四	一、二〇二	三、八五二	九・八五	—	
石川	—	—	—	—	—	—	—	
富山	—	—	—	—	—	—	—	
鳥取	一、二二六	—	九九	七二	一七一	一三・九五	—	
島根	—	—	—	—	—	—	—	
岡山	四一、一三八	一一三	二、三一〇	九八一	三、四〇三	八・二七	—	
廣島	四、〇七一	二八一	一〇九	一一〇	五〇〇	一二・二八	—	
山口	—	—	—	—	—	—	—	
和歌山	九、三三二	五三	四三三	一〇〇	五八六	六・二八	—	
德島	八、五六五	三三	三五九	一二八	五一〇	五・九五	—	
香川	五、五六七	—	二〇四	一八〇	三八四	六・九〇	—	
愛媛	五七、一一六	一三七	四、八八九	六〇五	五、六三一	九・八四	—	
高知	八三六	八	九〇	五	一〇三	一二・三二	—	
福岡	—	—	—	—	—	—	—	
大分	一一、五七八	一三	九四六	一四五	一、一〇四	九・五四	一三	

壯丁檢診成績表（昭和十一年中）

廳府縣	檢診人員	患者ト決定シタル人員 重症	輕症	疑似症	計	受診者百ニ付患者	從業停止ヲ命ゼラレタルモノ	備考
北海道	二二、六〇八	一五四	一、五〇八	六三〇	二、二九二	一〇・一四	—	
東京	—	—	—	—	—	—	—	
京都	一、八二七	三	七二	二五	一〇〇	五・四七	—	
大阪	—	—	—	—	—	—	—	
神奈川	一二、八六五	二八	四四九	二六八	七四五	五・七九	—	
兵庫	—	—	—	—	—	—	—	
長崎	九五八	二	三七	二八	六七	六・九九	—	
新潟	一、五八四	八	二三七	四七	二九二	一八・四三	—	
埼玉	一六、二四八	二五五	四四二	三〇一	九九八	六・一四	—	
群馬	九、七九九	一一九	八九二	九三〇	一、九四一	一九・八一	—	
千葉	一五、三三九	八六	一、〇三〇	一〇五	一、二二一	七・九六	—	
茨城	六、〇三八	一一	五二三	四六七	一、〇〇一	一六・五八	—	
佐賀	—	—	—	—	—	—	—	
熊本	—	—	—	—	—	—	—	
宮崎	七九四	—	九	一六	二五	三・一五	—	
鹿兒島	—	—	—	—	—	—	—	
沖繩	—	—	—	—	—	—	—	
合計	八〇八、六八二	二、一〇九	三〇、五八二	一〇、八一三	四三、五〇四	五・三八	一三	

廳府縣	檢診人員	患者ト決定シタル人員 重症	患者ト決定シタル人員 輕症	患者ト決定シタル人員 疑似症	患者ト決定シタル人員 計	受診者百ニ付患者	從業停止ヲ命ゼラレタルモノ	備考
栃木	一三、六三五	一〇七	一、二八二	四七六	一、八六五	一四・七六	—	
奈良	三八五	三	三四	三	四〇	一〇・三九	—	
三重	八、五六八	五四	七二九	四三四	一、二一七	一四・二〇	—	
愛知	二一、八三四	一〇九	一、三九四	九二四	二、四二七	一一・一三	—	
靜岡	二、二一六	一三	九五	六三	一七一	七・七二	—	
山梨	六、三九三	三三	三三九	二〇三	五六五	八・八四	—	
滋賀	七、四二九	六	一四七	五〇	二〇三	二・七三	—	
岐阜	一一、二三〇	二九	三五三	三三七	七一九	六・四一	—	
長野	一五、九三一	二〇	三八五	三六二	七六七	四・八一	—	
宮城	八、三九四	九五	一、五五七	九六五	二、六一七	三一・一八	—	
福島	一四、三七八	一一五	一、一八九	五八三	一、八八七	一三・一二	—	
岩手	一三、九七五	一四三	一、四四一	三五六	一、九四〇	一三・八八	—	
青森	六、七〇二	一九	一、六八六	四五七	二、一六二	三二・二六	—	
山形	一三、八二四	一五九	一、五三二	五七二	二、二五三	一六・二九	—	
秋田	一〇、四八七	一八九	一、三三一	三二七	一、七四七	一六・六六	—	
福井	七、三〇七	一〇二	五四八	一八三	八三三	一一・四〇	—	
石川	四、二八四	五	一五六	一〇六	二六七	六・三三	一	
富山	一四、五四〇	一〇	二三一	二三七	四七八	三・二九	—	
鳥取	一八二	—	二	一八	二〇	一〇・九九	—	
島根	五、〇八六	一四	二八五	二六六	五六五	一一・一一	—	
岡山	九、四四四	四七	七一五	三七〇	一、一三二	一一・九九	—	

廳府縣	檢診人員	患者ト決定シタル人員 重症	輕症	疑似症	計	受診者百ニ付患者	從業停止ヲ命ゼラレタルモノ	備考
廣島	三、九七二	一六	二一八	三一	二六五	六・六七	ー	
山口	四、六七九	四八	三二六	一三九	五一三	一〇・九六	ー	
和歌山	六、〇九一	五五	三四〇	二〇二	五九七	九・八〇	ー	
德島	五、二一九	五一	五七六	八九	七一六	一三・七二	ー	
香川	一〇、九四〇	七八	九四六	五四八	一、五七二	一四・三七	ー	
愛媛	九、五一七	四九	六九五	二三五	九七九	一〇・二九	ー	
高知	ー	ー	ー	ー	ー	ー	ー	
福岡	ー	ー	ー	ー	ー	ー	ー	
大分	七、八八二	七五	七〇九	二七九	一、〇六三	一三・四九	ー	
佐賀	ー	ー	ー	ー	ー	ー	ー	
熊本	一、二〇六	八	二〇一	九三	三〇二	二五・〇四	ー	
宮崎	二、三〇六	二	八〇	八六	一六八	七・二九	ー	
鹿兒島	ー	ー	ー	ー	ー	ー	ー	
沖繩	ー	ー	ー	ー	ー	ー	ー	
合計	三三四、二九二	二、一一〇	二四、六〇一	一一、九九五	三八、七〇六	一一・五八	一	

其の他の檢診成績表（昭和十一年中）

廳府縣	檢診人員	患者ト決定シタル人員 重症	輕症	疑似症	計	受診者百ニ付患者	從業停止ヲ命ゼラレタルモノ	備考
北海道	八二八、七一〇	七、四五四	四七、二〇二	一五、八七七	七〇、五三三	八・六二	ー	
東京	二五、九四八	一八五	三、二五一	九九七	四、四三三	一七・〇八	ー	
京都	六、一〇一	一	一七	五	二三	〇・三八	ー	

廳府縣	檢診人員	患者ト決定シタル人員 重症	輕症	疑似症	計	受診者百ニ付患者	從業停止ヲ命ゼラレタルモノ	備考
大阪	—	—	—	—	—	—	—	
神奈川	三一四、七四四	九六七	一一、九二三	二、九九二	一五、八八二	五・〇五	—	
兵庫	五五	一	一四	四	一九	三四・五五	—	
長崎	二、四七四	六	一三一	六七	二〇四	八・二五	—	
新潟	一〇、六〇四	一八二	一、七〇四	二九三	二、一七八	二〇・五四	—	
埼玉	一、六七二	—	一二四	六三	一八七	一一・一八	—	
群馬	—	—	—	—	—	—	—	
千葉	六六七	三	三一	一	三五	五・二五	—	
茨城	一五、五三四	六八	九九一	五九八	一、六五七	一〇・六七	—	
栃木	四六二、〇七八	四、一三一	四二、九四一	四、五七九	五一、六五一	一一・一八	—	
奈良	九、一一二	一〇九	一、一五八	四八五	一、七五二	一九・二二	—	
三重	五五九、三五一	二、八九八	一八、八八四	一三、一四五	三四、九二七	六・二四	—	
愛知	一四二	二	一六	—	一八	一二・六八	—	
靜岡	八、〇〇七	四七	二五一	一四六	四四四	五・五五	—	
山梨	一一、九四八	三三	三〇五	一六四	五〇二	四・二〇	—	
滋賀	七、九三七	九	二四六	八三	三三八	四・二六	—	
岐阜	—	—	—	—	—	—	—	
長野	—	—	—	—	—	—	—	
宮城	二九、七一三	七八八	五、三五五	一、八六七	八、〇一〇	二六・九六	—	
福島	二五二、二三一	一、九九二	一五、八三六	八、二三一	二六、〇五九	一〇・三三	—	
岩手	一一、九一八	一三二	一、四五七	二〇九	一、七九八	一五・〇九	—	

青森	一六一、六〇五	五四八	四〇、三五四	六、一一五	四七、〇一七	二九・〇九	—
山形	三三二、三八一	三、四〇四	三三、七四一	五、五六七	三二、七一三	一〇・一五	—
秋田	二三五、七六四	二、一九〇	一七、五〇六	三、一七八	二三、八七四	一〇・一三	—
福井	四、六九九	九四	二五七	一四〇	四九一	一〇・四五	—
石川	—	—	—	—	—	—	—
富山	二三四、六一三	三一三	五、三〇九	二、七四一	八、三六三	三・五六	—
鳥取	二〇、七九〇	二九	三八七	一九九	六一五	二・九六	—
島根	三、七〇〇	—	三〇	一九	四九	一・三二	—
岡山	二七五、五一九	一、三九七	一八、七八七	五、〇六八	二五、二五三	九・一七	—
廣島	一一六、二四一	三、五二三	三三、四一二	六、三〇六	四三、二四一	三七・二〇	—
山口	七九、七三八	七九五	四、九八四	一、三八三	七、一六三	八・九八	—
和歌山	一二四、一六四	七四四	六、三三一	一、三三六	八、三一一	六・六九	—
徳島	五、一四二	九	二五四	八	二七一	五・二七	—
香川	一〇九、五九八	八九七	八、九〇七	三、九九八	一三、八〇二	一三・五九	—
愛媛	三〇九、七六八	一、三七八	二七、九〇二	四、七八三	三四、〇六三	一一・〇〇	—
高知	七〇	—	二	一	三	四・二九	—
福岡	三〇、六四五	八四	一、三三八	二九九	一、六二一	五・二九	—
大分	三、六四〇	五〇	五二八	五三	六三〇	一七・三一	五〇
佐賀	一、一一三	一五	五七	七	七九	七・一〇	—
熊本	一、二三八	二	一四	一四	三〇	二・四四	—
宮崎	二、四六七	一三	一〇九	六八	一九〇	七・七〇	—
鹿兒島	—	—	—	—	—	—	—
沖繩	—	—	—	—	—	—	—
合計	四、五八一、八三八	三四、四九一	三四一、九四六	九〇、九八八	四六七、四二五	一〇・二〇	五〇

(ロ)豫防施設

一　年に接客業者、工場從業者、壯丁、一般住民等七百萬人以上の者に檢診を行ひ罹患者に對しては治療の督勵を爲してゐる。

二　市町村は地方長官の指示に從ひ、トラホーム治療所を設置してゐる。昭和十二年三月末現在の治療所數は一千六百三十八箇所で內道府縣立八、市町村立一千六百三、私立（醫師會、衛生組合、其の他）二十七箇所となつてゐる。各々の成績は左の通である。

道府縣立トラホーム治療所調　（昭和十二年三月末日現在）

府縣名	治療所數	經常費 昭和十二年度豫算	經常費 昭和十一年度決算	昭和十一年中ニ徴收セン治療料ノ總額	昭和十一年中ノ取扱患者數 自費 實數	自費 延數	施療 實數	施療 延數	計 實數	計 延數	從事醫員數
東京	二	五、二二六・〇〇	五、二二六・〇〇	—	—	—	一、〇三五	二八、三六九	一、〇三五	二八、三六九	三
栃木	—	—	—	—	—	—	—	—	—	—	—
三重	—	—	—	—	—	—	—	—	—	—	—
岩手	—	—	—	—	—	—	—	—	—	—	—
山形	—	—	—	—	—	—	—	—	—	—	—
鳥取	三	—	四〇四・二一	—	—	—	四八二	一九、二八〇	四八二	一九、二八〇	三
岡山	三	二、五五五・〇〇	七二九・六〇	—	—	—	一、二二〇	八四、三〇四	一、二二〇	八四、三〇四	五
熊本	—	—	—	—	—	—	—	—	—	—	—
合計	八	七、七八一・〇〇	六、三五九・八一	—	—	—	二、七三七	一三一、九五三	二、七三七	一三一、九五三	一一
昭和十年度	八	七〇四・〇〇	一、四四三・二五	—	—	—	二、三〇〇	九三、五五一	二、三〇〇	九三、五五一	一五
同九年度	四	四五〇・〇〇	四一九・二五	—	—	—	一、五六二	六七、八八四	一、五六二	六七、八八四	七

同八年度	四	四五〇・〇〇	四四二・七四	—	—	—	一、四二八	七八、七九五	一、四二八	七八、七九五	一三
同七年度	三	一、一九八・〇〇	一、〇五八・七一	—	—	—	一、二一六	六八、五五五	一、二一六	六八、五五五	四
同六年度	七	一、三六一・〇〇	一、四六八・七五	—	—	—	二、七四九	三三、七三二	二、七四九	三三、七三二	一六
同五年度	二	四五〇・〇〇	九六四・八六	—	—	—	七〇九	四八、五六七	七〇九	四八、五六七	四
同四年度	二	四五〇・〇〇	三三三・九八	—	—	—	三四九	二、五九八	三四九	二、五九八	三
同三年度	二	四五〇・〇〇	四三八・〇〇	—	—	—	四三二	一五、二八七	四三二	一五、二八七	二

市町村立トラホーム治療所調（昭和十二年三月末日現在）

道府縣名	治療所數 市立	治療所數 町村立	治療所數 計	經常費 昭和十二年度豫算	經常費 昭和十一年度決算	昭和十年度中徴收セシ治療料總額	昭和十一年度中ノ診斷者數 自費 實數	自費 延數	施費 實數	施費 延數	計 實數	計 延數	從事醫員數
北海道	二六	—	二六	二一、三七〇・〇〇	二一、二七九・一七	—	—	—	三、四一八	五六五、一七八	三、四一八	五六五、一七八	二二
	※一三	※一	※一三	※一、八七七・〇〇	※一、七七五・五七	※四四・〇〇	※三二	※二七	※一、三三四	※二〇、七三二	※一、三六五	※二〇、九三九	※一〇
東京	八	—	八	二六、三三六・〇〇	二四、〇〇三・五四	—	—	—	八、〇九七	三八六、六三一	八、〇九七	三八六、六三一	八
	△三	△三	△六										
京都	七	三	一〇	二五、四二三・〇〇	二三、五三三・一三	—	—	—	七、三四九	四三、七〇六	七、三四九	四三、七〇六	一〇
大阪	二六	四	三〇	四九、〇九三・〇〇	四二、九三五・七一	—	—	—	三八、四一三	一、三五四、二六五	三八、四一三	一、三五四、二六五	三三
神奈川	五	—	五	三五〇・〇〇	三四五・七〇	—	—	—	五一七	九、八二三	五一七	九、八二三	五
	※四	※四	※八	—	※三、七一六・九七	—	—	—	※一、七六四	※五五、五〇一	※一、七六四	※五五、五〇一	※八
兵庫	一〇	三七	四七	八、六八七・〇〇	六〇、九九二・四二	—	—	—	二四、三五六	一、八三九、〇六〇	二四、三五六	一、八三九、〇六〇	五〇
長崎	三	四九	五二	二四、三二一・〇〇	二一、四五〇・六五	—	—	—	一三、二五五	一、五四九、四九七	一三、二五五	一、五四九、四九七	三四
新潟	二九	三六	六五	九、一二九・〇〇	八、三一〇・三九	一三・〇〇	六三	一、六一二	五、三七九	六八〇、二四五	五、四四二	六八一、四〇六	三六
茨城	—	五	五	一、一二五・〇〇	一、一九二・〇〇	—	—	—	二、四七三	五一、二四〇	二、四七三	五一、二四〇	九

道府縣名	治療所數 市立	治療所數 町村立	治療所數 計	經常費度 昭和十二年度豫算	經常費度 昭和十一年度決算	昭和十年中徴收シ治療料總額	昭和十一年度ノ診斷者數 自費 實數	自費 延數	施費 實數	施費 延數	計 實數	計 延數	從事醫員數
栃木	—	—	—	—	—	—	—	—	—	—	—	—	—
奈良	九	三七	四六	二、一九一・〇〇	二〇、六一八・四〇	—	—	—	九、一〇六	一二九、三六〇	九、一〇六	一二九、三六〇	三五
三重	一一	一二〇	一三〇	二三、九〇六・〇〇	一五、二八七・七九	—	二七三	三、六一四	一〇、六一六	二九二、六七一	一〇、八八八	二九六、二八五	一二一
愛知	三五 ※四	六五 ※四	一〇〇 ※八	三一、一二〇・〇〇 ※六、〇一二・〇〇	二七、五八二・〇〇 ※二、三八九・一八	—	—	—	二〇、四三九 ※一、〇八八	一、〇八七、三〇〇 ※四二、八五四	二〇、四三九 ※一、〇八八	一、〇八七、三〇〇 ※四二、八四四	八〇 ※六
靜岡	一	一	二	二、二〇一・〇〇	二、〇〇一・八〇	—	—	—	八五二	三六、七八一	八五二	三六、七八一	三
滋賀	—	三	三	—	—	—	—	—	二九七	二、五四五	二九七	二、五四五	三
長野	—	一三	一三	四、九一九・〇〇	四、四七七・四四	—	—	—	一、六二七	一二〇、八八五	一、六二七	一二〇、八八五	一六
宮城	二	九〇	九二	八、〇〇一・〇〇	五、九九四・一九	—	—	—	七、六三九	二三八、二四八	七、六三九	二三八、二四八	八一
福島	三	二九六	二九九	九、八〇六・七八	七、六六八・六三	三、二七四・一三	四、五六七	三、〇九七	一九、五五七	一三四、五二〇	二四、一二四	一五六、六一七	三二五
岩手	—	—	—	—	—	—	—	—	—	—	—	—	—
青森	二	一三	一五	一二、四四九・五〇	一一、三五四・三一	—	—	—	七、二六三	八一九、五九一	七、二六三	八一九、五九一	一五
山形	一〇	三七一	三八一	二三、九二〇・二八	二〇、二四五・一五	一一七・七〇	六三	一、〇〇六	一八、五三七	五〇八、四九四	一八、五九九	五〇五、九〇〇	一五九
石川	—	一三	一一	二、三三一・〇〇	一、八四七・九九	—	—	—	五三六	二七、四二六	五三六	二七、四二六	一一
鳥取	一	一一	二	七五四・〇〇	六〇七・九一	—	—	—	四九四	七、二八五	四九四	七、二八五	一一
島根	—	一四	一四	—	一六四・八〇	一六三・四〇	八一三	八一三	一三	一三	八二四	八二四	一
岡山	四	四九	五三	八、一一八・〇〇	七、五六六・八三	一〇・六五	二	七一	四、二〇八	一六五、四〇六	四、二一〇	一六五、四七七	三五
廣島	四	二八	三二	一九、三五〇・〇〇	一八、四七二・一一	三、三三六・四六	三、二二六	一七九、五〇六	八、三七六	六四二、九八〇	一一、五九二	八二三、四八六	三四
山口	三	四	二六	九、七四〇・〇〇	八、三四三・七三	—	九五	九、一七三	二、六一七	五五、五九三	二、七一二	六四、七六五	二〇
和歌山	三	一二	一五	六、六八六・〇〇	五、四二五・一八	—	—	—	八、三七三	九七一、二三七	八、三七三	九七一、二三七	一五
徳島	—	一三	一三	三、五〇三・〇〇	四、〇二二・六一	—	—	—	二、一五一	五〇、九六三	二、一五一	五〇、九六三	四
香川	一七	三六	五三	三三、七〇七・〇〇	三一、七九二・八〇	八三九・一六	一四、二一九	一六、八八一	九、三三三	二九二、九三五	一〇、七六二	三〇九、八一六	四三

愛媛	—	一	一	四九八・〇〇	四九〇・一五	—	—	—	七五〇	七、一二〇	七五〇	七、一二〇	一
高知	—	二	二	一、六三一・〇〇	一、六一四・九九	—	—	—	七一五	一四、一〇五	七一五	一四、一〇五	三
福岡	三	三	六	二、一八八・〇〇	二、一三一・〇八	—	—	—	二、一六九	三五四、五〇七	二、一六九	三五四、五〇七	六
佐賀	—	一三	一三	六四八・〇〇	六四八・〇〇	—	—	—	一、一六三	二二六、五〇六	一、一六三	二二六、五〇六	一三
熊本	—	一	一	五三八・一八	五三八・一八	—	—	—	二七八	二一、七七五	二七八	二一、七七五	二
鹿児島	三 —	四〇 ※一一	四三 ※二	一九、八七四・〇〇 ※一七三・〇〇	一八、三七二・九一 ※一七一・四五	一、〇四〇・八三 —	—	—	一〇、一一三 ※五七八	一、七三八、七五〇 ※一、七八八	一〇、一一三 ※五七八	一、七三八、七五〇 ※一、七八八	三七 ※二
合計	二四四	一、三六〇	一、六〇三	四六三、六九三・七四	四〇〇、七六〇・二六	七、六八三・三一	一〇、五二八	二三四、三二〇	二五〇、九三八	一四、四一二、〇四〇	二六一、四六六	一四、六四七、三六〇	一、二五一
	※二〇	※一一	※三一	※八、〇六一・〇〇	※八、〇五三・一七	※四四・〇〇	※三一	※二一七	※四、七六四	※一二〇、八六五	※四、七九五	※一三一、〇八二	※二六
	△三	△三	△六	—	—	—	—	—	—	—	—	—	—
昭和十年度	二三七	一、二八〇	一、五一七	三九五、二〇一・二〇	三四九、四一〇・三六	六、四一一・六七	九、一四二	二二三、〇九八	三二一、五一二	一三、九八一、八八六	三三〇、六五四	一三、二〇四、九八四	一、二八五
同九年度	二一八	一、二〇一	一、四一九	四八八、八六九・二〇	七四五、七〇六・九三	七、一六五・三四	八、九〇九	一六〇、七九〇	二八四、二三七	一〇、二五九、二一一	二九三、一四六	一〇、四二〇、〇〇一	一、〇五八
同八年度	二一四	九八九	一、二〇三	三七〇、一一七・一五	三一七、九四二・六三	九、二二〇・四九	一〇、四九一	三三、六三六	二二一、六二〇	一〇、一六二、五九九	二一八、二六一	一〇、四〇一、五〇五	一、〇八〇
同七年度	二三九	一、一六七	一、三九六	三八六、七七二・八五	三二四、四二三・一八	八、九八六・六二	六、九二七	三六八、三〇七	一九一、六八八	一一、二七〇、六八八	一九八、六一五	一三、四三八、七九五	九九三
同六年度	二三七	一、二二六	一、四五三	三五七、一〇二・四四	三九一、〇〇〇・二〇	五、四一四・六三	一〇、九五五	二六四、〇五三	一九八、〇〇一	一〇、九五七、九四〇	二〇八、九五六	一一、三三一、九九三	一、〇〇五
同五年度	三一五	一、一六九	一、三八四	三九六、六八八・三八	三五九、九五一・〇〇	八、五七〇・九九	二六、四五三	一六三、七三一	三三五、五五二	九、五〇〇、三一四	三六一、九九一	九、六六四、〇四五	九三二
同四年度	二〇四	一、一五八	一、三六二	三七五、八五二・四八	三二五、二三五・〇七	五、六六九・〇五	七、五四七	二二七、二一四	三四六、七〇三	一〇、九二〇、八五二	二五四、二五〇	二、一五八、〇六六	一、〇五一

備考　△印は治療班を示し※は年度中に開所したるも三月末日現在既に閉鎖したるものを示す

私立トラホーム治療所調（昭和十二年三月末日現在）

道府縣名	醫師會	衛生組合	其ノ他團體	計	經常費 昭和十二年度豫算	經常費 昭和十一年度決算	昭和十一年中ニ徴收セシ治療料總額	昭和十一年度中ノ取扱患者數 自費 實數	自費 延數	施療 實數	施療 延數	計 實數	計 延數	從事醫員數
京都	—	一	五	六	一〇、三四〇・〇〇	九、六八二・六七	一〇〇・〇〇	一三	二三六	一九三	二〇、五六〇	二〇六	二〇、七八六	七
大阪	—	—	一	一	五、三〇八・五〇	三、二五九・一四	—	—	—	五三〇	一三、一五九	五三〇	一三、一五九	二
栃木	—	—	—	—	—	—	—	—	—	—	—	—	—	—
新潟	—	—	一	一	二、一九一・〇〇	一、七二六・六九	—	—	—	四六一	一一、一二七	四六二	一一、一二七	一
三重	—	—	三	三	—	—	—	—	—	七八	四、二六九	七八	四、二六九	七
宮城	—	—	二	二	四、〇五六・〇〇	三、九六三・九九	—	—	—	四、一四〇	一一五、三七七	四、一四〇	一一五、三七七	八
福島	一	—	一	二	七三三・〇〇	六九三・一五	四八九・七三	三〇九	一、五一三	一、一三五	三三、六三四	一、五四四	三五、一五六	二
岩手	—	—	一	一	二、二七一・〇〇	二、〇〇三・五八	—	—	—	八一四	四一、三四六	八一四	四一、三四六	一
山形	—	—	—	—	—	—	—	—	—	—	—	—	—	—
福井	一	—	—	一	五〇〇・〇〇	六、一一〇・〇〇	—	—	—	二	三六	二	三六	—
岡山	—	—	—	—	—	—	—	—	—	—	—	—	—	—
山口	—	—	一	一	一五三、二七〇・〇〇	八八、七〇〇・〇〇	—	六	二六三	—	—	六	二六三	一
熊本	—	—	—	—	—	—	—	—	—	—	—	—	—	—
合計	二	一	一四	一七	一七八、六五九・五〇	二六一、二一九・二三	五八九・七三	三二八	二、〇一二	七、四五三	三三九、五〇八	七、七八一	三四一、五一九	三九

(三)癩　癩豫防法（明治四十年法律第十一號）癩豫防に關する法律第八條に依る國庫補助の件（明治四十年勅令第二百八十五號）癩豫防法施行規則（明治四十年內務省令第十九號）等の法令がある。

(イ)癩患者數　昭和十年三月末日現在の一齊調査の成績に依れば我國には一萬五千百九十三人の癩患者がある。

(ロ)癩患者收容施設　國立癩療養所と癩豫防法に依り全國を五區に分ち設置を命じた公立癩療養所と宗教團體等の設立した私立癩療養所等がある。昭和十三年三月末現在の患者收容定員は八千四百四十八人收容患者數は七千三人で其の內譯は左の通である。

國立癩療養所

	定員	收容患者數
長島愛生園(岡山縣)	一、二〇〇人	一、三五八人
栗生樂泉園(群馬縣)	七〇〇人	四四五人
星塚敬愛園(鹿兒島縣)	七〇〇人	四五六人
東北新生園(宮城縣)	建設中	
國頭愛樂園(沖繩縣)	二五〇人	四〇人
宮古療養所(沖繩縣)	二〇〇人	二一七人
計	三、〇五〇人	二、五一六人

公立癩療養所

		定員	收容患者數
第一區	全生病院(東京府)	一、二〇〇人	一、二三一人
第二區	北部保養院(青森縣)	五〇〇人	五四七人
第三區	光明園(岡山縣)	一、〇〇〇人	
第四區	大島療養所(香川縣)	五一〇人	六七〇人

第五區　九州療養所（熊本縣）	一、〇〇〇人	一、〇九九人
計	四、二一〇人	三、五四七人
私立癩療養所		
慰癈園（東京府）	一一〇人	一〇九人
聖バルナバ醫院（群馬縣）	二〇〇人	一三七人
復生病院（靜岡縣）	一五〇人	一三一人
身延深敬病院（山梨縣）	六五人	六三人
同九州分院（福岡縣）	六五人	三二人
熊本回春病院（熊本縣）	一〇〇人	八三人
待勞院（同　）	八五人	八〇人
癩豫防協會相談所（八箇所）	四三五人	三〇五人
計	一、一七〇人	九四〇人
合計	八、四四〇人	七、〇〇三人

(ハ)癩患者一萬人收容計畫　癩の絶滅を期するには病毒傳播の危險多き患者を收容隔離して病毒傳播の根源を絶つを緊要とする。而して多數の患數を成るべく短期間内に收容してしまふ程效果的である。そこで病毒傳播の危險多き三千人の患者を昭和十二年度以降三年間に收容する計畫を樹立したのであるが、其の擴張建設の經費一切金二百九萬二千三百七十五圓を財團法人三井報恩會から寄附の申込があつたので之を受入れ三千床の擴大を期することにした。これに既設の七千床と合して一萬床とする計畫である。其の年度割擴張定員を示すと左の

通である。

所名	十二年度	十三年度	十四年度
栗生樂泉園（擴張）	四〇〇	一二五	―
星塚敬愛園（同）	四〇〇	一二五	―
宮古療養所（同）	一〇〇	―	―
東北新生園（新設）	四〇〇	二〇〇	二〇〇
中部國立癩療養所（同）	―	四〇〇	四〇〇
國頭愛樂園（新設沖繩縣）	二五〇	―	―
計	一、五五〇	八五〇	六〇〇

(四)花柳病　花柳病豫防法（昭和二年法律第四十八號）花柳病豫防法施行令（昭和三年勅令第百二十一號）花柳病豫防法施行規則（昭和三年内務省令第二十七號）風俗上取締を要する稼業を爲す者及行政執行法第三條の患者の治療設備に關する件（明治四十三年勅令第三百十號）娼妓取締規則（明治三十五年内務省令第四十四號）等の法令がある。

(イ)私娼に對する施設

一　花柳病豫防法に依り病毒感染防止方法を慣用する風習を馴致し地方公共團體に對し診療所を設置せしめ診療に便ならしめてゐる。代用花柳病診療所數は昭和十三年三月末現在で百八十三箇所を算ふ。

二　行政執行法第三條に依り密賣淫犯者及其の前科者にして尚密賣淫の常習ある者を檢診し、花柳病ある時は治療を受けしめ、其の患者を收容する爲に地方長官は必要なる施設を爲すことになつてゐる。右に依る施設は娼妓病院を之に充當してゐる。

（ロ）**公娼に對する施設**　娼妓取締規則に依り娼妓の健康診斷を施行し、花柳病ありと診斷せられた者は治療の上更に健康診斷を受くるに非ざれば稼業に就くことを禁じてゐる。尙右の患者を治療せしむる爲、地方長官は娼妓病院を設置してゐる。娼妓病院數は昭和十一年末現在で百二十箇所ある。

二　寄生蟲病、原蟲病及地方病に關する事項

寄生蟲病豫防法（昭和六年法律第五十九號）寄生蟲病豫防法施行規則（昭和七年內務省令第三十號）等の法令がある。

（一）**寄生蟲病蔓延の狀況**　昭和十一年中道府縣に於て調査せる成績に依れば檢査人員五十八萬一千七百十三人中寄生蟲卵保有者數は三十三萬一千六百四十一人となつて居り、檢査人員百人に對する寄生蟲卵保有者率は五十八人七一となつて居る。

（二）**寄生蟲病豫防法に依る施設**　一般國民に對しては健康診斷並に糞便檢査を施行し、蟲卵保有者に對しては驅蟲藥を投與して驅除を圖つてゐる。昭和十一年中に驅蟲藥を服用せしめた人員數は百七十一萬八千三百九十五人である。

昭和十一年中に於ける寄生蟲保有者檢査並に驅除に關する調（其の一）　昭和十二年四月

廳府縣／種別	被檢査人員	寄生蟲卵保有者數及其ノ百分比		寄生蟲卵保有者內譯								
				蛔蟲卵保有者數及其ノ百分比		十二指腸蟲卵保有者數及其ノ百分比		住血吸蟲卵保有者數及其ノ百分比		肝臟ヂストマ卵保有者數及其百分比		鞭蟲卵保有者實數
		實數	百分比	實數	百分比	實數	百分比	實數	百分比	實數	百分比	
北海道	—	—	—	—	—	—	—	—	—	—	—	—

東京	一七、九七四	一一、二二八	六二・四七	一〇、八〇七	六〇・一三	—	—	—	—	—	—	一、八八六
京都	—	—	—	—	—	—	—	—	—	—	—	—
大阪	一五八	一二九	八一・六五	一三二	七六・五八	—	—	—	—	—	—	三五
神奈川	五、八一七	四、六六二	八〇・一四	四、〇二八	六九・二五	八二四	一四・一七	—	—	—	—	二、〇三〇
兵庫	二一、八五三	八、五三六	三九・〇六	四、三四〇	一九・八六	一、八三八	八・四一	—	—	一一五	〇・五三	四、一五〇
長崎	五、二五八	四、〇八九	七七・七七	三、六八七	七〇・一三	八三〇	一五・七九	—	—	—	—	五七三
新潟	一〇、九六二	五、〇一九	四五・七九	二、五七七	二三・五三	二、一八四	一九・九二	—	—	—	—	二一三
埼玉	五五、八四三	三二、四六二	五八・一三	二九、八七六	五三・五二	一三、一三八	三三・五三	—	—	一八四	〇・三三	三、五六一
群馬	二〇、一〇八	一三、三一〇	六一・二〇	九、九七九	四九・六三	二、九八二	一八・八一	—	—	二	〇・〇一	三、一八八
千葉	八、一五七	五、八六三	七一・八九	五、三六三	六五・七五	五〇三	六・一七	二	〇・二六	五七〇	六・九九	九六三
茨城	二六、〇七二	一八、一一八	六九・四九	一五、六二四	五九・九三	二、六四二	一〇・一三	—	—	七〇六	二・七一	二、〇一六
栃木	一三、七三九	七、三六七	五七・八八	六、〇三三	四七・四〇	二七〇	二・一三	—	—	四	〇・〇三	一、三三二
奈良	一〇、四〇六	八、七二六	八三・八六	八、一八一	七八・六二	八一六	七・八四	—	—	—	—	三、九三四
三重	一、〇七三	八八八	八二・七六	八八三	八二・二九	七一	六・六一	—	—	—	—	—
愛知	八、六三四	一、九八六	二三・〇〇	一、六五五	一八・一七	二三一	二・六八	—	—	—	—	一二七
静岡	八、一九八	五、七一四	六九・七〇	四、八九二	五九・六六	一、二五九	一五・三六	一	〇・〇一	—	—	二、六六〇
山梨	六、九四六	六、四三四	九二・六三	五、五九九	八〇・六一	一、四三二	二〇・六三	一、一一七	一六・〇五	—	—	四、一〇五
滋賀	一〇、九一〇	八、〇九四	七三・二七	六、〇一九	五五・七〇	二八八	二・六四	—	—	六	〇・〇五	五、二〇六
岐阜	四二、九四〇	一八、〇二二	四一・〇四	一六、二九七	三七・九五	二九	〇・〇七	—	—	—	—	九三
長野	一、四三八	一、〇九一	七五・八七	八八一	六一・二七	五四	三・七六	—	—	—	—	六九〇
宮城	三一、一五五	一三、三九四	四二・九九	一二、二三三	三九・二七	一、四六三	四・七〇	—	—	—	—	一、三一三
福島	一五、八一五	七、六一〇	四八・一二	六、四五七	四〇・八三	六三七	四・〇三	—	—	—	—	二、〇九五
岩手	三八六	二七二	七〇・四七	二五七	六六・五八	二五	六・四八	—	—	—	—	一三七
青森	三、七七五	三、一九一	八四・五三	三、一〇一	八二・一五	—	—	—	—	—	—	一、三〇六

廳府縣別	被検査人員	寄生蟲卵保有者數及其ノ百分比		寄生蟲卵保有者内譯								
				蛔蟲卵保有者數及其ノ百分比		十二指腸蟲卵保有者數及其ノ百分比		住血吸蟲卵保有者數及其ノ百分比		肝臓ヂストマ卵保有者數及其百分比		鞭蟲卵保有者實數
		實數	百分比	實數	百分比	實數	百分比	實數	百分比	實數	百分比	
山形	八、四二六	五、五六三	六六・〇三	五、五四七	六五・八三	二九九	三・六一	—	—	—	—	七八四
秋田	—	—	—	—	—	—	—	—	—	—	—	—
福井	一、四六九	六八八	四六・八四	五八〇	三九・四八	一二〇	八・一七	—	—	—	—	三八
石川	二、七六七	一、〇七一	三八・七〇	四二三	一五・二九	一四五	五・二五	—	—	—	—	七三五
富山	九、六三七	六、九四五	七二・〇七	四、〇三八	四一・九〇	八二五	八・五六	—	—	四〇二	四・一七	五、五二四
鳥取	三〇、四九八	一三、六二三	四四・六七	一〇、五七二	三四・六六	一、九四七	六・三八	—	—	—	—	五、四七九
島根	四、七一九	二、〇七八	四四・〇三	七七〇	一六・三二	九六五	二〇・四五	—	—	—	—	二六
岡山	七、五〇三	四、八九三	六五・二三	二、七〇九	三六・一一	一、六一九	二一・五八	—	—	一、二五一	一六・六七	一、七〇八
廣島	一五、四三三	八、二八五	五三・六八	七、二五三	四七・〇〇	六五七	四・二六	—	—	—	—	一、二三五
山口	一、五一九	七七八	五一・二三	六二四	四一・〇八	一六〇	一〇・五三	—	—	—	—	一七七
和歌山	三、一八一	二、一三三	六七・〇二	二、〇二七	六三・七二	一五	〇・四七	—	—	—	—	四五八
徳島	一〇、三一五	八、三六九	八一・一三	七、〇五八	六八・四二	一、一四四	一一・〇九	—	—	一	〇・〇一	四、一二九
香川	一六、九九四	一〇、八三二	六三・七四	七、九五四	四六・八〇	二、四〇五	一四・一五	—	—	—	—	六、三三九
愛媛	一、八八九	一、五六六	八二・九〇	八二九	四三・八九	四九〇	二六・四七	—	—	一	〇・〇五	一、三三八
高知	六、一六三	四、四〇三	七一・四四	三、〇七八	四九・九四	五三八	八・七二	—	—	—	—	二、五六一
福岡	四二、五八七	二九、一二九	六八・四〇	一九、二四八	四五・二〇	一三、四〇八	三一・四八	二七八	〇・六五	—	—	八、八四三
大分	七九三	七〇八	八九・二八	六四三	八一・〇五	一五九	二〇・〇五	—	—	—	—	六二
佐賀	二、九七七	二、〇三一	六八・二九	一、三九六	四六・八九	七九九	二六・八四	—	—	—	—	三六九
熊本	五六、〇五三	三〇、五三三	五四・四五	二五、三三一	四五・一九	六、〇八三	一〇・八五	—	—	二六三	〇・四七	五、五七六
宮崎	—	—	—	—	—	—	—	—	—	—	—	—

一一二

昭和十一年中に於ける寄生蟲保有者檢査並に驅除に關する調（其の二）　昭和十二年四月

廳府縣＼種別	寄生蟲卵保有者内譯：東洋毛様線蟲卵保有者實數	蟯蟲卵保有者實數	肺臓ヂストマ卵保有者實數	横川氏メタゴニムス卵保有者實數	ヘテロフイエス卵保有者實數	ストロンギロイテス ステコラーリス卵保有者實數	ヒメノレピス テムミヌータ卵保有者實數	絛蟲卵保有者實數	萎小絛蟲卵保有者實數	其ノ他吸蟲保有者實數	投藥人員
北海道	—	—	—	—	—	—	—	—	—	—	五三六、〇六七
東京	九	三	—	—	—	—	—	—	—	三	—
京都	—	—	—	—	—	—	—	—	—	—	二一、六五九
大阪	一	—	—	—	—	—	—	—	—	—	一、二七六
神奈川	三〇	二八	—	一	—	一〇	二	一	三	—	二、九二八
兵庫	二〇	一五	—	一八	—	—	—	四	—	—	三七八、三四七
長崎	一	六	—	一	九	一	—	—	一	一〇四	三、四三四
新潟	一、三三三	一	—	—	—	—	—	六	—	—	六、一七八
埼玉	一六三	三二一	—	—	—	—	一九	—	—	—	四〇、六六六
群馬	六三	三六	—	三	—	—	—	—	一〇	五	一三、七九〇
千葉	四七	一四	—	—	—	—	—	三	—	—	五、八三七
茨城	八五	九〇	—	三三	—	—	四	—	—	—	二三、一九五
栃木	—	七	—	—	—	—	—	一六	—	—	七、三六七

鹿児島	一九、九五八	二一、七二九	五八・七七	一〇、七六四	五三・九三	一、七一三	八・五八	—	—	—	—	九二〇
沖縄	二、二三五	一、〇九一	四九・〇九	四二五	一九・一五	三八七	一七・三九	—	—	—	—	七四
合計	五八一、七一三	三三一、六四一	五八・七一	二七〇、一五九	四六・四四	六五、四二三	一一・二五	一、四一七	〇・二四	三、五〇四	〇・六〇	八七、八六八

廳府縣 ＼ 種別	寄生蟲卵保有者內譯 東洋毛様線蟲卵保有者實數	蟯蟲卵保有者實數	肺臟ヂストマ卵保有者實數	横川氏メタゴニムス卵保有者實數	ヘテロフイエス卵保有者實數	ストロンギロイテス ステルコラーリ卵保有者實數	ヒメノレビス ナーヌ テムミ 卵保有者實數	縧蟲卵保有者實數	萎小縧蟲卵保有者實數	其ノ他吸蟲保有者實數	投藥人員
奈良	—	—	—	—	—	—	—	—	—	—	一四、〇八三
三重	—	—	—	—	—	—	—	—	—	—	六九三
愛知	一三	六	—	—	—	—	—	—	—	—	一、九八三
靜岡	三〇	二三	二	四	—	—	—	—	—	—	五、八〇五
山梨	五八	一五	—	一	—	—	—	—	二四	—	五、六七八
滋賀	二三	三	—	二	—	—	—	一	—	—	七、〇五五
岐阜	—	三六九	—	—	—	—	—	八	—	—	三三、九九一
長野	—	—	—	—	—	—	—	—	—	—	一、〇九一
宮城	七	四三	—	—	—	—	—	—	—	—	七、四一五
福島	二九	五	—	—	—	—	—	—	七	—	四、七六四
岩手	—	—	—	—	—	—	—	—	—	四	二七三
青森	五	七	—	—	—	—	—	—	—	—	三、七八三
山形	四〇二	—	—	—	—	—	—	—	—	五八	一三三、五四一
秋田	—	—	—	—	—	—	—	—	—	—	五、三五三
福井	二八	—	—	—	—	—	—	—	—	—	一三三、九五九
石川	一三	一八	—	—	—	—	—	—	三	—	一九三
富山	一一六	三九	—	二二九	—	—	—	五九	—	四	三一六
鳥取	四二四	一四八	—	—	—	—	—	—	—	—	四七、六二八
島根	一七九	—	—	—	—	—	—	—	—	一四	一、七四三
岡山	二	四五	一	二四	—	—	—	一	—	九三	三、六一五

廣島	七	六二	—	一三	—	—	—	—	—	—	一一九、二一二
山口	一	—	—	—	—	—	—	—	—	—	七三九
和歌山	—	三	—	—	—	—	—	—	—	—	二、一一七
德島	四三	七〇	一	四三八	—	—	—	三	—	—	五、五三三
香川	一六六	一一九	—	—	—	—	—	二	—	—	七、四五二
愛媛	—	二	六	六三	—	—	—	—	—	—	一、〇三〇
高知	三六	一三三	三三	三六二	一一七	—	一	—	—	—	八七九
福岡	一六七	二〇三	—	五一六	—	—	—	三三	一七	三三	一四、七一三
大分	—	一	—	三	—	—	—	—	—	—	六四三
佐賀	—	二	—	—	—	—	—	—	—	—	一、二三六
熊本	二〇	一〇四	—	四八五	七〇	—	六	—	—	—	一九、五〇一
宮崎	—	—	—	—	—	—	—	—	—	—	—
鹿兒島	二	三	—	六四	七	—	—	—	—	—	一一、七一五
沖繩	—	一	—	—	—	一五	—	二	—	—	九四六
合計	三、四二一	一、九五〇	四三	二、二五八	二〇三	二六	四一	一三八	六五	三一八	一、七一八、三九五

寄生蟲保有者に驅蟲藥を投與すると共に病蟲に感染する根源を除く爲、便所の改良、肥料溜の改善、野菜洗場の設置を奬勵してゐる。

便所の改善は從來の農村便池を内務省式改良便池に改善せしめ、糞尿の腐熟を圖り蟲卵を完全に死滅せしめたる全く安全なるものを肥料として使用せしめるものである。又野外肥料溜も同樣の趣旨に依り便池を改善せざる向に對し設置せしめ、腐熟したる人糞肥料の施肥を奬勵し野菜生産地に對しては努めて、野菜洗場の設置を奬勵し以て蛔蟲卵附着の危險防止を圖つてゐる。

日本住血吸蟲病蔓延の地方に對しては中間宿主たる宮入貝の絶滅を期する爲宮入貝の存在する所は田畑、河川、溝渠等總ての場所に石灰の撒布を爲し、病源の根絶を期しつゝある。

(三)マラリヤ防遏　マラリヤ流行の地方に對しては蚊族發生の根源を絶つと共に原蟲保有者の檢索を行ひ、原蟲保有者に對してはキニーネ劑の投與を奬勵してゐる。

(四)海外渡航者檢査　横濱市、神戸市、長崎市に海外渡航者檢査所を置き海外渡航者の檢眼、種痘及チブス、コレラの豫防注射を行ひ、寄生蟲卵保有者の有無を檢査し全く健康なる者に對し旅券下附の手續を爲さしめてゐる。

昭和十一年度中に檢査に合格した渡航人員數は七千三百六十九人でその入國別數は北米合衆國六千四百五人、英領カナダ六百五人、南米アルゼンチン三百八人、佛領印度支那十五人である。

第三　防疫課主管事務

防疫課に於ては(一)急性傳染病に關する事項(二)海港檢疫及航空檢疫に關する事項(三)痘苗血清其の他細菌學的豫防治療品に關する事項を主管することになつて居るが其の概要を述ぶれば次の通りである。

一　急性傳染病に關する事項

國內に於ける急性傳染病豫防に關する法令の主なるものとしては、傳染病豫防法(明治三十年法律第三十六號)及傳染病豫防法施行規則(大正十年內務省令第二十四號)の二つを擧げることが出來る。而して現在同法に定められて居る病類は「コレラ」、赤痢(疫痢を含む)、腸「チフス」、「パラチフス」、痘瘡、發疹「チフス」、「猩紅熱」、「デフテリア」、流行性腦脊髓膜炎及「ペスト」の十種であるが、病原體保有者及「コレラ」、「ペスト」の疑似症も亦對象となつて居るのであつて、發生の屆出及通報、清潔方法及消毒方法、患者、死體、物件の處置、隔離及交通遮斷、船舶、汽車、電車の檢疫、鼠族、昆蟲等の驅除、衛生組合其の他豫防施設の設置、當該吏員の職務權限、經費の負擔等詳細に規定して傳染病豫防に關する根本策を明かにして居るのである。

昭和十二年中の全國各府縣傳染病患者の發生狀況は別表の通で、患者總數實に十六萬八千（人口萬對二三・五八）死者三萬三百（患者百對一八・〇五）と云ふ未曾有の數字を示し、之を前五ケ年の平均に比較すれば、患者數に於ては三〇・六％、人口萬對罹患率に於ては四・七の何れも增加であるが、患者百對死亡率は三・三％の低下となつて居る。患者數の首位を占むるものは赤痢（疫痢を含む）で亞いで腸「チフス」「ヂフテリア」、猩紅熱、「パラチフス」、流行性腦脊髓膜炎、痘瘡、「コレラ」、發疹「チフス」の發生順位である。又府縣別の人口萬對罹患率の最も高きは福岡（六八・三五）で、之は彼の大牟田市に於て上水道汚染を原因とする赤痢患者一萬一千の爆發的大流行と云ふレコード破りの事例の爲であるが、第二位以下は東京、（五〇・六二）大阪、神奈川、京都、兵庫の順位で大都市を含む府縣に多發することを物語つて居る。

以下便宜の爲總括的の數項に纏めて概況と豫防方策を示して見やう。

法定傳染病患者及死者地方別（其の一）

統計區劃及道廳府縣別	「コレラ」		赤痢（疫痢ヲ含ム）						腸「チフス」		「パラチフス」	
			赤痢		疫痢		計					
	患者	死者	患者	死者	患者	死者	患者	死者	患者	死者	患者	死者
北海道	ー	ー	九二	一〇	二五	一八	一一七	二八	一、二八五	二〇〇	三三七	一六

統計區劃及道廳府縣別		「コレラ」		赤痢（疫痢ヲ含ム）						腸「チフス」		「パラチフス」	
				赤痢		疫痢		計					
		患者	死者	患者	死者	患者	死者	患者	死者	患者	死者	患者	死者
東北	青森	—	—	一二一	一二	一三	五	一三四	一七	四八四	七四	九二	六
	岩手	—	—	二二四	二三	一二三	七〇	三四七	九三	一、〇二三	一五五	一六八	一五
	宮城	—	—	一一四	九	五九	四一	一七三	五〇	一、一六〇	一五一	九八	五
	秋田	—	—	二九	二	二〇	一二	四九	一四	九三七	一二一	九三	五
	山形	—	—	一〇一	七	二八	一四	一二九	二一	五七二	六二	二五一	八
	福島	—	—	五二	三	二五六	一二六	三〇八	一二九	九七七	一一六	一一〇	二
	小計	—	—	六四一	五六	四九九	二六八	一、一四〇	三二四	五、一五二	六七九	八一三	四一
關東	茨城	—	—	五五五	三五	八九二	五〇一	一、四四七	五三六	五六八	一〇七	五二	三
	栃木	—	—	二〇一	六九	二五三	一七二	四五四	二四一	四九五	七七	九四	四
	群馬	—	—	四六九	六一	四五一	二七七	九二〇	三三八	四八五	九四	五三	三
	埼玉	—	—	三七六	四八	八三四	四九一	一、二一〇	五三九	六〇六	一〇三	一〇〇	六
	千葉	—	—	六八〇	一七六	七七七	四〇九	一、四五七	五八五	六四一	一一四	六四	五
	東京	一	—	一二、〇七五	一、〇八八	八、七五五	三、二八七	二〇、八三〇	四、三七五	二、三〇一	四四四	三二六	一三
	神奈川	—	—	一、四九九	一一一	一、三一四	四七三	二、八一三	五八四	九八二	一五七	一五五	一五
	小計	一	—	一五、五八八	一、五八八	一三、二七六	五、六一〇	二九、一三一	七、一九八	六、〇七八	一、〇九六	八四四	四九
北陸	新潟	—	—	八二	一三	一〇一	六三	一八三	七六	九六六	一四七	一二四	一〇
	富山	—	—	五	一	六	五	一一	六	四三八	七五	一二	二
	石川	—	—	一六	四	一二	一〇	二八	一四	二九一	七一	三四	五
	福井	—	—	二七	四	一五	一二	四二	一六	二四三	六五	三五	三
	小計	—	—	一三〇	二二	一三四	九〇	二六四	一一二	一、九三八	三五八	二〇五	二〇
東山	山梨	—	—	四八	五	四二	二五	九〇	三〇	四五二	七三	二〇	一
	長野	—	—	五二	六	六五	四一	一一七	四七	五二六	八二	一七二	一一
	岐阜	—	—	二六一	三一	四四六	三二七	七〇七	三五八	八三三	一六七	一三六	七
	小計	—	—	三六一	四二	五五三	三九三	九一四	四三五	一、八一一	三二二	三二八	一九
東海	静岡	—	—	九〇八	八一	一、二九九	七八九	二、二〇七	八七〇	九四九	一三一	一五九	四
	愛知	—	—	九八八	一五四	一、〇六九	六一二	二、〇五七	七六六	一、五五五	二五五	二〇〇	一六
	三重	—	—	三六〇	二六	四二五	二七一	七八五	二九七	五〇六	一一七	四三	七
	小計	—	—	二、二五六	二六一	二、七九三	一、六七二	五、〇四九	一、九三三	三、〇一〇	五〇三	四〇二	二七

近畿 滋賀	京都	大阪	兵庫	奈良	和歌山	小計	中國 鳥取	島根	岡山	廣島	山口	小計	四國 徳島	香川	愛媛	高知	小計	九州 福岡	佐賀	長崎	熊本	大分	宮崎	鹿兒島	小計	沖縄	總計	昭和十一年
｜	｜	｜	一	｜	｜	一	｜	｜	五	四〇	一〇	五五	｜	｜	｜	｜	｜	｜	｜	｜	｜	｜	｜	｜	｜	｜	五七	｜
｜	｜	｜	一	｜	｜	一	｜	｜	一	一五	三	一九	｜	｜	｜	｜	｜	｜	｜	｜	｜	｜	｜	｜	｜	｜	二〇	｜
九五	八八四	五、〇三八	二、四二五	六五	一四六	八、六五三	九九	一四七	三六五	九六三	九一一	二、四八五	五三〇	四二一	一一五	四六六	一、五三二	一四、九一九	三八	四〇三	一、〇六〇	一四二	九六	六〇〇	一七、二五八	｜	四九、二六三	二六、六六七
八	五九	五五一	二三五	五	一四	八六二	一三	三四	五九	一三一	九七	三三三	四九	三五	九	三九	一三二	七八四	六	四三	九〇	二一	一六	二四	九八四	｜	四、二九〇	二、八九五
四四	一、三四一	二、八九六	一、〇三三	二五	六八	五、四〇七	九五	二四一	二六三	六〇九	七八九	一、九九七	三六二	二五八	二八三	三三四	一、二三七	一、二九四	一五六	四三四	六四一	二五三	二五八	六六	三、一〇二	一	二九、〇二四	二五、四三四
一八	四八七	一、一五三	四二七	一三	四一	二、一三九	六七	一四二	一七八	三四三	五二二	一、二五三	一六四	一九四	一九〇	一六八	七一六	七五九	一〇四	二七八	四三四	一八三	一五四	五四	一、九六六	一	一四、一二五	一三、八三七
一三九	二、二二五	七、九三四	三、四五八	九〇	二一四	一四、〇六〇	一九四	三八八	六二八	一、五七二	一、七〇〇	四、四八二	八九二	六七九	三九八	八〇〇	二、七六九	一六、二一三	一九四	八三七	一、七〇一	三九五	三五四	六六六	二〇、三六〇	一	七八、二八七	五三、一〇一
二六	五四六	一、七〇四	六五二	一八	五五	三、〇〇一	七九	一七六	二三七	四七四	六一九	一、五八五	二一三	二三九	一九九	二〇七	八四八	一、五四三	一一〇	三二一	五二四	二〇四	一七〇	七八	二、九五〇	一	一八、四一五	一五、七三八
三七二	一、〇二五	三、四三三	三、四〇〇	三三八	七五五	九、三二三	二五〇	二八二	五九八	二、四五八	四三三	四、〇一〇	三四三	五三三	七九九	五〇九	二、一七四	一、六一八	三六〇	四二六	四二三	二四一	一二六	一五〇	三、三四三	四一八	三八、五四二	三六、九三九
四九	一七七	七二四	五七六	六五	一五七	一、七四八	三七	六五	一一七	四一九	六四	七〇二	六六	五六	一三一	九三	三四六	二八〇	六一	八九	六九	五三	一六	二五	五九三	五七	六、六〇四	六、四五五
三四	六一	三三五	一九三	一〇	三三	六六五	一四	四三	四九	二九四	四二	四三二	二七	二一	二〇	四〇	一〇八	二一〇	二四	二三	七二	四二	一七	一八	四〇六	四一	四、四八〇	四、七七三
一	四	四三	一〇	二	二	六三	一	六	一	九	一	一八	九	一	三	三	一六	一〇	三	｜	三	二	二	三	三	一	二九二	二九三

統計區劃及道廳府縣別		痘瘡 患者	痘瘡 死者	發疹「チフス」患者	發疹「チフス」死者	猩紅熱 患者	猩紅熱 死者	「ヂフテリア」患者	「ヂフテリア」死者	流行性腦脊髓膜炎 患者	流行性腦脊髓膜炎 死者	合計 患者	合計 死者
北海道		—	—	—	—	一、〇八一	三六	二、六六三	三九〇	二六	一七	五、四〇九	六八七
東北	青森	—	—	一六	—	一四八	一〇	八六二	一二七	三四	二〇	一、七七〇	二五四
	岩手	—	—	—	—	二九六	八	五八一	八七	三	三	二、四一七	三六一
	宮城	—	—	—	—	三二三	一四	六四二	八一	六	二	二、四〇二	三〇三
	秋田	—	—	—	—	一九五	二	九九一	一三三	五	一	二、二七〇	二六六
	山形	—	—	—	—	六六	二	四七八	六七	八	三	一、五〇四	一六三
	福島	—	—	—	—	六一	三	九八七	九五	六	二	二、四四九	三四七
	小計	—	—	一六	—	一、〇八九	三九	四、五四一	五八〇	六二	三二	一二、八一二	一、六九四
關東	茨城	—	—	—	—	一二七	二	四一二	八〇	三	一三	二、六二八	七四一
	栃木	—	—	—	—	八八	七	四四五	六三	二	一	一、五七八	三九三
	群馬	—	—	—	—	二五一	一三	五六八	一三七	五	三	二、二八二	五八八
	埼玉	—	—	—	—	三八三	一四	六六四	七六	七	三	二、九七〇	七四一
	千葉	二	—	—	—	二二〇	三	四四八	八〇	四	三	二、八三六	七九〇
	東京	—	—	—	—	六、六二八	一三六	四、〇五八	四七八	一三七	六九	三四、二七一	五、一五五
	神奈川	一	—	—	—	六九九	一三	一、四三七	一一九	一三	七	六、〇九九	八九五
	小計	三	—	—	—	八、三九六	一八八	八、〇三二	一、〇三三	一七九	九九	五三、六六四	九、六六三
北陸	新潟	—	—	—	—	一一〇	三	六四七	一〇四	三	三	二、〇三三	三四三
	富山	二	—	—	—	八	—	三四	一一	二	—	五〇七	九四
	石川	—	—	—	—	八	一	一〇五	九	二	—	四六八	一一〇
	福井	—	—	—	—	九	—	六一	八	一	一	三九一	九三
	小計	二	—	—	—	一三五	四	八四七	一四二	八	四	三、三九九	六四〇
東山	山梨	—	—	—	—	四〇	一	一七九	二九	二	一	七八三	一三五
	長野	二五	—	—	—	四〇九	一五	九一二	一五一	六	四	二、一六七	三一〇
	岐阜	—	—	—	—	八九	六	二一四	五五	三	一	一、九八二	五九四
	小計	二五	—	—	—	五三八	二二	一、三〇五	二三五	一一	六	四、九三二	一、〇三九

地方	府縣												
東海	靜岡	五	一	—	—	一七七	四	三六五	六一	六	二	三、八六八	一、〇七三
	愛知	—	—	—	—	四九四	一四	七〇七	七四	七	六	五、〇二〇	一、一三一
	三重	—	—	—	—	一〇六	六	三八〇	五四	二	二	一、八三三	四八三
	小計	五	一	—	—	七七七	二四	一、四五二	一八九	一五	一〇	一〇、七二〇	二、六八七
近畿	滋賀	—	—	—	—	一七〇	六	一四九	二七	六	三	八七〇	一一二
	京都	—	—	—	—	一、〇九二	一七	八八四	一二	二九	一三	五、三一六	八六九
	大阪	二	—	—	—	一、六七八	六一	二、六六五	四三〇	一〇四	七四	一六、一五一	三、〇三六
	兵庫	一	—	—	—	八六五	三三	一、八八三	一五四	二六	一六	九、一二七	一、四三二
	奈良	—	—	—	—	三一	三	一五四	三五	二	二	六二五	一二五
	和歌山	—	—	—	—	九一	五	一八五	三〇	一二	七	一、二八九	二五六
	小計	三	—	—	—	三、九二七	一二五	五、三二〇	七八八	一七九	一一五	三三、三七八	五、八三〇
中國	鳥取	—	—	—	—	三四	一	一四八	三七	七	五	六四七	一六〇
	島根	—	—	—	—	三五	四	三二七	四七	二	—	九七七	二九八
	岡山	—	—	—	—	一八四	二	二九〇	四一	一	—	一、七四五	三九九
	廣島	—	—	—	—	二六五	五	二四四	五一	五	三	四、八七八	九七六
	山口	一七	一	—	—	一〇八	二	六二七	九八	一三	一〇	二、九三九	七九八
	小計	一七	一	—	—	六二六	一四	一、五三六	二七四	二八	一八	一一、一八六	二、六三一
四國	德島	—	—	—	—	五五	二	一三四	三三	一	一	一、四五二	三二三
	香川	—	—	一	—	一七六	六	一〇五	二一	一	一	一、五〇六	三一四
	愛媛	—	—	—	—	七四	二	二六五	三七	一	—	一、五五七	三七二
	高知	—	—	—	—	一三〇	五	二三五	三三	一二	七	一、七〇六	三四八
	小計	—	—	一	—	四三五	一五	七二九	一三三	一五	九	六、二三一	一、三五七
九州	福岡	二五	一	—	—	二六五	一二	八七七	一三七	二七八	一五四	一九、四八六	二、一三七
	佐賀	六	三	—	—	一二	一	一五七	二三	二	一	七五五	二〇二
	長崎	一	—	—	—	一三二	三	二九八	三七	一二	四	一、七二九	四五四
	熊本	—	—	—	—	二九	一	五三	九	九	二	二、二八六	六〇八
	大分	三	—	—	—	九	四	六六	二一	八	六	七六四	二九〇
	宮崎	—	—	—	—	一九	一	一三三	二五	二	—	六四〇	二二四
	鹿兒島	—	—	—	—	一四三	一	一〇三	三三	三	一	一、〇八三	一四一
	小計	三五	四	—	—	六〇九	二三	一、六七六	二八五	三一四	一六八	二六、七四三	四、〇四六
沖繩		—	—	—	—	一	—	一〇八	一四	—	—	五六九	七三

統計區劃及道廳府縣別	痘瘡 患者	痘瘡 死者	發疹「チフス」 患者	發疹「チフス」 死者	猩紅熱 患者	猩紅熱 死者	「ヂフテリア」 患者	「ヂフテリア」 死者	流行性脳脊髄膜炎 患者	流行性脳脊髄膜炎 死者	合計 患者	合計 死者
總計	九〇	六	一七	—	一七、六〇四	四八〇	二八、一〇九	四、〇五三	八三七	四七七	一六八、〇三三	三〇、三四七
昭和十一年	一七八	二九	一	一	一六、七〇七	四八五	二八、三三四	四、一八九	一、〇〇二	六一二	一三九、九三五	二七、八〇一

備考 「ペスト」發生ナキニ付省略ス

(一)外來傳染病及發疹「チフス」

「ペスト」「コレラ」及痘瘡の病毒は國内に常在することなく、偶々交通其の他の關係で海外の病毒の侵入に禍されて發生するのであるから、根本的には別に述べる海港檢疫及航空檢疫等の特種の豫防手段が講ぜられて居るのである。

(イ)「ペスト」 は大正十五年横濱市に八名の患者發生を見たのを最後として爾來今日迄患者の跡を絶つて居るが、之が豫防上平素常に鼠の驅除と檢査に努めて居る結果、有菌鼠は其の後も屢〻發見せられ、昭和五年の如きは大阪市内に二十四頭も出して居るのであつて、幸に其の都度病毒は根絶して居るが、何時新に侵襲を受けるかも知れないから常に嚴重警戒し、「ペスト」菌の取扱に就ては特に省令で別個の取締規則(明治三十四年内務省令第三十九號)を設け、尙「ペスト」豫防心得竝に除鼠的消毒方法施行手續(明治三十八年内務省訓第五八六號)を以て周到なる對策を講ずることになつてゐる。

(ロ)「コレラ」 過去十ヶ年に於て最も多數の患者を見たのは昭和四年の二百五名で、其の他は昭和三年の一名、七年の七名のみで、其の後暫らく發生しなかつたが、昨昭和十二年には又々廣島縣を主とし岡山、山口兩縣下等に合計五十七名の發生を見たのであるが、何れも短期間中に完全に防遏し近年は往時の樣な大流行の慘事を惹起することは殆ど無くなつた。之等の爲に特に採られる豫防手段は隔離、交通遮斷、漁撈、河海水使用の停止、生魚介類の移入制限、船舶檢疫等である。

(ハ)痘瘡　本病に就ては特に種痘法(明治四十二年法律第三十五號)及種痘法施行規則(明治四十二年內務省令第二十六號)の外に支那より襤褸、古綿、古着類、古敷物類の未消毒品輸入禁止に關する省令(昭和三年內務省令第七號)の規定に依り、積極的に種痘の普及徹底と汚染物件を介する病毒侵入の危險防止に努めて居るのであるが、乍遺憾每年缺かさず多少の患者を出して居る狀態である。而し乍ら之も近年大流行等のことなく、過去十ヶ年に於ては昭和三年の七百二十三名を最多とし、平均二百二十五名程度で昨昭和十二年は九十名に止つて居る。

種痘も年々勵行せられては居るが未だ定期種痘洩も相當にあり殊に第一期種痘の成績は惡く、昭和十一年の結果に見るも義務者百中の種痘者は第一期八九・三六、第二期九五・六一である。年々事情に依つて相違はあるが地方的には臨時種痘も相當行はれ、昭和十一年の人員三百六十七萬三千餘名に達して居る。

(ニ)發疹「チフス」　本病の發生は東北地方に於て大正三年の大凶作時に七千餘名の流行を來したことある外大したことなく殊に近年は數名乃至十數名が散發する程度に止るが、時には海外より新に病毒の輸入を見ることがあるから、海港檢疫に於ても充分警戒し發生時には虱の驅除を重要とするのである。

(二)消化器傳染病

野蠻病とも云ふべき本病は依然我國傳染病の王座を占め實に全傳染病の過半數を占むる現狀であるが、特に近年赤痢が斷然遞增の一途を辿り、數年前の腸「チフス」の地位を奪つて昨年の如きは患者七萬八千に達し、腸「チフス」の三萬八千に比し正に二倍の激增振りである。

「パラチフス」は年々四千數百に過ぎない。之等の豫防對策としては一般的のものゝ外特に

(イ)患者の早期發見と隱蔽防止

一般民衆の豫防思想を啓發し檢病的戶口調査の勵行、醫師に對し細菌檢査機關の利用奬勵、膽汁培養基の無料配付等に努め

(ロ)保菌調査 特に飮食物關係營業者に對し勵行して病毒傳播の危險防止に資することゝし

(ハ)屎尿汚物の合理的處分

改良便所の普及、肥料溜の改善、下水道の完備、塵芥汚物の處理施設の實現を奬勵し

(ニ)飮食物の衞生的施設と取締

先づ上水道の完備と其の取締の勵行は勿論、井戶の改善、野菜洗場の設置、市場其の他飮食物營業者の調理場、製造場等の衞生的取締の外、近年牡蠣養殖場の改良、氷菓類の取締等各方面の施設改善取締を行つてゐる。

(ホ)其の他 蠅の驅除、一般民衆に對する食前手洗の習慣馴致に努め、必要の場合には豫防接種をも奬勵する等汎ゆる方策の徹底的勵行に努めて居るのであるが、更に充分檢討を加へ積極的に對策を講ぜねばならぬ。

(三)其の他の傳染病

「ヂフテリア」、猩紅熱、流行性腦脊髓膜炎等も亦近年著しく多發の傾向を示し、之が豫防對策としては極めて消極的な含嗽、マスクの奬勵、集合生活の注意、隔離、消毒の徹底等の外には適確なる方法が困難で、殊に前二者

の如き好んでは小兒を侵す關係もあり、將來一層有效適切なる豫防方法を檢討して之が防遏を期する必要に差迫られてゐる。

(イ)「ヂフテリア」は最近數年常に二萬八千を超へる患者を發生して居るが、近年效果の顯著な豫防注射が應用せられ相當成績を擧げて居るので一層之が普及を奬勵してゐる。

(ロ)猩紅熱　の增加は「ヂフテリア」にも增して著しく、最近一ヶ年の患者數は一萬數千ではあるが、五年前に比し既に二倍に餘る狀況である。

(ハ)流行性腦脊髓膜炎　も亦數年前に比較すれば四、五倍に達し、千名を突破することもあつたが幸昨年は八百名臺に止つた。

(四)法定傳染病以外の急性傳染病

所謂十種傳染病以外にも急性傳染病は少くなく、宮內傳染病豫防令や新に厚生省主管になつた學校傳染病豫防規程に定められたるもののみに就て見ても、百日咳、痲疹、流行性感冒、流行性耳下腺炎、風疹、水痘等を擧げ得るが尚其の他にも種々ある。而して之等は何れも屆出規定がない爲に果して患者の發生狀態如何に就ては詳かでない。

(イ)流行性感冒　に就ては往年の慘事に鑑み、大正十年內務省訓令第一號を以て詳細なる豫防要項を指示し、各地方廳に於て適宜之を活用し豫防に努めて居るが、本年も三月迄の各府縣の報告を纒めると累計二百五十九萬と云ふ數字を示してゐる。

(ロ)百日咳、其の他學校傳染病豫防規程にある小兒傳染病　中にも死亡率相當高く或は體質にも惡影響を及ぼすものもあるので、之等に對しては傳染病豫防法に依り之を指定して同法を適用する方法も考へ得るが、未だ其の程度に迄立至つてゐない。

(ハ)流行性腦炎 に就ては嘗て之を流行性腦脊髓膜炎の疑似症として取扱はれたこともあつたが、今では大體流行性感冒豫防要項に準じて豫防方法が講ぜられてゐる程度で、昨年中にも東京、岡山、兵庫等を主とし殆ど全國各府縣に亘り二千三十名の患者發生し内千百十五名は死亡してゐる。

(ニ)炭疽病、狂犬病 等は元來家畜を主とする傳染病であるが、時に人をも侵すものであつて、炭疽は昨年中にも大阪、鹿兒島を始め數箇所に十五名の患者と埼玉縣下の馬百十九頭を主として百四十六頭の病畜を出し、狂犬病も近年漸減して僅に三、四頭の發生で、人の罹患者は玆數年殆どなく昭和十年一名を見たに止つてゐる。

炭疽病は特に獸毛を介して傳播するので、敦賀、横濱、大阪、神戸等の獸毛消毒所に於て之等の輸出入品に對して消毒を實施してゐる。

狂犬病は從來其の豫防事務が農林省主管であつたが、昭和四年以來内務省(現在厚生省)に移管せられたのであつて、稅關に於ける輸入犬の檢疫の外野犬の掃蕩、豫防注射等を勵行して病毒の根絕を期してゐるのである。

二　海港檢疫及航空檢疫に關する事項

海港檢疫も航空檢疫も共に外來傳染病の侵入を未然に防止する目的で、法令の規定に依り海外よりの船舶又は航空機に對し、時には停船又は乘組員乘客の停留を命じ、或は消毒其の他物件の處置方法を指示する等防疫上必要なる措置をなすのであつて、國際的關係も多く通商貿易にも至大の影響を有する極めて重要なる事項である。

(一)海港檢疫

之に關する法令としては海港檢疫法(明治三十二年法律第十九號)海港檢疫法施行規則(明治四十年內務省令第十三號)がある。現在は横濱(東京に來るものに付ても行ふ)大阪、敦賀、神戸、門司(下關に來るものに付ても行ふ)若松、長崎、三池、口ノ津、松島、崎戸(相ノ浦、佐々に來るものに付ても行ふ)の十一箇所の海港檢疫所と別に厚生大臣の指定に基き臨時海港檢疫所官制(明治三十三年勅令第七十五號)に依り設置せられた函館、名古屋、四日市、唐津及鹿兒島の五箇所の臨時海港檢疫所に於て施行し他の臨時海港檢疫施行港たる住ノ江に來るものは當分の內口ノ津又は三池の檢疫所に於て施行することゝなつて居るのであるが、其の他の諸港に入港の船舶に付ても現に傳染病でもあれば其の地の警察官吏の指揮を受け、最寄の檢疫所に廻航せしむる場合もあるのであつて、海港檢疫所は當該港管轄の稅關に所屬するが、檢疫事務に付ては厚生大臣の指揮を受け臨時海港檢疫所は地方長官の管轄となつてゐる。現在檢疫を施行する傳染病は規則に定められた「コレラ」、痘瘡、發疹「チフス」、「ペスト」、黃熱の五病であつて、他の傳染病に對しても必要あれば厚生大臣が指定することになつて居るが、今日迄指定せられたるものはない。檢疫に際し發見された、他の法定傳染病でも所轄警察署の手を經て夫々適法の豫防方法の講ぜらるゝことは當然である。

海港檢疫は年々遞增し昭和十一年中の檢疫船舶約二萬八千八百艘人員約二百六十九萬人で、既往十ケ年間に百五十九名の所定傳染病患者を發見し、之に依る病毒の搬入を未然に防止して居るのである。

(イ)海外傳染病情報

國際的防疫の必要上大正十四年新嘉坡に於ける關係各國の協定に基き、スエズ以東濠洲及亞細亞主要港及都市の「ペスト」「コレラ」痘瘡の發生狀況は每週在新嘉坡、國際聯盟保健部東洋支局に於て關係各國より受くる通報を取纏め、之を定日に西貢無線電信局より關係各國に放送して居るので、我國では其の內容を直に無電を以て再放送し、航行中の艦船に多大の便益を與へ、關係官衙其の他の方面へも速報し防疫上重要資料として居たのである。

（ロ）駐外防疫官

東洋各地の日本在外公館で得た其の地の傳染病情報は外務省を介して其の都度受けて居るが、特に重要な上海、香港、新嘉坡には專任の防疫官に領事館附を命じ駐在せしめて、常時同地方の傳染病狀況を速報せしめ海港檢疫の完璧を期すことに努めてゐる。

（ハ）流行地指定

我國と交通頻繁な印度、支那、滿洲方面諸港の傳染病發生狀況には常に注意を拂ひ、其の狀況に依つては流行地と指定して其の港からの船舶に對しては特に嚴重なる檢疫を實施して居るのであつて、最近は「ペスト」流行地として指定したことはないが、上海、香港、天津等に就て「コレラ」又は痘瘡の流行地として指定したことは近年も屢あるのである。

又別に「ペスト」常在地として嚴重なる處置を爲す必要から、蘭貢、孟買、瓜哇、「カルカッタ」を特に指定地として、同地から横濱、名古屋、四日市、神戸、大阪、門司、長崎の七指定港に入港の船舶に對しては、其の都度船艙の燻蒸を行ひ鼠族の驅除を行はしめることになつてゐる。

（ニ）其の他　重要海港地に於ては常に鼠族の驅除に努め、特に其の港岸直接地域、倉庫等に對して勵行せしめ、昭和十二年中に横濱、名古屋、四日市、大阪、神戸、下關、門司、長崎の八港に於て捕獲した數は三十三萬四千五百頭である、尚前號の指定地以外からの船舶に對しても各海港檢疫所に於て六月に一回の原則で燻蒸除鼠を行はしめてゐるが、其の數一ヶ年を通じ千數百艘、七千數百頭である。

(二)航空檢疫

昭和二年六月より施行された航空法第四十一條の規定に基き制定せられた航空檢疫規則(昭和二年內務省令第三十七號)に依り外國や朝鮮、臺灣から內地に來た航空機に對して前述の海港檢疫と同樣に行はれるのであつて、其の對象となるのは「ペスト」、「コレラ」、痘瘡其の他指定せられる傳染病であるが、現在では規定せられた前記三病のみである。

各飛行場管轄の地方廳に於て關係官吏に依つて行はれることになつて居るが、幸今日迄患者を發見したことがない。現在迄は之が爲に特別の機關が設けられてゐなかつたが、本年度新に最も重要な福岡第一飛行場內に航空檢疫所が設置せられる計畫で目下着々進行中である。

三　痘苗、血清其の他細菌學的豫防治療品に關する事項

之に關する法令としては痘苗及血清其他細菌學的豫防治療品製造取締規則(明治三十六年內務省令第五號)及「ヂフテリア」血清竝其の製品製劑及破傷風血清竝其の製品製劑檢定規程(大正四年內務省令第十二號)がある。國民保健上重大の關係ある各種傳染病の豫防治療に用ひられる痘苗、血清、ワクチン類を製造又は輸入若は移入して販賣するのを取締る爲、地方長官の認可を受けしめて居るのであつて、其の認可に當つては豫め本省に稟議せしめ、技術的方面に付ては傳染病研究所に諮問し、答申を得てから當該地方廳に指示して許否の決定を爲さしめてゐる。

官立の傳染病研究所の外認可を受けたものは現在大阪一八、東京一三、兵庫四、愛知、福岡、熊本各二、京都、千葉、廣島各一の計四十三箇所で、其の認可品目合計六百七十三種である。

「デフテリア」血清及破傷風血清及之等の製品製劑に付ては、之が檢定規程に依り現品を傳染病研究所に於て檢定を行ひ、其の合格品でなければ發賣出來ないこと丶なつてゐる。

四　其の他の事項

(一)代用消毒藥品の指定及取締

傳染病豫防法施行規則に定められた消毒藥は石炭酸水、クレゾール水、昇汞水、煆製石灰、クロール石灰水、フォルマリン水、フォルムアルデヒードであるが、其の他にも厚生大臣の指定した藥品で傳染病研究所の檢定に合格したもの、又は之を原料として傳染病研究所の指示する製法に從ひ調製した藥品は、傳染病研究所の指示する所に從ひ之を前記の藥品に代用することを得ることになつて居るのであつて（規則第二十四條）、昭和二年以來此の規定に依り檢定を受け得るものと指定せられた藥品にアイゼル、クレシン、デシン、エーシヨン、ミケゾール、マゴチンの六種があり、其の檢定に付ては特に代用消毒藥品檢定規程（昭和二年內務省令第三號）がある。

(二)防疫職員の配置

防疫職員官制（明治四十五年勅令第百二號）に依り、道府縣の傳染病患者發生狀況其の他の事情を考慮し、豫防上必要な一定數の防疫醫、防疫監吏を道府縣に配置し、其の他行幸啓、災害、特別なる流行等の際必要に應じて更に臨時增員を爲し、之等關係職員の活動を促し防疫措置を遺憾なからしむることに努めて居るのであつて、本年四月一日現在に於ける配置は、各府縣を通じ防疫醫三百三十二名、防疫監吏七百五十名、防疫獸醫十四名である。

(三)傳染病豫防費

昭和十一年度に國庫より支出した傳染病豫防費は百五十一萬三千三百餘圓で、之に道府縣の傳染病豫防費に對し補助したる額五十一萬九千五百餘圓を加ふれば、實に二百三萬二千八百餘圓の國費を費した譯である。

第四　豫防局關係官署概要

一　國立癩療養所

國立癩療養所は國立癩療養所官制（昭和二年勅令第三百八號）に依つて設立され厚生大臣の管理に屬し癩患者の救護療養に關する事務を掌るのである。

昭和二年度以降三箇年の繼續事業を以て不良癩患者を收容する目的で定員四百名のものを岡山縣邑久郡裳掛村長島に建設し昭和六年三月患者の收容を開始したのが我國に於ける國立癩療養所の嚆矢である。

其の後昭和六年度に更に群馬縣吾妻郡草津町に又昭和九年度には鹿兒島縣肝屬郡大姶良村に夫々國立癩療養所を新設したのである。

別に第五區九州各縣聯合立九州療養所に患者を送致するは極めて困難な實狀であつたので、第五區聯合縣より分離して每年負擔する分擔金の範圍内に於て、縣内の患者を收容する爲の施設を縣に於て三箇所に爲すことゝし、第一に宮古島に隔離收容所を建設し、所轄警察署長をして療養所長を兼任せしめ、專ら浮浪患者の收容を圖つたのである。然るに其の收容定員も六十名に過ぎず設備も患者の待遇も共に甚だ遺憾の點が多かつたので、昭和七年沖繩縣當局が計畫した沖繩縣振興事業計畫の中に癩療養所も加へ昭和八年度から宮古療養所を臨時國立癩療養所として、大いに内容の改善を爲し患者收容上遺憾のないものとしたのである。

昭和十一年一萬床計畫を樹立し昭和十一年度末官公私立療養所病床數七千床に加ふるに三千床を增加する爲め栗生樂泉園、星塚敬愛園、宮古療養所を擴張すると共に沖繩縣に國頭愛樂園を、宮城縣に東北新生園を、中部地方に中部

療養所（縣未定）を新置することゝした。（前記癩患者一萬人收容計畫參照）

以上の各國立癩療養所の定員及び將來の擴張增設の計畫については豫防局豫防課主管事務中癩の事項を參照せられたい。

二　國立結核療養所

國立結核療養所は昭和十年財團法人日本結核豫防協會が財團法人三井報恩會よりの寄附二十五萬圓を以て茨城縣那珂郡村松村に專ら結核除役軍人を收容する爲に設置した村松晴嵐莊の建物設備一切の寄附を受け入れ昭和十二年六月から五百人の患者收容を爲して經營しつゝあるのであるが、昭和十二年度に更に五百人の擴張工事をなし定員を千名とし其の後年に五百床づゝを適當の場所に增設し三千床と爲さんとするもので本施設は擧げて結核除役軍人を收容する豫定である。

第五章　社會局主管事務

社會局に於ては救護事業、救療事業、社會福利事業、母子及兒童保護事業、融和事業等に關する社會行政竝に社會事業資金融通に關する事務を管掌し、保護課福利課及兒童課の三課に於て之等の事務を分擔して居る。

第一　保護課主管事務

保護課の主管事務は厚生省分課規程に依り定められたる所なるも、更に之を細別すれば(一)救護法の施行其の他賑恤救濟に關する事項　(二)救療に關する事項　(三)方面委員制度に關する事項　(四)行旅病人及行旅死亡人取扱法の施行に關する事項　(五)北海道舊土人保護法の施行に關する事項　(六)罹災救助に關する事項　(七)社會事業の奬勵助成竝に監督に關する事項　(八)失業勞働者救助施設に關する事項　(九)社會事業統計に關する事項　(一〇)恩賜財團濟生會救療事業施行に關する事項及其の外他の課に屬せざる社會事業に關する事項にして、その大要は左の如くである。

一　救護法の施行其の他賑恤救濟に關する事項

救護法は昭和四年四月二日法律第三十九號を以て公布され、同七年一月一日から施行されたのであるが、逐年要救護者の增加に伴ひ一層本法の普及徹底を期する爲同十二年三月法律第十八號を以て本法中、國庫補助に關する規定、其の他若干の改正が行はれ、改正法は同十三年一月一日から施行された。

本法は我國古來の美風たる隣保相扶の風習を重んずると共に、他面社會連帶の觀念に基き、公的義務救護の原則を確立した我が國に於ける劃期的救貧立法であつて、本法實施以來國民生活の安定に寄與する所極めて大なるものがある。

本法に依り救護を受け得る者は、貧困の爲生活し能はざる六十五歳以上の老衰者、十三歳以下の幼者、姙産婦及不具、癈疾、疾病、傷痍其の他精神又は身體の障碍に因り勞務を行ふに故障ある者であるが、この外特に一歳未滿の幼兒を哺育する母親をも其の幼兒と併せて救護し得ることゝなつてゐる。

而して救護を行ふ機關は被救護者の居住地又は現在地の市町村長であるが、市町村長の救護事務を遺漏なからしむる爲、方面委員令に依る方面委員を以て其の補助機關に充てることにした。

次に救護の方法と種類とであるが、救護の方法は被救護者の居宅に於て救護するを原則とし、居宅に於て救護するを適當ならずと認めらるゝときは救護施設に收容し又は適當なる施設若くは私人の家庭に委託して救護を爲すことが出來る。救護施設とは養老院、孤兒院、病院其の他本法に依る救護を目的とする施設であつて地方長官の認可を受けたるものを謂ひ、昭和十三年五月末日現在に於ける是等施設數は一四一を算してゐる。救護の種類は、生活扶助、醫療、助産、生業扶助であるが、被救護者死亡したときは救護の延長として埋葬費を給することが出來ることになつてゐる。尚救護の程度は大體生活に必要なる限度とし、救護を受くべき者の居住地の市町村長が救護の許可及其の程度並に方法を決定することゝなつてゐる。

因みに昭和十二年四月より同年九月迄六箇月間に於ける救護法の施行狀況は左の通である。

救護人員……救護實人員（救護件數）は總數一八五、九八三人であつて、内居宅救護を受けた者は一六一、九八四人で總數の八割七分、收容救護を受けた者は二三、九九九人で總數の一割三分を占めてゐる。之を救護種類別に見るときは生活扶助を受けた者最も多く一六四、一五〇人で總數の約八割八分を占め、次で醫療の二一、一六五人、助産の五四一人、生業扶助の一二八人の順になつて居り、其の中二種以上の救護を受けた者は一三、五〇七人に達してゐる。

救護費……救護費支出總額は參百拾貳萬九百六圓で、內生活扶助費の貳百七拾四萬六千四百八拾六圓を最高とし、生業扶助費の壹千九百八拾七圓が最少である。更に救護方法別に依る救護費を見れば、居宅救護費は貳百參拾七萬壹千百參拾六圓、收容救護費は七拾四萬九千七百七拾圓を算してゐる。尙右救護費總額に埋葬費、委員費、救護施設の事務費を加へるときは總額參百貳拾五萬壹千九百九拾貳圓となり、之が一箇月平均支出額は五拾四萬壹千九百九十八圓餘に當つてゐる。

道府縣に於ては更に一般窮民救助の資として右救護法に依る救護の他に、明治三十年　英照皇太后陛下の御大喪に際し下賜せられた御內帑金を基金とした慈惠救濟基金及大正四年　大正天皇の御即位の大典に際して賜つた賑恤資金が蓄積されて居り、其の基金利子を以て管內の社會事業團體に對する奬勵助成費或は窮民救助費に充當してゐる。

二　救療事業に關する事項

救療事業には　(一)昭和七年度より時局匡救の爲始められ爾來繼續實施しつゝある醫療救護　(二)救護法、母子保護法軍事扶助法等の法律に依る救療　(三)恩賜財團濟生會の救療　(四)公共團體及各種社會事業團體等で實施せる救療等あるも、此處では(一)の昭和七年度以降時局匡救の爲實施しつゝある醫療救護に就て述べ他は別の處で說明することゝする。

抑ゝ時局匡救の爲の醫療救護事業は昭和七年當時世界的經濟不況の影響を受け、都鄙を通じて其の不況深刻となり、殊に農山漁村では疲弊甚だしく之が爲政府は各方面に亘る時局匡救事業を計畫し、同年第六十三回議會の議を經て夫々實施するに至つたが、此の內醫療救護費六十萬圓を計上したのが最初である。當時畏くも　皇室に於かせられては當時の狀況に付て深く御軫念あらせられ、有難き御沙汰と共に救療の資として三箇年間に金三百萬圓の御內帑金を御下賜あらせられたのである。　聖旨に感激した政府は、この御下賜金と議會の協賛を得た經費金六十萬圓とを併せて之を道府縣に配當し、地方長官をして夫々適切有效なる施設を爲さしめたのである。

道府縣に於ては、御下賜金、國庫交付金に其の道府縣費支出金を加へ、之を以て夫々地方の實情に卽したる、主に農漁山村を對象としたる救療を行つたのであるが、其の實施の方法は醫師の便ある土地に於ては、委託診療を、其の便のない地に於ては附近市町村の醫師の出張診療を爲さしめ、更に委託及出張に依り難い僻陬地方に於ては巡回診療班を組織せしむる等、夫々適宜按排して、全國の津々浦々に至るまで普く救療の恩澤に浴せしむることに努めたのである。

尙府縣では、之が事業全部の實施を恩賜財團濟生會を通じて行つたものと、又一部分の實施のみ同會を通じて行つたものとあつたが、昭和十二年度及昭和十三年度は全部恩賜財團濟生會に委託施行することゝなつたのである。而して一般の時局匡救事業は昭和九年度限りにて打切られたが、本事業のみは其の必要性と特質とに鑑み、之を打切ることは到底不可能な實情にあつたので爾來引續き實施されつゝあるのである。

昭和七年度以降每年度の國庫支出額は左の通である。

昭和七年度	六十萬圓	昭和八年度	百二十萬圓
昭和九年度	百五十萬圓	昭和十年度	百八十萬圓
昭和十一年度 昭和十二年度	百十萬圓宛	昭和十三年度	六十萬圓

尙本事業は其の當初に於て御下賜金と併せ所謂時局匡救恩賜醫療救護として實施せられたる關係上、患者は　皇恩の渥きに感激し　聖代の惠澤に感謝する者多く事務當局も亦熱誠懇切事業の遂行に遺漏なきを期し、年々良好なる成績を收めてゐる。之が每年の取扱患者數は別に揭げた通である。

三　方面委員制度に關する事項

方面委員制度は大正六年五月岡山縣に於て創設せられた濟世顧問を以て其の嚆矢とするのであるが、爾來年と共に漸次普及發達し昭和三年末には既に全國に亘り本制度の設置を見たのである。殊に同六年救護法實施せらるゝに及び同法の補助機關たる救護委員に方面委員を委囑するの方針を採つてよりは、各地共制度の擴充に努めた結果、急激なる進展を示すに至り、遂に本制度は名實共に社會事業運用の中樞機關として重きを爲すに至つた。然し元來本制度は地方の任意的制度として發達し來つたものであつて、其の機構、指導精神、運用の方法等區々であつて、之が統制の要あるのみならず、本制度の社會行政上に於ける重要性に鑑み、之を法制化し積極的に指導監督を爲す必要は次第に痛感されて來た。斯くて昭和十一年十一月方面委員令の制定公布を見、翌年一月十五日から施行せられ、本制度は此處に法制上の基礎が與へらるゝこととなつた。本令は從來の各地の制を採り、其の長所を綜合して之に國家的指導方針を織り込んだもので、その大綱を擧ぐれば(一)方面委員の指導精神を宣示したこと(二)委員の職務を明確に規定したこと(五)方(三)經營主體を道府縣としたこと但し東京横濱兩市を除く(四)方面銓衡委員會を設け委員の人選を愼重にしたこと(五)方面事業委員會を設け方面事業の指導的役割を持たしめたこと(六)方面委員と市町村との聯絡に留意したこと等である。

方面委員の職務は實に多岐多端に亘つてゐるが、之を概括すれば畢竟社會調査、保護救濟、教化指導及各種社會施設の整備促進、聯絡等である。即ち社會調査は委員が家庭訪問をして近隣の社會狀態、細民の生活狀態、貧困の原因、其の他の事項に就いて調査を行ふもので、之がためには各地共一定樣式の方面世帶票（調査カード）が使用せられてゐる。此の方面世帶票は生活程度に依り之を二種に分ち登錄することになつてゐる。即ち疾病其の他の事由に依り現に自活困難なるものを第一種とし、辛うじて生活し得るも一朝事故に遭遇する時は忽ち自活困難に陷る虞あるものを第二種としてゐる。委員は前述の社會調査に基き、要救護者に對しては夫々適當な救護其の他の處置を講ずるものであつて、其の取扱ひの範圍は極めて廣汎であるが之を大別すれば、金品給與、保健救療、周旋紹介、相談指導、兒童保護、戸籍整理、保護救濟等であつて昭和十一年度中に於て取扱つた件數は實に四、九七〇、七五六件に達してゐる。

方面委員の職務執行はその所屬方面區域を單位として行はれ、その方面區域は、市に在りては數方面區に町村に在りては其の町村を一方面區として定められ、而して方面區域毎に委員の定數が定められてゐる。昭和十一年度末現在に於ける方面委員設置市町村數は九、〇九八であつて、之が方面區數は九、四二七、委員定數は五三、〇八三名に達して居る。更に各方面區には方面委員相互間並に市町村との聯絡の爲方面委員會が設けられてゐる。

委員の選任に就ては右の方面區域内に於ける地方民間の篤志家中より適任者を銓衡し府縣知事が選任するのであるが、委員の人選は本事業の使命に鑑み最も愼重を要するが故に、各道府縣に方面委員銓衡委員會を設置せしめ、其の委員會の意見を徴したる上選任せしむることになつてゐる。昭和十一年度中選任せられたる委員數は四六、六八五名(男四五、五三三名、女一、一五二名)に達してゐる。更に本事業の進展擴充を圖る爲各府縣に、方面事業の聯絡、統制並に調査審議の機關として方面事業委員會が設置せられてゐる。

又最近顯著なる傾向として留意すべきは方面事業助成團體の普及發達であつて、大正十年、大阪に設けられた方面委員後援會を始めとして爾來各地に府縣を單位とする方面事業助成會が組織され、現に全國に於ける之等の助成團體數は一、五二五を算してゐる。之等團體は方面事業の後援竝に各種社會事業の施設經營に當り、其の地方に於ける方面事業の進展に力を盡してゐる。

四　行旅病人及行旅死亡人取扱法の施行に關する事項

行旅病人及行旅死亡人の救護に關する制度は明治四年既に太政官布告があつた位で、古くから行はれて居たが明治三十二年に至り從前の行旅死亡人取扱規則が改正され同年三月法律第九十三號を以て行旅病人及行旅死亡人取扱法を、同年六月內務省令第二十三號を以て行旅病人、行旅死亡人及同伴者の救護並に取扱方が制定發布された。之が現行の法令である。

本法に依つて救護を受くる者は行旅病人、行旅死亡人及其等の同伴者となつて居る。行旅病人とは步行に堪へざる行旅中の病人であつて療養の途がなく、且救護者のない者である。準行旅病人とは行旅中の飢餓、凍餒者、手當を要する姙產婦其の他の行旅者又は住所なきか若くは不明の者であつて、警察官署が救護の必要を認め市町村長に引渡した者である。行旅死亡人とは行旅中死亡し引取者なき者及住所居所若は氏名知れず且引取者なき死亡人を言ひ、又同伴者とは行旅病人及行旅死亡人の同伴する幼少年等である。

同法に依り救護又は取扱を爲す機關は行旅病人及行旅死亡人の所在地市町村長であつて、之に要する費用は本人又は本人の遺留財產、若は扶養義務者に於て辨償し、之を得られないときは其の救護又は取扱を爲した地の道府縣に於て支辨するのである。而して本法に依る救護狀況を昭和十年度の實績に就て見るに、病人死亡人を合して壹萬貳千五百四拾五人、之に要した費用にして道府縣費を以て辨償した金額が六拾八萬九千貳百六拾五圓、扶養義務者又は其の他より辨償した金額が參萬五千九百四拾貳圓に達してゐる。

尙救護の方法として斯る病人は槪ね相當期間療養を必要とするものが多いのであるから、都市にあつては收容所を設けて收容し若は私設團體に委託することが多い。其の他の地方にあつては避病舍又は木賃宿に收容救護するのが普通である。又行旅死亡人の取扱は警察署からの引渡しがあつて初めて市町村が取扱ふことになつてゐる。

五　北海道舊土人保護法の施行に關する事項

北海道舊土人保護法は明治三十二年に制定せられ、其の後大正八年及昭和十二年に改正を加へられてゐる。之が法律の制定された理由は北海道周圍の生活樣式の變遷に遭遇し、而も經濟知識低き爲一般和人に伍し生計を維持することを得ず、極度に貧窮に陷つたアイヌ族を保護する爲である。其の保護方法は之を大別すれば勸農、救助、救療、敎育の四項目であつて、卽ち一定の制限の下に一戶に對し一萬五千坪以內の土地を無償にて下付し、農耕を勸めて其の經濟的安定を圖り、又敎育を施して智育の向上と同化を促進すると共に、困窮者に對しては夫々救助及救療を行ひ、以て各其の處を得せしむる事を圖つてゐるのである。昭和十三年度に於ける之が豫算總額は三萬七千八百五十八圓にして其の內譯は救濟費五千七百十圓、救療費九千二百八十六圓、勸業費二千四百八十圓、住宅改善費一萬六千圓、共同施設費六百圓、敎育費三千七百八十二圓にして、之が事業實施は北海道長官が施行してゐる。舊土人の人口は昭和十一年十二月現在に於て、男八千百二十八人、女七千三百九十八人、計一萬五千五百十八人で、札幌、小樽、函館の三市を除く爾餘の三市十四支廳に分布してゐる。之を旣往の人口に就て觀るに明治五年には一萬五千二百七十五人、大正五年には一萬八千六百七十四人、同十年には一萬五千九百四十一人にして、結局明治初年當時に比しさしたる增加をしてゐないのである。

六　罹災救助に關する事項

罹災救助に關する現行法制として罹災救助基金法が明治三十二年法律第七十七號を以て制定公布され、外に同三十八年法律第三十七號北海道罹災救助基金法及同四十二年法律第十九號沖繩縣罹災救助基金法がある。之等の法律は孰れも同一趣旨の制度であつて、各府縣に於ける罹災救助基金の貯蓄を要する最低額は五拾萬圓であるが、例外として北海道は百萬圓又沖繩縣は貳拾萬圓を最低貯蓄額とすることゝなつてゐる。之を昭和十三年四月現在を以て道府縣に於ける基金總額を見るに九千百貳萬五百餘圓の巨額に上つてゐる。而して此の基金は府縣の全部又は一部に亘る非常災害の場合、若は多數の人民が同一の災害に罹つた場合に一時應急的に救助を行ふもので、從つて本法に依る救助は救護法等に依る一般的の貧困者救護とは全く其の性質を異にしてゐる。救助は地方長官が之を行ふものであつて現品の給與を原則とするものであるが、必要ありと認むる場合に限り金錢を以て之を爲すことが出來る。基金を支出すべき費目は避難所費、食料費、被服費、治療費、埋葬費、小屋掛費、就業費、學用品費、運搬用具費及人夫費に限られ、其の限度は總て地方の實情に應じ地方長官が規定することになつてゐる。

尙最近道府縣の罹災救助基金は何れも相當多額に達し、基金收入より救助費等の必要經費を支出しても尙餘力がある狀況であるので、昭和七年九月法律を改正して一定條件の下に基金收入より救助費其の他の必要經費を控除したる殘額の二分の一以內を限つて救護法施行に要する經費に充つる外、當分の間は其の殘額を道府縣の社會事業の助成其の他必要經費に充當し得ることにした。基金の貯蓄が法定の制限額以上に達したる府縣の市町村に於て罹災救助の方法を設け資金を貯蓄する時は、一定の制限の下に罹災救助基金から補助することが出來る。又基金の運用方法は國債證券、地方債證券等の買入、道府縣其の他の公共團體へ利付にて貸出すこと等で、その貸付額は昭和十三年四月現在に於て貳千八百貳拾四萬九千餘圓に達してゐる。

尙道府縣に大災害が勃發したときは、前述罹災救助基金法の運用宜しきを得しむると共に、常に災害地當局と緊密な連絡を圖つて救援物資の急送等に遺憾のなき樣努め、官廳職員等の醵出による義捐金は保護課に於て取纏めの上被害の種類及其の程度を參酌して分配の掌に當つてゐる。

七　社會事業の奬勵助成並に監督に關する事項

厚生省の創設せられる以前に於ては、內務省に於て私設社會事業に對し明治四十二年二月十一日即ち明治四十一年度以來每年奬勵金を交付して奬勵助成を加へて來たのである。而して內務省に於ては當初地方局に於て其の事務を取扱つて居たが、大正九年內務省に社會局が創設せられると共に同局に移管せられ、昭和十三年一月十一日厚生省の新設に伴ひ社會局所管となり、從來通保護課に於て取扱つて居る。又昭和十三年五月法律第五十九號を以て制定公布せられたる社會事業法が同年七月より實施を見るに至り、從來の奬勵金は同法に依り成績優良にして將來事業を繼續する見込確實なる社會事業に對し補助金として交付せらるる事となり、助成の方途が確立せらるるに至つたと同時に、斯業に對する適當なる指導監督が加へられる事となつたのである。

內務省以來奬勵金を交付した私設社會事業團體數竝に其の金額は逐年增加して昭和十二年度に於て厚生省奬勵金の交付を受けた團體數は五百六十二團體に及び其の金額は二十萬圓に達してゐるのであるが、社會事業法に依る昭和十三年度に於ける社會事業團體に對する補助費豫算は五十萬圓を計上せられてゐる。

尙社會事業の助成に關しては曩に罹災救助基金法の改正に依つて、道府縣に於ける同基金利子收入の一部を社會事業奬勵費に充當するの途を拓き、昭和七年度に二十二萬九千二百六十九圓、同八年度に三十一萬五千九百五十四圓、同九年度に二十六萬五千八十三圓、同十年度に於ては十五萬六千八百三十二圓、同十一年度三萬三千六百四十二圓、計百壹萬七百八十圓を之に充當する等、社會事業團體の機能を充分に發揮せしむることに努めてゐる。畏くも　皇室に於かせられては斯業御奬勵の思召を以て每年度私設社會事業團體に對し多額の御下賜金を下付せられ、昭和十二年度に於ては恒例に依り紀元節に際し御下賜金を拜受したる團體數は四百四團體に及び、右の外臨時に多額の金品が御下賜せられてゐる。

道府縣及市町村でも私設社會事業に對しては從來夫々助成の途を講じてその整備充實を圖つてゐる。即ち道府縣に於ける昭和十二年の斯業助成の狀況を見るに、其の團體數は三千七百十八、この金額七十七萬六千六百八十二萬圓に及び、更に市町村に於ける此の種助成の狀況は團體數三千五百二十、この金額四十七萬二千八十二圓にして金額合計百二十四萬八千七百六十四圓の多額に上つてゐる。

其の他恩賜財團慶福會、財團法人三井報恩會に於て每年度助成すべき團體及金額に就ては協議して其の助成の適正を圖る事に努めてゐる。

八　失業勞働者救助施設に關する事項

昭和七年六月失業救濟の資に充當の趣旨で三井合名會社から金參百萬圓の寄附があつたので、政府は之を失業勞働者の救濟の爲六大都市及八幡市に無料宿泊所の建設並に前記都市の外堺市、川崎市及福岡縣下の福岡、門司、小倉、戸畑、若松の各都市に食糧補給事業を施行した。而して右寄附金に依る無料宿泊所費及食糧補給費は大體昭和十一年七月迄の所要額を見込み全部關係府縣に配付し、無料宿泊所の爾後の經營は各事業主體の自營に委すこととし、食糧補給事業は昭和十一年六月更に三井報恩會よりの寄附金七萬圓を以て續行することとした。事業開始以來昭和十二年三月末迄の食糧補給狀況を見れば被補給延人員三五、四七〇、〇九六人であつて一日平均一六、一一三人に當つてゐる。

九　社會事業統計に關する事項

厚生報告例に依て每年道府縣より報告に係る各種社會事業施設其の他社會事業に關する統計を資料とし、本邦に於ける一般社會事業の狀況を示す爲、社會事業統計要覽を編纂し、尙其の他一般社會事業統計の事務を取扱つてゐる。

一〇　恩賜財團濟生會救療事業施行に關する事項

大正三年勅令第十八號に基き恩賜財團濟生會の救療事業施行の委囑を受け、政府は之を地方廳をして施行せしめてゐる。即ち右勅令に依り行政事務として取扱つてゐるのである。昭和十三年度の當初に於ける之が委囑を受けたる救療費總額は百九十九萬六千一圓にして、尙此の外に年度の途中に於て相當多額の委囑を受けるのである。地方廳に於ては全國樞要の地に在る二十二の病院、五十八の診療所其の他診療班、巡回看護班等合計百餘の特設機關に依り事業を施行するの外、一般開業醫師に依賴し、又警察署、市町村役場及方面委員等と聯絡を保ち施療の徹底に努めてゐるのである。右に依り最近取扱ひたる一ヶ年患者數は實人員約三十萬人延人員約九十萬人の多きに及んでゐるのである。

一　昭和十二年自四月至九月分救護狀況調

		道府縣 實人員	道府縣 延人員	道府縣 金額	市 實人員	市 延人員	市 金額	町村 實人員	町村 延人員	町村 金額	計 實人員	計 延人員	計 金額
生活扶助費	居宅	一、〇五二人	九一、八四八人	二一、五二一円	六五、三一四人	九、三三九、三八五人	一、一五七、一二四円	八二、六七二人	一一、五一九、九一六人	一、〇九〇、九四〇円	一四九、〇三八人	二〇、九五一、一四九人	二、二五九、五七五円
	收容	一、七四六	一七四、五七七	五一、七三六	一一、九六八	一、二八九、八五九	三九七、三六八	一、三九八	一六一、〇二一	三七、六〇七	一五、一一三	一、六二五、四五七	四八六、九一一
醫療費	居宅	一四七（七九）	七、七七五	一、八八四	七、九九八（四、〇六六）	三七七、三一〇	七〇、四四五	四、一九九（一、二一七）	一九三、八六五	三五、三五五	一二、三四四（五、三六二）	五七八、九五〇	一〇七、六八四
	收容	六三五（六二三）	三八、二五四	一六、二六三	七、三四七（六、九八一）	三九四、四四三	二一五、六四九	八三九（四二二）	五六、三六五	三〇、五〇〇	八、八二一（八、〇二六）	四八九、〇六二	二六二、四一二

	助産費 居宅	助産費 收容	生業扶助費 居宅	生業扶助費 收容	計 居宅	計 收容	計 計	埋葬費	委員費	救護施設事務費 居宅	救護施設事務費 收容	合計	一ヶ月平均所要費
	四(一)	—	—	—	一、二〇四(八〇)	二、三八一(六二三)	三、五八五(七〇三)	二〇二	—	—	七九	—	—
	—	—	—	—	—	—	—	—	—	—	一三、一四四	—	—
	三	—	—	—	一三、四一六	六七、九九九	八一、四一五	一、一九八	—	三、〇二四		八五、六三七	一四、二七二円七二銭
	二七八(二八)	六三(四五)	四七(三)	—	七三、六三七(四、〇九七)	一九、三七八(一七、〇二六)	九三、〇一五(二一、一二三)	二、五五八	三、六二二	九二五	一、二二四	—	—
	—	七八三	—	—	—	—	—	—	—	五一、四五三	一二八、八一〇	—	—
	一、二四三	三三四	七四五	—	一、二二九、五五七	六一三、五五一	一、八四三、一〇八	一三、四五七	一七、一九九	五〇、一四六		一、九二三、九一〇	三二〇、六五一円七二銭
	一九六(二八)	—	七七(六)	四(一)	八七、一四三(二、二五二)	二、二四〇(四三〇)	八九、三八三(二、六八二)	一、六八九	二一、一二三	三四一	二九	—	—
	—	—	—	—	—	—	—	—	—	一三、七三八	四、一七四	—	—
	七三九	—	一、一二九	一一三	一、一二八、一六三	六八、二二〇	一、一九六、三八三	九、六一五	三〇、七五〇	五、六九七		一、二四二、四四五	二〇七、〇七四円〇六銭
	四七八(五七)	六三(四五)	一二四(九)	四(一)	一六一、九八四(五、四二八)	二三、九九九(八、〇七九)	一八五、九八三(一三、五〇七)	四、四四九	一四、七四四	一、二六六	一、三三二	—	—
	—	七八三	—	—	—	—	—	—	—	六五、一九〇	一三六、一二八	—	—
	二、〇〇三	三三四	一、八七四	一一三	二、三七一、一三六	七四九、七七〇	三、一二〇、九〇六	二四、二七〇	四七、九四九	五八、八六七		三、二五一、九九二	五四一、九九八円三〇銭

備考　救護人員は救護種類別に總救護件數を掲げ同一人にして二種以上の救護を受けたるものは括弧を附し再掲す。

社會局

二　昭和七年度以降醫療救護實施成績

年度別	救療費	實人員	一人當リ救療費年額	延人員	一人一日當リ救療費	一人當リ治療日數
	円	人	円	人	円	日
昭和七年度	一、三六四、四二八	五四五、九五〇	二・五〇	五、六七四、六四一	〇・二四	一〇・四
昭和八年度	二、四九四、四四一	八八八、八三九	二・八一	一〇、二九四、〇九七	〇・二四	一一・六
昭和九年度	二、九三四、四三一	九七四、〇二三	三・〇一	一一、五五一、六六三	〇・二五	一一・九
昭和十年度	二、〇五六、八七七	七〇四、七九〇	二・九二	八、七六四、一五四	〇・二三	一二・四
昭和十一年度	一、二九四、九九九	五三五、三一五	二・四二	六、四一五、九六八	〇・二〇	一一・九
合計又ハ平均	一〇、一四五、一七六	三、六四八、九一六	二・七三	四二、七〇〇、四八二	〇・二三	一一・六

備考　昭和十年度迄の救療費は御下賜金國費及道府縣費を合算せるものにして昭和十一年度は國費及道府縣費の豫算を計上せるものなり。

三　全國方面委員制度及助成機關の施設狀況　（昭和十二年三月末現在）

(一)方面設置狀況

市町村總數	一一、三四九
方面設置市町村數	九、〇九八
同上方面數	九、四二七
方面未設置市町村數	二、二五一

(二)方面委員數

方面委員定數	五三、〇六三人

現在員　四六、二六四人（男　四五、一一六人／女　一、一四八人）

(三) 經費

	昭和十一年度豫算	昭和十年度決算
經費總額	一、八〇三、四一二	一、三七五、四七四
委員費　報酬手當	三二、一二九	三四、八四一
委員費　旅費其他	九二、五一七	七六、九三〇
委員費　計	一二四、六四六	一一一、七七一
職員費	五三三、三五四	三〇三、六二九
事務費	一六八、三一三	一五四、〇七六
指導費	九六、二四九	八六、九一六
救濟費	六六六、二三六	五二一、六三八
其ノ他	二一四、六二四	一九七、四四四

(四) 取扱件數（昭和十一年度）

生活扶助	法令ニ依ルモノ	二三九、一四三
	然ラザルモノ	六三〇、八三八
保健救濟	法令ニ依ルモノ	一一四、一〇一
	然ラザルモノ	一、二七六、三三六
兒童保護	法令ニ依ルモノ	一八、二六三
	然ラザルモノ	六八三、〇八五
相談指導		四〇七、四八〇
戸籍整理		四五、六五三
職業其ノ他紹介		一三四、〇四五
教化		三三一、三四七
其ノ他		一、一〇〇、四六五
計		四、九七〇、七五六

(五) 方面事業後援團體

團體數	經費（昭和十一年度決算）	資産	專任職員數
二、五二五	二、一一九、四八七	三、七〇七、九六四	七、〇六〇

但し北海道岡山兩縣は未報告に付之を除く。

四　昭和九年度行旅病人救護狀況（其の一）

住所	費目	人員 前年度ヨリ越員	人員 本年度新救護	人員 計	人員 死亡	人員 年度末現在	金額
住所詳ナル者	道府縣費ヨリ支辨シタルモノ	三八九人	一、三三三人	一、七二二人	三八四人	三四五人	一五一、二二三円
	扶養義務者其ノ他ヨリ辨償シタルモノ	八六	七一四	八〇〇	二四六	五六	一三、六〇六
	其ノ他	三六〇	一、〇三九	一、三九九	三七六	三〇五	―
住所詳ナラザル者	道府縣費ヨリ支辨シタルモノ	九八九	七九七	一、七八六	三九〇	八三三	二四八、一三二
	扶養義務者其ノ他ヨリ辨償シタルモノ	一三	九三	一〇六	四三	一三	三、三五八
	其ノ他	六八五	一、二六五	一、九五〇	五四一	八〇九	―
計		二、五二二	五、二四一	七、七六三	一、九七九	二、三四九	四一五、二〇八

昭和九年度行旅死亡人取扱狀況（其の二）

住所	費目	人員 病死	人員 變死	人員 計	金額
住所詳ナル者	道府縣費ヨリ支辨シタルモノ	二一七人	三五七人	五七四人	一四、〇八一円
	扶養義務者其ノ他ヨリ辨償シタルモノ	二〇〇	八九二	一、〇九二	一三、一三三

其ノ他	八二	二〇四	二八六	四七、九二九
住所詳ナラザル者 道府縣費ヨリ支辦シタルモノ	四五九	一、二四四	一、七〇三	三三、八四八
扶養義務者其ノ他ヨリ辨償シタルモノ	五四	一四八	二〇二	二、一七五
其ノ他	三〇四	七〇七	一、〇一一	一五、三〇八
計	一、三一六	三、五五二	四、八六八	六三、二三七

五 最近五ケ年間に於ける罹災救助基金法に依る救助狀況調

區別 / 年度	救助費支出額	内譯 避難所費	食料費	被服費	治療費	埋葬費	小屋掛費	就業費	學用品費	運搬用具費	人夫費
昭和七年度	一、六七七、〇〇九円	五、四六七円	八二三、三二二円	一九三、四六八円	一三、六二七円	一二、五三二円	三一〇、三四三円	二六〇、七一七円	一八、七九九円	二五、五九八円	一三、一三六円
昭和八年度	三九九、九九五	七六五	一二〇、六二九	二〇、九八二	一、〇八七	八七〇	三七、〇〇五	二一三、一二二	二、〇三〇	二、四五八	一、〇四八
昭和九年度	三、六七一、三八三	一九九、一五七	一、四三八、二〇五	三三七、七五九	五五、〇五一	九、九〇〇	四五六、二三二	一、〇七一、二一二	二一、四三六	五九、八六六	三二、五六五
昭和一〇年度	一、五四四、三九八	一〇、一三〇	七五三、五一四	八三、三八六	六、五六三	八三〇	一二五、七〇二	五三六、二六八	六、八五六	八、五五三	一二、五九六
昭和一一年度	二四六、八六〇	四一六	四九、六三四	二五、九二八	六六八	一、八七七	四六、四四〇	一一八、三〇四	二、二一九	一、一三〇	二四四
合計	七、五三九、六四五	二一五、九三五	三、一八五、三一四	六六一、五二三	七六、九九六	二五、九九九	九七五、七二二	二、一九九、六二三	五一、三四〇	九七、六〇五	四九、五八九

六　昭和十一年度道府縣及市町村に於ける私設社會事業團體奬勵助成狀況調

	道府縣		市町村		計	
	團體數	金額	團體數	金額	團體數	金額
北海道	五〇	一三、八二八	四一	一〇、九九五	九一	二四、八二三
東京	一七五	三三、八五〇	二〇三	四二、一〇八	三七八	七五、九五八
京都	二二	二六、六六四	六九	一一、〇八四	九一	三七、七四八
大阪	五七	一七八、六〇〇	四四	一三、四七〇	一〇一	一九二、〇七〇
神奈川	五〇	三〇、六九〇	四三	二二、五七八	九三	五三、二六八
兵庫	四五	二一、三五〇	六二	二二、一八七	一〇七	四三、五三七
長崎	二六	五、一六六	二一	四、三一〇	四七	九、四七六
新潟	二一六	一三、一九〇	八八	一三、二二六	三〇四	二六、四一六
埼玉	二一	一五、〇三四	九二	九、〇八五	一一三	二四、一一九
群馬	一三八	九、八四〇	三〇三	二四、三五六	四四一	三四、一九六
千葉	五二	八、八六二	六五	四、三〇六	一一七	一三、一六八
茨城	二二	七、九二〇	七	六一〇	二九	八、五三〇
栃木	一三五	二二、二二九	六一	四、五九一	一九六	二六、八二〇
奈良	三	一、九〇〇	一〇	一、七二一	一三	三、六二一
三重	五〇	一六、〇三五	三五	五、四二五	八五	二一、四六〇
愛知	四四七	二〇、四六〇	一四三	三四、二五一	五九〇	一〇四、七一一
靜岡	二五	一一、七〇〇	一三八	一九、七三六	一六三	三一、四三六
山梨	六	一、二〇〇	五	三八〇	一一	一、五八〇
滋賀	二四五	一八、〇八〇	一〇一	六、七五五	三四六	二四、八三五
岐阜	一	二、二八二	三三	六、五〇〇	三四	八、七八二

長野	一六四	一六、四〇三	九九	一八、二〇七	二六三	三四、六一〇
宮城	四五〇	一六、七六〇	三五	四、一六六	四八五	二〇、九二六
福島	七九	七、三六〇	七六	七、七八八	一五五	一五、一四八
岩手	九	三、七八二	一九九	二、一二三	二〇八	五、九〇五
青森	一〇	一、三五〇	一六九	四、〇五〇	一七九	五、四〇〇
山形	四四	四、八八〇	五八	九、一七八	一〇二	一四、〇五八
秋田	一七	四、〇〇〇	六九	四、八八七	八六	八、八八七
福井	一〇六	一一、六七三	三三	二、七〇五	一三九	一四、三七八
石川	一二七	九、九九三	二三	一一、二六〇	一五〇	二一、二五三
富山	一六七	二一、六四六	三二	六、八七六	一九九	二八、五二二
鳥取	二四	三、八四〇	一六	二、二八〇	四〇	六、一二〇
島根	一三	六、四二四	五八	二、二一三	七一	八、六三七
岡山	二七七	一四、六四六	三七七	二八、四二七	六五四	四三、〇七三
廣島	一八	一三、四〇〇	三〇一	二六、七九五	三一九	四〇、一九五
山口	三八	七、二四〇	一四二	九、二五九	一八〇	一六、四九九
和歌山	二八	八、三二〇	三七	四、二〇九	六五	一二、五二九
德島	七一	一二、八二五	三七	四、六九八	一〇八	一七、五二三
香川	九	三、九八〇	六	一、四一〇	一五	五、三九〇
愛媛	三	三、〇一〇	七	一、〇七〇	一〇	四、〇八〇
高知	九	一五、三五〇	八	二、九一〇	一七	一八、二六〇
福岡	三一	五〇、二八四	八〇	五〇、二三〇	一一一	一〇〇、五一四
大分	二一	六、三四〇	六	八一〇	二七	七、一五〇
佐賀	一八〇	七、五三七	七〇	六三三	二五〇	八、一七〇
熊本	一四	六、二六〇	三	四四〇	一七	六、七〇〇

	道府縣		市町村		計	
	團體數	金額	團體數	金額	團體數	金額
宮崎	一二	四、四九六	九	二、一四〇	二一	六、六三六
鹿兒島	八	二、〇〇〇	六	五、六五〇	一四	七、六五〇
沖繩	三	四、〇〇三	｜	｜	三	四、〇〇三
計	三、七一八	七七六、六八二	三、五二〇	四七二、〇八八	七、二三八	一、二四八、七七〇

備考　一、本表は司法保護事業、盲聾啞教育、認可教護院は含まず。

七　社會事業類別表（昭和十一年三月末調）

社會事業類別	社會事業		
	施設數	經費	資產
社會事業ニ關スル機關	二、五〇四	八、六八四、六三三	七九、九二六、五四八
兒童保護	一、九四八	四、九六二、七三五	二二、三九〇、六三五
經濟保護	二、三七六	不明	不明
失業救濟及防止	六六一	三、〇七二、八五七	一、八七七、〇五三
救護	五九五	三、六三九、六二一	三六、八一八、一三二
醫療救護	七四七	一三、五一四、四〇九	四一、七七七、一四〇
其ノ他	五九二	二四、五七三、八一九	一〇六、五八九、六三三
總計	九、四二三	五八、四四八、〇七四	二八九、三七九、一四一

備考　兒童保護欄には季節保育施設を含まず。

八　昭和十年度社會事業費豫算（左側數字は昭和九年度費額を示す）

種別	道府縣費	市費	町村費	計	總計ニ對スル百分比
行政機關費	七二五、〇四七 六八九、九七四	七九七、三四六 一、一五三、六六六	一、八一三、三一六 二、二二三、一九三	三、三三五、七〇九 四、〇六五、八三三	%四・〇〇 四・八八
窮民救助費	三、〇四四、七三〇 三、一〇五、五九八	五、三八七、〇四六 五、九六〇、五四二	三、四三六、二六六 三、〇二九、八八三	一一、八五八、〇四二 一二、〇九六、〇二三	一四・二四 一四・五四
軍事扶助費	一一四、九三七 一三三、〇八七	二四、一〇二 三四、八五八	一〇六、七五八 一一九、四四五	二四五、七九七 二八七、三九〇	〇・二九 〇・三五
醫療的保護費	四、五七四、〇〇三 四、七一四、一一七	六、〇〇四、六八八 六、六二五、八七四	二、〇五五、五三一 一、四九九、九八八	一二、六三四、二〇二 一二、八三九、九七九	一五・一六 一五・四二
經濟的保護費	三、〇七八、二九六 三、四五九、四九八	一七、〇五六、八二七 一六、四五六、八八二	一三、二五七、六八四 一二、七二三、五八一	三三、三九二、八〇七 三二、六三六、九六一	四〇・〇八 三九・一八
社會教化費	一、五八一、八二五 一、九一七、七六二	二、〇六三、三四六 一、六七三、九三一	三、六一四、五八八 三、七八九、三五九	七、二五九、七五九 七、三八一、〇五三	八・七一 八・八六
兒童保護費	二、二八七、八五六 二、三一四、三二七	二、三四一、八五三 一、八一三、一三三	一、一八一、三〇九 一、〇九五、七二九	五、八一一、〇一八 五、二二三、一八九	六・九七 六・二八
其ノ他	四、一〇〇、四三四 四、六四四、七二九	二、九三二、一六九 二、五二〇、六〇九	一、七五二、一七八 一、五七四、〇〇四	八、七八四、七八一 八、七三九、三四二	一〇・五五 一〇・四九
計	一九、五〇七、一二八 二〇、九七七、〇九二	三六、六〇七、三五七 三六、二三八、四九五	二七、二〇七、六三〇 二六、〇五四、一八二	八三、三二二、一一五 八三、二六九、七六九	一〇〇・〇〇 一〇〇・〇〇

九　恩賜財團濟生會最近十ケ年間取扱患者及救療費調

年度	取扱實人員	取扱延人員	一人當治療日數	救療費決算額	救療費一人一日當	備考
昭和二年度	一八九、七五五	五、四一六、三八〇	二八・五	一、一一八、二四三・九三	三	

年度	取扱實人員	取扱延人員	一人當治療日數	救療費決算額	救療費一人一日當	備考
昭和三年度	一八八、〇五三	五、六六七、六七一	三〇・一	一、一六〇、四二一・七九	二〇	
同四年度	一九九、四九二	六、三三七、〇五四	三一・二	一、二〇六、五〇六・四三	一九	
同五年度	二三〇、五一一	七、〇〇七、四四八	三〇・四	一、二四六、四七五・四五	一八	
同六年度	二七三、七四六	七、八六五、八八一	二八・七	一、二五二、九〇九・九五	一六	
同七年度	二七九、七七〇	八、四六五、二四六	三〇・三	一、二九八、八一七・五六	一五	(會計年度變更ノ爲九ケ月分ナリ)
同八年度	二三四、四九一	七、二三三、一一九	三〇・八	一、〇五九、四五五・九七	一五	
同九年度	二八〇、一六七	八、八六九、三二六	三一・七	一、三六〇、九三三・一〇	一五	
同十年度	二七九、七八〇	八、九四九、四四九	三二・〇	一、七〇一、八一五・四六	一九	
同十一年度	二八九、五四一	八、八二五、七三〇	三〇・八	一、七六八、七〇九・四〇	二〇	
平均	二三五、三三七	七、一二一、九〇一	三〇・三	一、二五八、三九四・四〇	一九	

第二　福利課主管事務

福利課は(一)公益質屋に關する事項　(二)公設の市場宿泊所其の他社會福利施設に關する事項　(三)地方改善に關する事項　(四)協和事業に關する事項　(五)低利資金融通に關する事項　(六)郷倉に關する事項　(七)農村協同施設に關する事項を主管するもので以上の各項に付て事務の內容を概記すれば次の如くである。

一　公益質屋に關する事項

我國庶民金融機關の實狀と勞働者其の他小額所得者の生活の窮情とに鑑み、政府は曩に第五十二議會の協贊を經、昭和二年三月三十日法律第三十五號を以て公益質屋法を公布し同年八月十日より之を實施した。同法は貸付利率、利子計算方法、流質期限、質物の處分方法等に關し努めて質置主を經濟的に保護する等社會的、公益的機能を發揮させると共に、經營主體である市町村又は公益法人に對しては公益質屋の設備に要する經費の二分の一の國庫補助を爲すことゝし、又運轉資金並設備費に對し低利資金を融通して其の經營を容易ならしめ以て之が普及發達を期してゐる。法施行當時は其の數僅かに七十一箇所に過ざざりしも逐年增加し、特に昭和七年度に於ては經濟界の不況に處し、匡救の施設として都市農山漁村を通じ二百餘箇所の增設助成を圖りし等普及奬勵の結果、昭和十二年四月末現在に於て市及町村の經營するもの一千九十六箇所、公益法人の經營するもの、二十二箇所、總數一千百十八箇所の設置を見るに至り、貸付資金總額一千五百二十餘萬圓に達し、其の業績は昭和十一年度中に於て貸付額累計二千百五十二萬餘圓、利用者總數三百三萬九千八百人餘、之等利用者の職業別割合は勞働者三十三%、小商工業者三十%、農漁業者十二%俸給生活者八%、其の他にして、一口の貸付金額五圓七十錢餘、庶民金融機關としての機能を遺憾なく發揮し逐年良好なる成績を擧げつゝある。

二　公設市場宿泊所其の他社會福利施設

㈠**公設市場**　公共團體の經營する食料品其の他の日用品を廉價に供給することを目的とする小賣市場であつて小賣物價を調節し、庶民生活の安定を期する上に於て最も必要な社會的施設である。大正七年八月各地に米の廉賣所を開設したのに其の端を發し、同年十二月政府は地方長官に通牒して特に公設市場を勸奬し、一面其の設置に要する經費に對し低利資金を融通して之が普及發達を圖り、又大正十年十月社會事業調査會に市場改善に關する諮問を爲し、十五項目に亙る改善要項の答申を得て爾來之に則り其の普及改善を期してゐる。近時大都市に於て新に設けられるものは其の設備が相當に完備してゐるけれども、現存する公設市場の多くは急迫せる事情の下に施設經營せられて今日に及んだのである爲に、其の設備並經營方法に關しては相當改善を要するものがある。昭和十二年三月末現在公設市場の數は二百六十五箇所で昭和十一年四月より同十二年三月に至る一ヶ年間の賣上金總額五千三百三十六萬餘圓に達した。

(二)共同宿泊所　獨身勞働者其の他の小額所得者に依つて廣く利用さるゝ宿泊設備は所謂木賃宿又は之に類する安宿である。然るに之等のものは槪ね設備甚だ不完全で宿泊料も亦比較的不廉である故に、設備完全な共同宿泊所を建設し低廉な料金を以て宿泊の便宜を得しめ、兼ねて娯樂修養等の施設を講ずるは社會的施設として最も必要のことに屬する之等の施設に對しては、從來低利資金融通等に依つて之が設置を奬勵助成した。昭和十二年三月末現在全國に於ける共同宿泊所數は百五十五箇所で、其の一ヶ月平均宿泊延人員二十九萬九千餘人を算し宿泊料一泊五錢乃至三十錢、無料のもの六十六箇所ある。

(三)公設食堂　共同宿泊所に併置し又は單獨に設置し主として勞働者其の他屋外勤務の小額所得者に簡易淸潔、且保健的食事を低廉に供給する施設で共同宿泊所と相俟つて重要な社會的施設である。從來共同宿泊所と同一の方法に依り其の普及を圖つてゐる。昭和十二年三月末現在全國簡易食堂數は六十五箇所一ヶ月平均入堂延人員八十二萬一千五百餘人を算する。

(四)公設浴場　主として公共團體又は公益團體に依り經營され、廉價なる料金を以て入浴設備を利用させるもので庶民保健施設として重要なものである。從來低利資金融通等の方法に依り之が設置を奬勵してゐる。昭和十二年三月末現在公設浴場數百七十七箇所、一ヶ月平均入浴者百八十三萬五千百餘人に達してゐる。

(五)隣保事業　勞働者其の他の小額所得者居住地域の中心となつて精神的並經濟的指導援助を爲すべき綜合的社會施設、即ち隣保事業の經營は近隣居住者の精神的並經濟的生活の向上を圖る上に於て最も緊要のことである。當局に於ては從來助成金交付等の方法に依り之れが經營を奬勵して來たが昭和十二年三月末現在施設數は百九十一である。而して之が經營の實際に就て見るに、隣保事業の本旨が敎化指導に依る精神的向上を圖るに在ること未だ徹底しない、大學其の他の敎育機關との連絡も稀薄で、時に一種の會館事業に墮するの傾向あること、仕込者、協助者等の人的要素に於て人物の選擇其の活動方式其の他に於て未だ不完全なこと等遺憾とするものが少くないから、今後は一層有效適切な經營方法を調査研究して事業經營者に周知させると共に、斯業の性質に鑑み相當助成の方法を講ずる等の方法に依り效果を擧げしむることに努むる方針である。

三　地方改善に關する事項

不合理なる差別觀念を芟除して國民の融和親善を圖り、共存共榮の實を擧ぐるは社會の和平を進め、國力の振興を期する上に於て最も緊切なることを認め、政府は明治四十四年以降吏員を派遣して各地の實況を調査せしむる所あり、大正十年に至り社會事業調査會に諮問して之が對策を決し、之を關係地方廳に通牒して其の實施を促し、或は融和事業に關し功績顯著な團體及功勞者を選奬して益々其の活動を促進した。

大正九年度以降に於ては地方廳の融和事業費に對し之と同額の國庫補助金を交付し、以て物心兩方面に亙り中央地方相策應して益々融和の實を擧げるの方針を採り引續き之が實施中である。

更に大正十年度よりは京都府外十一府縣に對し國費を以て專務職員を設置し、專ら一般民の偏見を除き相互の融和促進に鞅掌せしめ來つたが、之が待遇に關しては法令上何等身分の保證なかりしを以て昭和四年六月より地方待遇職員令による職員の待遇を附與する事となり、一層融和促進に努めしめんとした。大正十二年度よりは育英奬勵、融和團體奬勵竝に地區整理に要する經費を新規に豫算に計上して引續き之が實施中である。

尙政府は融和問題解決の基調は國民相互の自覺を喚起し不合理な差別的偏見を芟除するに在りとして大正十二年八月二十八日特に訓令を發し、尙地方長官會議等各種の機會ある每に本問題に關し訓示指示を爲し、又は之に諮問する等融和の徹底を期してゐる。

輓近社會狀態の變遷に伴ひ融和問題は彌々緊切の度を加へ今や重大な社會問題となれるに鑑み、政府は昭和二年六月十八日再度新に設けられた社會事業調査會に對し、融和促進に關する諮問をなし、同年十二月該要綱の答申を得たるを以て將來政府は之に基いて夫々時代に順應した施設を講じて本問題の解決に資せんとしつゝある。尙同三年末行はせられた御大典を期とし特に四月二十九日天長節の佳辰に方り、內務大臣より各地方長官に對し訓令を發し一層國民融和の徹底を期せしむる所があつた。

尙地方改善事業對照地區の疲弊困憊は財界の不況に伴ひ特に甚しきの實情に鑑み、政府は昭和七年度(九月)に於て全額國庫補助の方針に依り、地方改善應急施設を實施して地區の生活困窮者に對し勞働の機會を附與して勞働に依る收入を得せしめ、之が生活の安定を期せしむることゝし地區民の救濟に努めた。

昭和十年六月中央融和事業協會に於て融和事業の綜合的進展に關する計畫に基く融和事業完成十箇年計畫の樹立を見國庫豫算に於ても昭和十一年度に於て一、二四七、一三〇圓の豫算を計上し、融和事業の綜合的計畫的進展を策することゝなつた。昭和十三年三月十四日厚生大臣は厚生省の新設を機とし且日支事變の重大性に鑑み、廳府縣に訓令を發し各般の施設の擴充强化を圖り、國民融和の實を擧ぐるに遺憾なきを期する樣强調せられたのである。大正九年度以降各年度別國庫豫算額は左の通である。

大正九年度	五〇、〇〇〇圓	大正十年度	二一〇、〇〇〇圓
大正十一年度	二一〇、〇〇〇圓	大正十二年度	四九一、〇〇〇圓
大正十三年度	五二二、五〇〇圓	大正十四年度	五五四、〇〇〇圓
大正十五年度	五八五、五〇〇圓	昭和二年度	六一七、〇〇〇圓
昭和三年度	六一七、〇〇〇圓	昭和四年度	六四八、六〇〇圓
昭和五年度	五八八、七〇八圓	昭和六年度	五二七、二〇四圓
昭和七年度	一、九七四、四八四圓（內地方改善應急施設費 一、五〇〇、〇〇〇圓）		
昭和八年度	二、三七四、四八四圓（內地方改善應急施設費 一、八〇〇、〇〇〇圓）		
昭和九年度	一、七九四、四八四圓（內地方改善應急施設費 一、〇〇〇、〇〇〇圓）（地方改善地區應急救濟施設費 二二〇、〇〇〇圓）		
昭和十年度	一、二三四、四八四圓（內地方改善應急施設費 六八〇、〇〇〇圓）		
昭和十一年度	一、二四五、〇二二圓	昭和十二年度	一、二四七、一三〇圓
昭和十三年度	一、二四七、一三〇圓		

四　協和事業に關する事項

明治四十三年朝鮮合邦以來、內地に來住する朝鮮人の數は逐年增加し大正五年末に於て僅々五千人餘であつたが、十年後の昭和元年末には十四萬三千人餘となり、更に十年後の昭和十一年末には六十九萬人に達し昭和十三年六月末に於ては七十三萬五千人餘と云ふ夥しい激增振である。

而して之等の多くは下層の筋肉勞働者であつて、言語、風俗、習慣、思想等內地の夫れと著しく相異する爲、在住者の增加に伴つて到る所各種犯罪、借家紛議等頻發し、又社會上にも相當憂慮すべき狀態を生ずるに至つた。

仍て政府は愼重考究の結果、內地在住朝鮮人對策の根本方針を決定し、之に基いて內地在住朝鮮人の內地同化を基調とする保護善導に着手することゝなつた。

昭和十一年度に到り協和事業費として若干の國費が計上され夫々主要廳府縣へ事業費として配布された。地方廳に於ては政府の方針に基き地方の實情に即して在住朝鮮人の保護善導に着手すると同時に、其の外廓團體として廳府縣單位に協和事業團體を組織して事業の普及徹底に當つた。

昭和十二年末に於て三十廳府縣に協和會或は社會事業協會協和部等三十團體設立せられ、夫々矯風事業、簡易教育事業、隣保事業、住宅事業等を實施して在住朝鮮人の內地同化に努めて居る。

事業開始以來日尚淺いが成績相當見るべきものがあつて、犯罪數の如きは在住者數が增加するに拘らず漸減しつゝある。即ち昭和十年に於ける刑法犯は二五、五九六人であつたが、昭和十二年に於ては二三、九〇一人に減少したるが如き其の一例であつて、協和事業の將來に光明を與ふるものと云ふことが出來やう。

五　低利資金融通に關する事項

公營住宅、住宅組合、住宅供給を目的とする產業組合、不良住宅地區改良事業、公益市場、公益質屋、共同宿泊所、簡易食堂、共同浴場、職業紹介所、託兒所、授產場、隣保事業其の他の社會施設に對しては、大藏省預金部資金を年利四分八厘（昭和五年十月一日以降は年利四分二厘 昭和七年十月一日以降は年利三分二厘）にて融通し、前記事業の促進を期してゐる。大正八年度以降昭和十二年度迄に之等の社會事業に對し融通決定したるもの一億七千四百八十五萬五千二百圓內住宅建設資金一億三千三百四十二萬一千六百圓である。

六　鄉倉に關する事項

昭和九年東北地方の冷害に因る大凶作に際し、常に自ら凶作に備へ隣保相扶けて地方の更生に資すべき適當なる施設を講ぜしむる御趣旨を以て、昭和九年十一月七日　天皇　皇后兩陛下より多額の資を下賜あらせられた。仍て政府は右　御聖旨に副ひ奉る爲愼重考慮した結果、右御下賜金を基本とし東北地方に對し鄕倉の設置普及並に既設鄕倉の奬勵を爲すことゝし、國費昭和九年度分八拾六萬五千四百圓、昭和十年度分七拾七萬壹千四百圓、計百六拾參萬六千八百圓を關係縣へ夫々配當した。各縣に於ては有難き　御聖旨に感激し鋭意之が設置奬勵の計畫遂行に努めた結果、奬勵をなした既設鄕倉、一、二〇九棟に及び新設棟數四、八三〇棟は昭和十年中に工事完了し其の後地元町村に於て新設せられたるものを合し昭和十二年度末現在に於て六千三百四十一棟に及び、貯穀も大體豫定通り行はれつゝある處にして之等の利用に依り東北地方の更生振起に寄與する所極めて大なるものある。

七　農村共同施設に關する事項

昭和九年十月窮乏農村救濟の資として三井合名會社から金參百萬圓、三菱合資會社から金壹百萬圓、合計金四百萬圓の寄附があつたので、政府は此の內金貳百五拾萬圓を東北地方の冷害に因る窮乏農村に交付し、農村共同施設の設置を助成したのである。由來東北地方は天惠に薄く凶作は比年相亞ぐの狀態に在り、特に昭和九年の寒冷は數十年來其の比を見ないもので作況の不良實に甚だしく農村の疲弊は其の極度に達した狀況で、農村全般に亘り更生を圖らしめる必要緊切なるものがあつたのである。而して之が方策としては靑年を中心とし自習勤勞の良習を體得せしめ、共同精神を涵養し共同經營の基礎を得しめ、且餘剩勞力の活用を圖り收入の增加を圖らしめるに資すべき共同施設を設置せしめるのが最も適當とせらるる處で、仍右貳百五拾萬圓（建築費百七拾九萬五千五百圓、作業資金參拾九萬九千圓、共同器具購入費參拾萬五千五百圓）を當該縣を經て東北六縣各市町村に交付し靑森六三一棟、岩手九三二棟、宮城五五九棟、秋田三六六棟、山形六八九棟、福島八六三棟、計四、〇四〇棟を建設せしめ昭和十年度中に建設を完了したのであつて、之が施設の利用に依り東北農村更生に裨益する所大なるものがある處である。

自昭和二年度
至同　十一年度　公益質屋事業成績調

（一）職業別利用者數

年度別	年度内業務取扱質屋數	勞働者	俸給生活者	小工業者	小商人	農業者	漁業者	其ノ他	計
昭和二年度（同二年八月 同三年三月）	八二	八六、九七〇人	二八、九九八人	二六、八四六人	三五、〇一八人	一四、〇九三人	六、一八二人	三三、八七三人	二三一、九八〇人
同　三年度	一一九	一四七、三八九	五三、五八三	五六、八八七	六八、六一三	三四、六七二	一三、八八四	六二、四八五	四三六、五一三
同　四年度	一九六	二七〇、七五三	八一、一一三	八五、二四二	一一三、五四五	四五、九三〇	二〇、九七〇	一〇七、七二三	七二五、二七六
同　五年度	二六一	三四三、七九一	九五、七九二	一〇八、四五一	一七六、八三三	六三、三九九	三四、一三九	一四四、三四〇	九六六、七四五
同　六年度	三一四	三九三、七六三	一一三、八八八	一二九、五五六	二三九、五〇二	七七、五九〇	四四、九七六	一七六、一〇一	一、一六四、三七五
同　七年度	五一〇	四六五、〇一三	一三九、四九八	一五一、九五七	二九三、二四九	九六、〇九一	四八、四八六	二三七、七〇七	一、四三二、〇〇〇
同　八年度	七六五	五六七、三五五	一五四、八一〇	二〇〇、六〇〇	三九四、五二六	一四二、四八七	八六、九六四	三一一、〇七〇	一、八五七、八一二
同　九年度	九九九	七〇九、七八二	一八二、七四二	二五八、四二三	五〇〇、一〇一	二〇七、五七一	一一八、四七三	四〇四、二七〇	二、三八一、三六二
同　十年度	一、〇七九	八七六、九六六	二〇九、九八四	二九四、五一九	六〇八、四五三	二五四、四六六	一四六、八〇九	四八七、四〇三	二、八七八、六〇〇
同　十一年度	一、一一八	九六五、七四一	二三四、五六一	二九九、三五一	六二七、八八六	二六二、四二三	一四〇、四六六	五〇九、四五六	三、〇三九、八八三

（二）貸付狀況

年度別	年度内業務取扱質屋數	貸付口數	貸付シタル金額	貸付一口平均	年度末現在貸付金額
昭和二年度（昭和二年八月 同三年三月）	八二	三一一、三九一口	一、六六二、三八二・四三円	五・三四円	九一九、四六九・一四円

同 三年度	一一九	六〇三、六七六	三、二二七、二七二・七〇	五・三五	一、五五二、七一九・三二
同 四年度	一九六	九四九、八六〇	五、一七二、三二八・五九	五・四五	二、六三三、三二八・三二
同 五年度	二六一	一、二三八、六七二	六、四七九、八五三・二五	五・二七	三、八〇九、九七二・六四
同 六年度	三一四	一、四三三、〇三〇	七、二四二、三九八・〇五	五・〇五	三、六七五、八七八・七六
同 七年度	五一〇	一、七三一、四七六	八、四七五、〇九二・五三	四・八九	四、〇三一、二四二・六〇
同 八年度	七六五	二、二五四、二三〇	一一、七九六、七六三・五〇	五・二三	五、二四八、〇二七・〇三
同 九年度	九九九	二、九〇〇、八七三	一五、六九〇、二三一・七九	五・四一	八、二一三、七九四・一三
同 十年度	一、〇七九	三、四九七、四八七	一九、一八九、一二六・五四	五・四八	八、八〇〇、〇八二・八六
同 十一年度	一、一一八	三、七二六、〇七七	二一、五一九、一七一・五七	五・七八	一〇、一六六、一八七・八七

(三) 辨濟狀況

年度別	年度内業務取扱質屋數	辨濟口數	辨濟シタル金額	辨濟一口平均	貸付金ニ對スル利子收入金額
昭和二年度（昭和二年八月同三年三月）	八二	二八一、〇三三口	一、四八三、一一七・一八円	五・二八円	一〇九、七六三・七八円
同 三年度	一一九	四八八、二七六	二、九一〇、三六六・三四	五・九六	一六一、五七一・九一
同 四年度	一九六	七四四、八五五	四、〇六四、三四一・八六	五・四六	二四四、三九九・九三
同 五年度	二六一	一、〇二四、四三〇	五、四〇九、七三六・二四	五・二八	三三九、八九七・〇三
同 六年度	三一四	一、二五八、一四三	六、五三三、七七七・七七	五・一九	三九七、九三七・二五
同 七年度	五一〇	一、五一七、八三二	七、四七九、七二九・四七	四・九二	四三七、八一三、九六
同 八年度	七六五	二、〇一〇、六七六	九、七五五、九八一・三〇	四・八五	六五七、三一三・一五
同 九年度	九九九	二、四八二、〇〇二	一三、八四二、五四〇・五二	五・五八	七九八、三四一・八九

年度別	年度内業務取扱質屋數	辨濟口數	辨濟シタル金額	辨濟一口平均	貸付金ニ對スル利子收入金額
昭和十年度	一、〇七九	三、一二九、三三三口	一七、五一九、〇六二・四八円	五・五九円	九三〇、九〇八・二五円
同十一年度	一、一一八	三、五二七、六二八	一九、六三〇、三三三・四三	五・四九	一、一三七、四〇一・三三

(四) 流質狀況

年度別	年度内業務取扱質屋數	流質シタルモノ		流質物ヲ處分シタルモノ					法第十三條第一項ニ依ル質置主ニ交付スヘキ殘餘金額
		口數	貸付元利金	賣却處分 口數	賣却處分 貸付元利金	賣却處分 賣却代金	廢棄處分 口數	廢棄處分 貸付元利金	
昭和二年度（昭和二年八月 同三年三月）	八二	七、六三五口	四二、六九一・三八円	六、二六三口	二七、八〇九・四九円	二八、七三一・〇九円	—口	—	二八・四七円
同三年度	一一九	一七、一〇三	九七、五〇五・七四	一一、六六四	五四、四六五・五五	五五、七一四・〇八	一一	二一・六三円	一、九一八・九九
同四年度	一九六	三二、〇〇五	一四三、二〇九・六〇	二一、〇五三	九一、一六五・七一	八八、一四六・七八	二九	一四九・〇七	三、〇五三・四七
同五年度	二六一	六五、六七九	三三九、六五〇・三〇	四五、〇二六	二〇八、三九六・六四	一七八、三七一・七五	五四九	六〇六・四一	一、六三〇・〇一
同六年度	三一四	九九、九一五	四九五、三四五・三〇	七九、一四六	三九四、二九〇・六〇	三一五、一〇〇・一九	七〇五	一、一〇五・五四	二、六四八・六〇
同七年度	五一〇	一一四、一三八	五一一、〇二〇・五三	九七、三七八	四六四、六七五・六三	三五〇、〇八六・五八	一三一	五七八・八五	五、五〇六・六五
同八年度	七六五	九八、五五八	四二九、七四二・八三	七八、一六二	三一九、六一七・七一	二九一、七三〇・一六	三〇	二九五・一五	三、七六〇・九八
同九年度	九九九	一四九、六九五	六二〇、九五七・七九	七七、九〇九	三三六、九三二・〇八	二九九、一〇〇・五七	三五三	一、四六三・五六	一三、〇八八・八四
同十年度	一、〇七九	二〇二、四七七	八四八、一六三・四〇	七五、四六三	三一二、〇八六・四七	三〇三、九一九・九三	六〇六	二、二一二・一六	一〇、五四八・一六
同十一年度	一、一一八	二四一、八六九	一、〇五五、六六八・一三	八八、五三七	三七八、三七九・一一	三六五、〇八六・七五	二七〇	一、七六一・四九	一三、二五七・三七

自昭和十一年四月
至同　十二年三月　公益質屋事業成績表

種別／道府縣	當期間内業務取扱質屋數	利用者數	貸付 口數	貸付 金額	期末現在貸付金額	辨濟 口數	辨濟 金額	貸付金ニ對スル利子收入額	流質 口數	流質 貸付元利金
北海道	七三	一五〇、〇五五	一八〇、五四九	一、六四七、七二一・九七	七一五、八九〇・〇〇	一七二、八四一	一、五七六、一七三・三四	八五、五三五・五七	二一、五四五	一二四、二二四・八八
東京	三四	三三六、六五〇	五八五、四五四	二、八三一、六七九・〇九	九四四、七六一・八三	五五八、七七四	二、六五一、五七一・三四	一二八、六〇六・八〇	一四、八六〇	四九、二〇二・六四
京都	二〇	一五、六七五	二一、〇三三	一五六、八二〇・二一	八八、四五九・二一	一六、四五三	一三〇、一三三・三五	六、〇二五・五六	四七九	二、二四〇・二四
大阪	三一	一三一、二四八	一五九、三九一	一、一七九、二五六・三一	六六四、六五三・六〇	一五五、九一〇	一、一三九、二八八・五二	八八、七一九・七八	八、二九六	四四、四九三・二三
神奈川	三三	三三〇、八六九	二一九、六二四	一、一七九、九三六・二五	四五三、九六七・三三	二四一、五四八	一、一九八、一七二・二八	六八、八五〇・一五	六、三九七	二六、六六八・六七
兵庫	二六	四七、七七一	五九、五四七	四三四、八八五・二一	二四三、七九五・二九	五三、三五七	四一八、七四二・七二	二八、五四二・六〇	一、五六四	八、七二六・七九
長崎	二〇	七八、一八一	八〇、七九九	五三一、九〇九・〇四	二七九、二九一・七三	七五、三七三	四八四、四八九・八一	三三、九九五・九四	五、三一二	三〇、七〇八・八三
新潟	二四	一四、五四六	一七、八四八	二四〇、六二八・一六	九九、五九二・一三	一七、六九九	二三〇、七〇三・二八	八、一〇七・三〇	一四五	一、一二四・七八
埼玉	二九	一三一、三三六	一三一、七五九	四五五、九七五・六三	二三〇、二二九・八五	一一八、六四六	四二六、六三三・六七	二四、一六二・〇四	一八、四八〇	五六、七七七・五三
群馬	二二	八七、七七七	一〇六、三一二	四〇九、五三三・四二	一七九、三一〇・八四	一〇二、九八七	三五〇、七八一・五二	二〇、九三三・七七	一、八九五	四、七九三・四八
千葉	二二	五三、八七四	六四、五八六	三四六、五〇八・一三	一五七、一七九・三七	五四、七八六	三一三、九九二・九九	一四、八八九・〇九	七、一一〇	二〇、九四一・一三
茨城	一九	三一、一八一	三四、一三五	一五七、八九一・六四	一〇八、一一三・五三	三〇、九三六	一四三、九四二・七二	九、八三〇・六七	二、六五六	一、八七一・二七
栃木	九	二六、九八二	五三、六〇八	二一六、一〇九・三三	七三、九六八・六〇	四六、一二九	一九二、三四三・八〇	八、八二九・二〇	九、二一四	三三、五三五・二五
奈良	八	一〇、一五三	一二、四三六	六八、二九一・六五	二九、五四六・七八	一二、五四〇	六四、七八四・四九	三、五五五・九二	二、四五五	九、三九五・五九
三重	三二	一四〇、五一五	一五六、九九〇	一、二一八、八〇五・〇〇	六〇六、九六六・〇〇	一五一、〇九五	六九八、二〇七・〇〇	三三、九五二・〇〇	四、三一七	一六、五八四・〇七
愛知	一九	六三、〇八八	八八、四六九	五〇二、七五八・三〇	二一九、二四七・六四	八二、八四六	四五九、五三九・三四	二五、八三四・六五	二、九三四	一〇、九三二・三八
○静岡	二六	九二、六六七	一三〇、四四五	六三六、一九〇・四六	二一四、八八四・三三	一〇九、七六〇	五七七、九一〇・八三	二四、五〇九・六四	二八、二三三	一二一、八一七・三〇
山梨	一五	三三、九一八	三七、七一五	一四三、四九八・七八	六八、七九三・七〇	三七、三九三	一三七、二三六・七七	八、〇一二・九一	二、五四五	六、二六四・一六
滋賀	一八	二三、七五五	三〇、七二〇	二三〇、七五五・五一	一三七、四〇〇・〇一	二九、六二八	二二二、一九六・三六	八、七六〇・四六	九〇七	三、一八五・六九

種別 / 道府縣	當期間内業務取扱質屋數	利用者數	貸付 口數	貸付 金額	期末現在貸付金額	辨濟 口數	辨濟 金額	貸付金ニ對スル利子收入額	流質 口數	流質 貸付元利金
岐阜	四五	六二、四一二	九一、五五八	五九七、四八一・二八	三三五、五五四・六三	八六、〇〇六	五四七、二〇三・六三	八五、七三七・四五	二、四七一	一三、〇九二・二三
長野	二七	八六、九〇一	一〇五、九〇〇	四六一、五六二・四六	二〇六、七六七・六四	一〇一、六一六	四四四、四五四・〇六	一九、六四六・六三	二、三七一	一二、五九五・〇〇
宮城	二八	五七、五五一	五七、五九〇	三〇七、八六九・〇〇	二〇六、八三〇・〇〇	五三、六三七	二八一、二一九・〇〇	一七・五〇〇・〇〇	二、九四八	一五、八〇四・六〇
福島	四一	七四、二五六	一〇二、八三四	五七二、四三四・八一	三三一、四三九・七〇	一〇四、六九一	五七五、九八五・四六	三四、二七〇・〇一	二、六九九	一四、四五四・六五
岩手	四〇	九七、三六九	一〇九、二四一	四六三、九一一・九〇	二九五、〇〇九・九六	一〇六、一九四	四六〇、二二六・九〇	三三、三四五・四三	四、四一三	一五、九五九・三六
青森	三三	八八、八五七	九八、九一七	八四七、五二六・五三	三五六、五九六・三〇	八七、三四八	七四二、四七五・〇四	四三、九四七・九五	二、五一七	九、四〇六・六八
山形	五	二三、二〇七	二五、一一三	一二七、七〇九・七三	六九、三四一・九三	二三、三一三	一一六、五八三・二三	五〇、六〇六・八五	二九三	一、二三四・九〇
秋田	三〇	一〇三、六一三	一一一、一一八	四七六、四六九・四三	二三六、一二三・四五	一〇六、一一八	四五〇、五七〇・一九	二四、九〇六・一五	三三、〇一一	一一九、三四六・二七
福井	七	五、三五三	七、五〇三	四七、四九九・六〇	一八、五三八・二五	七、四二九	四八、八一五・四七	二、八二七・四一	五四九	一、八四一・〇八
石川	一三	一八、〇〇二	一九、九九八	一四二、四九五・九一	七一、四六七・一九	一八、九六九	一三七、七六〇・三四	八、二七〇・四五	一、三三一	五、六九〇・五六
富山	七	一六、七二五	一九、三一〇	一一九、二三五・〇七	七三、八九二・〇七	一八、八八八	一一六、四六〇・〇三	七、五九七・六一	一三四	九一八・四四
鳥取	一〇	六、三四六	八、二〇〇	四六、六四七・九三	二九、二三九・三三	七、五一八	四〇、一六七・五八	二、七八八・七六	二〇一	七五九・八六
○島根	一三	六、一三一	六、八六一	七九、九〇〇・三六	四三、四八九・〇九	五、八八〇	三二、三六九・四七	二、〇五六・六七	二七七	一、八六八・六七
岡山	六〇	三二、八二六	三七、二三四	一八七、八〇七・六八	九〇、七六一・八六	三五、二三七	一八五、七四五・五七	一〇、三八八・〇六	三、九〇四	一八、一五〇・七六
廣島	三五	六〇、七三九	六五、一八六	三六三、〇五三・八三	一五六、三三七・〇〇	六四、六五六	三六一、五〇九・〇〇	一八、八六七・〇〇	七、一四〇	三三、七五二・〇〇
山口	三七	一一一、四六二	一三三、八四〇	六八九、八六八・七八	二七二、五五八・八一	一一四、九六七	六五一、四七一・七〇	三三、〇一一・六〇	一三、三九六	六九、五〇三・五八
和歌山	二八	五〇、九一九	五七、二六五	五二〇、九二八・三七	一九〇、二三八・七〇	五二、八九一	四八五、〇五六・九七	一九、〇五〇・〇五	一、一三三	六、一〇三・八九
徳島	一〇	七、三四六	八、九一四	六四、七三六・七八	三一、一四九・五三	七、二九四	五五、四四三・七九	二、二二四・八〇	六九八	二、八七四・四七
香川	一六	一三、二五五	一五、五一六	一六三、四七一・二四	三〇八、七三〇・〇七	一四、五八六	一六八、〇四〇・一六	四、九六七・五五	四四四	一、一五六・七一
愛媛	五三	九九、一九四	九八、九二四	五〇六、九七五・〇〇	二一三、五一八・九五	九五、九〇五	四八七・七九八・四九	二三、三一四・九八	三、一三六	八、六八一・一〇
○高知	一三	一七、五九三	一八、九六六	七一、八五九・五三	三三、五三二・〇一	一四、九三六	五五、九三〇・三三	三、三三三・一九	一、一七三	四、二〇三・九三

福岡	二五	一二四、八二三	一三一、五六二	七九六、二五〇・八六	三二四、四〇五・六〇	一二四、九三六	七四〇、五三八・〇一	三八、九六八・二二	四、七五三	二七、九五六・八二
大分	一八	二一、八五一	二六、〇七四	二三五、一八八・六五	五、八七五・二二	二七、八六一	二四一、八四四・四八	一〇、九七七・三七	一、四四三	一一、六四〇・八七
佐賀	一一	二四、四五三	二八、六二八	一三四、八六三・五五	六〇、九一七・四〇	二六、八五三	一二六、八九一・六六	八、〇三三・九八	四、三〇四	二九、五〇三・八〇
熊本	一五	三〇、九五四	三六、八〇六	一三五、八七五・四八	八三、六八四・九三	三五、八一五	一二六、五三一・九五	九、八五二・六一	四、二六二	一四、七七九・九一
宮崎	一三	四八、七五三	六三、五四七	一九八、〇二一・五〇	七三、五五七・一三	六一、四三八	一九五、三一八・八一	一〇、七二九・二六	一〇、一一三	四一、一四七・三八
鹿兒島	一三	四一、〇五五	六〇、五八四	二二二、七九三・七八	九六、五七二・八三	五八、四七七	二一五、八九八・三三	一三、八四一・三四	一、六三九	四、四八〇・〇六
沖縄	一四	四〇、九一三	四一、五九四	一三六、二六三・四六	一一六、五三七・七四	四〇、四六九	一三一、一九五・六四	九、七〇六・九二	一、五七五	四、三七二・六八
計	一、一一八	三、〇三九、八八三	三、七二六、〇七七	二一、五一九、一七一・五七	一〇、一六六、一八七・八七	三、五七二、六二八	一九、六三〇、三三三・四三	一、一三七、四〇一・三三	二四一、八六九	一、〇五五、六六八・一三

備考　○印は前年度分を掲記せり。

公益質屋市町村別貸付資金調（昭和十二年四月三十日現在）

區別／廳府縣	質屋數 市	質屋數 町	質屋數 村	質屋數 法人	質屋數 計	同經營主體數 市	同經營主體數 町	同經營主體數 村	同經營主體數 法人	同經營主體數 計	貸付資金 市	貸付資金 町	貸付資金 村	貸付資金 法人	貸付資金 計
北海道	六	一三	一四	—	三三	六	一三	一四	—	三三	二三一、九五六・八四	三九四、六〇七・〇三	四八八、七〇六・九二	—	一、一一五、二七〇・七九
東京	一二	二	一	一〇	二四	二	二	一	一	六	六二〇、七九〇・五九	二七、六〇〇・〇〇	一、〇〇〇・〇〇	三六二、〇一〇・二六	一、〇一一、四〇〇・八五
京都	二	三	一三	二	二〇	一	三	一三	一	一八	四五、〇〇〇・〇〇	三八、五〇〇・〇〇	九〇、八〇〇・〇〇	三〇、〇〇〇・〇〇	二〇四、三〇〇・〇〇
大阪	一二	一三	五	一	三一	四	一三	五	一	二三	六六〇、五五四・〇〇	二三二、八一四・八九	三〇、七三六・〇九	一四、〇〇〇・〇〇	九三八、一〇四・九八
神奈川	一六	三	二	一	二二	四	三	二	一	一〇	五二七、八九七・九五	四七、九〇八・四八	七、二四八・三一	一〇〇、七一九・〇〇	六八三、七七三・七四
兵庫	五	六	一五	—	二六	三	六	一五	—	二四	一八七、八七五・三一	一〇〇、八五一・一四	一七二、九三八・四九	—	四六一、六六五・一四
長崎	二	五	一三	一	二〇	二	五	一三	一	二〇	七七、六五四・六八	五七、九八九・八八	一二八、九二五・七一	一三、七二三・一一	二七八、二九三・三八
新潟	一	二	二一	—	二四	一	二	二一	—	二四	九、九八七・〇〇	二三、九九七・〇〇	一五八、六六〇・〇〇	—	一九二、六四四・〇〇
埼玉	二	一三	一三	一	二九	二	一三	一三	一	二九	四八、五八四・〇〇	一八一、五八六・〇〇	九一、七二七・〇〇	二六、〇〇〇・〇〇	三四七、八九七・〇〇

區別 廳府縣	質屋數 市	質屋數 町	質屋數 村	質屋數 法人	質屋數 計	同經營主體數 市	同經營主體數 町	同經營主體數 村	同經營主體數 法人	同經營主體數 計	貸付資金 市	貸付資金 町	貸付資金 村	貸付資金 法人	貸付資金 計
群馬	二	一二	六	一	二一	二	一二	六	一	二一	五一、六九三・〇〇	一一六、九一一・〇〇	五三、六四八・〇〇	二五、六四九・〇〇	二四六、九〇一・〇〇
千葉	一	一三	七	―	二一	一	一三	七	―	二一	二九、三三五・〇〇	一五九、〇八〇・〇〇	六〇、九八一・〇〇	―	二四九、三八六・〇〇
茨城	一	一三	五	―	一九	一	一三	五	―	一九	三〇、〇〇〇・〇〇	一一五、一三六・〇〇	三六、一七三・〇〇	―	一八一、三〇九・〇〇
栃木	一	七	一	―	九	一	七	一	―	九	二四、三四〇・一七	七三、二五二・四三	一三、五四七・九九	―	一一一、一四〇・五九
奈良	―	四	四	―	八	―	四	四	―	八	―	五三、一二八・六五	二五、九五一・二三	―	七九、〇七九・八八
三重	六	七	一九	―	三二	五	七	一九	―	三一	一八六、二四六・一八	六三、九二四・八三	一七四、六〇四・四五	―	四二四、七七五・四六
愛知	七	一〇	一	―	一九	三	一〇	一	一	一五	三六五、一三〇・三〇	一一〇、四三二・〇〇	六、〇一五・〇〇	二〇、〇〇〇・〇〇	五〇一、五七七・三〇
静岡	四	一七	五	―	二六	三	一七	五	―	二五	一一六、〇〇〇・〇〇	三二一、〇〇〇・〇〇	三六、九〇〇・〇〇	―	四七三、九〇〇・〇〇
山梨	一	六	八	―	一五	一	六	八	―	一五	三一、八二八・八七	四六、九八二・〇五	四六、四六八・三九	―	一二五、二七九・三一
滋賀	三	八	七	―	一八	二	八	七	―	一七	三〇、〇二七・〇〇	一一五、六〇一・〇三	六一、八一七・三九	―	二〇七、四四五・四二
岐阜	三	二七	一五	―	四五	三	二六	一五	―	四四	一一七、一五三・四一	三九六、二七九・七三	一四九、一六六・四一	―	六六二、五九九・五五
長野	三	一六	八	―	二七	三	一六	八	―	二七	六八、〇〇〇・〇〇	一七二、一二六・八七	四七、〇〇七・六〇	―	二八五、一三四・四七
宮城	―	一二	一五	一	二八	―	一二	一五	一	二八	―	一九七、六八四・〇〇	一六三、一〇七・〇〇	一〇、〇〇〇・〇〇	三七〇、七九一・〇〇
福島	一	一七	二三	―	四一	一	一七	二三	―	四一	三四、二四六・一四	二三九、三七九・四三	一九四、六七七・〇一	―	四六八、三〇二・五七
岩手	二	一八	二〇	―	四〇	二	一八	二〇	―	四〇	六〇、一一六・四七	二四六、七一三・〇八	一六七、一七四・〇五	―	四七四、〇〇三・六〇
青森	一	一四	一七	一	三三	一	一四	一七	一	三三	二三、六四三・八九	二五二、七六七・六八	一八九、八一〇・六〇	三四、三二九・三四	五〇〇、五五一・五一
山形	二	三	―	―	五	二	三	―	―	五	六六、〇〇〇・〇〇	三八、五〇〇・〇〇	―	―	一〇四、五〇〇・〇〇
秋田	一	一八	一〇	一	三〇	一	一八	一〇	一	三〇	五〇、〇〇〇・〇〇	二〇一、六四八・〇〇	九二、二五四・〇〇	一〇、〇〇〇・〇〇	三五三、九〇二・〇〇
福井	一	一	五	―	七	一	一	五	―	七	三〇、〇〇〇・〇〇	二〇、〇〇〇・〇〇	四一、五六七・三七	―	九一、五六七・三二
石川	一	七	五	―	一三	一	七	五	―	一三	二三、六六五・〇五	九五、六三〇・九二	二八、四一六・〇八	―	一四七、七一二・〇五
富山	一	六	―	―	七	一	六	―	―	七	二〇、〇〇二・八九	九五、四九六・四七	―	―	一一五、四九九・三六

鳥取	一	三	六	—	一〇	一	三	六	—	一〇	九、四九三・六三	二九、五一六・五五	三八、三二九・二六	—	七七、三三九・四四
島根	—	二	一〇	—	一三	—	二	一〇	—	一三	—	二六、四七五・〇〇	七九、六七三・〇〇	—	一〇六、一四八・〇〇
岡山	四	一五	四一	—	六〇	三	一五	四一	—	五九	四七、〇五九・五三	一三〇、一二五・三九	一三三、一二九・七三	—	三一〇、三一四・六四
廣島	五	一五	一四	一	三五	四	一五	一四	一	三四	七三、〇一一・〇〇	一四五、四六四・〇〇	一三一、三四七・〇〇	五、五二一・〇〇	三四五、三三三・〇〇
山口	七	一八	一三	—	三七	六	一八	一三	—	三六	二一八、二五五・五一	二六六、三六一・九九	一二六、七九一・四〇	—	五一一、四〇八・九〇
和歌山	四	九	一五	—	二八	三	九	一五	—	二七	八七、〇五〇・〇〇	一三一、九〇〇・〇〇	一〇一、六七五・〇〇	—	三一〇、六二五・〇〇
徳島	—	四	六	—	一〇	—	四	六	—	一〇	—	三三、九〇五・〇〇	四八、三七五・〇〇	—	八二、二八〇・〇〇
香川	二	三	一一	—	一六	二	三	一一	—	一六	一三、五九五・五八	二九、七四一・〇〇	六五、九一二・四五	—	一〇九、二四九・〇三
愛媛	四	一八	三一	—	五三	四	一七	三一	—	五二	六一、七六〇・八一	一九四、三一二・五九	二六二、九五四・三三	—	五一九、〇二七・七三
高知	二	四	六	—	一二	一	四	五	—	一〇	三五、〇〇〇・〇〇	二三、五〇〇・〇〇	二五、三四四・〇〇	—	八三、八四四・〇〇
福岡	九	八	八	—	二五	七	八	八	—	二三	二四二、四六八・七九	八〇、二三六・六〇	四六、〇八五・〇五	—	三六八、七九〇、四四
大分	—	一〇	八	—	一八	—	一〇	八	—	一八	—	一四〇、六七七・〇〇	六四、五五五・四一	—	二〇五、二三三・四一
佐賀	二	五	四	—	一一	二	五	四	—	一一	四八、一四六・五九	五六、三五六・四四	三七、一五九・〇八	—	一四一、六六二・一二
熊本	一	七	七	—	一五	一	七	七	—	一五	二四、〇〇〇・〇〇	六四、〇四六・〇〇	五九、三八三・〇〇	—	一四七、四二九・〇〇
宮崎	四	二	七	—	一三	四	二	七	—	一三	七八、五〇四・八二	一〇、〇六一・一九	六三、一〇一・七九	—	一五一、六六七・八〇
鹿兒島	一	九	二	—	一三	一	九	二	—	一三	四四、一〇七・〇〇	一三九、五九九・〇〇	三〇、〇〇〇・〇〇	—	二一三、七〇六・〇〇
沖繩	二	三	九	—	一四	二	三	九	—	一四	四〇、九八七・八四	三四、七四五・一八	五七、一〇八・七七	—	一三〇、八四一・七九
計	一五五	四四〇	五〇一	三	一、一一八	九九	四三八	五〇〇	三	一、〇四九	四、六九〇、一六〇・〇三	五、七六四、五五一・五〇	四、一三五、九五三・三六	六五一、九四一・七一	一五、二四二、六〇六・六〇

公設市場賣上調査表（自昭和十一年四月 至同十二年三月）

種別／廳府縣	經營主體別個所數 市府縣營	町村營	其他	計	賣上高 四月―九月	十月―三月	計	一ヶ月平均賣上高
北海道	九	―	―	九	四二〇、五九九	四八一、〇七五	九〇一、六七四	七五、九四五
東京	二一	―	二四	四五	三、六四七、二三九	四、〇二〇、六六五	七、六六七、九〇四	六三八、九九二
京都	一四	一	―	一五	一、三三九、三二〇	一、三九八、九一八	二、七三八、二三八	二二八、一八六
大阪	六〇	三	一	六四	一一、四〇〇、二三九	一二、二四一、〇四八	二三、六四一、二八七	一、九七〇、一〇七
神奈川	八	―	―	八	五七四、八二一	五三五、八六五	一、一六〇、六七六	六六、七二三
兵庫	一四	一	―	一五	一、七〇〇、〇三四	一、八〇八・八七六	三、五〇八、九一〇	二九二、四〇九
○長崎	一五	―	―	一五	一、五七七、一四三	一、六九四、六三七	三、二七一、七八〇	二七二、六四八
新潟	―	―	―	―	―	―	―	―
埼玉	―	―	―	―	―	―	―	―
群馬	―	―	―	―	―	―	―	―
千葉	―	―	―	―	―	―	―	―
茨城	一	―	―	一	一八、三八三	一一、一一〇	二九、四九三	二、四五八
栃木	―	―	―	―	―	―	―	―
○奈良	一	四	一	六	一九二、四四五	二二〇、七二三	四一三、一六八	三四、四三一
三重	―	―	―	―	―	―	―	―
○愛知	二四	三	―	二七	二、〇二七、八八一	二、一〇八、九七三	四、一三五、九五四	三四四、六六二
静岡	五	―	―	五	一八一、五一七	一八六、二六八	三六七、七八五	三〇、六四八
山梨	―	―	―	―	―	―	―	―
滋賀	一	一	―	二	五八、〇六六	六〇、四七〇	一一八、五三六	九、八七八

	1	2	3	4	5	6	7	8
岐阜	|	|	|	|	|	|	|	|
長野	一	|	|	一	七五、九九三	七七、九九三	一五三、九八六	一三、八三三
宮城	|	|	|	|	|	|	|	|
福島	|	|	|	|	|	|	|	|
岩手	|	|	|	|	|	|	|	|
青森	|	|	|	|	|	|	|	|
山形	|	|	|	|	|	|	|	|
秋田	|	|	|	|	|	|	|	|
福井	二	一	|	三	一〇三、六七五	一一九、五二五	二二三、二〇〇	一八、六〇〇
石川	五	一	|	六	一三一、七九八	一三三、四五二	二五四、二五〇	二二、一八七
富山	三	|	|	三	九五、七一八	一〇〇、六二六	一九六、三四四	一六、三六二
鳥取	|	|	|	|	|	|	|	|
島根	二	一	|	三	四七、七三七	四九、五二五	九七、二六二	八、一〇五
岡山	二	二	|	四	一七六、三〇七	二一五、二五八	三九一、五六五	三二、六三一
廣島	七	|	|	七	九七、〇八八	一〇二、七九九	一九九、八八七	一六、六五七
山口	二	二	一	五	一四八、四六八	一八七、八六八	三七二、三三六	三一、〇二八
和歌山	五	|	|	五	三二四、四九二	三三六、三〇六	六五〇、七九八	五四、二三三
德島	四	|	|	四	一九八、〇九三	一五七、九〇〇	三五五、九九三	二九、六六六
香川	一	|	|	一	四、三六二	四、五四五	八、九〇七	七四二
愛媛	一	|	|	一	二三、九九九	二五、六四一	四九、六四〇	四、一三七
高知	三	|	|	三	八九、六七九	八九、六一八	一七九、二九七	一四、九四九
福岡	七	|	|	七	八三六、四五五	九四一、九二七	一、七七八、三八二	一四八、一九八
大分	一	|	|	一	六九、九七九	八〇、〇七一	一五〇、〇五〇	一二、五〇四
佐賀	|	|	|	|	|	|	|	|

種別 廳府縣	經營主體別個所數 市府縣營	經營主體別個所數 町村營	經營主體別個所數 其他	經營主體別個所數 計	賣上高 四月—九月	賣上高 十月—三月	賣上高 計	一ケ月平均 賣上高
熊本	｜	｜	｜	｜	｜	｜	｜	｜
宮崎	｜	｜	｜	｜	｜	｜	｜	｜
鹿兒島	一	一	｜	二	九一、九六五	一〇四、九九二	一九六、九五七	一六、四一三
沖繩	｜	｜	｜	｜	｜	｜	｜	｜
計	二〇三	二〇	四二	二六五	二五、七五三、三九一	二七、六一四、八〇八	五三、三六八、一九九	四、四四七、三四九

備考　○印は前年度分を掲記せり。

共同宿泊所調査表（自昭和十一年四月至昭和十二年三月）

種別 廳府縣	經營主體別個所數 公設	經營主體別個所數 私設	經營主體別個所數 計	宿泊延人員 四月—九月	宿泊延人員 十月—三月	宿泊延人員 計	宿泊延人員 一ケ月平均數	宿泊料 有料	宿泊料 無料
北海道	｜	九	九	二〇、八三七	四二、九六四	六三、七〇一	五、三〇八	一〇錢—二〇錢	五
東京	一五	四七	六二	一、一二二、七二一	一、二一一、三〇三	二、三三三、〇二四	一九四、四一八	四〇—五五 特一、五〇	一八
京都	一	一	二	一九、三七六	一五、六二四	三五、〇〇〇	二、九一六	｜	二
○大阪	五	二	七	二〇二、一二四	二〇〇、八五九	四〇三、三八三	三三、六一五	一三	｜
神奈川	二	六	八	八七、一六二	九一、一三六	一七八、二九八	一四、八五八	一五—一〇	二
兵庫	四	三	七	一一五、八一三	一一五、八一六	二三一、六二九	一九、三〇二	一七—一〇	四
長崎	｜	｜	｜	｜	｜	｜	｜	｜	｜
○新潟	｜	二	二	九三	八二	一七五	一五	｜	二
埼玉	｜	一	一	七四	七四	一四八	一二	一五	｜

群馬	—	—	—	—	—	—	—	—	—
千葉	—	—	—	—	—	—	—	—	—
茨城	一	—	一	四八二	三八九	八七一	七三	—	一
栃木	一	一	二	六二七	五一一	一、一三八	九五	—	二
奈良	—	—	—	—	—	—	—	—	—
三重	—	一	一	四五八	二五一	七〇九	五九	三〇—一〇	—
愛知	五	五	一〇	七八、五六六	七七、一一四	一五五、六八〇	二、九七三	一二	四
静岡	二	四	六	九、七八六	九、八三五	一九、六二一	一、六三五	一〇	四
山梨	—	一	一	七、一七〇	四、三六七	一一、五三七	九六一	一〇	—
滋賀	—	二	二	五八四	四七九	一、〇六三	八八	—	二
岐阜	—	三	三	二、九一一	二、四六九	五、三八〇	四四八	—	三
長野	—	二	二	七八九	九五〇	一、七三九	一四四	二五—一〇	—
宮城	—	二	二	一、六五九	一、七一八	三、三七七	二八一	二〇—一〇	一
福島	—	—	—	—	—	—	—	—	—
岩手	—	三	三	二、二三四	五、一五五	七、三八九	六一五	二五	二
青森	—	—	—	—	—	—	—	—	—
山形	—	—	—	—	—	—	—	—	—
秋田	—	二	二	一、一二四	一、〇八八	二、二一二	一八四	一〇	一
福井	一	—	一	一八五	二五三	四三七	三六	一三	—
石川	—	—	—	—	—	—	—	—	—
富山	—	—	—	—	—	—	—	—	—
鳥取	—	一	一	七四四	八五〇	一、五九四	一三三	—	一
島根	—	—	—	—	—	—	—	—	—
岡山	—	二	二	二、一三一	一、八七〇	四、〇〇一	三三三	—	二

種別	經營主體別個所數			宿泊延人員				宿泊料	
廳府縣	公設	私設	計	四月—九月	十月—三月	計	一ケ月平均數	有料	無料
○廣島	一	五	六	三五、九一〇	三六、九五三	七二、八六二	六、〇七二	一〇—五	—
○山口	—	二	二	一、七六一	一、六六三	三、四二四	二八五	—	二
和歌山	—	—	—	—	—	—	—	—	—
德島	—	一	一	二	二	三	二	—	一
香川	—	—	—	—	—	—	—	—	—
愛媛	—	一	一	七八五	八四二	一、六三三	一三六	一〇	—
高知	—	—	—	—	—	—	—	—	—
福岡	一	六	七	二九、一七二	三〇、三九四	五九、五六六	四、九六三	一〇	六
大分	—	—	—	—	—	—	—	—	—
佐賀	—	—	—	—	—	—	—	—	—
熊本	—	一	一	一五二	一三二	二八四	二四	—	一
宮崎	—	—	—	—	—	—	—	—	—
鹿兒島	—	—	—	—	—	—	—	—	—
沖繩	—	—	—	—	—	—	—	—	—
計	三九	一一六	一五五	一、七四四、八四一	一、八五五、〇五六	三、五九九、八九七	二九九、九九一	三〇—五 特一、五〇	六六

備考　○印は前年度分を掲記せり。

公設食堂調査表（自昭和十一年四月至同十二年三月）

種別／廳府縣	經營主體 市府縣	經營主體 町村	經營主體 其他	經營主體 計	利用者數 總數（人）	利用者數 一ヶ月平均數（人）	賣上金高 總額（円）	賣上金高 一ヶ月平均額（円）	一食料金 朝（錢）	一食料金 晝（錢）	一食料金 夜（錢）
北海道	―	―	三	三	一二四、四二〇	九、五三五	一三、五四二	一、一三〇	七―二〇	七―二〇	七―二〇
東京	二〇	―	二	二二	四、五九四、〇五〇	三八二、八三七	四九二、八二一	四一、〇六八	八―一〇	一〇―一五	一〇―一五
京都	一	―	―	一	七六、二二八	六、三五二	九、二九四	七七四	九	一二	一二
大阪	二	―	―	二	一四〇、二三九	一一、六八六	一〇、五五九	八七九	一〇	一〇―一三	一〇―一三
○神奈川	三	一	二	六	二四五、五九三	二〇、四六六	二五、一三〇	二、〇九四	七―一五	一〇―一五	一〇―二〇
兵庫	六	―	―	六	一、六八五、五五五	一四〇、四六二	二〇二、二六七	一六、八五五	一〇	一三	一三
○長崎	一	―	―	一	六九、一五九	五、七六三	一〇、六九七	八九一	一〇	一五	一五
新潟	―	―	―	―	―	―	―	―	―	―	―
埼玉	―	―	―	―	―	―	―	―	―	―	―
群馬	―	―	―	―	―	―	―	―	―	―	―
千葉	―	―	―	―	―	―	―	―	―	―	―
○茨城	一	―	―	一	四三、三四三	三、六一二	四、二六四	三五五	七	八	一〇
栃木	―	―	―	―	―	―	―	―	―	―	―
奈良	―	―	―	―	―	―	―	―	―	―	―
三重	―	―	―	―	―	―	―	―	―	―	―
愛知	二	一	三	六	一、四五七、五八五	一二一、四六五	九一、五九〇	七、六三二	五―一〇	一〇―一五	一〇
靜岡	一	―	―	一	一九、五三八	一、六二八	二、一五四	一七九	八	一三	一三
山梨	―	―	―	―	―	―	―	―	―	―	―
滋賀	―	―	―	―	―	―	―	―	―	―	―

種別 廳府縣	經營主體 市府縣	經營主體 町村	經營主體 其他	經營主體 計	利用者數 總額	利用者數 一ヶ月平均數	賣上金高 總額	賣上金高 一ヶ月平均額	一食料金 朝	一食料金 晝	一食料金 夜
					人	人	人	円	錢	錢	錢
岐阜	—	—	—	—	—	—	—	—	—	—	—
長野	一	—	—	一	一八、四七四	一、五三九	一、九八四	一六五	八	一三	一三
宮城	—	—	—	—	三九、五八三	三、二九八	四、〇一三	三三四	八	一〇	一三
福島	—	—	—	—	—	—	—	—	—	—	—
岩手	—	—	—	—	—	—	—	—	—	—	—
青森	—	—	—	—	—	—	—	—	—	—	—
山形	—	—	—	—	—	—	—	—	—	—	—
秋田	—	—	—	—	—	—	—	—	—	—	—
○福井	一	—	—	一	七八、一九五	六、五一六	七、〇〇四	五八五	八	一〇	一〇
石川	—	—	—	—	—	—	—	—	—	—	—
富山	三	—	—	三	一七五、九九六	—	三、二九二	—	一〇—一五	一〇—一五	一〇—一五
鳥取	—	—	—	—	—	—	—	—	—	—	—
島根	—	—	—	—	—	—	—	—	—	—	—
岡山	—	—	—	—	—	—	—	—	—	—	—
○廣島	—	—	一	一	二〇五、三九七	一七、一一七	一九、八二〇	一、六五二	一〇	一三	一三
山口	—	—	—	—	—	—	—	—	—	—	—
和歌山	四	—	—	四	五六三、一五八	四六、九二九	六七、五八二	五、六三一	一三	一三	一三
徳島	一	—	—	一	七二、三一三	六、〇二六	一〇、九七五	九一四	八—一〇	一三—二〇	一三—二〇
香川	—	—	—	—	—	—	—	—	—	—	—
愛媛	—	—	—	—	—	—	—	—	—	—	—
高知	—	—	—	—	—	—	—	—	—	—	—

公設浴場調査表（自昭和十一年四月 至同十二年三月）

種別 廳府縣	經營主體別個所數 市町村	經營主體別個所數 其他	經營主體別個所數 計	入浴人員 一ケ年延人員	入浴人員 一ケ月延人員	入浴料 一ケ年總額	入浴料 一ケ月平均額	入浴料金 有料 大人	入浴料金 有料 小人	入浴料金 無料
北海道	｜	｜	｜	｜	｜	｜	｜	｜	｜	｜
東京	三	｜	三	七六七、三九一	六三、九四九	一六、六七〇円	一、三八九円	三、〇錢	一、〇錢	｜
京都	七	四	一一	二、四二五、五〇六	二〇二、一二五	二四、六三九	二、八八六	二、〇錢—一、〇	一、〇錢—〇、五	｜
大阪	一八	四	二二	四、三六二、九五四	三六三、五七九	六四、五九五	五、三八一	三、〇—〇、七	二、〇—〇、三	｜
神奈川	一	｜	一	五九、一九七	四、九三三	一、九七七	一六四	四、〇	三、〇	｜
兵庫	一	｜	一	一〇、八〇〇	九〇〇	二、六九九	二二四	三、〇	一、五	｜
長崎	｜	｜	｜	｜	｜	｜	｜	｜	｜	｜

福岡	四	｜	｜	四	二五九、九二三	二一、六六〇	五八、五六五	四、八八〇	一〇—一三	一〇—二五	一五—二五
大分	｜	｜	｜	｜	｜	｜	｜	｜	｜	｜	｜
佐賀	｜	｜	｜	｜	｜	｜	｜	｜	｜	｜	｜
熊本	｜	｜	｜	｜	｜	｜	｜	｜	｜	｜	｜
宮崎	｜	｜	｜	｜	｜	｜	｜	｜	｜	｜	｜
鹿兒島	｜	｜	｜	｜	｜	｜	｜	｜	｜	｜	｜
沖繩	｜	｜	｜	｜	｜	｜	｜	｜	｜	｜	｜
計	五一	二	一三	六五	九、八五八、七四九	八二一、五六二	一、〇五四、五七三	八七、八八一	七—二五	七—二五	七—二五

備考　〇印は前年度分を計上せり。

種別 廳府縣	經營主體別個所數 市町村	經營主體別個所數 其他	經營主體別個所數 計	入浴人員 一ケ年延人員	入浴人員 一ケ月延人員	入浴料 一ケ年總額	入浴料 一ケ月平均額	入浴料金 有料 大人	入浴料金 有料 小人	入浴料金 無料
○新潟	—	四	四	三四六、一六三	二八、八四七	二、三二一円	一九三円	—	—	—
埼玉	—	—	—	—	—	—	—	—	—	—
群馬	—	—	—	—	—	—	—	—	—	—
千葉	—	—	—	—	—	—	—	—	—	—
茨城	—	—	—	—	—	—	—	—	—	—
栃木	—	—	—	—	—	—	—	—	—	—
○奈良	一七	二五	四二	六、六三四、九八七	五五二、九一六	五九、七三七	四、九七八	二、〇錢—〇、五錢	一、—〇、三五錢	三
○三重	—	四	四	三六八、〇〇〇	三〇、六六〇	三、一六六	二六四	一、〇	〇、五	三
愛知	—	四	四	六七、三三〇	五、六一二	六五六	五四	二、〇—一、〇	〇、七七	—
靜岡	一	一	二	二五九、六六九	二一、六三九	三、一六八	二六四	二、〇—一、五	一、—〇、七五	—
山梨	—	—	—	—	—	—	—	—	—	—
滋賀	二	八	一〇	八二一、一四八	六七、五九五	一一、三九一	九四九	二、五—〇、八	一、五—〇、五	—
岐阜	—	二	二	二三六、二〇九	一九、六八四	二、二七九	一九〇	一、〇	一、〇—〇、五	—
長野	三	—	三	七〇九、一六八	六三、四三〇	六、四四三	五三六	一、〇—〇、五	一、〇—〇、五	一
宮城	—	一	一	一〇一、六六三	八、四七二	二、〇〇七	一六七	二、〇	二、〇	—
○福島	九	—	九	一、〇一七、八七四	八四、八二三	三、九九九	三三三	三、〇—二、〇	三、〇—一、〇	六
岩手	一	—	一	三三、七六六	二、八一三	九二一	七六	三、〇	二、〇	—
青森	一	一	二	二四二、六七二	二〇、二二三	五、六三〇	四六九	三、〇—二、〇	一、〇	—
山形	—	—	—	—	—	—	—	—	—	—

○秋田	六	一	七	二九〇、〇〇八	二四、一六六	二、七五五	二三〇	四、〇―二、五	二、〇―一、五	四
福井	―	―	―	―	―	―	―	―	―	―
石川	二	一〇	一三	二九九、三五九	二四、九四六	三、一五七	二六三	四、〇―二、〇	二、〇―一、〇	七
富山	―	三	三	二三三、〇六九	一八、五八八	一、〇八四	八九	一、〇―〇、六	〇、五―〇、三	―
鳥取	三	六	九	八七四、〇九七	七三、八四一	二、五三二	二二一	二、〇―一、〇	一、〇―〇、五	三
島根	―	―	―	―	―	―	―	―	―	―
岡山	三	四	七	三五二、六三九	二九、三九〇	三三〇	二六	一、〇	〇、五	六
廣島	―	一	一	一三五、七二三	一〇、四七七	二、五五六	二二三	一、〇	―	―
山口	―	―	―	―	―	―	―	―	―	―
和歌山	二	七	九	一、一四二、八七一	九五、二三九	一六、〇七五	一、三三九	二、〇―〇、五	一、〇―〇、五	―
○徳島	―	三	三	七六、三〇〇	六、三五八	一、二四七	一〇四	二、〇―一、五	一、〇	―
香川	―	―	―	―	―	―	―	―	―	―
愛媛	―	―	―	―	―	―	―	―	―	―
高知	―	二	二	四一、四〇〇	三、四五〇	六一六	五一	二、〇	一、〇	―
福岡	―	―	―	―	―	―	―	―	―	―
大分	―	―	―	―	―	―	―	―	―	―
佐賀	―	―	―	―	―	―	―	―	―	―
熊本	―	―	―	―	―	―	―	―	―	―
宮崎	一	―	一	二四、五三九	二、〇四四	四九九	四一	三、〇	二、〇	―
鹿兒島	―	―	―	―	―	―	―	―	―	―
沖繩	一	―	一	七六、九〇七	六、六〇八	二、〇八七	一七三	三、〇	二、〇―一、〇	―
計	八一	九六	一七七	三、〇二一、四二九	一、八三五、一一九	二四五、二一六	二〇、四三四	四、〇―〇、五	三、〇―〇、三	三三

備考　○印は前年度分を掲記せり。

隣保事業調査表（自昭和十一年四月 至同十二年三月）

種別／廳府縣	經營主體別個所數 市町村	經營主體別個所數 私法人	經營主體別個所數 其他	經營主體別個所數 計	資産	經費
北海道	―	一	一	二	一、一〇〇円	一二、〇九五円
東京	二四	二五	二五	七四	一、七九七、九九一	四六三、四九六
京都	七	―	―	七	二八四、七七二	三二七、二一五
大阪	七	一	二	一〇	五一四、一七三	四二四、一〇一
神奈川	五	―	―	五	七五、九二五	一〇、四四四
兵庫	―	―	―	―	―	―
長崎	―	一	一	二	二一、六七〇	三、三五三
新潟	―	一	二	三	一二、八七〇	二、六七一
埼玉	―	―	―	―	―	―
群馬	―	―	―	―	―	―
千葉	―	―	―	―	―	―
茨城	―	―	―	―	―	―
栃木	―	―	―	―	―	―
奈良	―	一	―	一	六、五〇〇	六、九四九
三重	―	―	―	―	―	―
愛知	―	六	―	六	一九七、九一二	四〇、六二九
靜岡	―	―	一	一	三、七一〇	四、七八五
山梨	―	―	一	一	六、八〇四	二、三二五
滋賀	三	一	八	一二	三八、一六〇	一六、二五四

岐阜	—	—	—	—	—	—
長野	—	二	—	二	四、三五三	三一、七三二
宮城	—	—	三	三	一〇、四一〇	二、六二二
福島	二	一	—	三	七、七〇〇	六、七八二
岩手	—	—	—	—	—	—
青森	—	—	一	一	三、七〇五	二、一二八
山形	—	二	四	六	三〇、八六一	二九、二二七
秋田	—	一	—	一	三二、八五八	五、五二〇
福井	—	—	一	一	一〇〇	二、九〇四
石川	一	—	三	四	六五、三二三	一四、七一三
富山	—	—	—	—	—	—
鳥取	—	—	一	一	—	一、八八三
島根	—	—	—	—	—	—
岡山	—	二	二	四	一四四、〇六七	二六、三一六
廣島	二	二	—	四	二一八、九一一	一四、三五一
山口	一	一	二	四	三九、五九九	一〇、四五九
和歌山	—	—	—	—	—	—
徳島	—	一	—	一	三五〇	—
香川	—	—	—	—	—	—
愛媛	—	—	一	一	一、三七〇	五〇
高知	—	—	—	—	—	—
福岡	—	二	—	二	八一、〇三四	二〇、三八九
大分	—	—	—	—	—	—
佐賀	—	—	二七	二七	一、四四七	四、六二一

種別／廳府縣別	經營主體別個所數 市町村	經營主體別個所數 私法人	經營主體別個所數 其他	經營主體別個所數 計	資産	經費
熊本	—	—	—	—	—	—
宮城	—	—	—	—	—	—
鹿兒島	—	—	—	—	—	—
沖繩	—	—	—	—	—	—
計	五二	五三	八六	一九一	三、六〇三、六八二円	一、四八八、〇一四円

備考　○印は前年度分を掲記せり。

地方改善施設費補助交付額調（昭和十二年三月末）（單位圓）

年度別／府縣別	自大正九年度至昭和元年度	昭和二年度	昭和三年度	昭和四年度	昭和五年度	昭和六年度	昭和七年度	昭和八年度	昭和九年度	昭和十年度	昭和十一年度	合計
東京	—	—	—	—	—	—	—	—	—	—	一〇、一三八	一〇、一三八
京都	二〇五、七七三	二〇、三三〇	一四、〇七九	一三、一四六	一一、九七八	一〇、〇五一	九、八三四	六、九〇五	六、四八九	六、二六六	三〇、九〇〇	三三五、八三一
大阪	一〇八、五八九	二九、二〇九	二六、七〇〇	二七、七五五	一七、一七六	一一、八七九	八、〇八〇	八、四五四	七、八三二	七、三八五	五七、九一三	三八二、九七三
神奈川	七、二八三	一、九四三	二、五〇〇	二、六四〇	二、五九八	二、五四六	二、五五二	二、八八一	二、五九六	二、四七七	七、三六八	三七、三八四
兵庫	八七、八六五	二一、五〇〇	二七、五〇〇	二八、六三〇	三〇、三八五	三五、五七七	三三、八六五	三一、五九五	三三、九八三	三五、四一四	八七、八八〇	四五四、一九四
長崎	二、七〇〇	—	—	—	—	—	—	—	—	—	三、七七二	六、四七二
新潟	—	—	—	—	—	—	—	—	—	—	四、六七五	四、六七五
埼玉	二六、五九一	四、二〇六	五、四七〇	四、六六〇	四、五五一	三、五六九	二、九九九	三、一七四	二、九九八	二、八五六	三三、八六七	八三、九四一
群馬	一九、八二八	三、七五〇	四、二五〇	二、三四〇	二、〇五三	一、五九八	一、三二〇	一、四九〇	一、三七七	五、一九一	一八、九一三	六二、一一〇

千葉	一、三三六	五〇〇	五〇〇	四三〇	四一九	二七五	二六八	三〇四	二七四	五三三	三、八八三	八、七一二
茨城	六、七四〇	一、五〇〇	一、一九二	一、三四〇	一、〇〇四	七三八	五〇三	四九四	四二八	一、〇三四	五、七九五	二〇、七六八
栃木	二、四三〇	五〇〇	五〇〇	四三〇	四一九	三四四	三三六	三八〇	三四三	三二七	一一、八五六	一七、八六五
奈良	一〇七、七七三	一五、〇七三	一六、三〇一	一二、三二一	一三、一〇五	八、七八七	八、八一九	八、七一二	九、八八六	九、九八二	二八、六九八	二三七、四四七
三重	四三、一三六	九、四〇〇	一三、四八〇	一〇、六三九	一二、二五二	一二、五五二	一二、一五三	一三、四二五	一二、三〇〇	一二、二六一	三〇、一一五	一七五、七一三
愛知	一四、〇〇〇	五、五〇〇	五、〇〇〇	八、五一〇	四、一九〇	三、四三九	二、八六二	三、二三一	二、九一一	二、七七八	一〇、八二七	六三、二四八
静岡	三、三二一	一一、一〇九	一〇、〇二五	八、七二〇	五、九八四	五、六五五	五、七七二	五、七〇六	五、六九一	五、四三五	一四、二九〇	一〇〇、五九八
山梨	四七〇	―	―	―	―	―	―	―	―	―	三、三一六	三、七八六
滋賀	六九、一四六	九、六八八	一三、四八五	一二、一八一	九、一九九	七、一三三	五、八七〇	七、二六一	七、五二九	七、四七八	二一、一九四	一六八、一六四
岐阜	二〇、五二五	三、七〇四	四、四五四	六、四五〇	五、三四七	四、〇二四	三、二四七	三、三九七	四、九一九	二、一〇四	五、四八三	六三、六五四
長野	六、四八五	二、〇〇〇	二、〇〇〇	一、七〇〇	一、三四〇	一、〇九九	八〇一	八七六	六三三	六〇三	一四、三九〇	三一、九二六
山形	―	―	―	―	―	―	―	―	―	六七〇	一、三三五	二、〇〇五
福井	一、七五〇	七五〇	七五〇	七七〇	七五四	六八七	六〇五	七六〇	六八五	六五四	五、一八一	一三、三四六
石川	一、四三〇	―	―	二、五六〇	―	―	―	―	―	―	四、二六五	八、二五五
富山	二、八〇〇	一、五〇〇	四、六三六	一、八一〇	七九二	五三二	四九五	二五一	一、七一三	一五七	六、五五七	二一、二四三
鳥取	一七、六八一	一三、九九九	一、〇〇〇	一、七五〇	一、四七〇	一、四九五	一、二六八	九三三	一、一二四	八八二	一六、二〇四	五六、八〇六
島根	八、〇〇〇	一、〇〇〇	一、五三三	八五〇	八三八	六八七	五三八	六〇八	五四八	五三三	八、五一七	二三、六三一
岡山	七六、四〇二	八、〇二八	七、七三五	七、八八〇	五、六五二	四、九三二	四、二三五	四、六〇二	四、二五九	三、九四〇	三一、五五二	一五九、二一七
廣島	六四、二一三	一一、五八一	一二、三四〇	一二、五五〇	一二、三一五	九、四六九	六、八二五	七、五二〇	六、八五三	七、〇七三	三三、三七六	一八一、一一五
山口	一七、五六六	六七	一、七五〇	四一〇	一、二四〇	八五九	一、三九七	一、六五三	一、五二四	一、五六九	一五、九二七	四三、九六二
和歌山	五〇、二八一	一三、三七六	八、六四〇	七、九六五	七、一三五	六、四一八	五、八二六	五、三七一	四、九八二	四、二一四	三〇、三三四	一四四、五三二
德島	八、六五三	三三六	一、三〇〇	六八〇	六七〇	五五〇	八九二	一、二五四	一、一三四	一、〇八二	一五、八五九	三二、四一〇
香川	二四、三九二	四、二八〇	三、九七〇	三、〇六〇	三、二二六	二、五〇五	一、九七一	二、二二四	二、一六九	二、〇九三	八、三〇三	五八、一九三
愛媛	三〇、二一五	四、〇四〇	三、一五〇	三、五五五	三、六一二	三、〇四三	三、〇九二	三、二二八	三、〇九九	三、〇四五	三五、二四八	九五、三一七

府縣別＼年度別	自大正九年度至昭和元年度	昭和二年度	昭和三年度	昭和四年度	昭和五年度	昭和六年度	昭和七年度	昭和八年度	昭和九年度	昭和十年度	昭和十一年度	合計
高知	一八、六〇九	二、七四九	三、〇一八	三、七三三	三、三六一	二、八二三	二、〇七三	二、〇四八	一、八八六	一、九三三	三〇、五一四	七三、七四四
福岡	四五、七六六	三、七二九	五、八五三	五、一八六	四、六三九	四、一七四	四、一一三	四、五五六	四、二五四	四、二七四	四九、四一三	一三五、九六四
大分	七、三二〇	一、〇七六	一、〇〇〇	五五〇	三八五	一六五	一一五	一五一	三四三	五八三	七、二四〇	一八、九二八
佐賀	四、七五〇	七五〇	五五〇	四七〇	四一九	二七五	二八八	五九三	七一二	五七五	三、二六三	一三、六四五
熊本	六、八〇〇	一、五〇〇	一、八九一	一、六六〇	二一〇	一、六三四	二、三三一	二、一八一	一、〇六一	一、〇一三	九、四六〇	二九、七三一
鹿兒島	一、七四三	二、三三七	二、三七五	三、二八〇	三、二三〇	二、六五一	一、七〇六	七六〇	五一四	六五四	七、七一二	二六、九五二
計	一、二三三、二五二	二〇、〇〇〇	二〇六、九一五	一九七、六〇〇	一六八、九四八	一五一、一六四	一三六、〇四八	一三六、〇四八	一三六、〇四八	一三六、〇四八	七一四、五三三	三、四〇六、五九四

昭和十二年度ニ於テ奬勵シタル融和團體名

府縣名	團體名
東京	財團法人中央融和事業協會
	財團法人東京府社會事業協會融和部
	財團法人聖訓奉旨會
京都	京都府親和會
	本派本願寺(西)一如會
	大谷派本願寺(東)眞身會
大阪	大阪府公道會
神奈川	神奈川縣青和會
兵庫	兵庫縣清和會
埼玉	埼玉縣社會事業協會事業部
栃木	下野昭和會
奈良	大和同志會

千葉	千葉縣社會事業協會融和部
三重	三重縣厚生會
愛知	愛知縣社會事業協會融和部
靜岡	靜岡縣社會事業協會融和部
山梨	山梨縣共愛會
滋賀	滋賀縣昭和會
岐阜	岐阜縣社會事業協會融和部
長野	長野縣同仁會
福井	福井縣親和會
富山	富山縣融和會
鳥取	鳥取縣一心會
島根	島根縣和敬會
岡山	岡山縣協和會
廣島	廣島縣共鳴會
山口	山口縣一心會
和歌山	和歌山縣同和會
德島	德島縣融和團體聯合會
香川	讃岐昭和會
愛媛	愛媛縣善鄰會
高知	高知縣公道會
福岡	福岡縣親善會
大分	大分縣親和會
佐賀	佐賀縣社會事業協會融和部
熊本	熊本縣昭和會
鹿兒島	鹿兒島縣社會事業協會融和部
群馬	群馬縣融和會
長崎	長崎縣誠心會
新潟	新潟縣社會事業協會融和部
茨城	茨城縣社會事業協會融和部
石川	石川縣融和事業協會
計	四十二團體

自大正十二年度至昭和十二年度 育英奬勵費支出狀況調（昭和十二年十一月末）

年度別	奬勵金額	年度別	奬勵金額	年度別	奬勵金額
大正十二年度	六三、〇〇〇円	昭和四年度	一八九、〇〇〇円	昭和十年度	一六二、五八五円
同 十三年度	九四、五〇〇	同 五年度	一八九、〇〇〇	同 十一年度	一六二、五八五
大正十四年度	一二六、〇〇〇	同 六年度	一八〇、六五〇	昭和十二年度	一八二、五八五
同 十五年度 昭和元年度	一五七、五〇〇	同 七年度	一六二、五八五	計	二、三七三、一六〇
昭和二年度	一八九、〇〇〇	同 八年度	一六二、五八五		
同 三年度	一八九、〇〇〇	同 九年度	一六二、五八五		

備考　昭和十二年度に於て高等小學校就學奬勵費として二〇、〇〇〇圓を增額計上す。

自大正十二年度至昭和十二年度 地方改善融和機關奬勵費支出狀況調（昭和十二年十一月末）

年度別	奬勵金額	年度別	奬勵金額	年度別	奬勵金額
大正十二年度	一〇六、〇〇〇円	大正十四年度	一〇六、〇〇〇円	昭和二年度	一〇六、〇〇〇円
同 十三年度	一〇六、〇〇〇	同 十五年度 昭和元年度	一〇六、〇〇〇	同 三年度	一〇六、〇〇〇

昭和四年度	一五〇、〇〇〇円
同　五年度	一三五、〇〇〇
同　六年度	一一四、七五〇
同　七年度	一〇三、二七五
同　八年度	一〇三、二七五円
同　九年度	一〇三、二七五
同　十年度	一〇三、二七五
同　十一年度	一六四、八〇〇
同　十二年度	一六四、八〇〇円
計	一、七七八、四五〇

育英奬勵者調

年度別／學校別	中等學校	專門學校程度以上	計
大正十二年度	一三九	一七	一五六
大正十三年度	二三一	二三	二五四
大正十四年度	二〇二	三〇	二三二
大正十五年昭和元年度	二三三	三一	二六四
昭和二年度	二二八	五一	二七九
昭和三年度	二〇五	四七	二五二
昭和四年度	二二六	六〇	二八六
昭和五年度	二六二	七三	三三五
昭和六年度	三〇九	六六	三七五
昭和七年度	二七九	三四	三一三
昭和八年度	三三四	六四	三九八
昭和九年度	三九五	五四	四四九
昭和十年度	三七八	四二	四二〇
昭和十一年度	三七二	四七	四一九
昭和十二年度	三四一	五二	三九三
計	四、一三三	六九二	四、八二五

卒業者調

年度別＼學校別	中等學校	專門學校程度以上	計
大正十二年度	七	—	七
大正十三年度	二六	七	三三
大正十四年度	四六	一〇	五六
大正十五年度昭和元年度	七四	一三	八七
昭和二年度	一三一	二七	一五八
昭和三年度	一六九	二七	一九六
昭和四年度	一九七	三五	二三二
昭和五年度	二〇一	六七	二六八
昭和六年度	二〇五	四三	二四八
昭和七年度	二一二	五五	二六七
昭和八年度	二一四	六一	二七五
昭和九年度	二四四	五二	二九六
昭和十年度	二四一	四三	二八四
昭和十一年度	三四二	五四	三九六
計	二、三〇九	四九四	二、八〇三

協和事業團體調（昭和十二年十月末現在）

府縣名	團體名	代表者名	昭和十二年度豫算	昭和十二年度交付獎勵金	所在地
北海道	財團法人北海道社會事業協會	長官	五七五円	三一〇円	北海道廳社會課內
東京	東京府協和會	知事	二七、五〇三	五、五六〇	東京府廳社會課內
京都	京都府協和會	知事	六、八七八	二、三六〇	京都府廳社會課內
大阪	財團法人大阪府協和會	知事	一〇六、三四〇	一〇、二八〇	大阪府廳內
神奈川	財團法人神奈川縣內鮮協會	知事	一〇、〇〇〇	一、二八〇	神奈川縣廳社會課內
兵庫	財團法人兵庫縣內鮮協會	學務部長	九、三〇五	二、九六〇	兵庫縣廳社會課內
長崎	長崎縣內鮮協和會	學務部長	二、三九一	一、二七〇	長崎縣廳社會課內
千葉	財團法人千葉縣社會事業協會	知事	二〇〇	二〇〇	千葉縣廳社會課內
奈良	財團法人奈良縣社會事業協會	知事	一八四	一〇〇	奈良市登大路町八

三重	財團法人三重縣社會事業協會	知事	四五〇	一八〇	三重縣廳社會課內
愛知	愛知縣協和會	知事	一二、三〇二	二、九八〇	愛知縣廳社會課內
靜岡	財團法人靜岡縣社會事業協會	知事	二〇六	一一〇	靜岡縣廳社會課內
滋賀	財團法人滋賀縣社會事業協會	知事	三二五	一八〇	滋賀縣廳社會課內
岐阜	岐阜縣社會事業協會	知事	五〇〇	二〇〇	岐阜縣廳社會課內
長野	長野縣社會事業協會	知事	二〇〇	二〇〇	長野縣廳社會課內
福井	福井縣協和會	知事	二五〇	二五〇	福井縣廳社會課內
石川	石川縣社會事業協會	學務部長	四五〇	一五〇	石川縣廳社會課內
鳥取	鳥取縣社會協會	知事	三〇〇	三〇〇	鳥取縣廳社會課內
島根	島根縣社會事業協會	知事	六七九	三七〇	島根縣廳社會課內
岡山	財團法人岡山縣社會事業協會	知事	二七〇	三〇〇	岡山縣廳社會課內
廣島	廣島縣協和會	知事	二、五〇〇	一、二四〇	廣島縣廳社會課內
山口	財團法人山口縣社會事業協會	知事	一四、二七四	三、七八〇	山口縣廳內
和歌山	和歌山縣社會事業協會	知事	三一八	三〇〇	和歌山縣廳社會課內
香川	香川縣社會事業協會	知事	二〇〇	二〇〇	香川縣廳社會課內
愛媛	愛媛縣社會事業協會	知事	二〇〇	二〇〇	愛媛縣廳社會課內
福岡	福岡縣社會事業協會	知事	八、三四六	三、五五〇	福岡縣廳社會課內
大分	大分縣社會事業協會	學務部長	一七二	一一〇	大分縣廳社會課內

佐賀	佐賀縣社會事業協會	知事	一、五四〇	七五〇	佐賀縣廳社會課内
熊本	財團法人熊本縣社會事業協會	知事	二〇〇	二〇〇	熊本縣廳社會課内
宮崎	宮崎縣社會事業協會	知事	三五〇	一三〇	宮崎縣廳社會課内
計	三〇		二〇七、四〇八	四〇、〇〇〇	

自大正八年度至昭和十二年度 社會事業資金融通額調（昭和十三年三月末現在）

資金所屬年度	住宅資金	其ノ他社會事業資金	計
大正八年度	一一、七九〇、九三三円	五五四、〇〇〇円	一二、三四四、九三三円
同九年度	四、三五九、〇〇〇	二八七、〇〇〇	四、六四六、〇〇〇
同十年度	九、六四七、〇〇〇	五三六、四二〇	一〇、一七三、四二〇
同十一年度	八、七七三、六〇〇	一四九、〇〇〇	八、九二二、六〇〇
同十二年度	一三、一六七、一〇七	四五七、〇〇〇	一三、六二四、一〇七
同十三年度	一四、二〇六、八三七	二四一、〇〇〇	一四、四四七、八三七
同十四年度	一〇、四七二、四〇〇	二三二、〇〇〇	一〇、七〇四、四〇〇
大正十五年度 昭和元年度	九、二五六、〇〇〇	三三五、〇〇〇	九、五九一、〇〇〇
同二年度	一三、七三六、六〇〇	二、二五一、〇〇〇	一五、九八七、六〇〇
同三年度	一〇、六〇三、〇〇〇	三、一四九、五〇〇	一三、七五二、五〇〇

資金所屬年度	住宅資金	其ノ他社會事業資金	計
昭和四年度	二、四一八、三〇〇円	一、一二八、一〇〇円	三、六四六、四〇〇円
同五年度	三、一六二、六〇〇	一、九八〇、七〇〇	五、一四三、三〇〇
同六年度	一、八〇一、八〇〇	三、二二六、四五〇	五、〇二八、二五〇
同七年度	二、〇九八、七〇〇	五、四三九、四〇〇	七、五三八、一〇〇
同八年度	七五一、六〇〇	五、七九六、〇五〇	六、五四七、六五〇
同九年度	五三四、六〇〇	三、五九一、二〇〇	四、一二五、八〇〇
同十年度	一、八六二、二〇〇	三、五五九、〇〇〇	五、四二一、二〇〇
同十一年度	六九二、七〇〇	二、七四一、八〇〇	三、四三四、五〇〇
同十二年度	八六六、七〇〇	二、一三二、八〇〇	二、九九九、五〇〇
計	一三〇、二〇一、六七七	三七、八七七、四二〇	一五九、〇七九、九一七

備考　木造店舖資金一五、七五八、一〇〇圓を加ふるときは一七四、八三七、一九七圓となる。

郷倉利用狀況調　昭和十二年三月末現在

縣名	鄉倉總棟數	貯穀鄉倉數	貯穀現在高		
			籾	其ノ他	計
宮城	九四六	九四六	八〇、五三九石	(二九、八六五)石	八〇、五三九石
福島	一、二六九	一、二六九	八〇、二四〇	一〇四	八〇、三四四
岩手	一、一三一	一、一三一	九一、〇四五	六、四四三	九七、四八八
青森	一、一二三	九一七	五四、三〇〇	二、一六〇	五六、四六〇
山形	一、〇四六	一、〇四六	八一、八五八	(四八、八四五)	八一、八五八
秋田	八二六	八二六	四三、〇四〇	二、八六五 (一四、七六八)	四五、九〇五
計	六、三四一	六、一三五	四三一、〇二二	一一、五七二 (九三、四七八)	四四二、五九四

備考　括弧内の數字は現金を示す。

第三　兒童課主管事務

兒童課は(一)母子保護法の施行に關する事項　(二)少年敎護法の施行に關する事項　(三)兒童虐待防止法の施行に關する事項　(四)其の他母性及兒童保護に關する事項を主管するもので、其の事務の內容を概記すれば次の如くである。

一　母子保護法の施行に關する事項

母子保護法は、昭和十二年三月三十一日法律第十九號を以て公布せられ、昭和十三年一月一日より施行せられた。

本法の趣旨は、將來の國家を擔ふべき兒童の健全なる發育を期することが、極めて緊要なる事柄であり、而して兒童の健全なる發育は母性の天分に俟つべきである。然るに近時社會生活の複雜化に伴ひ、子を擁する母が單に子女養育のみならず、往々、夫に代つて家計維持の重任をも果たすべき境遇に置かれ、爲に子女養育の完きを期し得ざる者漸次增加するの傾向にあるを以て、斯る母を保護し、母を通じて子女養育の完全を期せんとするに在る。

同法に依り扶助を受くる者は、十三歲以下の子を擁する夫なき母（夫あるも其の夫が、勞務不能、行衞不明其の他特殊の事情に在る場合の母）及母に代りて孫を擁する祖母、貧困の爲生活すること能はず又は子若は孫を養育すること能はざる場合であつて、其の母子及祖母又は孫の槪數は約十萬人である。

同法の扶助の方法、程度並に扶助の機關等に付ては全く救護法に於ける場合と同樣であつて、市町村長をして扶助を行はしめ方面委員を其の補助機關としたのである。

本法施行に要する經費は、道府縣市町村の負擔とし、國庫は之等の費用に對し二分の一乃至十二分の七の補助を爲すことゝした。

尙母子を保護する爲、適當なる施設の必要を認め、道府縣市町村其の他の私人之を設置することを得ることゝしたのである。而して此の施設の費用に對しても國庫は一定の補助を爲すことゝした。現在母子保護施設の設置を認可せるものは昭和十二年度に於て僅かに一ヶ所あるに過ぎないが漸次增設される豫定である。

尙實施第一年即ち昭和十二年度の實施成績に付ては目下調査中である。

母子保護法該當者調（昭和十二年八月末現在調）

道府縣 ＼ 種別	市部 母 該	市部 母 被	市部 子 該	市部 子 被	市部該當者計	郡部 母 該	郡部 母 被	郡部 子 該	郡部 子 被	郡部該當者計	計 母 該	計 母 被	計 子 該	計 子 被	該當者合計	被救護者合計
北海道	四一九	一四七	九八四	五二一	一、四〇三	一、二九二	二二四	二、九三三	六五七	四、二二四	一、七一一	三六一	三、九一六	一、一六八	五、六二七	一、五二九
東京	四、三八八	一六八	九、三〇三	六、一七八	一三、六九一	二六一	七九	六四〇	二三九	九〇一	四、六四九	二四七	九、九四三	六、四〇七	一四、五九二	六、六五四
京都	七六八	四〇	一、八二二	一、〇〇〇	二、五八九	一九九	三六	三四四	八六	五四三	九六七	七六	二、一六五	一、〇八六	三、一三二	一、一六二
大阪	二、〇〇六	四〇〇	四、七二七	三、〇六四	六、七三三	四〇三	一〇三	八四二	二五六	一、二四五	二、四〇九	五〇三	五、六六九	三、三二〇	七、九七八	三、八二三
神奈川	七五八	三一三	一、九九〇	一、四一七	二、七四八	四八二	一二八	一、一四三	四三八	一、六二五	一、二四〇	四四一	三、一三三	一、八五五	四、三七三	二、二九六
兵庫	八一八	一四八	二、〇五一	一、三九五	二、九一九	一、四八七	五〇六	二、八二七	九四五	四、三一四	二、三五五	六五四	四、八七八	二、三四〇	七、二三三	二、九九四
長崎	一四九	九四	三一九	二六二	四六八	三二四	四二	七三四	一三四	一、〇五八	四七三	一三六	一、〇五三	三九六	一、五二六	五三二
新潟	一九七	五一	四〇七	三〇七	六〇四	一、七九七	二八〇	四、〇三四	一、二二二	五、八三一	一、九九四	三三一	四、四四一	一、五一九	六、四三五	一、八五〇
埼玉	四〇	四	一一三	六四	一五三	三七九	八二	八〇〇	三四三	一、一七九	四一九	八六	九一三	四〇七	一、三三二	四九三
群馬	一〇二	一三	二七〇	一六三	三七二	五四五	四八	一、一四七	一四九	一、六九二	六四七	六〇	一、四一七	三一二	二、〇六四	三七二
千葉	七三	四二	一五五	一〇五	二二八	五九五	一七四	八七一	二六九	一、四六六	六六八	二一六	一、〇二六	三七四	一、六九四	五九〇
茨城	二	—	六	—	八	二七〇	三四	五六三	一三二	八三三	二七二	三四	五六九	一三三	八四一	一六六
栃木	六九	九	一二五	七〇	一九四	五三八	八九	一、一八〇	二六一	一、七一八	六〇七	九八	一、三〇五	三三一	一、九一二	四二九
奈良	二五	四	五五	三七	八〇	三六九	一三三	七九一	三一四	一、一六〇	三九四	一三七	八六八	三五一	一、二四〇	四八八
三重	一四八	八七	三四〇	一九八	四八八	九六八	二七七	二、三四八	七一六	三、三一六	一、一一六	三六四	二、六八八	九一四	三、八〇四	一、二七八
愛知	七三二	五七一	一、八九〇	一、五〇七	二、六二二	三五六	二一九	九一六	五九七	一、二七二	一、〇八八	七九〇	二、八〇六	二、一〇四	三、八九四	二、八九四

社會局

道府縣＼種別	市部 母 該	市部 母 被	市部 子 該	市部 子 被	市部該當者計	郡部 母 該	郡部 母 被	郡部 子 該	郡部 子 被	郡部該當者計	計 母 該	計 母 被	計 子 該	計 子 被	該當者合計	被救護者合計
靜岡	三一七	五九	八〇五	四五〇	一、一二二	八三三	二九八	一、七一八	四四七	二、五五〇	一、一四九	三五七	二、五二三	八九七	三、六七三	一、二五四
山梨	一四一	一〇	三六六	二七〇	五〇七	一三六	三七	三二九	一一八	四六五	二七七	四七	六九五	三八八	九七二	四三五
滋賀	八	八	九	九	一七	一〇九	一一八	五六六	二五八	八七五	三一七	一二六	五七五	二六七	八九二	三九三
岐阜	一九二	一六	五一五	二七七	七〇七	四九八	一一五	一、〇八五	四一三	一、五八三	六九〇	一三一	一、六〇〇	六九〇	二、二九〇	八二一
長野	二六〇	一三四	五八八	三一九	八四八	八六三	二九一	一、七五八	五五三	二、六二一	一、一二三	四二五	二、三四六	八七二	三、四六九	一、二九七
宮城	二三三	八八	五六三	二四六	七九六	九五一	一八二	二、二〇五	五四八	三、一五六	一、一八四	二七〇	二、七六八	七九四	三、九五三	一、〇六四
福島	一七九	七	三九四	一六五	五七三	五四五	一一七	一、一八二	三三五	一、七二七	七二四	一二四	一、五七六	五〇〇	二、三〇〇	六二四
岩手	二六	—	六六	四九	九二	四六〇	一一九	九三〇	二七八	一、三九〇	四八六	一一九	九九六	三二七	一、四八二	四四六
青森	二一七	九二	五六〇	二六八	七七七	八二一	一九六	一、八三七	六三七	二、六四八	一、〇二八	二八八	二、三九七	九〇五	三、四二五	一、一九三
山形	一六四	五五	三九〇	二〇四	五五四	七六三	一八〇	一、七九二	五七八	二、五五五	九二七	二三五	二、一八二	七八二	三、一〇九	一、〇一一
秋田	五七	三〇	八一	八一	一三八	一、〇二四	三三一	二、四〇八	一、一三三	三、四二三	一、〇七一	三六一	二、四八九	一、三一四	三、五六〇	一、六七五
福井	八三	一二	一八七	三六	二七〇	一七九	二二	四三三	六九	六一二	二六二	三四	六二〇	一〇五	八八二	一三九
石川	一五九	二八	三一三	一六八	四七二	四二九	七三	八七六	二五八	一、三〇五	五八八	一〇一	一、一八九	四二六	一、七七七	五二七
富山	一八八	七三	四二三	二三一	六一一	一、三〇四	三五五	二、一三七	八一〇	三、四四一	一、四九二	四二七	二、五六〇	一、〇三一	四、〇五二	一、四五八
鳥取	五四	五	六八	三〇	一二二	三五	一四	六五	二六	一〇〇	八九	一九	一三三	五六	二二二	七五
島根	二八	一四	六六	三〇	九四	四一九	一四七	七八〇	二八一	一、一九九	四四七	一六一	八四六	三一一	一、二九三	四七二
岡山	一三四	八九	二五六	一九〇	三九〇	四八六	一〇四	八六四	二二一	一、三五〇	六二〇	一九三	一、一二〇	四〇一	一、七四〇	五九四
廣島	一一八	二八	二五七	九〇	三七五	三〇八	六五	六七七	一三一	九八五	四二六	九三	九三四	二二一	一、三六〇	三〇四

山口	一一九	四四	二二〇	六六	三三九	三八六	二九	七五〇	九八	一、一三六	五〇五	七三	九七〇	一六四	一、四七五	二三七
和歌山	二二一	一六	四四〇	三二三	六五一	五〇五	一三六	一、〇二九	三六三	一、五三四	七一六	一五二	一、四六九	六八六	二、一八五	八三八
徳島	三三	六	七五	四六	九七	二三五	四六	六三一	一二六	八六六	二五七	五二	七〇六	一七二	九六三	二二四
香川	二四	五	四七	一九	七一	四二三	六三	八五九	二〇四	一、二八二	四四七	六七	九〇六	二二三	一、三五三	二九〇
愛媛	二二四	六三	四九九	二三〇	七二三	五三三	九四	一、一九〇	二〇七	一、七一三	七四七	一五七	一、六八九	四三七	二、四三六	五九四
高知	二五	七	五四	五一	七九	二五一	六四	五四一	一三三	七九二	二七六	七一	五九五	一八四	八七一	二五五
福岡	六〇〇	二一四	一、二七四	五九二	一、八七四	四八〇	一四〇	一、一一〇	三九六	一、五九〇	一、〇八〇	三五四	二、三八四	九八八	三、四六四	一、三四二
大分	四九	二九	九三	六〇	一四二	二六〇	六七	四八八	九八	七四八	三〇九	九六	五八一	一五八	八九〇	二五四
佐賀	七七	二五	一二四	五一	二〇一	二二三	七二	四八二	一五五	七〇五	三〇〇	九七	六〇六	二〇六	九〇六	三〇三
熊本	一五五	一九	三八四	一〇〇	五三九	四三八	九〇	一、一〇四	二七四	一、五四二	五九三	一〇九	一、四八八	三七四	二、〇八一	四八三
宮崎	八二	八	二七三	四四	三五五	五〇二	一六四	一、〇五八	四三八	一、五六〇	五八四	一七二	一、三三一	四八二	一、九一五	六五四
鹿児島	一七五	二一	八八二	五五六	一、〇五七	一、〇六九	二三三	二、〇五八	四四三	三・一二七	一、二四四	三三四	二、九四〇	九九九	四、〇八四	一、三三三
沖縄	一七五	五	二九二	七	四六七	六四七	二三	九四五	九	一、五九二	八二三	二八	一、二三七	一六	二、〇五九	四四
計	一五、二四〇	三、三八九	三五、一三〇	二一、五二六	五〇、三六〇	二六、五四九	六、四一八	五五、九九九	一六、八五六	八二、五四八	四一、七八九	九、八〇七	九一、一一九	三八、三八二	一三二、九〇八	四八、一八九

備考　本表に於て被救護者とあるは救護法に依り現に救護を受けつゝある者を謂ふ

昭和十二年度母子保護費國庫補助配付額表

社會局

道府縣	經常費 道府縣補助額	經常費 市補助額	經常費 町村補助額	經常費 計	臨時費 道府縣補助額	臨時費 市補助額	臨時費 町村補助額	臨時費 私設補助額	臨時費 計	合計
	円	円	円	円	円	円	円	円	円	円
北海道	八〇三	一〇、五六一	一三、四一〇	二四、七七四	—	—	—	—	—	二四、七七四
青森	—	一、三五三	三、一三〇	四、四八三	—	—	—	—	—	四、四八三
岩手	四一	一二一	一、八三八	二、〇〇〇	—	—	—	—	—	二、〇〇〇
宮城	一五三	一、二九六	三、七四六	五、一九五	—	—	—	—	—	五、一九五
秋田	一七	二〇〇	一、二一三	一、四三〇	—	—	—	—	—	一、四三〇
山形	二〇	一、四一八	二、二四二	三、六八〇	—	—	—	—	—	三、六八〇
福島	一八	一、一三三	三、六三四	四、七八五	—	—	—	—	—	四、七八五
茨城	七九	一三	二、一二三	二、二一五	—	—	—	—	—	二、二一五
栃木	五九	一、二一五	二、九七〇	四、二四四	—	—	—	—	—	四、二四四
群馬	一一〇	五三六	二、五〇六	三、一五二	—	—	—	—	—	三、一五二
埼玉	七	六〇八	二、〇一二	二、六二七	—	—	—	—	—	二、六二七
千葉	七三	二八〇	九四八	一、三〇一	—	—	—	—	—	一、三〇一
東京	三、一六一	八三、三九九	七二五	八七、二八五	—	—	—	—	—	八七、二八五
神奈川	六六五	一五、六八二	五、五二七	二一、八七四	—	—	—	—	—	二一、八七四
新潟	八八	四五〇	一、五四二	二、〇八〇	—	—	—	—	—	二、〇八〇
富山	一八	八〇七	四、一四七	四、九七二	—	—	—	—	—	四、九七二
石川	八一	九七〇	三、三九七	四、四四八	—	—	—	—	—	四、四四八
福井	四〇	七二一	二、三四一	三、一〇二	—	—	—	—	—	三、一〇二
山梨	一	二、〇一九	三、一九六	五、二一六	—	—	—	—	—	五、二一六
長野	一五〇	一、六七九	六、〇六八	七、八九七	—	—	—	—	—	七、八九七
岐阜	一六二	六、四〇七	一六六	六、七三五	—	—	—	—	—	六、七三五

靜岡	四〇	一、三四七	八六〇	二、二四七	—	—	—	—	二、二四七
愛知	五一五	一八、一〇〇	六、五三九	二五、一五四	—	—	—	—	二五、一五四
三重	四五	一、二四五	三、七四〇	五、〇三〇	—	—	—	—	五、〇三〇
滋賀	一〇八	二三五	四、三五〇	四、六八三	—	—	—	—	四、六八三
京都	四〇二	八、四三五	二、一一一	一〇、九四八	—	—	—	—	一〇、九四八
大阪	三二三	二七、一三四	二、七〇二	三〇、一五九	—	—	—	—	三〇、一五九
兵庫	四八六	二九、八二九	七、九五二	三八、二六七	—	—	—	—	三八、二六七
奈良	三七	四八五	二、二三三	二、七五五	—	—	—	—	二、七五五
和歌山	一一二	一、六六〇	二、八六一	四、六三三	—	—	—	—	四、六三三
鳥取	九	二〇	一九八	二二七	—	—	—	—	二二七
島根	七八	一九九	二、三五二	二、六二九	—	—	—	—	二、六二九
岡山	五一	一、一二二	一、三九七	二、六六〇	—	—	—	—	二、六六〇
廣島	二五〇	一、八〇〇	一、四〇〇	三、四五〇	—	—	—	—	三、四五〇
山口	一〇三	二、六三二	二、七二一	五、四五六	—	一〇、〇〇〇	—	一〇、〇〇〇	一五、四五六
德島	二五	一七五	一二八	三二八	—	—	—	—	三二八
香川	—	八五	二九	一一四	—	—	—	—	一一四
愛媛	一九〇	五、八〇五	一四、三三八	二〇、三三三	—	—	—	—	二〇、三三三
高知	一〇〇	七七八	七二五	一、六〇三	—	—	—	—	一、六〇三
福岡	四七	二、八七五	三、三〇六	六、二二八	—	—	—	—	六、二二八
佐賀	一〇三	九三	六二〇	一、六四六	—	—	—	—	一、六四六
長崎	九五	二九七	四六三	八五五	—	—	—	—	八五五
熊本	二五	六一五	一、三六五	二、〇〇五	—	—	—	—	二、〇〇五
大分	一六四	—	四七五	六三九	—	—	—	—	六三九
宮崎	九六	九六五	二、九二六	三、九八七	—	—	—	—	三、九八七

道府縣	經常費 道府縣補助額	經常費 市補助額	經常費 町村補助額	經常費 計	臨時費 道府縣補助額	臨時費 市補助額	臨時費 町村補助額	臨時費 私設補助額	臨時費 計	合計
鹿兒島	五四	二、七九五	七、一八九	一〇、〇三八	—	—	—	—	—	一〇、〇三八
沖繩	二〇	一、二九三	四六九	一、七八二	—	—	—	—	—	一、七八二
計	九、三二四	二四一、八〇七	一四〇、三二〇	三九一、三五一	—	一〇、〇〇〇	—	—	一〇、〇〇〇	四〇一、三五一

二　少年教護法の施行に關する事項

昭和八年五月法律第五十五號を以て公布せられた少年教護法は、不良兒童に對し特殊の保護並に教育を施さんが爲に、明治三十三年三月法律第三十七號を以て制定せられた感化法に代るべき法律であつて、從來の感化敎育の不備を補ひ其の擴充を圖るの趣旨を以て制定せられ、昭和九年十月十日より實施を見るに至つた。同法に依り設置せられてゐる少年敎護院は、現在國立少年敎護院一、道府縣立少年敎護院四五、認可少年敎護院五、計五一の施設を數へてゐる。

而して道府縣立少年敎護院及認可少年敎護院に入院せしむる兒童は十四歲未滿（少年法に依る保護處分の實施せられざる地區に限り十八歲未滿）の者であつて、不良行爲を爲し又は不良行爲を爲す虞あり且(一)親權又は後見を行ふものなき者　(二)親權者又は後見人より入院の出願ありたる者　(三)少年審判所より送致せられたる者並に　(四)裁判所の許可を得て懲戒場に入るべき者等其の一に該當する者を地方長官が入院せしむることになつて居る。

國立少年敎護院に入院せしむる兒童は性狀特に不良で地方長官より入院の申請あつた者を厚生大臣が入院せしむることになつて居る。

少年敎護法に於ては新に院外敎護機關として各道府縣に少年敎護委員を設置することゝし、早期に於ける適切な保護の方法を講じ、假退院者に對する觀察、不良兒童の具申を爲さしめ、又少年鑑別機關を各道府縣に於て設け得る途を拓いて、入院の適否又は入院後の適當な處遇等科學的教護の方法を講じ其の實績を擧ぐることゝした。

之等少年教護法施行に要する經費は道府縣に於て負擔（認可少年教護院を除く）するのであるが、國庫は其の支出に對し經常費に對しては六分の一、臨時費に對しては二分の一を補助する。尚認可少年教護院に對する經費に付ても設置者に於て支出したる經費に對し同樣の國庫補助を爲すことになつてゐる。

少年教護院一覽（昭和十一年十月調）

道府縣	組織	名稱	職員	收容定員	經費	創立年月	院長	所在地
	國	武藏野學院	一六	九〇	四五、六四八円	大八、三	菊池俊諦	埼玉縣北足立郡大門村
北海道	道	大沼學院	四	八〇	一九、〇三三	明四一、一二	高杉正次	龜田郡七飯村
同	認	家庭學校社名淵分校	五	五〇	二四、二三二	大三、八	牧野虎次	紋別郡遠輕町
青森	縣	青森學園	二	一五	五、四三九	大一二、九	松尾圭輔	東津輕郡新城村
岩手	縣	杜陵學園	五	二五	四、六五七	昭四、四	事務取扱 西村芳雄	盛岡市三ツ割第八地割
宮城	縣	修養學園	五	三〇	五、四九九	明四二、五	手戸清五郎	仙臺市長町
秋田	縣	千秋學園	五	二六	六、一四九	明三七、三	富永達三	秋田市牛島町
山形	縣	養德園	六	三〇	八、三一八	明四三、一〇	飯塚政吉	山形市三日町
福島	縣	薫陶園	四	五〇	八、二三一	明四二、三	南崎兼左衞門	相馬郡中村町
茨城	縣	茨城學園	七	五〇	一四、〇四〇	明四二、一二	安田諦存	那珂郡五台村
栃木	縣	那須學園	四	四〇	一一、一三四	明四二、一	室町市五郎	那須郡野崎村
群馬	縣	群馬學院	七	三六	一〇、七三〇	大一四、一二	近藤基平	前橋市天川町

道府縣	組織	名稱	職員	收容定員	經費	創立年月	院長	所在地
埼玉	縣	埼玉學園	一四	五〇	一、九一二円	明三九、四	關根宗次	北足立郡上尾町
千葉	縣	生實學校	九	四五	一一、四五八	明四二、一二	谷田清	千葉郡生濱村
東京	府	誠明學園	一二	四〇	二六、四五一	昭八、四	楠貫練	西多摩郡福生村
同	認	東京市井之頭學校	一七	一三〇	三二、九二八	明三三、七	大西孝美	北多摩郡武藏野町吉祥寺
神奈川	縣	國府實修學校	二三	九〇	三四、三九三	明三六、一二	吉村九作	中郡國府村
同	認	横濱家庭學校	一二	七〇	一四、一五〇	明三九、六	有馬純彥	横濱市保土ヶ谷區峰岡
新潟	縣	新潟學園	九	四五	一一、三〇二	明四二、五	森鏡壽	西蒲原郡内野町
富山	縣	樹德學園	一一	四五	一二、〇一一	明四二、四	羽柴茂治	上新川郡濱黑崎村
石川	縣	加能實修學校	一〇	三五	一二、九三四	明四一、一〇	池田實道	河北郡内灘村
福井	縣	金橋學校	八	四〇	一五、〇三九	明四一、一二	鈴木一雄	足羽郡麻生津村
山梨	縣	甲陽學園	六	三〇	五、八九一	昭一〇、四	靜永秀雄	東八代郡右左口村
長野	縣	波田學院	一四	七〇	一七、五四五	明四二、四	宗像守雄	東筑摩郡波田村
岐阜	縣	岐阜學院	六	五〇	一〇、九五七	昭一〇、四	多田美津	揖斐郡豐木村
靜岡	縣	三方ヶ原學園	一二	八〇	二〇、三六〇	明四三、二	滿留進	濱名郡積志村
愛知	縣	愛知學園	二八	一五〇	四九、五八二	明四二、五	淺野靈麟	名古屋市千種區田代町
三重	縣	國兒學園	一一	五五	一二、五五五	明四一、一〇	佐々木毅	河藝郡栗眞村
滋賀	縣	淡海學園	六	三〇	八、九八〇	明四三、四	西村源太郎	滋賀郡下坂本村
京都	府	洪陽學校	二〇	六八	三〇、五二八	大二、四	本庄彝	船井郡園部町
大阪	府	修德學院	三八	二〇四	六七、七九八	明四一、一	熊野隆治	中河内郡堅下村
兵庫	縣	農工學校	二六	一一〇	三九、四七二	明四二、三	池田千年	明石郡魚住村
奈良	縣	自彊學院	七	三〇	七、三八八	昭四、四	東旭太郎	山邊郡都介野村
和歌山	縣	仙溪學園	六	二五	八、二四二	明四二、四	松島治兵衞	和歌山市鹽屋

鳥取	縣	奬德學校	六	三〇	六、〇二一	大一五、七	佐藤利雄	西伯郡福米村
島根	認	島根家庭學校	七	三〇	六、四一一	明三四、四	和田守韜光	松江市内中原町
岡山	縣	成德學校	一〇	五〇	一五、三二七	明三二、八	菅濟治	岡山市平井米山
廣島	縣	廣島學園	三	五〇	一四、三六九	昭六、六	古森隆一	賀茂郡川上村
山口	縣	育成學校	六	六五	一三、一八一	明四五、一	末宗殷門	吉敷郡大内村
德島	縣	德島學院	八	三〇	七、七五五	大一三、四	富士居力次郎	德島市沖之洲町
香川	縣	斯道學園	六	一八	五、五七八	明四三、一〇	安部茂八	高松市西濱新町
愛媛	縣	家庭實業學校	七	三〇	九、五三七	大三、四	奥山春二	松山市衣山町
高知	縣	鏡川學園	五	三〇	七、四四五	昭九、四	鈴木慶素	高知市小石木町
福岡	縣	福岡學園	一七	一〇〇	二八、五四九	昭三、四	鶴岡光次	福岡市草ヶ江本町
佐賀	縣	進德學校	七	五〇	八、九六六	大六、一二	御厨勝一	佐賀郡春日村
長崎	縣	開成學園	一一	六〇	一三、五〇六	明四一、一〇	坂田眞瑛	長崎市坂本町
熊本	縣	白川學園	三	三〇	五、八四一	昭四、四	荒木松衞	熊本市本莊町
大分	縣	大分少年教護院	四	三〇	六、四八一	明四一、一二	麿墨香錢	大分市上野町
宮崎	縣	愼修學校	四	三五	一〇、一四〇	大四、四	末山義重	都城市一萬城町
鹿兒島	縣	牧ノ原學校	七	四〇	一〇、二二七	大七、四	深水美義	始良郡敷根村
沖繩	認	球陽學園	九	二〇	四、三二六	明四四、八	菅深明	那覇市松下町
計		國一、道府縣四五、認五	五〇五	二、七一二	七九八、六五六			

備考 一、本表の經費は昭和十一年度經常費豫算額なり

二、組織欄中「認」とあるは從來の代用感化院にして少年敎護法第七條の規定に依り認可を受けたるものと看做されたる少年敎護院を指稱す

三、最近の異動は便宜之を訂正せり

三　兒童虐待防止法の施行に關する事項

昭和八年四月法律第四十號を以て公布された兒童虐待防止法は、第一に兒童を保護すべき責任ある者が兒童を虐待し又は著しく其の監護を怠りたる場合に於ては、地方長官をして兒童保護の責任ある者に對し訓戒を爲し又は其の監護に付條件を附することを得しむると共に、必要ある場合には兒童を親權者又は後見人に引渡し若は私人の家庭又は適當なる施設に委託することを得しめ、兒童の監護教養に付十分なる注意を加ふることゝし、第二には地方長官をして輕業、曲馬又は戸々に就き若は道路に於て行ふ諸藝の演出若は物品の販賣其の他の業務及行爲にして、兒童の虐待に涉り又は之を誘發する虞あるものに付、必要ありと認むるときは、兒童の使用を禁止し又は制限を爲し得ることゝなつて居る。尙其の保護處分に要する費用の徵收及負擔並に罰則等に關し若干の必要なる規定を設けたるものであつて、同年十月一日より施行された。

昭和十一年度兒童虐待防止法實施狀況調

(一)　法第二條ニ依リ保護處分ヲ受ケタル兒童數調

年齢	第一項第一號處分（訓戒） 男	女	計	同上第二號處分（條件附監護） 男	女	計	同上第三號處分（收容委託） 男	女	計	總計 男	女	計	第二項處分（親權者又後見人ニ引渡） 男	女	計
一歳未滿	一	—	一	—	—	—	—	二	二	一	二	三	—	—	—
一歳以上六歳未滿	七	八	一五	二	三	五	一一	一二	二三	二〇	二三	四三	—	—	—
六歳以上十四歳未滿	八八	六五	一五三	一八	二三	四一	三五	四〇	七五	一四一	一二八	二六九	—	—	—

	十四歲以上十五歲未滿	計
	六	一〇三
	二	七五
	八	一七七
	六	二六
	四	三〇
	一〇	五六
	三	四九
	六	六〇
	九	一〇九
	一五	一七七
	一三	一六五
	二七	三四二
	—	—
	—	—
	—	—

(二) 委託兒童異動調

委託別	性體	越員	新規	計	廢止	死亡	計	年度末現在
家庭委託	男	九	—	九	二	—	二	七
	女	一二	二	一四	二	—	二	一二
施設委託	男	一〇五	四八	一五三	二一	二	二三	一三〇
	女	九五	五九	一五四	二〇	四	二四	一三〇
合計	男	一一四	四八	一六二	二三	二	二五	一三七
	女	一〇七	六一	一六八	二二	四	二六	一四二
	計	二二一	一〇九	三三〇	四五	六	五一	二七九

(三) 法第七條ノ規定ニ依ル禁止制限ニ對スル違反件數調

禁止制限ノ業務及行爲ノ種類	起訴	不起訴	處分未濟	計
乞食	二	六三	七	七二
辻占賣	—	—	—	—

禁止制限ノ業務及行爲ノ種類	起訴	不起訴	處分未濟	計
歌謡、遊藝	二	二七	五	三四
曲馬、輕業	一	六	｜	七
藝妓、酌婦	六	二二	六	三四
新聞賣	｜	｜	｜	｜
物品販賣	三	四三六	七九	五一八
其ノ他	｜	｜	｜	｜
計	一四	五五四	九七	六六五

四　其の他母性並に兒童の保護に關する事項

兒童保護に關する法律としては、以上の如く母子保護法、少年教護法、兒童虐待防止法であるが、更に此の外一般母性並に兒童保護に關する事項がある。即ち母性保護の問題としては社會的、經濟的若は教育的に保護指導を要する諸般の事項があるが、就中姙産婦保護に關する事項は我國の現狀より見て極めて重要なるものである。即ち我國に於ては死産並に乳兒の死亡率極めて高く、之に對しては特に姙産婦の保護對策が必要である。現在姙産婦保護の施設としては無料又は輕費を以てする社會施設と認めらるべき産院六五施設、共濟施設としての出産相扶組合一二組合、公設又は委託産婆を置くもの六六八箇所、姙産婦相談指導に關するもの六八施設である。

其の他の兒童保護としては常設並に季節保育所の施設に關する事項があり、更に精神異常兒、身體異常兒、虛弱兒の保護に關する事項等諸般の事務を取扱つて居る。

一 常設保育所ニ關スル調（昭和十二年十二月調）

道府縣	施設數	財産收入	事業收入	寄附金	會員醵金	經營者出捐	催物收入	補助助成 道府縣	補助助成 其ノ他	其ノ他	總額
		円	円	円	円	円	円	円	円	円	円
北海道	八	一三三	三、二八〇	五、八五一	八六二	八九二	四三一	一、三五〇	三、八三五	一、〇七〇	一七、七〇三
青森	九	—	三、五三〇	一、一六四	一六九	一、七七九	—	一八九	一、五三三	七七四	九、一二七
岩手	七	一〇	三、五〇二	四八四	一〇九	三、〇九〇	三三	二五	七六八	六三九	八、六四九
宮城	一四	二八三	四、七〇七	一、六六一	一、〇六四	三、二六九	八四	二、〇一四	三、二二五	七〇八	一七、〇一五
秋田	三	—	二、五四七	—	—	一、四三二	—	一七九	三七五	—	四、五三三
山形	二	—	八四三	三四	—	二〇六	—	三〇〇	一五〇	六八	一、六〇一
福島	一四	七五七	八、九四二	一、九三七	八七四	八二五	一一三	一、九一二	四、三三八	四、三八五	二四、〇七三
茨城	一二	一、七〇一	四、八二三	四、八一三	一、一七七	二、八〇四	八七八	二、三九五	二、六四〇	七二〇	二一、九五〇
栃木	八	五〇	三、六四五	三〇五	二〇九	一、一〇三	—	二、二二〇	二、七五五	一、八一八	一三、一〇五
群馬	一三	—	一、九三六	四、〇〇八	一、四六八	六、六四〇	六一	八七〇	三、六六〇	七六三	一九、四〇六
埼玉	一	—	—	三〇〇	—	一三〇	—	—	—	—	四三〇
千葉	一九	三四	一五、三三〇	二、三九〇	九九一	一二、二七二	八六三	一、九五五	五、八八五	一、二八〇	四一、〇〇〇
東京	三三	三、四四四	三六、六〇一	一一、八八一	四、五四九	一七、三九二	二、一一五	一、〇五〇	一〇、七六〇	二、九五三	一一八、七四五
神奈川	一〇	三八四	九、四五三	一、一三五	一、三九六	六、〇八九	二〇	二、八八〇	九、八一〇	二、九三〇	三四、〇九七
新潟	二〇	三、八七二	一一、四七五	一〇六、二六九	五〇四	五、一六九	二五〇	七八七	五、七八五	六、四八五	一四九、五九六
富山	八	—	五、〇四三	一、四八四	一、七五三	三、八四三	三三三	一、六六五	五、二六五	六八	一九、四五四
石川	三	—	二、三三三	三七五	八二	七三〇	三九	一七〇	六七〇	五〇	四、四三八
福井	五	三三	六六七	一三五	一、〇二五	一、八三七	六〇	四一五	一、五三五	八五	五、七七一
山梨	—	—	—	—	—	—	—	—	—	—	—

道府縣	施設數	財産收入	事業收入	寄附金	會員醵金	經營者出捐	催物收入	補助助成 道府縣	補助助成 其ノ他	其ノ他	總額
長野	二三	七三六円	三、八三六円	二、八一九円	一、七三三円	一、三一六円	九一円	一、二〇九円	二、八二六円	三、七六六円	二七、三三一円
岐阜	一九	四六九	八、四二五	五、五九七	三、一五八	一、八七三	一六三	三、一四一	六、七三四	二〇八	二九、七六八
静岡	五	—	三、〇四二	八六五	一、〇二六	一、三五六	—	三五三	二三五	三三七	七、二〇四
愛知	三六	八一六	二六、六六二	六、六五四	三、二〇五	五、八二四	三〇九	三、一七〇	四、二八八	三、〇八四	五四、〇一二
三重	一三	一、三八四	八、一八〇	五、七二四	一、四三九	一、〇六九	四六	四、五二五	八、〇三五	五、二四九	三五、六五一
滋賀	九	六四一	二、七九三	一、六三七	一、一一三	七二一	—	六七七	一、〇六三	七七九	九、四三三
京都	三	一五八	三、〇四七	三、〇〇二	一〇〇	三、〇九〇	九五	二〇〇	二、七〇〇	一、〇〇〇	一三、三九二
大阪	七	二六	六、八七二	六二四	八〇〇	三、五四七	—	一三四	—	一七〇	一三、一七三
兵庫	五	三三九	九、六一八	一、六三一	三三五	二、二四九	—	三、〇八〇	六、五五〇	七一〇	二四、五〇二
奈良	四	—	八〇〇	一、一五五	一〇八	一、五六三	—	一一	一一〇	一、一九六	四、九四三
和歌山	四	七二六	一、六八九	九八	—	三六〇	—	二九〇	五四〇	九六四	四、六六七
鳥取	九	六〇	四、三七〇	一、四四二	六〇	三、三九八	九〇	五〇五	九六五	一九七	一一、〇八七
島根	—	—	—	—	—	—	—	—	—	—	—
岡山	一四	二、三三七	一七、六五七	六、六五五	三、四三六	三、一二五	九七〇	三、一一三	一〇、三四五	一一、三三九	五八、九八六
廣島	四	四、〇七〇	一、六九二	四、二九九	—	—	二、六八一	一五六	一、〇八〇	三、五二三	一七、五〇〇
山口	一三	—	五、九一八	一八七	二、〇七九	三、五一六	—	一、一〇〇	一、五四九	四一九	一四、七六八
徳島	—	—	—	—	—	—	—	—	—	—	—
香川	六	—	二、三五五	一四一	—	二〇〇	—	一一六	八六六	一八三	三、八六一
愛媛	一四	七五〇	八、三六八	二〇五	二、二四四	四、六八七	九九〇	一、五五一	四、二〇九	一、三九七	二四、四〇一
高知	二	—	六〇八	三六五	一〇〇	四八〇	一四三	五〇	五八〇	二八	二、三五四
福岡	二〇	一八三	一五、二四二	三、一〇六	一、一九三	三、七六七	四三四	五五〇	四、九九七	二、〇六四	三一、五三六

佐賀	二五	一八	七、九四三	二、〇八九	五三二	四、七〇一	三二	一、二一三	二、九一七	七六一	二〇、四〇四
長崎	一〇	七七七	一、五四六	一、一八九	三一四	四、三九二	―	一、四六五	四、九六四	二七六	一四、九二三
熊本	三	七一一	九、九七八	一、九二六	四、八五〇	四、〇六〇	二四	一、三三〇	二、三五〇	九六二	二六、〇九一
大分	八	―	二、三六五	四六八	五八〇	一、八四三	―	六〇一	四二〇	二九三	六五、〇七〇
宮崎	三	―	五四五	四〇〇	七一五	―	―	五〇	六七五	一六七	二、五五二
鹿兒島	一	―	一九四	一、二三五	―	―	―	二〇〇	二、六〇〇	一、〇九六	五、三二五
沖繩	―	―	―	―	―	―	―	―	―	―	―
計	四四四	四二、八九〇	二八〇、九八〇	一九七、七一八	四五、二六一	一二六、六二九	一一、五三六	四九、〇八五	一三四、五七五	八三、九四三	九七二、六一七

二　季節保育所ニ關スル調（昭和十三年二月調）

道府縣	施設數	收容人員	道府縣	施設數	收容人員
北海道	九〇	四、九八一	埼玉	一〇三	一一、二五〇
青森	一七〇	一一、八〇一	千葉	二五七	八、〇一三
岩手	一一八	二九、五〇〇	東京	四六	二、七八五
宮城	五七四	四〇、七〇四	神奈川	九〇	六、一七八
秋田	一六九	一三、四三九	新潟	一三九	七、五九六
山形	四二九	二一、三〇七	富山	一五一	七、七〇三
福島	五〇一	三三、〇六四	石川	七七	四、六九六
茨城	七一	六、三九〇	福井	一一〇	三、九〇〇
栃木	二四四	二一、二六八	山梨	六〇	七、〇三二
群馬	六〇	五、二七五	長野	八〇	六、七八〇

三　精神異常兒、身體異常兒及虛弱兒保護施設調（昭和十二年三月調）

道府縣	施設數	收容人員	道府縣	施設數	收容人員
岐阜	三六八	一五、〇一二	山口	五六七	二一、四八七
靜岡	四八	三、二五二	德島	三〇	二、〇五八
愛知	七一七	八、四一五	香川	一三三	一一、五三〇
三重	五〇〇	三、四五三	愛媛	一八五	一一、〇四四
滋賀	四六七	七、二七三	高知	二六	一、四九一
京都	三七二	一四、一五〇	福岡	二六六	六六、一〇二
大阪	七一	一〇一	佐賀	五一六	一九、三七七
兵庫	八一八	五〇、一八七	長崎	一六〇	一三、〇五〇
奈良	一五〇	六、一五〇	熊本	一八〇	一〇、二六九
和歌山	八三	二、四九〇	大分	一一九	五、二六五
鳥取	九四一	五、七五九	宮崎	一七九	八、六〇九
島根	一三三	五、三五六	鹿兒島	二六八	一四、九二四
岡山	三三四	一六、八八五	沖繩	一三	四五〇
廣島	二〇〇	八、四〇〇	計	一一、二六〇	六〇二、二〇一

(一)精神異常兒（精神薄弱）

施設種別	施設數	保護兒童數
イ收容施設（公設 私設）	一三	三六八
ロ特別學級（公設 私設）	五三	九一三

		施設數	保護兒童數
ハ少年鑑別所	公設	一四	—
	私設	—	—
ニ教育相談所	公設	二七	—
	私設	六	—

(二)身體異常兒（肢體不自由）

施設種別		施設數	保護兒童數
イ收容施設	公設	—	—
	私設	二	六九
ロ身體異常學校	公設	一	九〇
	私設	—	—

(三)虛弱兒

施設種別		施設數	保護兒童數
イ收容施設	公設	四	三三〇
	私設	六	四八〇
ロ養護學級	公設	二〇二	八、〇二八
	私設	—	—

第四　社會局關係官署、委員會概要

一　武藏野學院

武藏野學院は大正六年八月勅令第百八號國立感化院令に基き唯一の國立感化院として大正七年二月埼玉縣北足立郡大門村に創設されたが、昭和八年五月五日新に少年教護法（法律第五十五號）制定公布せられ昭和九年十月十日より實施せられるに及び國立少年教護院となつた。

國立少年教護院は厚生省所管にて、少年教護法第一條第九條及附則第三項の規定に依つて、十四歳未滿（少年法の施行せられざる地區に限り十八歳未滿）の不良行爲を爲し又は不良行爲を爲す虞ある者にして親權又は後見人なき者或は親權者又は後見人より出願ありたるものにて、地方長官の具申にかゝる性狀特に不良なる者及び是に該當せざる者にても、厚生大臣の特に入院の必要ありと認めたる者の教護に當る。職員定員は院長外十五人、院生收容定員九十人である。

現在（昭和十二年三月末日）在籍兒童數は一〇八名（院内八七人院外二一人）にして入院理由、入院前の保護狀態保護者の生活程度並に兒童精神病理學的分類に依れば左の通である。

入院理由

初度竊盜	二一人
掻拂空巢	四九人
忍込	一〇人
掏摸	一人
放火	二人
浮浪	一八人
性的惡戲其他變質	七人

入院前の保護狀態

家庭及被傭中のもの　五二人
教護施設に收容中のもの　四七人
浮浪中のもの　九人

保護者の生活程度

上流	―
中流	一三人
貧困	四二人
極貧	五三人

精神病理學的分類

精神薄弱	六二人
病的人格	一六人
精神正常	三〇人

武藏野學院所在地

埼玉縣北足立郡大門村（電話浦和二八五八番）

院長　教諭　菊池俊諦

二　中央社會事業委員會

中央社會事業委員會は社會事業法第八條の規定に基いて昭和十三年六月勅令第四百四十七號中央社會事業委員會官

制に依り會長は委員四十五人を以て組織せられ會長は厚生大臣とし委員は關係各廳高等官及學識經驗ある者を以て之に充てられて居る。

同委員會は厚生大臣が社會事業法第七條の規定に依り社會事業の經營を禁止又は制限する場合及同法第十三條の規定に依り道府縣又は勅令を以て指定する市（六大都市）に對し社會事業の經營を命ずる場合にこれに關し意見を開陳する權限を有するのであるが、この外に厚生大臣の諮問に應じ社會事業に關する重要事項を調査審議することになして居る。尚從來の社會事業調査會は本委員會の設置に伴ひ昭和十三年六月三十日限り之を廢止することとなつた。

第六章　勞働局主管事務

勞働局の主管事務は(一)勞働條件に關する事項　(二)工場及鑛山に於ける勞働衞生に關する事項　(三)國際勞働事務に關する統轄事項　(四)其の他勞働に關する事項の四項である。以上を一言を以て云へば勞働局は勞働行政を掌つて居る役所と云ひ得る。即ち事業主と勞働者との間に發生する諸般の問題、もつと具體的に云へば勞働運動や勞働者の保護福利竝に勞資關係の調整等所謂勞働行政の大部分を掌つてゐるのである。大部分と云ふのは勞働局が直接取扱はない勞働行政もあるからである。即ち海運關係の勞働行政は主として遞信省に屬し、鑛山勞働に付ては一部は商工省が所管してゐるし、他にも斯樣な類例もある。尙勞働行政は生きた行政であり相當複雜性を持つてゐるので汎く知を集め、公論を聽くと云ふ意味合から關係各廳の勅任官及學識經驗者等の中から勞働局參與を選任して勞働行政に關する諸問其の他の要務に携はらせることに成つてゐる。局は勞政課、勞務課、監督課に分れ事務を分擔せしめてゐる。

第一　勞政課主管事務

勞政課の主管事務の第一は勞働行政中主として勞資問題即ち勞資關係の調整或は勞働紛爭議の防止竝に解決等の事項に關するものである。法規の施行としては現在に於ては勞働爭議調停法に關するものを取扱つて居る。其の第二は各種の勞働政策樹立に關する基本資料に關するものである。其の第三は他の主管に屬せざる勞働に關する事項である。以下分課規程の示す順序に從ひ其の大要を述べる。

一　一般勞働政策に關する事項

凡そ勞資の間には賃銀、勞働時間、休日等の勞働條件、其の他各種の福利施設等に關する諸問題があるのであるが社會情勢並に經濟事情等の變化と相俟つて動もすれば之等の問題を繞つて勞資の間に紛爭議を發生する事例も尠くない。斯の種の勞資の間に發生する紛爭を迅速公正に處理し、更に進んでは勞資關係の根本的規制を圖り、以て勞資をして相率ひて眞に產業の平和なる發展に寄與せしむる爲には種々の政策を必要とする。勞政課は直接勞働者の保護並に福利問題に關する事項を除いた斯る一般的且根本的な勞働政策を管掌してゐるのである。即ち事業主と勞働者との間に發生する勞働條件を中心としての紛爭議、勞働條件の維持改善、或は從業員の共濟、敎育等を目的として組織されたる勞働者の自主的團體たる勞働組合、或は勞働組合と事業主との間に於ける勞働條件に關する契約たる所謂團體協約、更に進んでは勞資關係の根本的調整の問題等が其の主なる對象となるのである。而して勞働組合法制定の問題に就ては嘗つて屢々帝國議會に其の法案の提出を見たが、昭和六年の第五十九議會で貴族院に於て審議未了となつて以來提案されてゐない。勞働政策としての勞働組合對策或は之が法認等の問題は社會情勢の變化と我國情とに即應して今後尙愼重研究すべき問題である。凡そ勞資關係は其の職分に於て異るものがありとは謂へ、其の間に何等對立的利害衝突等の存在すべき筈のものでなく、兩者等しく產業人として各々其の職分を盡して渾然一體となりて產業を通じて國家に貢獻するを本分とすべきものである。斯る根本的基調の下に勞資關係の調整を圖ることが勞政課の管掌する勞働政策の眼目をなすのであつて、其の爲に種々の方策が實施せられ又は不斷の研究が爲されて居るのである。

二　勞働爭議に關する事項

勞働爭議は是によつて當事者は勿論社會一般の蒙る損害は頗る大きく、延ては國家の產業經濟其の他に及ぼす影響は容易ならざるものがある。茲に於て大正十五年七月一日より勞働爭議調停法を實施し、勞働爭議發生の場合事業主勞働者の一方若は双方の請求により、又は官廳の職權により調停委員會を開設し、勞資双方竝に第三者の委員が所謂圓卓を圍んで懇談を遂げ、一日も早く其の解決に努め勞働爭議に因る損害乃至犠牲を可及的最少限度に止むることになつた。而して同法施行に關する事務は一般的には厚生省竝に地方長官の主管とし、例外として船員法の適用ある船員の爭議に就てのみ遞信省の所管となつてゐるが、現行法は其の内容と運用上の點につき考究を要するものがあるので本法案の改正に就ては鋭意研究中である。

三　勞働運動其の他勞働事情の調査に關する事項

勞働運動其の他勞働事情の調査は勞働政策を行ふ上に於て必要不可缺の事項であるから之が資料の調査蒐集に當つて居る。其の取扱つてゐる主要なるものを擧ぐれば左の如くである。

(一)工場鑛山等に於ける勞働者數の調査　全國に於ける工場勞働者を始め、鑛山勞働者、交通運輸通信勞働者、其の他の勞働者の數及分布狀況の調査

(二)工場鑛山等に於ける解雇勞働者の調査　主要工場鑛山等に於ける事業の休廢止、縮少竝に勞働爭議に因る勞働者の解雇狀況に關する調査

(三)主要工場鑛山竝に公益事業場等の調査　主要工場鑛山竝に公益事業場等に於ける勞働者數、勞働賃銀、其の他の勞働條件、勞働組合等の諸調査

(四)事業主團體の情勢調査

(五)勞働團體の經濟運動政治運動に關する調査

(六)團體交渉竝に勞働協約等に關する事項の調査

(七)工場委員會の狀勢調査

(八)勞働團體、農民團體の消費組合的施設、教育事業等の調査

(九)勞働爭議の內容其の他に關する各般調査統計

(十)勞働に關する經濟事情の調査

經濟事情は勞働爭議調停に關する基礎資料として必要であるばかりでなく、勞働運動推移に關する所が極めて多いから、夫々關係方面に就いて勞働賃金及物價の變動金融狀態、市況其の他勞働に關係ある經濟事情の調査をして居る。

四　他課の主管に屬せざる勞働に關する事項

(一)農民運動に關する調査　近時農民運動は勞働運動と密接な關係を有するので社會問題としての見地から地主團體地主小作人協調團體、小作人團體及小作爭議の一般的趨勢に關して調査研究を爲してゐる。

(二)勞働時報の發行　勞働問題に關する國民的諒解の徹底を期する爲、內外に於ける各般の勞働事情に關する時事及統計を輯錄して月刊勞働時報を發行する。

(三)前揭の外他課に於て取扱はざる勞働に關する事項　勞政課に於て作成する勞働に關する諸種の統計中主要なるもの二、三を揭ぐれば左の如くである。

一　工場鑛山等勞働者數調　(昭和十二年十二月末現在)　其ノ一

種別／廳府縣別	工場勞働者 男	工場勞働者 女	工場勞働者 計	鑛山勞働者 男	鑛山勞働者 女	鑛山勞働者 計	運輸交通通信勞働者 男	運輸交通通信勞働者 女	運輸交通通信勞働者 計
北海道	四〇、三五九	一二、三六九	五二、七二八	五一、八一九	二、七八七	五四、六〇六	二四、八七九	二、五七四	二七、四五三
東京	三九六、〇九八	一二七、一三六	五二三、二三四	五四一	五一	五九二	六八、四八二	一〇、二九二	七八、七七四
京都	六三、九七二	四〇、七九五	一〇四、七六七	九六二	八〇	一、〇四二	一五、六三五	一、七四一	一七、三七六
大阪	三二七、五〇二	一三一、一一四	四五八、六一六	三七	一	三八	五三、五〇〇	八、五一二	六二、〇一二
神奈川	一一九、二九〇	二八、七三三	一四八、〇二三	一四	一	一五	二四、九九七	三、九三九	二八、九三六
兵庫	一四七、二五四	七一、四一四	二一八、六六八	四、三〇〇	五一六	四、八一六	一九、〇七二	四、五五五	二三、六二七
長崎	四八、六二一	六、一三〇	五四、七五一	二三、三八一	二、六七〇	二五、〇五一	三、一六〇	七五七	三、九一七
新潟	三二、五九五	二八、一二九	六〇、七二四	三、八九二	五六四	四、四五六	八、七四七	一、六九九	一〇、四四六
埼玉	三五、一二一	二九、六四三	六四、七六四	七七二	三五	八〇七	八、〇二二	八二五	八、八四七
群馬	二五、九七一	四〇、二二三	六六、一九四	二、一一五	一六三	二、二七八	六、二五八	一、〇三五	七、二九三
千葉	二四、四四二	四、三一七	二八、七五九	六〇	一〇	七〇	七、八六四	一、〇六八	八、九三二
茨城	三二、五九六	一〇、三五四	三二、九五〇	六、四〇四	九六三	七、三六七	六、七一七	八九五	七、六一二
栃木	一三、四二〇	一五、六七三	二八、〇九三	五、八三六	四四五	六、二八一	四、二一四	七六三	四、九七七
奈良	六、七二一	七、四六四	一四、一八五	四七〇	五五	五二五	三、六一〇	五一七	四、一二七
三重	二四、四五一	三七、四七三	六一、九二四	九二〇	一一〇	一、〇三〇	八、七八七	一、二三二	一〇、〇一九
愛知	一八八、四三四	一一九、二七四	三〇七、七〇八	八五三	八五	九三八	二三、三七六	三、八八一	二六、二五七
静岡	四〇、四二二	五二、六四三	九三、〇六五	三、三一六	二九三	三、六〇九	一三、六一三	一、八二一	一四、四三四
山梨	五、九〇三	一六、七九七	二二、七〇〇	五〇九	四五	五五四	三、〇八〇	三八四	三、四六四
滋賀	一四、四八五	二一、二四七	三五、七三二	二四五	三四	二七九	二、五八八	三〇〇	二、八八八
岐阜	二六、九六五	四四、七一四	七一、六七九	一、九九五	七五	二、〇七〇	七、三一九	八五三	八、一七二
長野	一八、二六三	五一、〇六〇	六九、三二三	一、〇一四	七八	一、〇九二	六、九三七	一、三一四	八、二五一

種別／廳府縣別	工場勞働者 男	工場勞働者 女	工場勞働者 計	鑛山勞働者 男	鑛山勞働者 女	鑛山勞働者 計	運輸交通通信勞働者 男	運輸交通通信勞働者 女	運輸交通通信勞働者 計
宮城	七、四一二	六、〇二四	一三、四三六	三、一二七	六三九	三、七六六	一〇、三三三	二、二七六	一二、六〇九
福島	一六、一六〇	一九、九五三	三六、一一三	二、八六七	一七、七四三	二〇、六一〇	七、七〇四	八三九	八、五四三
岩手	九、七三一	四、一一一	一三、八四二	一〇、四一三	一、二二五	一一、六三八	四、〇七五	三三六	四、四〇一
青森	五、二六五	一、六八七	六、九五二	一、五七〇	二〇六	一、七七六	六、九四一	五二五	七、四六六
山形	七、五三三	一五、八七三	二三、四〇六	二、四二六	四四一	二、八六七	四、一一八	四七八	四、五九六
秋田	九、三八八	二、〇一〇	一一、三九八	一二、五二三	一、五〇五	一四、〇二八	五、二〇八	一、〇九九	六、三〇七
福井	一六、六一八	四二、一九七	五八、八一五	八三七	一〇七	九四四	三、八六四	五三六	四、三九〇
石川	一七、六〇〇	三〇、四八二	四八、〇八二	一、七三六	一二三	一、八五九	四、九二五	七二七	五、六五二
富山	一五、九一〇	二二、〇二八	三七、九三八	一〇七	二六	一三三	四、二二六	六九五	四、九二一
鳥取	三、九三八	六、二七八	一〇、二一六	五八二	一二三	七〇五	三、三一九	五七二	三、八九一
島根	六、七七八	七、四一二	一四、一九〇	一、二七五	二四八	一、五二三	四、五五四	三六〇	四、九一四
岡山	三二、八八四	三八、九五四	七一、八三八	四、〇二一	三八二	四、四〇三	八、八二五	一、四八二	一〇、三〇七
廣島	九一、三六八	二八、七七八	一三〇、一四六	六二七	五四	六八一	一一、九三三	一、八一三	一三、七四六
山口	三〇、八九七	一一、〇八一	四一、九七八	一七、〇二一	八、八七八	二五、八九九	六、一六六	七二三	六、八八九
和歌山	一五、八五七	二〇、八七三	三六、七三〇	九八七	一七二	一、一五九	四、二七七	六九三	四、九七〇
徳島	八、一五一	一〇、九七四	一九、一二五	一、〇〇五	一一八	一、一二三	三、七三〇	九六七	四、六九七
香川	九、九〇六	八、一四九	一八、〇五五	九八二	三一	一、〇一三	三、四九〇	六三一	四、一二一
愛媛	一八、〇一五	二二、三八八	四〇、四〇三	五、〇九三	五七六	五、六六九	四、三〇三	五一三	四、八一六
高知	八、二九六	七、四八四	一五、七八〇	一、一一五	二一六	一、三七一	五、二八一	八九〇	六、一七一
福岡	一三一、六九六	一七、二二二	一四八、九一八	一〇六、〇二六	一〇、四三一	一一六、四五七	一九、九九〇	四、三五七	二四、三四七
大分	七、〇〇九	七、〇二五	一四、〇三四	二、六六七	一八四	二、八五一	四、二一〇	四八八	四、六九八

佐賀	六、八八〇	四、七二五	一一、六〇五	八、三五五	一、〇七三	九、四二八	四、一六〇	六三六	四、七九六
熊本	一一、八〇八	一一、五七八	二三、三八六	八、一二五	二一四	八、三三九	四、三四〇	六四七	四、九八七
宮崎	一四、九一二	一四、二一九	二九、一三〇	三、四三二	三〇六	三、七三八	四、八九二	三八六	五、二七八
鹿兒島	九、二〇八	一一、二三〇	二〇、四三八	五、〇四六	五七四	五、六二〇	一〇、〇一五	六五三	一〇、六六八
沖繩	二、〇〇〇	四四九	二、四四九	九四〇	一二五	一、〇六五	四、二二三	一一六	四、三三九
計	二、一二七、〇九四	一、二七九、八七五	三、四〇六、九六九	三一一、三九〇	五四、七八一	三六六、一七一	四七六、九四九	七二、三七五	五四九、三二四
前年同期	一、八二三、六一六	一、二五三、八〇一	三、〇六七、四一七	二八五、四一四	三五、〇六七	三二〇、四八一	四九三、二九七	七一、九六七	五六五、二六四

工場鑛山等勞働者數調（昭和十二年十二月末現在）其ノ二

種別 / 廳府縣別	日傭勞働者其の他			總計		
	男	女	計	男	女	計
北海道	一三七、三三二	三五、一三三	一七二、四六五	二五四、三八九	五二、八六三	三〇七、二五二
東京	六五、〇三八	一一、四九九	七六、五三七	五三〇、一五九	一四八、九七八	六七九、一三七
京都	三四、二六五	九、三九九	四三、六六四	一一四、八三四	五二、〇一五	一六六、八四九
大阪	六九、一四五	一五、八一五	八四、九六〇	四四九、一八四	一五五、四四二	六〇四、六二六
神奈川	六五、三〇七	八、一二二	七三、四二九	二〇九、六〇八	四〇、七九五	二五〇、四〇三
兵庫	七六、一五五	一一、三五〇	八七、五〇五	二四六、七八一	八七、八三五	三三四、六一六
長崎	一三、六九八	五、四一五	一九、一一三	八七、八五〇	一四、九六二	一〇二、八一二
新潟	三二、八二三	一一、七四〇	四四、五六三	七八、〇五七	四二、一三二	一二〇、一八九
埼玉	二五、八六六	七、四七五	三三、三四一	六九、七八一	三七、九七八	一〇七、七五九
群馬	一八、二八九	五、三二〇	二三、六〇九	五二、六三三	四六、七四一	九九、三七四
千葉	一三、一〇二	八、一四五	二一、二四七	四五、四六八	一三、五四〇	五九、〇〇八

種別 / 廳府縣別	日傭勞働者其の他 男	日傭勞働者其の他 女	日傭勞働者其の他 計	總計 男	總計 女	總計 計
茨城	二三、三一六	九、六三四	三二、九五〇	五九、〇三三	二一、八四六	八〇、八七九
栃木	一五、九三八	五、九七七	二一、九一五	三八、四〇八	二二、八五八	六一、二六六
奈良	二〇、六五〇	六、一三六	二六、七八六	三一、四五一	一四、一七二	四五、六二三
三重	四一、八五四	一三、七五八	五五、六一二	七六、〇一二	五二、五七三	一二八、五八五
愛知	六六、〇一七	一六、〇五一	八二、〇六八	二七七、六八〇	一三九、二九一	四一六、九七一
靜岡	五〇、五三九	一三、三八〇	六三、九一九	一〇六、八九〇	六八、一三七	一七五、〇二七
山梨	一二、五九五	二、一五一	一四、七四六	二二、〇八七	一九、三七七	四一、四六四
滋賀	一二、五九九	四、八二六	一七、四二五	二九、九一七	二六、四〇七	五六、三二四
岐阜	二五、八四九	七、三六七	三三、二一六	六二、一二八	五三、〇〇九	一一五、一三七
長野	六四、三九〇	一〇、八六七	七五、二五七	九〇、六〇四	六三、三一九	一五三、九二三
宮城	三三、六九一	一三、六二一	四七、三〇二	五四、五六三	二三、五五〇	七七、一一三
福島	三七、八四二	一四、一三七	五一、九七九	六四、五七三	五三、六七一	一一七、二四四
岩手	五六、一四六	一四、八八三	七一、〇二九	八〇、三六五	二〇、五四五	一〇〇、九一〇
青森	二一、〇六四	七、四一六	二八、四八〇	三四、八四〇	九、八三四	四四、六七四
山形	二五、二一七	一一、〇四四	三六、二六一	三九、二九四	二七、八三六	六七、一三〇
秋田	五九、九六四	二二、三七五	八二、三三九	八七、〇八三	二六、九八九	一一四、〇七二
福井	二一、九四七	五、三〇一	二七、二四八	四三、二六六	四八、一三一	九一、三九七
石川	一五、〇〇五	六、五九三	二一、五九八	三九、二六六	三七、九二五	七七、一九一
富山	二一、三三一	六、一二七	二七、四五八	四一、五六四	二八、八七六	七〇、四四〇
鳥取	一八、七四五	七、八一四	二六、五五九	二六、五八四	一四、七八七	四一、三七一
島根	二〇、二三四	八、四八九	二八、七二三	三二、八四一	一六、五〇九	四九、三五〇

岡山	三二、一八五	七、六二三	三九、八〇八	七七、九一五	四八、四四一	一二六、三五六
廣島	三四、九八七	一二、四四九	四七、四三六	一三八、九一五	四三、〇九四	一八二、〇〇九
山口	二三、一二一	七、〇四四	三〇、一六五	七七、一九五	二七、七二六	一〇四、九二一
和歌山	三五、二七四	一二、三七九	四七、六五三	五六、三九五	三四、一一七	九〇、五一二
徳島	一九、五九二	六、四二〇	二六、〇一二	三二、四七八	一八、四七九	五〇、九五七
香川	一六、一五一	五、七三一	二一、八八二	三〇、五二九	一四、五四二	四五、〇七一
愛媛	三二、五一九	七、九五七	四〇、四七六	五九、九三〇	三一、四三四	九一、三六四
高知	四五、八七三	一三、九五九	五八、八三二	六〇、六〇五	二一、五四九	八二、一五四
福岡	六二、四五八	二一、九四六	八四、四〇四	三一〇、一七〇	六三、九五六	三七四、一二六
大分	一三、八三〇	四、五〇二	一八、三三二	二七、七一六	一二、一九九	三九、九一五
佐賀	一一、二八三	四、八六六	一六、一四九	三〇、六七八	一一、三〇〇	四一、九七八
熊本	一八、〇九〇	六、五二六	二四、六一六	四二、三六三	一八、九六五	六一、三二八
宮崎	九、九六一	三、四八六	一三、四四七	三三、一九六	一八、三九七	五一、五九三
鹿兒島	三三、二八二	二五、六六一	五八、九四三	五七、五五一	三八、一一八	九五、六六九
沖繩	一四、三五〇	四、〇六一	一八、四一一	二一、五一三	四、七五一	二六、二六四
計	一、六一八、九〇九	四八〇、九六〇	二、〇九九、八六九	四、五三四、三四二	一、八八七、九九一	六、四二二、三三三
前年同期	一、六八七、六九六	四四九、二五八	二、一三六、九五四	四、二八〇、〇二三	一、八一〇、〇九三	六、〇九〇、一一六

二　工場鑛山等勞働者數年次別調　其ノ一

年度別	工場勞働者			鑛山勞働者			運輸交通通信勞働者		
	男	女	計	男	女	計	男	女	計
大正十三年十二月	一、〇五七、七五九	九二九、五三六	一、九八七、二九五	二三二、四三一	七五、七四七	三〇八、一七八	—	—	—

年度別	工場労働者			鑛山労働者			運輸交通通信労働者		
	男	女	計	男	女	計	男	女	計
大正十四年十二月	一、〇八五、三八二	一、〇三七、五九八	二、一二二、九八〇	二三〇、三六四	七一、九三〇	三〇二、二九四	―	―	―
昭和元年十二月	一、〇五〇、三五七	一、〇四七、六八九	二、〇九八、〇四六	二二六、三一三	七〇、八五三	二九七、一六六	三八五、七一〇	二四、七一三	四一〇、四二三
昭和二年十二月	一、〇九九、五八一	一、〇〇九、五五〇	二、一〇九、一三一	二二八、六七八	六四、二三七	二九二、九一五	三九二、八二八	二六、七七四	四一九、六〇二
昭和三年十二月	一、一九二、八五七	一、〇三一、六八八	二、二二四、五四五	二三三、八一八	六一、七八三	二九五、六〇一	四二四、一一一	三三、四四五	四五七、五五六
昭和四年十二月	一、一四五、二五二	一、〇五七、二五二	二、二〇二、五〇四	二二五、三二五	五二、七六八	二七八、〇九三	四四〇、七九〇	四〇、一一三	四八〇、九〇三
昭和五年十二月	一、〇九四、三八七	九八一、六一八	二、〇七六、〇〇五	一九一、五三九	三四、三二三	二二五、八六二	四六二、六四〇	四四、〇五六	五〇六、六九六
昭和六年十二月	一、〇六五、一二五	九六一、二八七	二、〇二六、四一二	一七一、二六四	二四、二四七	一九五、五一一	四五四、九二七	五一、六八四	五〇六、六一一
昭和七年十二月	一、一二七、二二〇	九七三、三一八	二、一〇〇、五三八	一七一、五七五	一九、五九六	一九一、一七一	四六七、九三五	五三、一四四	五二一、〇七九
昭和八年十二月	一、二四七、六四四	九八六、三八五	二、二三四、〇二九	二〇二、八六二	二五、一二六	二二七、九八八	四九六、二九三	六〇、六三六	五五六、九二九
昭和九年十二月	一、四三八、九八三	一、一〇〇、四〇一	二、五三九、三八四	二二〇、〇八四	二七、一〇二	二四七、一八六	四八八、五四四	六六、五八〇	五五五、一二四
昭和十年十二月	一、六二九、八六九	一、一六二、〇三三	二、七九一、九〇二	二四七、六六八	二七、一三六	二七四、八〇四	四七二、一〇一	七三、三七四	五四五、四七五
昭和十一年十二月	一、八一三、六一六	一、二五三、八〇一	三、〇六七、四一七	二八五、四一四	三五、〇六七	三二〇、四八一	四九三、二九七	七一、九六七	五六五、二六四
昭和十二年十二月	二、一二七、〇九四	一、二七九、八七五	三、四〇六、九六九	三一一、三九〇	五四、七八一	三六六、一七一	四七六、九四九	七二、三七五	五四九、三二四

工場鑛山等労働者數年次別調　其ノ二

年度別	日傭労働者其ノ他			總計		
	男	女	計	男	女	計
大正十三年十二月	一、五九二、七九三	三五七、三五三	一、九五〇、一四六	二、八八二、九八三	一、三六二、六三六	四、二四五、六一九
大正十四年十二月	一、六九〇、一五三	三八〇、三八三	二、〇七〇、五三六	三、〇〇五、八九九	一、四九一、九二一	四、四九七、八二〇

昭和元年十二月	一、四三七、八四〇	三九八、二〇六	一、八三六、〇四六	三、一〇〇、二二〇	一、五四一、四六一	四、六四一、六八一
昭和二年十二月	一、四三七、六四五	四四四、四六四	一、八八二、一〇九	三、一五八、七三二	一、五四五、〇二五	四、七〇三、七五七
昭和三年十二月	一、四四〇、三八二	四〇六、六九六	一、八四七、〇七八	三、二九一、一六八	一、五三三、六一二	四、八二四、七八〇
昭和四年十二月	一、五〇〇、四〇三	四一一、一七九	一、九一一、五八二	三、三一一、七七〇	一、五六一、三一一	四、八七三、〇八一
昭和五年十二月	一、四六九、四六四	四三四、九七五	一、九〇四、四三九	三、二一八、〇三〇	一、四九四、九七二	四、七一三、〇〇二
昭和六年十二月	一、五〇九、九二三	四三一、八一九	一、九四一、七四一	三、二〇一、二三八	一、四六九、〇三七	四、六七〇、二七五
昭和七年十二月	一、五八八、五〇七	四五八、九八一	二、〇四七、四八八	三、三五五、二三七	一、五〇五、〇三九	四、八六〇、二七六
昭和八年十二月	一、六四六、一〇〇	四六一、六七三	二、一〇七、七七三	三、五九二、八九九	一、五三三、八二〇	五、一二六、七一九
昭和九年十二月	一、九一八、七一一	五〇三、八七二	二、四二三、五八三	四、〇六六、三二三	一、六九七、九九五	五、七六四、二七七
昭和十年十二月	一、七九七、三三三	四九八、〇八六	二、二九五、四〇八	四、一四六、九六〇	一、七五九、六二九	五、九〇六、五八九
昭和十一年十二月	一、六八七、六九六	四四九、二五八	二、一三六、九五四	四、二八〇、〇二三	一、八一〇、〇九三	六、〇九〇、一一六
昭和十二年十二月	一、六一八、九〇九	四八〇、九六〇	二、〇九九、八六九	四、五三四、三四二	一、八八七、九九一	六、四二二、三三三

三　労働組合の年次別調

年次	労働組合数	労働組合員数	労働者総数	労働組合組織率
大正十三年末	四六九	二二八、二七八	四、二四五、六一九	五・三
大正十四年末	四五七	二五四、二六二	四、四八五、八一〇	五・六
昭和元年末	四八八	二八四、七三九	四、六四一、六八一	六・一
昭和二年末	五〇五	三〇九、四九三	四、七〇三、七五七	六・五
昭和三年末	五〇一	三〇八、九〇〇	四、八二四、七八〇	五・三
昭和四年末	六三〇	三三〇、九八五	四、八七三、〇八一	六・八

年次	勞働組合數	勞働組合員數	勞働者總數	勞働組合組織率
昭和五年末	七一二	三五四、三一二	四、七一三、〇〇二	七・五
昭和六年末	八一八	三六八、九七五	四、七二九、四三六	七・九
昭和七年末	九三二	三七七、六二五	四、八六〇、二七六	七・七
昭和八年末	九四二	三八四、六一三	五、一二六、七一九	七・五
昭和九年末	九六五	三八七、九六四	五、七六四、二七七	六・七
昭和十年末	九九三	四〇八、六六二	五、九〇六、五八九	六・九
昭和十一年末	九七三	四二〇、五八九	六、〇九〇、一一六	六・九
昭和十二年末	八三七	三九五、二九〇	六、四二二、三三三	六・二

四　自大正十二年至昭和十二年同盟罷怠業工場閉鎖を伴へる勞働爭議要求事項別調表

要求事項別＼年次	大正十二年 件數	大正十二年 人員	大正十三年 件數	大正十三年 人員	大正十四年 件數	大正十四年 人員	大正十五年 件數	大正十五年 人員
勞働組合ノ自由又ハ確認	四	二、五〇七	四	七、二四二	四	六三二	六	二、〇四一
賃銀ノ增額	一一八	一五、三〇三	一三四	三、六三七	一〇〇	七、九〇三	二三六	二四、六一〇
賃銀減額反對	二九	二、四四六	三〇	三、三二七	四一	六、二四五	四七	四、六四三
賃銀算定支給ノ方法變更又ハ反對	—	—	三二	七、〇三一	四四	五、二二六	五八	二〇、六八三
勞働時間短縮	二〇	一、七〇三	一四	二、三九四	九	九四二	五	七一八
公休日ノ設定	—	—	—	—	—	—	—	—
作業方法規則ノ變更又ハ反對	—	—	一三	三九三	五	三四四	二四	三、四七六
勞働委員會設置組織權限ノ變更	一	八一三	一	一七	—	—	—	—
工場設備福利增進等ノ施設	一七	一、五四八	八	一、四八七	一〇	五、一四六	八	三、二八〇
解職手當ノ確立又ハ增額	一七	三、二六三	二八	三、二五四	一一	五六六	三三	二、三八〇
解雇者ノ復職又ハ解雇反對	—	—	—	—	—	—	四	三九
爭議ニ關シ犧牲者ヲ出サザルコト	—	—	—	—	—	—	—	—
監督者ノ排斥	一八	一、一〇五	一五	一、四三一	一六	一、四七一	三〇	二、九七四
其ノ他	四六	七、五七三	五四	四、四一三	五三	二、二六八	五五	一二、三九〇
計	二七〇	三六、二五九	三三三	五四、五三六	二九三	四〇、七四二	四九五	六七、二三四

五 自大正十年至昭和十二年農民團體數及團體員數に關する調

昭和二年 件數	昭和二年 人員數	昭和三年 件數	昭和三年 人員數	昭和四年 件數	昭和四年 人員數	昭和五年 件數	昭和五年 人員數	昭和六年 件數	昭和六年 人員數	昭和七年 件數	昭和七年 人員數	昭和八年 件數	昭和八年 人員數	昭和九年 件數	昭和九年 人員數	昭和十年 件數	昭和十年 人員數	昭和十一年 件數	昭和十一年 人員數	昭和十二年 件數	昭和十二年 人員數
一三	九、三四七	九	二、六六三	六	二三一	一〇	五九一	一三	一、二九一	二	五六五	二	四三	三	一七二	七	一、一五九	五	二三三	七	二、四八三
九四	八、六二〇	一〇九	一六、九三〇	九一	五、八〇七	八〇	八、〇四五	一六七	一三、八〇〇	一九六	一四、四八五	二五六	三〇、七〇二	二九五	一八、四五八	二三六	一五、三八九	二二八	一四、二五九	三七三	九四、九一二
六〇	六、一二九	五八	四、七六三	一二九	一八、四四一	二九一	三四、二〇一	二一七	二一、八八八	一四〇	六、九九〇	五三	三、〇一一	三三	二一、七四九	八二	三、四三三	六一	三、二八一	二八	一、三四四
三六	三、四五四	一九	一、六四五	四五	二六、〇三一	三九	三、二七一	五五	二、七一〇	五一	四、二三五	三三	七、四五九	四六	二、四二八	四六	三、九七七	三八	一、七四七	二四	一、二八三
八	三二四	九	六三五	一〇	一、二二四	八	二四	一八	一、九一九	一二	九七一	一四	六〇一	一二	五三四	九	一五二	一五	三八一	一二	五四〇
一	一二	一	一〇〇	一	二九	一	七	―	―	一	一〇	三	一四四	―	―	五	一三八	二	二一	二	二三
二	二二	四	五一	二〇	二、〇八二	一一	一、七七二	一〇	二四二	六	二六三	一〇	二八八	一三	九四〇	一一	四〇九	一三	六八五	九	一七五
―	―	―	―	―	―	―	―	―	―	―	―	―	―	―	―	―	―	―	―	―	―
七	五三五	六	二、四〇八	三	九四	四	一六七	六	九六八	六	三三九	五	一八一	五	一三九	二	一、一五二	四	一五一	六	四二九
二八	三、五〇二	四〇	二、六七三	六四	五、二三〇	一二六	五、八八五	八一	二、九七九	五三	一、六一九	三〇	九九〇	二七	一、三〇〇	二七	九三七	一九	二五八	二一	五、五八三
五三	六、二二四	三〇	五、二六〇	八二	七、三六〇	一二八	九、七〇二	一八四	二一、一六五	一九一	一〇、〇三三	八二	四、三六一	七八	五、四〇〇	四七	二、九六八	四五	二、〇九九	三七	八、三三七
―	―	四	一八	二	一六	―	―	―	―	―	―	―	―	―	―	―	―	―	―	―	―
三七	二、一六四	二五	一、一一三	二六	二、七〇一	一二	九七五	二五	一、六一六	一七	一、〇七〇	二七	四、二〇六	二五	三、五七一	三一	二、七一四	二九	二、一三六	三一	二、三三〇
四五	六、七〇一	八三	七、九〇五	九七	七、九二八	一九六	一六、四九九	二三三	一五、九五八	二一八	一四、三三四	九七	七、四三七	九一	四、八四五	九七	五、四一七	八九	五、四五九	七八	六、二九一
三八四	四七、一九四	三九七	四六、二五三	五七六	七七、四四四	九〇六	八一、三二[illegible]	九九八	六四、五三六	八九三	五四、七八三	六一〇	四九、四二三	六二六	四九、五三六	五九〇	三七、八三四	五四七	三〇、九〇〇	六二八	一三、七三〇

六　自大正十年至昭和十二年小作爭議に關する調

種別／年次	小作人組合 團體數	小作人組合 團體員數	地主組合 團體數	地主組合 團體員數	地主小作人協同組合 團體數	地主小作人協同組合 團體員數
大正十年	六七九	（不詳）	一九四	（不詳）	八五	（不詳）
大正十一年	一、一一四	一三三、三三三	二四七	二七、三六四	一七八	二三、九五〇
大正十二年	一、五三〇	一六三、九三一	二九〇	三三、五六二	三四七	四〇、五八〇
大正十三年	二、三三七	二三二、一二五	四二八	三九、九一〇	五九六	七九、二七七
大正十四年	三、三一三	三〇七、一〇四	四九八	四四、九一七	七五四	一二二、七〇六
大正十五年（昭和元年）	三、九一五	三六八、七〇四	五九一	五五、八七九	八九四	一一三、〇九七
昭和二年	四、二七五	三四七、四二九	六五五	六〇、九六四	一、〇二五	一二九、二九六
昭和三年	四、一一五	三三五、九八三	六一四	五四、三八四	一、〇六〇	一四七、七二〇
昭和四年	三、八六六	三〇一、三三六	五四三	四八、一〇四	一、二七二	一六九、四六二
昭和五年	三、九七一	二八六、三五〇	五四九	五〇、九四〇	一、三二三	一七〇、三五[illegible]
昭和六年	三、九一七	二七一、一五四	四八五	四三、七一一	一、二五八	一六九、七八四
昭和七年	四、〇六二	二五六、二九七	五三九	四五、三〇四	一、二七三	一五五、五四六
昭和八年	四、一五〇	二四六、一七二	五一九	四二、一一〇	一、二七八	一五三、〇〇四
昭和九年	三、八六四	二三五、〇九九	四七六	三六、七〇〇	一、三〇九	一五二、七四七
昭和十年	三、四四四	二〇三、四三四	四四五	三四、一八六	一、〇五八	一三九、七四二
昭和十一年	三、四四九	二〇三、五五〇	四二八	三一、九三八	一、〇六七	一三三、七五八
昭和十二年	三、四七一	二〇七、二二八	四四八	二九、九二四	一、〇五九	一二三、五七六

區別／年次	爭議件數	關係人員數 地主	關係人員數 小作人	關係耕地面積
	件	人	人	町
大正十年	一、六八〇	三四、一八〇	一四五、八九八	八八、六八〇
大正十一年	一、五七八	二九、〇七七	一二五、七五〇	九〇、二五三
大正十二年	一、八六五	三二、〇三六	一二九、一二〇	八六、三五九
大正十三年	一、二六〇	二一、九一〇	八八、三一五	五五、四六五
大正十四年	一、三五四	一九、九三八	八六、四〇四	五五、五五八
大正十五年（昭和元年）	二、〇二九	三〇、六〇一	一一六、六六九	七六、二〇三
昭和二年	一、三四四	一七、〇六八	六五、九九六	四四、七六六
昭和三年	一、〇九九	一二、七〇六	四八、九六三	三四、五五七
昭和四年	一、五三一	一一、四五五	三九、八五五	三五、三八〇
昭和五年	一、七二三	八、九六二	三七、一八三	二八、五〇七
昭和六年	二、二三一	一四、四一四	四七、七二九	三六、七二〇
昭和七年	二、〇八三	九、二四二	三四、九五五	二四、四八三
昭和八年	二、六七七	九、二九一	三二、〇一八	二二、九六八
昭和九年	三、八四九	二一、〇五八	七二、七八七	五八、五九一
昭和十年	五、〇〇四	六八、五四八	一九、〇三六	四六、六二四
昭和十一年	五、七一四	五五、三七四	一六、六五八	三五、八八四
昭和十二年	四、七九二	四三、三六一	一三、六七五	二六、四八五

第二　勞務課主管事務

勞務課主管事務は　(一)國際勞働に關する事項　(二)勞働者災害扶助法の施行に關する事項　(三)勞働者の福利に關する

事項の三である。

一　國際勞働に關する事項

國際勞働に關する事項とは國際勞働機關に對する一切の事務、其の他勞働問題にして國際的關係ある事項竝に之に關聯する勞働事情の調査等を包含してゐる。

國際勞働機關は所謂「ヴェルサイユ」平和等約に依つて創設せられた公の國際的常設機關であつて、國際聯盟の姉妹機關である。其の目的とするところは同條約第十三編勞働編の前文に於て明である。即ち「國際聯盟は世界平和の確立を目的とし、而して世界平和は社會正義を基礎とする場合に於てのみ之を確立し得べきものなるに因り、多數の人民に對する不正、困苦及窮乏を伴ふ現今の勞働狀態は大なる不安を釀成し、惹て世界の平和協調を危殆ならしむべきに因り、彼の勞働時間の制定殊に一日又は一週間の最長勞働時間の限定、勞働供給の調節、失業の防止、相應の生活を與ふるに足る賃金の制定、勞働傷害及疾病に對する勞働者の保護、兒童年少者及婦人の保護、老年及癈疾に對する施設、自國外に於て使用せらるゝ勞働者の利益の保護、結社自由の原則の承認、職業及技術敎育の組織等の如き手段を以て前記勞働狀態を改善することは刻下の急務なるに因り、一國に於て人道的勞働條件を採用せざるときは他の諸國の之が改善を企圖するものに對し障礙と爲るべきに因り、玆に締約諸國は正義人道を旨とし世界恒久の平和を確保するの冀望を以て左の諸條を協定す」と揭げ、國際勞働機關設置の精神を宣明してゐる。要約するならば國際勞働機關は正義人道を基礎として世界の勞働狀態を改善し人類の福祉を增進し、依つて以て世界恒久の平和に貢献せんとする一の文化機關である。玆に注意すべきは國際勞働機關は前述の通國際聯盟の姉妹機關であるが、兩者は不可分の關係にあるものにあらざることである。例へば「ブラジル」は一九二六年聯盟を脫退せるも依然今日迄勞働機關に加盟を繼續してゐる。又北米合衆國は聯盟には加入せざるに拘らず一九三四年以來勞働機關の締盟國であり、本邦も昭和八年三月二十七日（昭和十三年三月二十七日效力發生）完全に國際聯盟を脱退したのであるが、國際勞働機關とは依然協力を存續して今日に至つてゐるのである。

國際勞働機關は左の三つの機關に分たれてゐる。

(一)加盟各國代表者の總會
(二)勞働理事會
(三)勞働理事會の管理に屬する國際勞働事務局

加盟各國代表者の總會とは國際勞働機關の締盟各國（現在六十一箇國）より派遣する政府代表委員二名使用者代表委員及勞働者代表委員各一名より成る會議であつて普通國際勞働總會と呼ばれてゐる。此の會議は每年一回以上必ず開かれ一九一九年華盛頓に於て開催せられた第一回會議を始めとして第二回會議を伊太利「ゼノア」に、第三回會議以後は常に瑞西國「ジユネーブ」に開催せられ昭和十三年六月を以て二十四回の會議を重ねてゐる。

代表委員及其の顧問の選任方法に就ては政府側は政府が其の適當とする者を任命するが、民間側の者に就ては平和條約第三百八十九條に「締盟國は其の國に於て使用者又は勞働者を最も能く代表する產業上の團體が存在する場合に於ては該團體との協議に依り各民間代表委員及其の顧問を任命す」と規定されてゐる。我國に於ては第一回乃至第五回の總會に就ては民間の代表委員及其の顧問の選定方法は必ずしも一定しなかつたが、第六回以後は勞働者側は千人以上の組合員を有する勞働組合より候補者を推薦せしめ、又使用者側は第三回より第十一回迄は六大都市の商業會議所より、第十二回以後第十六回迄は日本商工會議所より候補者を推薦せしめて政府之を審查して任命して來たが、第十七回からは日本商工會議所及全國産業團體聯合會の兩者協議の上其の連署を以て推薦せしめることゝしたのである。斯くして我國は第一回より第二十三回總會迄は政府、使用者及勞働者の各代表を參加せしむる所謂完全代表を送つたのであるが、第二十四回總會に於ては時恰も支那事變の進展中に屬する等我國現下內外の狀勢に鑑み、國內より代表委員を派遣して勞働問題に就て論議せしむることは適當にあらずとして、國內よりの代表委員の派遣を中止して「ジュネーヴ」にある國際勞働機關帝國事務所長のみを帝國政府代表として總會に出席せしめたのである。斯の如く使用者、勞働者、政府各側代表の內一又は二を缺くものを不完全代表と稱するのである。

國際勞働會議に於て條約案又は勸告を決定するには三分の二の多數を以てするのであるが、條約は一應案として成立するに止り直に締盟各國を拘束せず、各締盟國は總會の會議終了の時より一年以內に、若し特別の事情の爲一年以內に手續を採る事が不可能である場合には出來得る限り早く、遲くも十八箇月以內に其問題を取扱ふ權限を有する國家機關に之を附議し之に依つて其の採否が決定せられる。此の權限ある機關とは其の國の憲法の定むる所に從ひ國に依つて異るが我國に於では樞密院とされてゐる。

第一回總會以來第二十四回總會迄に採擇せられた條約案は六十三であつて勸告は五十七である。之に關する我國の措置狀況を示せば次の通である。

條約案措置狀況

既に批准せるもの	十三件
其の趣旨を採用せるもの	五件
今直に採用すること困難なるもの	二十六件

目下審議中のもの　十九件
合　計　六十三件
勸　告
採用せるもの　十七件
其の一部に合致する措置を採りたるもの　七件
今直に採用すること能はざるもの　三十二件
目下審議中のもの　一件
合　計　五十七件

國際勞働理事會は三十二人を以て組織せられ、此の中十六人は政府を代表する者であり、他の十六人は使用者及勞働者を代表する者である。政府を代表する十六人の内八人は產業上最も重要なる國として國際聯盟の理事會に於て認定せられたる國（本邦も此の內に含まる）が之を任命し、他の八人は勞働總會の政府代表委員に於て選定したる締盟國之を任命し、民間代表十六人は勞働總會使用者代表委員及勞働者代表委員が夫々八人宛を選擧するのであつて其の任期は何れも三箇年である。而して勞働理事會は大體年に四回會議を開き、國際勞働機關の執行機關として勞働總會で決定したる事項の處理、總會の會議事項及期日の決定、其の他國際勞働機關の執行機關として勞働總會で決定したる事項の處理、總會の會議事項及期日の決定、其の他國際勞働機關の重要なる事務を處理してゐる。

國際勞働事務局は勞働理事會の管理の下に在つて局長以下の職員より成り、日常諸般の事務を處理する機關である。平和條約の規定に依れば事務局の職員は總て局長が任命し、事務の成績を擧げるに差支なき限り成る可く國情を異にする諸國人中より選任し、且其の中若干名は婦人たるべしと云ふことになつてゐる。此の勞働事務局の職務は勞働者の生活狀態及勞働條件の國際的調節に關する一切の情報の蒐集配付、殊に國際的締結の目的を以て勞働總會に提出せんとする事項の審査竝に勞働總會の命に依る特別調査の遂行、勞働總會の會議事項の準備、國際的利害關係ある產業及勞働問題に關する定期刊行物の編輯發行、其の他勞働總會の委託に係る事務の處理等である。

右に述べた國際勞働機關に關する事務として現在勞務課に於て掌りつゝある主なるものを揭ぐれば、國際勞働總會の會議事項に關する調査硏究、之に對して採るべき帝國政府の態度に付ての立案、總會に於て決定された事項に對する措置に付ての立案、民間代表委員及其の顧問の選任手續、平和條約第四百八條其の他の勞働條約の規定に依る報告の作成、勞働理事會及國際勞働事務局に關する諸般の事務の整理等である。海外勞働事情の調査としては海外に於ける勞働運動、社會運動、勞働立法等種々の問題に關し調査し本邦に於ける勞働立法、勞働行政等の參考資料に供してゐる。(註)國際勞働機關に就ては昭和十三年九月三十日聯盟理事會の決議に依り帝國と國際聯盟との間に發生したる事態に鑑み、帝國政府は國際聯盟脫退後繼續し來つた帝國の聯盟諸機關に對する協力を終止することに決定し、十一月三日之に關する通告を聯盟事務總長に發せられたるを以て、聯盟と不可分關係にある勞働機關に對する協力に就ても同日以後終止せられたり。)

二　勞働者災害扶助法の施行に關する事項

業務上の負傷、疾病、死亡の場合に於て本人又は其の遺族を扶助する制度は、我國に於ては工場及鑛山勞働者に就ては早くより其の制度が存在して居たが、土木建築等の屋外勞働者に就ては久しく此の點に關する保護を缺いて居た然るに昭和七年一月一日より勞働者災害扶助法(昭和六年四月法律第五十四號)の施行せらるゝに及んで所謂屋外勞働者に對しても等しく扶助の制度が布かれた。本法の適用を受くる事業は(一)土石砂鑛採取事業(二)土木建築事業(三)交通運輸事業(四)貨物積卸事業(五)船舶解體事業等(勞働者災害扶助法第一條及同施行令第一條乃至第二條ノ二參照)である。又扶助の種類は(一)療養の扶助(二)休業扶助料(三)障害扶助料(四)遺族扶助料(五)葬祭料(六)打切扶助料

（七）歸鄕旅費の七種である。

本法第五條に依れば「行政官廳は命令の定むる所に依り事業の行はるゝ場所に於ける危害の防止又は衞生に關し必要なる事項を事業主又は勞働者に命ずることを得」ることになつてゐる。之に基づいて現在土石採取場安全及衞生規則（昭和九年五月三日內務省令第十一號）及土木建築工事場安全及衞生規則（昭和十二年九月三十日內務省令第四十一號）の二つの省令が出て居り、之等關係事業場に於ける危害豫防及衞生に關する詳細なる規定がなされてゐる。以上勞働者災害扶助法竝に之に關聯する一聯の法令の施行、監督及之に關する諸調查、諸統計、關係法規の制定改廢の立案等が本法施行事務の主なるものである。尙茲に附言すべきは本法の制定と同時に別途勞働者災害扶助責任保險法（昭和六年四月法律第五十五號同七年一月一日より施行）が制定せられ、事業責任を保險するの制度が存在してゐる。現在適用を受けてゐるのは勞働者災害扶助法第一條第一項第二號（ハ）の工事、（一定規模の土木建築工事）であるが、本保險事務は厚生省の設置と同時に保險院の所管に屬し同院社會保險局監理課に於て其の事務が取扱はれてゐる。

勞働者災害扶助法適用事業數、使用勞働者數、扶助金額等を示せば左表の通である。

一　勞働者災害扶助法適用事業數表（昭和十一年十月一日現在）

區分／事業ノ種類	使用勞働者十人未滿ノ事業	使用勞働者十人以上五十人未滿ノ事業	使用勞働者五十人以上百人未滿ノ事業	使用勞働者百人以上五百人未滿ノ事業	使用勞働者五百人以上千人未滿ノ事業	使用勞働者千人以上ノ事業	合計
昭和七年	四、五三八	二、五八四	五三四	四三九	四一	三四	八、一六〇
	△六	△五	△八	△一〇	△二	△一	△三三
昭和八年	五、二八一	五、〇八三	一、二七一	一、〇〇六	六四	三五	一三、七二九

區分 事業ノ種類	使用勞働者十人未滿ノ事業	使用勞働者十人以上五十人未滿ノ事業	使用勞働者五十人以上百人未滿ノ事業	使用勞働者百人以上五百人未滿ノ事業	使用勞働者五百人以上千人未滿ノ事業	使用勞働者千人以上ノ事業	合計
昭和九年	五、三五四 △二	五、一九四 △三	一、三二六 ―	一、〇〇七 △二	四八 ―	三〇 ―	一三、九五九 △七
昭和十年	五、三八〇 ―	五、四一七 △二	一、四六〇 ―	九四九 ―	一七 ―	四七 ―	一三、三三一 △二
昭和十一年	五、〇六二 ―	五、五七七 △二	一、四三四 ―	九四二 ―	三三 ―	四一 ―	一三、一一〇 △二
土砂鑛石採取業　砂鑛業	二	一	―	―	―	―	三
土砂鑛石採取業　石切業	八七〇	七〇	一三	六	―	―	九六六
土砂鑛石採取業　其他土石採掘採取ノ事業	一、一一〇	三五三	五一	三七	―	―	一、五五一
土砂鑛石採取業　計	一、九八二	四二二	六四	四三	―	―	二、五二〇
公共團體ノ直營工事	二〇六	五八一	二二七	一七六	七	七	一、二〇四
運輸水道瓦斯電氣ノ事業者（公共團體ヲ除ク）ノ直營工事　運輸事業	二五	四〇	一一	一三	二	―	九一
同　水道事業	二三	一五	一	一	―	二	四二
同　瓦斯事業	五〇	三三	八	四	―	一	九五
同　電氣事業	二二一	二〇七	四七	四五	二	二	五二四
小計	五二五	八七五	二九四	二三九	一一	一二	一、九五六
土木建築工事　隧道工事	一一	三八	一六	六九	一一	三	一四八
土木建築工事　工作物ノ破壞工事	―	五	―	―	―	―	五
土木建築工事　建築工事	三七八	一、三六六	三一六	一三六	八	四	二、二〇八
土木建築工事　其ノ他ノ工事　橋梁工事	四八	一八六	四二	一二	―	―	二八八
土木建築工事　其ノ他ノ工事　其ノ他ノ工事	一三九	七四八 △二	二四五	一六八	八	二	一、三一〇 △二
土木建築工事　其ノ他ノ工事　小計	五七六	二、三四三 △二	六一九	三八五	二七	九	三、九五九 △二
計	一、一〇一	三、二一八 △二	九一三	六二四	三八	二一	五、九一五 △二

二　労働者災害扶助法適用事業ニ於ケル使用労働者数表（昭和十一年十月一日現在其ノ一）

交通及運輸事業	鉄道	一五	八〇	五九	六二	―	七	二二三
	軌道	一三	三二	一四	二五	六	六	九六
	索道	一五	三〇	二	一	―	―	四八
	乗合自動車業	一、四三九	六六〇	一一六	五三	二	五	二、二七五
	一定路線ニ依ル貨物自動車運輸事業	二四〇	四三	二	―	―	―	二八五
	計	一、七二三	八四五	一九三	一四〇	八	一八	二、九二六
貨物積卸ノ事業	沖仲仕　主トシテ石炭ヲ取扱フモノ	九	一〇一	二四	一六	―	―	一五〇
	沖仲仕　其ノ他	二一	九一	二七	二一	―	―	一六〇
	濱仲仕　主トシテ石炭ヲ取扱フモノ	一六	七三	一九	一六	―	―	一二四
	濱仲仕　其ノ他	二七	一五三	三五	一〇	三	二	二三九
	停車場ニ於ケル貨物取扱ノ事業（濱沖仕ヲ除ク）	八六	三五五	七六	二九	―	―	五四六
	倉庫ニ於ケル貨物取扱ノ事業（濱仲仕ヲ除ク）	三八	一二六	二五	一三	―	―	二〇二
	工場ニ於ケル貨物積卸ノ事業	六〇	一六八	五四	三一	三	―	三一六
	鑛山又ハ土石砂鑛ヲ採取スル場所ニ於ケル貨物積卸ノ事業	一	一七	三	一	―	―	二二
	計	二五八	一、〇八三	二六三	一三六	六	二	一、七四八
船舶解體事業		―	―	一	―	―	―	一

備考　△は責任保険不加入工事数を示す

區分 / 事業ノ種類	使用勞働者十人未滿ノ事業		使用勞働者十人以上五十人未滿ノ事業		使用勞働者五十人以上百人未滿ノ事業		使用勞働者百人以上五百人未滿ノ事業		使用勞働者五百人以上千人未滿ノ事業	
	男	女	男	女	男	女	男	女	男	女
昭和七年	一六、八五九	五五六	五二、七六一	四、八四四	三三、〇三五	二、九二三	七五、四一七	六、八八八	二六、一七一	一、九三〇
昭和八年	二〇、四七〇 △三〇	九六五 △二	二四、〇六五 △八四	一〇、三四六 △二	七九、八七九 △五七一	八、六四〇 —	一七七、一四二 △二、一七二	一六、八九五 △四〇	三七、六三三 △一、四三四	五、一八五 —
昭和九年	二一、一六二 △一一二	九五三 —	二〇、三九八 △七七	一〇、七七三 —	八二、一三九 —	九、八二一 —	一七四、〇二六 △三三五	二一、〇三二 △一〇〇	三〇、二三五 —	二、一二四 —
昭和十年	二〇、六七一 —	一、二六四 —	二八、九三五 △三二	一〇、七九四 —	九二、九三六 —	九、六七三 —	一六〇、四二四 —	一六、二九五 —	四四、一〇一 —	四、〇三二 —
昭和十一年	一九、七一五 —	一、一四四 —	一三、九六七 △四七	一一、五三一 —	八八、四七八 —	一〇、三〇二 —	一六八、九三五 —	一七、九三八 —	三一、一八〇 —	二、八二三 —
土石砂鑛採取業 砂鑛業	六	—	二八	—	—	—	—	—	—	—
土石砂鑛採取業 石切業	二、五八六	六七	一、三四三	二二〇	七五二	一七五	七八七	一六七	—	—
土石砂鑛採取業 其ノ他土石採掘採取ノ事業	三、九三四	二一三	六、七四七	九七二	二、九五七	五二〇	五、九二五	六二一	—	—
土石砂鑛採取業 計	六、五三六	二八〇	八、一一八	一、一九二	三、七〇九	六九五	六、七一二	七八八	—	—
土木建築工事 公共團體ノ直營工事	八五六	五三	一三、七九九	一、八六〇	一三、一一〇	二、三六五	三〇、八三〇	五、二八五	四、五〇八	五〇四
運輸水道瓦斯電氣ノ事業者（公共團體ヲ除ク）ノ直營工事 運輸事業	一一四	四	八八〇	四一	八二三	九	二、三六一	六	一、二一七	—
同 水道事業	七八	—	三四八	一	九二	四	三一五	八	—	—
同 瓦斯事業	二三三	—	六〇三	—	五六九	六	九八八	—	—	—
同 電氣事業	八九四	—	四、六七九	二九	三、四二〇	一五	一〇、七七一	三六	一、二九八	一
小計	二、一七五	五六	二〇、三〇九	一、九三一	一八、〇一四	二、三九九	四五、二六五	五、三三五	七、〇二三	五〇五
其ノ他ノ工事 隧道工事	一一七	一	一、一一九	九六	一、四三三	一二	一五、二六〇	九九五	六、六五七	四八五
其ノ他ノ工事 工作物ノ破壞工事	—	—	七八	八	—	—	—	—	—	—
其ノ他ノ工事 建築工事	二、一〇三	三三	三三、五三九	一、三〇八	二〇、五八二	九〇八	二四、七三二	九一七	五、〇六八	二八三
其ノ他ノ工事 橋梁工事	二六九	五	四、二三六	四一三	二、五〇八	二三三	二、二三七	一五七	—	—

其ノ他ノ工事	七五九	三二	一七、四八六 △四七	一、七五八	一三、八九二	一、八九三	二八、五一八	二、八二一	四、六九〇	四九二
小計	三、二四八	六九	五五、四五八 △四七	三、五八三	三八、四一四	三、一五四	七一、四四七	四、八九〇	一六、四一五	一、二六〇
計	五、四二三	一三五	七五、七六七 △四七	五、五一四	五六、四二八	五、五五三	一二六、七一二	一〇、二三五	二三、四三八	一、七六五
交通及運輸事業										
鐵道	七三	—	二、一七一	一四一	三、九三二	一九五	一一、七六一	五七三	一、一〇一	二八
軌道	八三	四	七八二	三七	九三三	六四	五、一七〇	三三三	二、二七三	一六八
索道	七四	五	六〇六	二〇	一一四	一六	—	—	—	—
乘合自動車業	五、二八八	六七五	一〇、六二六	三、四三一	五、五七五	二、六〇二	六、二三三	四、〇二三	五七九	四八七
一定路線ニ依ル貨物自動車運輸事業	八三六	一一	八二七	一三	一四五	—	—	—	—	—
計	六、三五三	六九五	一五、〇一二	三、六四一	一〇、六九九	二、八七七	二三、一六四	四、九二八	三、九五三	六八三
貨物積卸ノ事業										
沖仲仕業（主トシテ石炭ヲ取扱フモノ）	四六	三	二、一九四	二九二	一、五九二	一一六	二、八九四	三八七	—	—
沖仲仕業（其ノ他）	一三四	—	二、三九三	三四	一、八七七	四九	四、二六三	—	—	—
濱仲仕業（主トシテ石炭ヲ取扱フモノ）	九一	六	一、六三三	二八六	一、〇三一	三四五	二、〇四一	四六三	—	—
濱仲仕業（其ノ他）	一七三	七	三、〇三八	一四〇	二、三〇九	六九	一、一五一	一七八	二、〇四〇	一四一
停車場ニ於ケル貨物取扱ノ事業（濱仲仕ヲ除ク）	四九〇	七	七、八七〇	七二	五、一七二	四四	五、〇三五	九	—	—
倉庫ニ於ケル貨物取扱ノ事業（濱仲仕ヲ除ク）	二一七	—	三、一〇四	一六五	一、九八五	一三一	二、三〇二	一〇〇	—	—
工場ニ於ケル貨物積卸ノ事業	二五七	一	三、四五七	一三〇	三、四〇六	三九七	四、一九五	七九七	一、七四九	二二四
鑛山又ハ土石砂鑛ヲ採取スル場所ニ於ケル貨物積卸ノ事業	五	二	三九一	六五	一七五	三六	六六	六三	—	—
計	一、四一三	四四	二四、〇七〇	一、一八四	一七、五四七	一、一七七	二三、三三七	一、九九七	三、七八九	三六五
船舶解體事業	—	—	—	—	九五	—	—	—	—	—

備考　△は責任保險不加入工事の使用勞働者數を示す

二　勞働者災害扶助法適用事業ニ於ケル使用勞働者數（昭和十一年十月一日現在其ノ二）

區分 事業ノ種類	使用勞働者千人以上ノ事業 男	使用勞働者千人以上ノ事業 女	合計 男 十四歳未滿	合計 男 十四歳以上十六歳未滿	合計 男 十六歳以上	合計 男 計	合計 女 十四歳未滿	合計 女 十四歳以上十六歳未滿	合計 女 十六歳以上	合計 女 計	合計
昭和七年	九二、九九〇	七、五八七	一七四	一、五三四	二九五、五三五	二九七、二三三	一一八	一、一〇六	二三、五〇四	二四、七二八	三二一、九六一
昭和八年	△八〇〇 一二一、五三四	△七〇〇 六、九五〇	— 二七〇	△五 三、四一二	△五、〇八六 五四七、〇三一	△五、〇九一 五五〇、七一三	— 一二〇	— 一、四五〇	△七四四 四七、四一一	△七四四 四八、九八一	△五、八三五 五九九、六九四
昭和九年	— 六三、六六二	— 五、七三三	— 一七五	— 二、八三五	△四一四 四七八、六二一	△四一四 四八一、六二一	— 四九	— 一、四九二	△一〇〇 四八、八九三	△一〇〇 五〇、四三四	△五一四 五三二、〇五五
昭和十年	— 八四、五六六	— 八、三〇六	— 一五四	— 三、一〇九	△三二 五三三、三七〇	△三二 五三六、六三三	— 七四	— 二、三〇三	— 四七、九八六	— 五〇、三六三	△三二 五七六、九九六
昭和十一年	— 一三三、四〇一	— 七、二七三	— 三三六	— 三、九九八	△四七 五五〇、三四二	△四七 五五四、六七六	— 一六八	— 一、七二九	— 四九、一〇四	— 五一、〇〇一	△四七 六〇五、六七七
土石砂採取業 砂鑛	—	—	—	—	三四	三四	—	—	—	—	三四
土石砂採取業 石切	—	—	二	一三四	五、三三二	五、四六八	—	四	六二五	六二九	六、〇九七
土石砂採取業 其ノ他土石採掘採取ノ事業	—	—	六一	二八四	一九、二一八	一九、五六三	三	三九	二、二六五	二、三三六	二一、八八九
土石砂採取業 計	—	—	六三	四一八	二四、五八四	二五、〇六五	三	四三	二、八九〇	二、九五五	二八、〇二〇
土木建築工事 公共團體ノ直營工事	二三、七八四	六七一	四〇	九七五	八四、八七二	八五、八八七	一七	一六九	一〇、五五〇	一〇、七三六	九六、六二三
土木建築工事 運輸水道瓦斯電氣ノ事業者（公共團體ヲ除ク）ノ直營工事 運輸事業	—	—	—	四	五、三九一	五、三九五	—	—	六〇	六〇	五、四五五
同 水道事業	三、〇三六	三三	—	二	三、八六七	三、八六九	—	—	四六	四六	三、九一五
同 瓦斯事業	二、一四八	—	一	三三	四、五〇八	四、五四一	—	—	六	六	四、五四七
同 電氣事業	三、八三五	二四	二	二九〇	二四、六〇五	二四、八九七	—	六	一〇〇	一〇六	二五、〇〇三
小計	三一、八〇三	七二八	四三	一、三〇三	一二三、二四三	一二四、五八九	一七	一七五	一〇、七六二	一〇、九五四	一三五、五四三
其ノ他ノ工事 隧道工事	三、六五七	六一	九九	一九五	二八、五四八	二八、八四二	六二	二三	一、六七五	一、七五九	三〇、六〇一
其ノ他ノ工事 工作物ノ破壊工事	—	—	—	—	七八	七八	—	—	八	八	八六
其ノ他ノ工事 建築工事	四一、五七〇	三二〇	三六	六〇〇	一二五、九五八	一二六、五九四	一	三三	三、七三五	三、七六八	一三〇、三六二
其ノ他ノ工事 橋梁工事	—	—	一	五〇	九、二九九	九、三五〇	—	二三	七八四	八〇七	一〇、一五七

	其ノ他ノ工事	一二、八七六	八五	七八	五三七	七一、六〇六	七八、三二一	三〇	一五八	六、八九二	七、〇八〇	八五、三〇一
		—	—	—	—	△四七	△四七	—	—	—	—	△四七
	小計	五八、一〇三	四六六	二一四	一、三八二	二四一、四八九	二四三、〇八五	九二	二三六	一三、〇九四	一三、四三三	二五六、五〇七
		—	—	—	—	△四七	△四七	—	—	—	—	△四七
	計	八九、九〇	一、一九四	二五七	二、六八五	三六四、七三三	三六七、六七四	一〇九	四一一	二三、八五六	二四、三七六	三九二、〇五〇
		—	—	—	—	△四七	△四七	—	—	—	—	△四七
交通及運輸事業	鐵道	一三、六八二	五四三	—	二六〇	三二、四五九	三二、七一九	—	三三	一、四四八	一、四八〇	三四、一九九
	軌道	一四、一一九	一、二五二	—	一〇二	三三、二五八	三三、三六〇	一	五一	一、八〇六	一、八五八	二五、二一八
	索道	—	—	—	七	七八七	七九四	—	二	三九	四一	八三五
	乘合自動車業	三、六八二	三、六八七	七	三六三	三一、六一三	三一、九八三	三六	一、一六五	一三、七〇三	一四、九〇四	四六、八八七
	一定路線ニ依ル貨物自動車運輸事業	—	—	—	二	一、八〇六	一、八〇八	—	三	二〇	二三	一、八三一
	計	三一、四八三	五、四八二	七	七三四	八九、九二三	九〇、六六四	三七	一、二五三	一七、〇一六	一八、三〇六	一〇八、九七〇
貨物積卸ノ事業	沖仲仕業(主トシテ石炭ヲ取扱フモノ)	—	—	三	二二	六、七〇二	六、七二六	—	七	八〇九	八一六	七、五四二
	其ノ他	—	—	一	三三	八、六四四	八、六六七	—	—	八三	八三	八、七五〇
	濱仲仕業(主トシテ石炭ヲ取扱フモノ)	—	—	一	三九	四、七四六	四、七八六	—	八	一、〇九二	一、一〇〇	五、八八六
	其ノ他	二、〇一三	五九七	四	一六	一一、一〇三	一一、一一三	—	三	一、一二九	一、一三三	一二、二五五
	停車場ニ於ケル貨物取扱ノ事業(濱仲仕ヲ除ク)	—	—	—	二九	一八、五三八	一八、五六七	—	—	一三三	一三三	一八、六九九
	倉庫ニ於ケル貨物取扱ノ事業(濱仲仕ヲ除ク)	—	—	—	二	七、六〇六	七、六〇八	—	二	三八四	三八六	七、九九四
	工場ニ於ケル貨物積卸ノ事業	—	—	—	二六	一三、〇三八	一三、〇六四	—	二	一、五四七	一、五四九	一四、六一三
	鑛山又ハ土石砂鑛ヲ採取スル場所ニ於ケル貨物積卸ノ事業	—	—	—	六	六三一	六三七	—	—	一六六	一六六	八〇三
	計	二、〇一三	五九七	九	一六二	七一、〇〇八	七一、一七八	—	三	五、三四二	五、三六四	七六、五四二
船解體事業		—	—	—	—	九五	九五	—	—	—	—	九五

備考 △ハ責任保険不加入工事ノ使用勞働者數ヲ示ス

三　勞働者災害扶助法適用事業ニ於ケル扶助件數（昭和十一年中）

事業別＼區分	治癒シタルモノ・障害ヲ殘サザリシ者・療養費ノミヲ受ケ休業扶助料ヲ受ケザリシ者 男	同 女	治癒シタルモノ・障害ヲ殘サザリシ者・療養費及休業扶助料ヲ受ケタル者 男	同 女	治癒シタルモノ・障害扶助料ノ支給ヲ受ケタル者 男	同 女	治癒セザリシ者・死亡者 男	同 女	治癒セザリシ者・勞働者災害扶助法施行令第十一條ニ依リ扶助ヲ打切ラレタル者 男	同 女	未治ノ爲翌年ヘ繰越ノ者 男	同 女	合計 男	同 女	前年ニ比シ増減（△ハ減） 男	同 女
土石砂鑛採取業	二〇八	―	五八〇	二五	五三	七	七三	九	二	―	二〇	四	九三六	四五	△三〇三	一三
土木建築工事	三、一八〇	五六	四、五一〇	一一三	二四四	六	二一八	四	一三	―	二五二	六	八、四一七	一八五	△一、八四四	△一九六
交通及運輸事業	四四	二八	三六〇	七七	二三	九	三七	九	三	―	六九	八	五三六	一三一	△三二一	△四二
貨物積卸ノ事業	八、一二五	七三	一一、七二一	二七八	四二八	一五	八六	二	一三	―	三四六	八	二〇、七一八	三七六	一、一七六	一一四
船舶解體事業	―	―	二	―	五	―	―	―	―	―	―	―	七	―	△一四九	―
合計	一一、五五七	一五七	一七、一七三	四九三	七五三	三七	四一四	二四	三〇	―	六八七	二六	三〇、六一四	七三七	△一、三四一	△一一三
前年ニ比シ増減（△ハ減）	△三八八	△四二	△八二四	△七五	△二一	四	△二六	―	一三	△二	―	三	△一、三四一	△一一三	△一、三四一	△一一三

四　同扶助金額調（昭和十一年中）

事業別／區分	土石砂鑛採取業	土木建築工事	交通及運輸事業	貨物積卸ノ事業	船舶解體事業	合計	前年ニ比シ増減（△ハ減）
療養費	円 一三、五九九・九七	円 一八八、一八九・〇七	円 一〇、六一二・九一	円 二九一、二六七・一七	円 一四・八〇	円 五〇二、六八三・九二	円 △一四、二〇八・一九
休業扶助料	八、九七九・五五	八九、一八八・四八	一一、九六一・八三	一六八、四四三・七九	一三・五〇	二七八、五八七・一五	△二九、一二四・八二
障害扶助料	七、七二九・九〇	三九、五六四・三三	四、八二一・四五	三一、四九四・六三	一、一二一・九六	八四、七三三・一五	△一八、七四一・三三
遺族扶助料	二八、八二七・五一	一〇七、二六二・一五	二四、〇九七・三八	三六、八七六・二〇	—	一九七、〇六三・二四	△一八、二九〇・〇九
葬祭料	一、九三七・九一	九、〇四二・二一	一、六九三・〇〇	三、八六九・四八	—	一六、五四二・六〇	△一、七三三・六〇
打切扶助料	七五六・〇〇	一三、〇四八・五八	四、七〇五・〇〇	五、七〇六・八二	—	二三、二一六・四〇	三六五・〇七
合計	六〇、八三〇・八四	四四五、二九四・七一	五七、八九一・五七	五三七、六五八・〇八	一、一四〇・二六	一、一〇二、八一五・四六	△八一、七三二・八五
前年ニ比シ増減（△ハ減）	△一〇、五五五・七三	△六五、九九五・六九	△五六、三七八・四三	五三、〇〇八・四六	△一、八〇〇・四七	△八一、七三二・八五	△八一、七三二・八五

五　業務上の罹病者數及扶助金額調（昭和十一年中）

事業別／區分		土石砂鑛採取業	土木建築工事	交通及運輸事業	貨物積卸ノ事業	船舶解體事業	合計	前年ニ比シ増減（△ハ減）
異物ニ因ル眼疾患	男	三	一〇	—	八五	—	一二六	△一四
	女	—	—	—	—	—	—	△八
重量物體ノ取扱ニ因ル腱鞘炎	男	—	五	—	—	—	五	△一七
	女	—	—	—	—	—	—	—
其ノ他災害ニ因ル疾病	男	一九	一三	一	五	—	三八	一三
	女	—	一	—	—	—	一	—

區分 事業別	罹病者數 毒性、劇性又ハ刺戟性料品ニ因ル中毒症又ハ皮膚若ハ粘膜ノ障碍 男	女	氣壓ノ急激ナル變化ニ因ル疾病 男	女	有害ナル光線ニ因ル眼疾患 男	女	内務大臣ノ指定スル疾病 炭疽病 男	女	硅肺 男	女	ワイル氏病 男	女	恙蟲病 男	女	第二度以上ノ凍傷 男	女	日射病及熱射病 男	女	計 男	女	前年ニ比シ増減(△ハ減) 男	女	(1)異物ニ因ル眼疾患 (2)重量物體ノ取扱ニ因ル腱鞘炎 (3)其ノ他災害ニ因ル疾病 毒性、劇性又ハ刺戟性料品ニ因ル中毒症又ハ皮膚若ハ粘膜ノ障碍	
土石砂鑛採取業	—	—	—	—	—	—	—	—	—	—	—	—	—	—	—	—	—	—	四〇	—	△九	—	九〇六・〇〇円	—
土木建築工事	三	一	—	—	—	—	—	—	—	—	二	—	—	—	—	—	二	—	三五	二	△五三	△六	四、三八八・六五円	三七四・六六
交通及運輸事業	—	—	—	—	—	—	—	—	—	—	—	—	—	—	—	—	—	—	一	—	△一三	△一	二〇・七五円	—
貨物積卸ノ事業	三九	二	—	—	—	—	—	—	—	—	—	—	—	—	—	—	—	—	一三九	二	八八	二	九二三・五三円	二七五・三三
船舶解體事業	—	—	—	—	—	—	—	—	—	—	—	—	—	—	—	—	—	—	—	—	—	—	—円	—
合計	四二	三	—	—	—	—	—	—	—	—	二	—	—	—	—	—	二	—	二〇五	四	二〇五	四	六、二三八・九三円	六四九・九九
前年ニ比シ増減(△ハ減)	三一	三	—	—	—	—	—	—	—	—	—	—	—	—	—	—	一	—	一四	△五	一四	△五	三七五・六七円	△六八九・七九

扶助ノ金額

氣壓ノ急激ナル變化ニ因ル疾病	ー	ー	ー	ー	ー	ー	ー
有害ナル光線ニ因ル眼疾患	ー	ー	ー	ー	ー	ー	ー
内務大臣ノ指定スル疾病 (1)炭疽病 (2)硅肺病 (3)ワイル氏病 (4)恙蟲病 (5)第二度以上凍傷 (6)日射病及熱射病	ー	七八五・三六	ー	ー	ー	七八五・三六	六一〇・三七
計	九〇六・〇〇	五、五四八・六七	二〇・七五	一、一九八・八六	ー	七、六七四・二八	二九六・二五
前年ニ比シ増減（△ハ減）	三七三・四〇	二、三九九・四七	△二、七五八・七三	二八二・一一	ー	二九六・二五	二九六・二五

三　勞働者の福利に關する事項

勞働者の福利に關する諸施設は時勢の進運に伴ひ、又事業主の理解の漸次深まるに從つて逐年普及發達を見つゝある處であるが、之が指導奬勵は從來主として地方廳及民間團體の活動に委ねられて本省自體が積極的に活動することは尠かつたのである。然しながら今次事變の進展に伴ひ生産力擴充の必要から、勞働力の不足を招來して勞働者は動もすれば勞働强化に陷るようになつたので、玆に之等勞働者の福利に關する諸施設を益々擴充して其の生活全面の福利增進を圖り、非常時局に處する氣力と勞働力とを兼ね備へしむることが焦眉の急務となつたのである。又他面此の種施設の普及徹底を圖ることは厚生省設置の使命である國民體力の向上と國民福祉の增進に副ふ所以でもあるのである。依つて厚生省設置を機とし新に勞務課の所管事項として「勞働者の福利に關する事項」なる一項を加へて、本省自體に於ても積極的に本施設の指導奬勵をなして、事業主及勞働者双方の自覺を促し產業報國、勞働奉公の精神に立脚して我國產業の健全なる發展に資すると共に、其の產業從事者の生活內容を益々充實せしむることゝしたのである換言すれば福利施設のより充分なる普及發達に依つて勞働者の物心兩面の向上を圖らんとするものである。

而して其の行ふ福利施設は教養、榮養、體育、住宅、慰安、娯樂等頗る廣範圍に亙つてゐるが、現下非常時局下に於ける産業勞働事情に鑑み現在本省として最も力を注いでゐる福利施設の主なるものを擧ぐれば左の通である。

(一)教養施設

事業經營の任にある事業主(工場長、勞務課長等を含む)の自覺を促し、産業報國の精神を喚起する爲に講習期間中(大體三日間位)一定の宿舍に宿泊せしむる講習會を開催してゐる。又産業報國の精神を把持する工場の中堅人物を養成し我國産業の健實なる發展を圖る爲に、現に勤勞に從事しつゝある者を之亦一定の宿舍に宿泊せしめ塾式教育を行ふ工業道場を開設してゐる。其の外工場體操、諸集會等全員集合或は國民精神總動員强調週間等適當の機會を利用して朝禮を行はしむる樣勸奬をなし、團體觀念の顯揚を圖ると共に産業從事者の自覺を促し産業報國精神の喚起に努めてゐる。

(二)榮養施設

勞働者の食事の改善が保健衛生の向上、生活の合理化等に資することの極めて大なる點に鑑み榮養食の普及に努めてゐる。而して其の最も效果的の方法として大工場に對しては工場單獨に於て食事の改善を圖らしむる爲に、工場食擔當者に對して一定期間榮養食講習會を行ひ、爾後繼續して指導することに努め、又食事改善に就て比較的困難を伴ふ中小工場密集地域に對しては榮養食共同炊事場の設置を奬勵してゐる。そして共同炊事場設置の爲に資金を必要とするものに對しては本年度より新に簡易生命保險積立金を融通するの途をも講じたのである。共同炊事場は單に工場勞働者のみならず、近時商店從業員の福利施設として之を置するものも漸く多きを加へるに至つた。

尚榮養食共同炊事場の現況は別表に掲ぐる通である。

(三)體育施設

勞働者に對する體育の奬勵は體力向上、勞働力の培養を期し併せて其の團體訓練及生活の明朗化に資すること極めて多きを以て近時工場體育熱は甚だ旺盛であるが、當局としては斯種體育殊に工場體操を勵行することを奬勵してゐる。其の爲に工場に於て常時勞働者の體育指導を行はしむる爲其指導者養成の講習會を開催し、又府縣下體育の盛なる地方に於て工場體育大會の開催を慫慂してゐる。

工場榮養食共同炊事場調　(昭和十三年三月三十一日現在)

府縣別＼種別	共同炊事場設置數	組織方法	資金 出資總額	資金 設立當時運轉資金	加盟者數 總數	加盟者數 工場	加盟者數 其他	給食人員數 三月末日現在給食一日間延人員	給食人員數 一ケ月間平均一日延人員數	一日間食費 最高	一日間食費 最低	炊事場使用者數 事務員	炊事場使用者數 榮養士	炊事場使用者數 炊事夫(婦)	炊事場使用者數 調理手	炊事場使用者數 配達夫	炊事場使用者數 汽罐士
			円	円				人	人	錢	錢	人	人	人	人	人	人
警視廳(東京)	一一	社團法人一 産業組合三 任意組合七	一三八、九三〇	二五、三〇〇	一、六六五	一、五五一	一一四	三四、〇一三	三一、七一六	三八	二三、小二〇	二一	八	九五	五	二四	九
京都府	五	産業組合四 任意組合一	一一、三四〇	二六、一〇二	三七七	三四六	三一	一四、四三六	一三、八〇八	二九	二〇	九	—	一五	—	二七	二
兵庫縣	二	任意組合二	一四、四七〇	五、三五九	一五三	一五三	—	五、八一六	五、九五〇	三五	二四	六	—	二三	二	二	二
新潟縣	一	任意組合一	五七〇	四、七四三	三八	三八	—	二、七九〇	三、三〇六	三三	三三	二	一	七	—	—	一
埼玉縣	一三	工業組合一 任意組合一二	三一、四五三	二七、九四六	一、〇七六	八〇五	二七一	三四、四八八	三三、八一四	二九	一八 副食ノミ七	二二	一三	九七	一四	一三	五
群馬縣	四	産業組合二 任意組合二	九五、八七一	一一、〇七八	一、〇七〇	八二二	二四八	二六、九〇〇	二七、六〇五	三三	二〇	一九	二	六六	三	一七	七

種別／府縣別	共同炊事場設置數	組織方法	資金 出資總額	資金 設立當時運轉資金	加盟者數 總數	加盟者數 工場	加盟者數 其他	給食人員數 三月末日現在給食一日間延人員	給食人員數 一ヶ月間平均一日延人員數	一日間食費 最高	一日間食費 最低	炊事場使用者數 事務員	炊事場使用者數 榮養士	炊事場使用者數 炊事夫（婦）	炊事場使用者數 調理手	炊事場使用者數 配達夫	炊事場使用者數 汽罐士
三重縣	一	任意組合一	七、一〇〇円	―円	二四	一四	一〇	七五〇人	七五〇人	二〇、五錢	二〇、五錢	―人	一人	四人	―人	―人	一人
愛知縣	五	任意組合五	五九、一四六	一〇、一六三	二九〇	二八七	三	一〇、六四〇	九、八三六	二三	二〇	七	二	一八	二	二	一
靜岡縣	一〇	任意組合一〇	六四、七七三	一九、七七三	八九四	八八二	一二	二〇、二八四	一九、六〇三	二二	二二	一六	一〇	八九	二	二〇	八
岐阜縣	四	産業組合一 任意組合三	三四、〇七九	二、三六七	四八八	三〇五	一八三	七、四〇〇	七、〇三三	二三、五	二〇	八	―	二七	七	七	―
福井縣	一	産業組合一	四、二〇〇	―	三九	三九	―	七八四	七五〇	二〇	二〇	一	―	一	―	四	一
石川縣	一	工業組合一	七、三七五	―	四二	四二	―	四、〇七九	三、八七〇	二〇	二〇	一	一	六	六	―	一
福岡縣	一	任意組合一	五、九三〇	六、〇〇〇	四八	四八	―	一、九一〇	一、七六二	二五	二五	二	一	六	―	六	一
計	六九	社團法人一 産業組合二 工業組合二 任意組合一五	五六五、二三六	一三八、八二九	六、二〇四	五、三三二	八七二	一六四、二九〇	一五九、七九三	二八	一八	一一三	三八	四五三	四一	一五一	三九

第三　監督課主管事務

監督課の主管事務は（一）工場法の施行に關する事項（二）工業勞働者最低年齢法の施行に關する事項（三）鑛夫に關する事項（四）鑛業及砂鑛業に於ける勞働衞生に關する事項（五）退職積立金及退職手當法の施行に關する事項（六）商店法の施行に關する事項（七）其の他勞働者保護に關する事項等であつて、大體勞働者保護法規の施行に關する事項が其の事務の中心を爲してゐるとも謂ひ得るのであつて、從つて之等保護法規の制定改廢の立案、之に關する諸資料の調査、諸統計の作製に當り、更に廣く勞働者保護に關しては勞働時間、賃金、手當等に關する事項、勞働衞生の改善、勞働災害の防止に關する事項等を管掌してゐる。

右主管事項として揭げられた事項中鑛業の勞働衞生に關する事項は從來鑛業警察事項として商工省の所管に屬してゐたが、鑛業警察より分離し厚生省の新設と共に移管されて來た事項である。社會政策的見地より勞働者の保護を圖るの必要なことは謂ふを俟たぬ所であるが、一面產業政策上の見地よりしても極めて緊要な事柄である。各事項に涉り其の概況を述ぶれば次の如くである。

一　工場法の施行に關する事項

工場法は我國に於ける勞働者保護立法の先驅を爲してゐるとも稱し得べきであつて、其の內容の主なるものは少年及女子勞働者の就業時間、休日、休憩時間の制限、危險なる作業又は衞生上有害なる場所に於ける作業への就業制限又は禁止、病者及母性の保護、業務上の負傷疾病に對する扶助、物的設備に關する命令、職工の契約の保護に關する事項等である。而して本法は時勢の進展に伴ひ屢々改正が行はれ、先づ大正十二年三月に本法の適用範圍の擴張、保護職工の就業時間の短縮、深夜業の禁止に關する猶豫期間の設定、深夜業範圍の縮少等が行はれた。昭和四年三月には本法中就業時間に關する規定を、原動機を使用し常時十人未滿の職工を使用する織物、撚絲工場に適用することゝし、更に昭和十年三月には扶助受領權と民法上の損害賠償との關係、短期時效の設定、扶助受領權の讓渡及差押禁止等に關する規定を新に設けられて今日に及んでゐる。尙本法の施行に關する命令としては大正五年八月に工場法施行令竝に工場法施行規則が制定せられてゐるが、前者は大正十一年、同十五年、昭和四年及昭和十一年に、後者は大正十五年、昭和四年、同五年及同十一年に夫々其の一部の改正が行はれた。次に本法の附屬命令としては工場附屬寄宿舍規則及工場危害豫防及衛生規則があるが、前者は昭和二年四月に公布、同年七月一日より施行せられ、昭和四年八月に其の一部分が改正された。後者は昭和四年六月に公布、同年九月より施行せられ、昭和十三年四月には一部分の改正が行はれた。之等の命令は工場及附屬建物、諸機械設備に對する危害の豫防、保健衛生、風紀維持を目的とした監督規定である。此處に留意すべきは昭和十三年四月に改正せられたる工場危害豫防及衛生規則であつて、右の改正の趣旨は從來の規則が工場に於ける危害豫防及衛生上機械設備等の物的施設に關してのみ規定したるに對し、新に安全管理者工場醫、安全委員、安全委員會等の安全に關する人的施設に關する規定を設け、人的物的兩施設を整備充實して、以て工場災害の防止、保健衛生の改善を期せんとするにあるのであるが、本改正の大なる動因を爲してゐる點は、我が國の工業は數年來重工業を中心として各部門に涉り異常なる飛躍發展を遂げつゝある反面に於て、各種災害に基因する勞働者死傷の増加、工場勞働に困る罹病者の累增の傾向著しく、之に加ふるに一方今次の事變以來生產力擴充の國策の遂行に併行し、之に對應する勞働力の確保と持久を圖るの必要が益々喫緊の時務と痛感せらるるに至つたことに在るのである。

次に本法の適用を受ける工場は官營工場を除いては昭和十一年十月現在に於ては約十萬三千工場を算し、其の職工數は二百五十六萬餘人である。この內男子は百四十萬人、女子は百十六萬人で兩者の割合は前者は總體の約五割五分、後者は四割五分となつてゐる。今次事變の推移と生產力擴充に關聯する成年勞働者の不足、更に女子の工場勞働への進出の問題等は工場法令の運用上に於ける今後の新たなる問題として考究せらるべき所のものであると言はねばならぬ。

二　工業勞働者最低年齡法の施行に關する事項

工業的企業に於ける年少勞働者の傭使を制限し、其の使用し得る最低年齡を規律した本法は、大正十二年三月公布同法施行規則と共に大正十五年七月一日より施行せられたのであるが、本法の適用事業の範圍は極めて廣汎であつて鑛山、工場、土木建築工事場、運輸及交通事業等に及んでゐる。本法は年少勞働者の健康の安全を確保すると共に一面工業勞働により義務教育を完ふするの機會を失はしむることを防止する趣旨の下に制定せられたのであるが、右の趣旨に鑑みるとき、本法の圓滑なる施行は先づ以て廣く義務教育の普及徹底を圖ると共に、年少者を保護すべき地位にある父兄其の他工業主に對し本法の精神を周知せしめることが必要である。殊に年少にして工業勞働に從事する者の多くは貧困なる家庭に育ち、惠まれざる生活環境にある子弟たるを想ふ時、本法の施行についても之等の實情を充分に究め適切なる指導監督を必要とし、此の點直接本法の施行の衝に當る職員の大いに苦心する所である。昭和十年中本法の適用事業に於て十四歳未滿にして義務教育未修了の儘使用せられ居るを發見せられた年少勞働者は八百餘人で其の大多數は工場に於けるものである。而して之等の工場も工場法の適用を受けない所謂非適用工場が其の大部分を占めて居る狀況である。併しながら總體的には本法に抵觸するが如き年少勞働者の數は漸次減少の傾向にあると謂ひ得るのである。

三　鑛夫に關する事項

鑛山勞働者の保護に關しては鑛業法及之に基づく命令に規定されてゐる所であるが、其の內容を大別すれば(一)鑛業警察に關する事項卽ち鑛山に於ける災害の防止及衞生の保持に關する事項(二)鑛夫に關する事項卽ち鑛夫の就業制限及扶助に關する事項となる。右の內鑛業警察に關する事項は細目は鑛業警察規則中に、又鑛夫に關する事項は鑛夫勞役扶助規則中に規定されてゐる。從つて監督課の主管事務たる鑛夫に關する事項の具體的なる施行事務は前記の鑛夫勞役扶助規則の施行であると謂へやう。鑛夫勞役扶助規則は大正五年八月當時の本令の主管官廳たる農商務省より省令を以て公布されたもので、現行の規則は數次の改正を經たものである。而して本令は鑛夫の就業制限に關する事項と扶助に關する事項とに區別し得るのであつて、就業制限に關する事項としては十六歳未滿の者及女子鑛夫を保護鑛夫とし、就業時間の制限、深夜業の禁止、休日、休憩時間の設與の强制、機械的化學的危險なる作業又は衛生上有害なる場所に於ける作業への就業制限或は禁止、産前産後の女子鑛夫の休養、生兒哺育者に對する哺育時間の設與等其の内容は工場法に於けると同樣である。尙一般成年鑛夫に關し坑内就業者について一日の就業時間を制限してゐる。次に扶助に關する事項としては業務上の負傷疾病若くは死亡に對し扶助すべき義務を鑛業權者に對し負はしめてゐるのは工場法と同樣であり、扶助の内容等も亦工場法とその軌を一にしてゐる。其の他鑛夫の就業條件に關しては夫々雇傭勞役扶助規則を明定せしめ、鑛業著手前に所轄鑛山監督局長の許可を受けしめ、斯くして適正なる雇傭條件の維持を圖つてゐる。

四　鑛業及砂鑛業に於ける勞働衛生に關する事項

鑛山に於ける勞働衛生の現狀について考慮を要すべき事項は多々存するのであるが、之等の改善策として最も必要なことは其の勞働條件を改善向上せしめることである。坑内勞働條件の中には鑛夫の健康を阻害すべき幾多の原因が潜んでゐる。例へば通風の不良、粉塵の飛散等は特に非衛生的な條件であつて、之等の作業環境の改善も緊要な事柄である。又坑外勞働に於ても衛生上留意すべき問題も尠くない。特に近年金屬山では各種金屬の精錬作業に複雜な工業工程を應用するやうになつた結果、從來まで全く豫期せざる瓦斯中毒者を出してゐる所もあるが如き、勞働衛生の見地よりして之に對する適當なる對策の考究を必要とする所である。其の他鑛夫住宅の改良、勞働者の食事の榮養化、體育の奬勵等孰れも勞働衛生の向上を目標として考究されねばならぬ問題であると共に、之に對する適切なる指導改善策の確立を必要とする譯であつて之等については鋭意考究中である。

五　退職積立金及退職手當法の施行に關する事項

勞働者の退職に際し手當を支給する制度は我が國の工場、鑛山に於ける福利施設として相當廣く發達した慣行である。解雇、失業の危險は勞働者の最大の不安であり、從つて退職手當制度の慣行は、斯る場合の不安を緩和するに役立ち、勞働者の生活の安定と他面作業能率の增進に寄與せる所が尠くないのである。退職積立金及退職手當法は斯る退職手當制度の慣行を基礎とし、之を合理化し、工場鑛山に於ける勞働者の解雇、退職の際に於ける給與に關し事業主と勞働者とが相協力し豫め之に備ふべき制度を確立したものであつて、異色ある勞働立法である。本法は昭和十一年六月法律第四十二號を以て公布せられ、昭和十二年一月一日より施行せられた。而して本法の適用事業は工場及鑛山に限られ原則として當時五十人以上の勞働者を使用するものにその適用を强制し、右の規模に達しないものに付ても事業主の希望によつては其の適用を受けることが出來ることになつて居る。本法の大體の骨子は（一）適用範圍に關する事項（二）勞働者の負擔に屬する退職積立金に關する事項（三）事業主の負擔に屬する退職手當及其の積立法に關する事項（四）退職金審査會に關する事項等である。昭和十二年六月末現在に於ける本法の適用事業數は（以下孰れも民營）工場七千七百八十五、鑛山六百三十九で、其の勞働者の數は工場百七十七萬七千餘人、鑛山四十一萬九千餘人を算して居る。右事業の內本法の第十六條及第十七條の原則的方法たる退職手當積立金制度による事業は約四千四百、又第三十條の準備積立金制度によるものは約三千二百であつて、後者は適用事業の約四割を占めて居る狀況である。斯の如く本法は事業主、勞働者双方の協力の下に、長期に亘る積立金を基礎とするものであり、殊に積立は事業の經營にも相當影響ある所なのであるから、常に本法の運用については留意し、適切なる指導監督に努めてゐる。

六　商店法の施行に關する事項

我が國に於ける勞働者の保護に關する法律としては工場勞働者に付ては工場法、鑛夫に付ては鑛業法、更に屋外勞働者に付ては勞働者災害扶助法があるが商店に於ける使用人に付ては法規上何等の保護が及んでゐないのである。之等の點に鑑み、厚生省の新設と共に商店使用人を對象とする商店法案が第七十三回帝國議會に提案せられ、幸ひ協賛を得、昭和十三年三月二十六日法律第二十八號を以て公布を見るに至つたのである。

即ち商店法は從來冗長の嫌ありし商店の營業時間を制限し、休日制を設け、間接に商店使用人の保護を圖り、向上の機會を與へんとする趣旨の下に制定されたもので、全國約百萬の店舗に適用し、其の使用人は約百四十萬の見込である。

本法施行令及施行規則は昭和十三年八月三十一日公布され既に十月一日より施行されてゐる。

七　其の他勞働者保護に關する事項

今日勞働者の保護立法として存する工場法、鑛業法、勞働者災害扶助法、工業勞働者最低年齡法、或は又退職積立金及退職手當法等は孰れも社會政策的施設として勞働者の生活の安定の爲、又、國家產業の勞働力の維持の爲に重要なる役割を有してゐる。併し乍ら勞働保護の領域は產業事情の推移、勞働事情の變遷に伴つて自ら發展を見るべきで、今日に於いては既存の勞働立法を以てしては解決せられない多くの緊要問題が存在してゐるのである。卽ち勞働時間、賃金、災害防止、保健衞生、更に福利施設の問題等は孰れも今日の實狀よりして勞働保護政策上考究すべき主要な事項であると云ひ得るのである。

(一)勞働時間の制限

勞働者の健康及能率に最も重大な影響を及ぼすものは勞働時間である。過長勞働が却つて作業能率の低下を招來すると共に健康を阻害し、災害の發生を繁からしめ、羅病の原因を作ることは明らかであつて、適當なる勞働時間の短縮が勞働能率を高め、生産を增進せる事例が幾多存するのである。今日法規を以て其の勞働時間に關し制限を設けてゐるのは工場法令及鑛業法令に於て十六歳未滿の者及女子につき、又鑛業法令に於ては特に坑內作業に從事する成年鑛夫につき制限を爲してゐるのみであつて、一般には何等の制限法規なく全く事業主勞働者の自律に任せてゐる狀態である。從つて往々にして過長勞働による勞働强化の弊害を惹起する虞れが多分にある譯である。今次の事變以來時局の影響を受け繁忙を極めつゝある工場方面に於ては、成年勞働者について相當長時間の勞働が而も長期に亘り續けられてゐる狀態が看取されつゝあるので、勞働力の維持と持久の目的の下に一日原則として十二時間限度に之を抑制せしむべく昭和十二年十月之に關する指導方針を確立し、專ら指導に努めてゐる現狀である。

(二)工場災害の防止

我が國の工業は數年來重工業を中心として各部門に亘り異常なる發展を遂げつゝあるのであるが、其の反面に於て工場災害に基因する死傷者數が著しく增加し、而も逐年累增の傾向を示してゐるのである。試みに昭和六年以降昭和十一年までに於ける災害の實勢を示せば次の通である。

工場災害に因る死傷勞働者數

年次	死亡	重傷	輕傷	計	指數
昭和六年	二八四	七、七七四	二七、一四九	三五、二〇七	一〇〇・〇
昭和七年	二五〇	八、〇八九	二五、八九四	三四、二三三	九七・二

昭和八年	三五四	九、二四七	三二、三六二	四一、九六三	一一九・二
昭和九年	五二一	一三、九五五	四二、六六三	五七、一三九	一六二・三
昭和十年	五三二	一六、八二〇	五二、四〇八	六九、七六〇	一九八・一
昭和十一年	五五一	一九、三〇六	六〇、六八四	八〇、五四一	二二八・八

以上の如き死傷者の累増は啻に勞働者保護の見地よりのみならず、勞働資源の確保の立場からしても忽諸に付すべからざる問題で、殊に國家生産力の擴充の必要を喫緊とする現下の事情に於いては之に對應する勞働力の維持は緊急の要務たりと謂はねばならない。現在工場災害の防止については工場危害豫防及衞生規則があり、之には災害豫防の物的施設について相當詳細な規定が設けられてゐる。併し災害の防止は啻に物的施設の整備のみを以て其の完きを期することは至難であり、斯る物的安全施設と共に所謂人的安全施設の活用とが災害防止上相當實績を收め得られることは過去の實績に徴しても明らかなのである。昭和十三年四月に右の規則が改正され從來の物的安全施設に關する規定の外に、新に安全管理者、工場醫、安全委員、安全委員會等の人的安全施設に關する規定が追加せられたのである。

(三)工場衞生の改善

生産技術の顯著な進歩と機械力の利用の範圍の擴大に伴ひ、勞働の態樣は益々複雜化を來してゐると共に、近時産業事情は勞働過重の弊を釀し、其の結果は工場勞働者の保健衞生狀態の低下を招來せしめて居る。産業勞働に伴ふ健康障碍に對しては勞働過重の弊を除去することが必要なのは勿論であるが、元來工場勞働は一般に非衞生的な條件の下で行はれてゐる關係上健康上に及ぼす障碍が決して尠くない。例へば著しい粉塵の飛散、有害瓦斯の發生或は强烈なる光線、高壓、高熱等の各種の條件は所謂職業病誘發の素因を爲すものである。殊に最近化學工業の著しき勃興に伴つて新なる職業病增加の傾向があることは多大の注意を要する所である。要するに今日の實狀よりして保健衞生の改善策として緊要なのは保健衞生設備の充實、卽ち物的衞生設備の改善、作業方法の改良、更に廣く保健衞生に關する知識の向上を圖ることである。今回の工場危害豫防及衞生規則の改正に伴ひ相當規模の工場については工場醫を存置せしめ勞働者の健康診斷の實施、其の他工場勞働衞生の改善指導に當らしむることゝなつた。

八　其の他

汽罐の保安と勞働者の保護とを目的として制定せられたる汽罐取締令の施行は又監督課の所管事務の一部を爲してゐる。次に監督課の主要なる調査硏究事項として揭げらるべき事項を參考の爲左に列記すれば

(1)各種機械及設備の安全裝置、化學的料品に因る災害豫防、其の他工場災害及災害豫防の調査硏究
(2)工場衞生及工場鑛業病の調査硏究
(3)鑛山衞生及鑛業職業病の調査硏究
(4)工場、鑛山勞働事情の調査
(5)各國勞働者保護法規の調査
(6)勞働者保護の產業に及ぼす影響の調査硏究
(7)汽罐規格に關する調査硏究

九　諸統計及刊行物の主なるもの

(1)諸統計

1適用工場及職工に關する統計　2鑛山及鑛夫の統計　3疾病統計　4工場死傷者統計　5工場災害統計　6職工の貯蓄金統計　7工場公害統計　8汽罐統計　9退職積立金及退職手當統計　10勞働條件に關する統計

(2)刊行物

1工場監督年報　2鑛山監督狀況報告　3勞働者保護資料　4工場鑛山法規　5工場法解釋例規等である

一　工場法適用工場數及職工數調（昭和十一年十月一日現在）（其ノ一）

常時十人以上の職工を使用するもの				事業の性質危險又は衞生上有害の虞れあるものにして常時十人未滿の職工を使用するもの			
工場數	職工數			工場數	職工數		
	男	女	計		男	女	計
四五、〇六〇	一、二六六、一四三	一、〇八〇、九〇七	二、三四七、〇五〇	四〇、五八九	一三五、〇二九	九、九四九	一四四、九七八

工場法適用工場數及職工數調（昭和十一年十月一日現在）（其ノ二）

工場法一部適用工場（工場法施行規則第二十七條該當）				合計			
工場數	職工數			工場數	職工數		
	男	女	計		男	女	計
一八、〇一四	一五、五一五	六四、九二九	八〇、四四四	一〇三、六六三	一、四一六、六八七	一、一五五、七八五	二、五七二、四七二

二　寄宿舎の設けある工場數及寄宿職工數調（昭和十一年十月一日現在）

寄宿舎の設けある工場數	寄宿職工數 男	寄宿職工數 女	寄宿職工數 計
三、四二〇	一五五、五六七	五三三、九四八	六八九、五一五

三　扶助件數及扶助金額調（昭和十一年自一月至十二月）

工場法適用工場職工數（十月一日現在）	件數 負傷 男	件數 負傷 女	件數 負傷 計	件數 疾病 男	件數 疾病 女	件數 疾病 計	件數 合計	金額 負傷	金額 疾病	金額 合計
二、四八二、〇二八人	二一、九〇一件	一、〇九二件	二二、九九三件	一、三六八件	一、六九二件	三、〇六〇件	二六、〇五三件	一、三六六、七四六円	五三、七九九円	一、四二〇、五四五円

四　職工歸鄕旅費調（昭和十一年自一月至十二月）

歸鄕旅費を受けたる職工數 業務上の傷病者	女子	未成年者	計	歸鄕旅費額 業務上の傷病者	女子	未成年者	計
八五人	九、七七七人	一四四人	一〇、〇〇六人	七七三円	二五、四五九円	二六六円	二六、四九八円

五　工場管理の職工貯蓄金調（昭和十一年十月一日現在）

工場数	職工数	金額（單位圓）				
		郵便貯金	銀行預金	工場貯金	其の他	計
五、七五八	七三、三三八	七、九九三、〇〇九	二、三五一、七一三	五二、四一五、四一九	八、八一三、三五〇	七一、五七三、四九〇

六　災害死傷者數調（昭和十一年自一月至十二月）

死亡			重傷			輕傷			合計		
男	女	計	男	女	計	男	女	計	男	女	計
五三四	一七	五五一	一八、一二三	一、一八三	一九、三〇六	五七、六一七	三、〇六七	六〇、六八四	七六、二七四	四、二六七	八〇、五四一

七　工場法規違反者處分件數調（昭和十一年自一月至十二月）

處分件數	
戒告	處罰
四五、七六一	一、一八一

八　鑛山數及鑛夫數調（昭和十年六月末現在）

鑛種別	鑛山數	坑內		坑外		計		計
		男	女	男	女	男	女	
金屬山	一、二四一	三八、〇七八人	二六人	二四、九〇五人	六、四〇七人	六二、九八三人	六、四三三人	六九、四一六人

石炭山	四二一	一三、九六七	五、三〇八	三四、三三三	一三、五三九	一五七、二九〇	一七、八四七	一七五、一三七
石油山	一〇六	—	—	三、九九二	一九九	三、九九二	一九九	四、一九一
其ノ他非金属山	二〇九	三、〇六七	—	四、六九四	九一〇	七、七六一	九一〇	八、六七一
計	一、九七七	一六四、一一三	五、三三四	六七、九一四	二〇、〇五五	二三二、〇二六	二五、三八九	二五七、四一五

九　汽罐數調

（昭和十一年末現在）

廳府縣	汽罐數	廳府縣	汽罐數	廳府縣	汽罐數
北海道	二、〇三四	新潟	六五四	奈良	三九二
青森	二六六	富山	二五一	和歌山	五一七
岩手	一九三	石川	三二三	鳥取	一二〇
宮城	三四二	福井	四八四	島根	一八〇
秋田	二〇四	山梨	四四五	岡山	五四二
山形	四八六	長野	一、四六四	廣島	一、〇六〇
福島	四五一	岐阜	五五二	山口	四八〇
茨城	三四九	靜岡	一、九二七	徳島	二二七
栃木	五八〇	愛知	二、五九七	香川	二三五
群馬	九八二	三重	七六〇	愛媛	六一一
埼玉	八〇二	滋賀	三五三	高知	一七九
千葉	七九九	京都	二、〇一九	福岡	一、九四八
警視廳	五、六〇七	大阪	四、一〇四	佐賀	二六六
神奈川	一、三一四	兵庫	二、六二一	長崎	四九三

廳府縣	汽罐數	廳府縣	汽罐數	廳府縣	汽罐數
熊本	三八六	宮崎	二六八	沖繩	四二
大分	二一五	鹿児島	三二五	計	四一、四四九

第四　勞働局關係官署委員會概要

一　國際勞働機關帝國事務所

國際勞働機關帝國事務所は海外に於て國際勞働機關に關する事務を處理させる目的を以て設置されたものであつて現在國際勞働事務局の所在地たる瑞西國「ジユネーブ」に置かれて居る。同事務所は大正十五年十一月より外務大臣の管理より內務大臣の管理となりたるも昭和十三年一月厚生省設置と同時に厚生大臣の管理の下に移つて所長以下事務官、書記、囑託等の職員より成り、國際勞働機關に關する一切の事務又は國際勞働に關する各般の問題に付て勞働事務局其の他との交涉に當り、又出來得る限り海外の勞働事情の調査又は我國情の紹介等に當つて居る。尙同所長は勞働理事會に於ける帝國政府代表として勞働理事會に出席し其の本來の職責の外機會ある每に帝國の利益の保護伸張に努めて居る。

所長　北岡壽逸

二　汽罐規格調查委員會

汽罐取締令の實施に際し汽罐に關する技術の進步に順應した公正な規格標準を確立し取締の合理化を圖るため厚生大臣を會長とし內務、商工、遞信の各省及企畫院の技師及工科大學の教授等を加へた斯界の權威者を以て組織せられて居り屢々會合を重ねて、審議硏究を爲してゐる。

第七章　職業部主管事務

職業部に於ては官制に示す如く職業の紹介、失業救濟其の他勞務の需給に關する事項を掌るのである。從て其の主管事務は職業紹介法の施行、失業救濟事業、國家總動員法に依る勞務の統制に關する事項其の他勞務の需給の調整に關する一切の事項に渉るのである。而して之等の事務は職業課、監理課及紹介課の三課に於て之を分掌せしめて居るのである。

第一　職業課主管事務

職業課は　(一)入營者職業保障法の施行に關する事項　(二)職業適性の研究に關する事項　(三)國民登錄に關する事項　(四)失業の救濟に關する事項　(五)他課の主管に屬せざる事項を主管するものである。以下各事項に付て事務の內容を記すれば次の如くである。

一　入營者職業保障法に關する事項

兵役に服し入營する者は一身一家の利害を顧みず護國の重任に服する者なるを以て、後顧の憂なく專心奉公の誠を致さしむることは國民當然の責務であり、入營を命ぜられたる者又は入營を命ぜらるゝことあるべき者に對し、其の故を以て就職に付不利益なる取扱を受けしむることなく、且退營後の再雇傭に付て後顧の憂なからしむる爲、昭和六年以來入營者職業保障法が施行せられて居り相當の效果を擧げて來たのである。

然るに、本法施行の實績と現下の情勢に鑑み入營者の職業保障を一層擴充し强化を圖る必要を認め、再雇傭後の處遇程度の明示、再雇傭規定の適用範圍の擴充、優先雇傭の慫慂の各事項に亘り本法の改正が行はれ去る四月一日公布、即日施行せられたのであつて、極力之が趣旨の普及徹底に努むると共に、關係各機關との聯絡を緊密にし以て入退營者の職業保障に遺憾なきを期することゝなつてゐる。

二　職業適性の研究に關する事項

職業々態の異なるに從ひ夫々所要能力を異にするを以て、各職業の作業々態を所要能力に基き分析研究し、各職業の必須的性能と可避的性能を明にし、適職者選擇に使用すべき検査方法を定め置くことは、職業紹介の適正を期し、紹介能率を高むる上に於て必要あるは勿論、戰時勞務者の動員にも緊要なることであり、我國に於ては曩に資源局に於て八職種に付確定せるものあるに過ぎない。勞務需給の現狀より見るも重要諸産業に含まるゝ各職種に付之が適性の標準を確定し、且職業紹介所職員に對し其の職種の所要性能を周知せしめ、検査方法を習熟せしめ置くの要あるに鑑み、昭和十二年度より引續き之が調査並に指導に當りつゝあるのである。現在迄の被検者は資源局に於て検査せるものは旋盤工、フライス盤工、仕上組立工、木型工、鑄物工、鍜工、熔接工の各職種に亘り、社會局に於ては昭和十二年度に於て製圖工、検査工、平削工、鑽孔工、仕上工、木工、撓鐵工、鋲打工、塡隙工、製罐工、其の他の職種に付検査を實施してゐる。

三　國民登錄に關する事項

國家總動員法第二十一條に依り帝國臣民及帝國臣民を雇傭若は使用する者をして職業能力に關する事項を申告せしめ、或は之が検査を爲し得ることとなりたるを以て登錄の範圍、登錄の機關、登錄事項、其の他必要事項等に亘り研究調査を進めると共に之が實施準備に當つてゐる。

四　失業の救濟に關する事項

失業者にして生活窮迫し救濟を必要とする實狀に在る勞働者及小額給料生活者等の救濟の爲に、地方公共團體をして適當なる事業を起興せしめ、之に對し國庫補助金の交付、預金部資金の供給等に依り之を助成してゐる。即ち一般勞働者に對しては大正十四年以來失業者特に多き地方の公共團體をして土木事業を起興せしめ、國庫より勞力費及勞働手帳作製費の二分の一を補助し或は預金部資金を融通する等の方法に依り之を助成すると共に、小額給料生活者に對しては昭和四年度以來六大都市關係公共團體をして授職事業を起興せしめ、其の內官廳委託事務に付ては就業手當の全額、公共團體事務に付ては就業手當の二分の一及之等の事務に伴ふ經常諸費に對し二分の一を國庫より補助助成し來つてゐる。

昭和七年八月時局匡救事業として失業應急事業が施行せられて以來、勞働者の就勞統制の爲に特に職員を設置する公共團體に對しては、失業應急事業施行期間中其の經費の二分の一を補助することゝし、救濟の趣旨徹底を圖つて居る。

尙、失業者は長期間の失業狀態より自立自營の氣魄を消磨し、之が爲景氣恢復による勞務の需要に適合せざる傾向を生ずる虞あるに依り、昭和十一年度より新に七大府縣公共團體をして失業者更生訓練施設を設けしめ、之が經費に對し國庫より二分の一を補助し失業者の指導訓練に當らしめて居る。

昭和十一年度失業應急事業施行成績

事業種別			區分	事業費	勞力費	勞働者使用延人員	國庫補助金交付額	低利資金融通額
一般勞働者失業應急事業	補助事業		前年度繰越	八、四一五、六四九・二一円	二、七一三、二六四・一九円	一、九八四、六二一人	一、一四一、七六七・六〇円	—円
			十一年度	五、九二八、五四五・四二	一、五七四、二〇九・五七	一、〇六二、九三八	七七七、七一三・二七	九、七一七、八〇〇
			計	一四、三四四、一九四・六三	四、二八七、四七三・七六	三、〇四七、五五九	一、九一九、四八〇・八七	九、七一七、八〇〇
	起債事業		前年度繰越	四、六四〇、六七七・一一	一、六一六、七二八・七一	一、〇一四、五一七	—	—
			十一年度	三、一八八、九二〇・五九	七七六、四一一・〇九	六〇四、四〇九	—	五、八七〇、一〇〇
			計	七、八二九、五九七・七〇	二、三九三、一三九・八〇	一、六一八、九二六	—	五、八七〇、一〇〇
	臨時冬季失業應急事業		十一年度	一六三、九九九・五四	七六、二五六・八七	六〇、四六五	八二、〇〇〇・〇〇	—
	計			二二、三三七、七九一・八七	六、七五六、八七〇・四三	四、七二六、九五〇	二、〇〇一、四八〇・八七	一五、五八七、九〇〇
小額給料生活者失業應急事業			十一年度	一、三〇二、六九五・〇〇	一、一六一、四七三・〇〇	九三七、二七三	七九〇、九三五・四九	三一九、〇〇〇
合			計	二三、六四〇、四八六・八七	七、九一八、三四三・四三	五、六六四、二二三	二、七九二、四一六・三六	一五、九〇六、九〇〇

備考　一、前年度繰越中には若干の七、八、九年度繰越をも含む
　　　二、小額給料生活者失業應急事業に於て勞力費欄の數字は就業者手當支出辨濟額を示し、勞働者使用延人員欄の數字は授職者延人員を示す

昭和十一年度失業者更生訓練施設實施成績概況

經營主體	訓練所名	收容人員 豫定（人）	收容人員 收容者總數（人）	收容人員 終了者（人）	經費 豫算額（円）	經費 決算額（円）	決算額內譯 給料（円）	決算額內譯 屋舍費（円）	決算額內譯 初度調辦費（円）	決算額內譯 經常諸費（円）	國庫補助 指令額（円）	國庫補助 交付額（円）	開始終了年月日及期間
東京市	東京市江戸川勞働修錬道場	六〇	六〇	四六	一一、五六〇	一〇、八六三・二四 △四六六・一五	二三四・二六	七、〇一八・二九	二、九二三・四九	六八六・二〇	五、七八〇	五、四三二・一三	一一、一二、一 一二、四、二〇 四ケ月二〇日
京都市	京都市勞働者更生訓練道場	三〇	三四	二六	四、五七一	四、三〇六・一八	一、〇六五・三三	四八二・九七	九〇〇・六二	一、八五七・二六	二、二八五	二、一五三・〇九	一一、一〇、一 一二、二、二八 五ケ月
大阪府	大阪府阿部野更生訓練所	三〇	二六	二二	六、〇〇〇（阿部野・八尾）	五、九九四・三九（阿部野・八尾）	一、〇六三・〇六（阿部野・八尾）	一、一七九・九六（阿部野・八尾）	一、三三四・三三（阿部野・八尾）	二、四一七・〇四（阿部野・八尾）	三、〇〇〇（阿部野・八尾）	二、九九七・一九（阿部野・八尾）	一一、一〇、一六 一二、三、二〇 五ケ月
	大阪府八尾更生訓練所	三〇	一七	一七									同
	委託 財團法人四恩學園更生訓練所	三〇	二〇	一七	一、〇〇〇	一、〇〇〇・〇〇	一、〇〇〇				―	―	一一、一〇、一四 一二、三、二〇 五ケ月
	委託 大阪曉明館更生訓練所	三〇	二四	一三	一、〇〇〇	一、〇〇〇・〇〇	一、〇〇〇				―	―	同
	計	一二〇	八七	六九	八、〇〇〇	七、九九四・三九	一、〇六三・〇六	一、一七九・九六	一、三三四・三三	二、四一七・〇四（外 二、〇〇〇）	三、〇〇〇	二、九九七・一九	―
大阪市	大阪市勞働訓練所	六〇	四四	三一	五、六七九	四、九四三・四六	一、七一五・二六	二九九・三三	一、二九一・一〇	一、六[illegible]・七七	二、八三九	二、四七一・七三	一一、一〇、八 一二、三、二六 五ケ月半
神奈川縣	神奈川縣勞働訓練所	三〇	三六	二六	三、九五〇	三、八三四・六六	六九〇・〇〇	一、八九八・〇〇	七〇一・九四	五四四・七二	一、九七五	一、九一七・三三	一一、一〇、二八 一二、三、二七 五ケ月

經營主體	訓練所名	收容人員 豫定	收容人員 收容者總數	收容人員 終了者	經費 豫算額	經費 決算額	決算額內譯 給料	決算額內譯 屋舍費	決算額內譯 初度調辨費	決算額內譯 經常諸費	國庫補助 指令額	國庫補助 交付額	開始終了年月日及期間
橫濱市	橫濱市勞働訓練道場	三〇	四〇	二四	八、七三五	八、七三四・〇〇	八六八・五四	三、九二四・〇〇	二、〇七四・〇〇	一、八六七・四六	四、三六七	四、三六七・〇〇	一一、一〇、一四 一二、三、二四 五ケ月一〇日
名古屋市	名古屋市自疆會道場	五〇	二二	一八	三、二〇〇	二、七七〇・八八	八九九・九八	六九一・一二	一九八・九三	九八〇・八五	一、六〇〇	一、三八五・四四	一一、一〇、一三 一二、二、二七 五ケ月
神戸市	神戸市俸給生活者訓練所	二〇	二二	二〇	四、五七六	一、七八三・七一	六六一・三三	二四九・六七	二六四・三三	六〇八・三八	二、二八八	一、八三四・九五	一一、一二、一〇 一二、三、三一 四ケ月二〇日
	神戸市勞働者訓練所	四〇	三一	一二		一、八八六・一九 △六二二・七三	四〇八・〇七	三三二・九〇	六六八・四五	四七六・七七			一二、一、一五 一二、五、三一 五ケ月
	計	六〇	五三	三二	四、五七六	三、六六九・九〇 △六二二・七三	一、〇六九・四〇	五八二・五七	九三二・七八	一、〇八五・一五	二、二八八	一、八三四・九五	一
福岡縣	福岡縣勞働訓練所	四〇	三六	二四	二、六八七	二、四六〇・一五	七〇四・〇〇	二一〇・五五	二八四・四五	一、二六一・一五	一、三四三	一、二三〇・〇七	一一、一〇、一九 一二、二、二八 四ケ月一〇日
合計	十三ケ所（內委託二ケ所）	四八〇	四二三	二九六	五三、九五八	四九、五七五・八六 △一、〇七八・八八 計五〇、六五四・七四	八、三〇九・八三	一六、二八六・七九	一〇、六四一・六四	一三、三三七・六〇	二五、四七七	二三、七八七・九二	一

（合計の決算額內譯欄には「外ニ 一、〇〇〇」と括弧書あり）

備考　右表中經費決算額欄左側に△を附せるは年度末三月迄に終了せず十二年度四月又は五月迄引續き爲したる訓練の實施に要したる經費額を示し右側年度內分の費額に包含せず、從て事實上十一年度初回の訓練に要したる費額は兩者を合計したるものである。尙右十二年度の分は決算額內譯には之を算入せず

五　他課の主管に屬せざる事項

學校卒業者の使用制限　最近一般に勞力の不足が各方面に於て愬へられてゐるのであるが、特に最も困難を感じつゝあるは技術者及基幹職工の不足である。其の結果一面に於ては技術者及基幹職工の爭奪が行はれると共に工鑛關係の學校卒業者の採用に付て激烈なる競爭を生じ卒業者が偏在し種々の不都合があるので國策上之を最も必要とする方面に配當する爲、國家總動員法第六條に基き學校卒業者使用制限令（昭和十三年八月二十四日勅令第五百九十九號）同施行規則（昭和十三年八月二十六日厚生省令第二十三號）が制定されたのである。

本勅令に依れば厚生大臣の指定する學校に於て厚生大臣の指定する學科を修め其の學校を卒業した者を使用するに付ては事業主は卒業者の使用員數に付て厚生大臣の認可を受けねばならぬ。指定された學校は大學の工學部、工業專門學校、專門學校の工科、甲種程度の工業學校、工業學校の第二部、所謂各種學校中で工業專門學校、工業學校の第二部と同程度又はそれ以上のものを云ふことになつてゐる（昭和十三年八月廿六日厚生省告示第一一九號）。指定された學科は機械、造船、航空造兵、電氣、應用化學、採鑛冶金、燃料、火藥等に關する學科である。（同上第一二〇號）

尙、本勅令は朝鮮、臺灣、樺太、關東州、南洋群島にも適用があり夫々其の地の長官の認可を受くべきことになつてゐる。又滿洲、北中支に於ても同一の趣旨の使用制限を行ふことになつてゐる。

尙國家總動員法に基く工場事業場從業者雇入制限、勞務者の徵用、技能者の養成等職業部關係總動員計畫の外に、職業問題、勞務の需給に關する內外經濟、勞働事情、失業對策等各般の調査研究並に失業統計、工場鑛山官業勞働者の異動調、其の他の諸統計の取纏めに關する事務を取扱つて居る。

第二　監理課主管事務

監理課は　(一)職業緒介所の管理に關する事項　(二)職業紹介所職員の養成に關する事項　(三)職業紹介委員會に關する事項を主管するものである。主管事務の內容を記すれば次の如くである。

一　職業紹介所の管理に關する事項

國營職業紹介所は平年度六百萬圓の經費を以て全國に約四百個所を設置する計畫なる處、昭和十三年七月一日より百九十六個所を主として市部に設置し、更に第二豫備金の支出を得て十一月十九日より百八十九箇所を主として郡部に設置した。從而既設公共團體立職業紹介所の一部は六月末日を以て廢止せられ、殘餘のものは十一月十八日限り、廢止された。之等國營職業紹介所の配置、豫算、人事、廳舍の營繕借上等の庶務的方面の事項、職業行政に關する地方廳の經費豫算竝之が配當に關する事項及國營職業紹介所關係經費の地方負擔金に關する事項等の外、既設公共團體竝職業紹介所の存立期間中の經費、即ち建築費竝に初度調辨費に對しては其の二分の一、經常費に對しては六分の一（但し經常費中傷痍軍人及退營者職業紹介に關する經費に對しては四分の一）を國庫より從來通補助せらるゝを以て、之が補助豫算及經理に關する事項竝に既設職業紹介所に對する認可許可に關する事項等を主管するのである。

産業勞働の需要增大に鑑み、之等勞務の需給調整を圖る爲、昭和十二年度より道府縣に設置せられたる勞務需給調整施設費に對しては國庫より其の經費の三分の二を補助することになつて居り、東北窮乏地方の餘剩勞力を勞働需要地方に移動せしめ、之に依り稼得收入を增加せしめ、生産改善の一助たらしむるの目的の下に東北六縣に對し國費を以て職員を置き且出稼保護團體及出稼指導囑託員に對しても奬勵費を交付することになつて居り、之等の補助奬勵等に關する事項をも併せて主管するものである。

二　職業紹介所職員の養成に關する事項

職業紹介事業の成績の擧ると否とは、一に之に從事する職員の素質敎養に俟つ處極めて大なるものがあるので、國營職業紹介所職員として採用せらるべき者及職業紹介所職員に對して東京或は地方に於て年數回講習會を開催し、職員精神の鍛錬と實務訓練とを行ひ、優秀なる職員を養成することとしてゐる。

三　職業紹介委員會に關する事項

昭和十一年八月迄は職業紹介事業の諮問機關として、中央職業紹介委員會の外に地方職業紹介事務局毎に地方職業紹介委員會を設けありたるも、十一年九月職業紹介法改正せられ地方職業紹介事務局の事務が府縣廳に移管せらるゝと同時に、地方職業紹介委員會は廢止せられ、中央にのみ職業紹介委員會が置かれて居たのであるが、今回同法を改正せられ國營職業紹介所設置と同時に廣く地方一般の意嚮を聞き、職業紹介事務が地方の實情に即し發展充實を期する爲、各道府縣にも職業紹介委員會を設置せらるることとなり之が委員は厚生大臣の命ずる者なるに付、之等中央及地方に於ける職業紹介委員會關係事務を主管するものである。

第三　紹介課主管事務

紹介課は　(一)職業紹介所の業務及職業紹介の聯絡統制に關する事項　(二)私營職業紹介事業に關する事項　(三)勞務供給事業及勞務者の募集に關する事項を主管するものであるが、各事項について事務の內容を記すれば次の如くである。

一 職業紹介所の業務及職業紹介の聯絡統制に關する事項

職業紹介所の事業は職業紹介法に基き全國的に聯絡統一せられて居るのであるが、殊に昨年七月事變勃發以來道府縣廳を中心とする職業紹介機關の組織を整備し、軍需勞務の充足、軍人家族遺族及歸郷軍人傷痍軍人の就職斡旋等に敏速適確なる取扱をなしつゝある。

他面今後の問題として生産力の擴充計畫遂行に伴ふ所要勞働力の適正なる配給、事變の影響に依る各種離職者の職業轉換、事變後に於ける勞務の調整等に付て充分なる配慮が必要であり、之が爲には職業紹介機關をして其の機能を充分發揮せしめ、國家の行はんとする諸政策に順應しつゝ、一方に於ては國民各人の資質と事情等に稽へ、成るべく其の適職に就かしむると共に、之を需むる側に對しては成るべく適材を圓滑に供給し、以て之が配置の適正と需給の圓滿とを圖る樣運用すること肝要なるに鑑み、職業紹介機關の整備强化を見るに至つた。即ち第七十三囘帝國議會の協贊を經、本年四月改正職業紹介法の公布を見、全國職業紹介所を國營とせらるゝことゝなつたのである。

二 私營職業紹介事業に關する事項

私營の職業紹介を行ふものとしては(一)改正職業紹介法第二十條の規定に依るもの(改正法施行の際現に行政官廳の許可を受けて居る社會事業團體其の他私人の經營する公益無料の職業紹介所)(二)營利職業紹介事業規則の適用を受くるもの(民間の口入業等營利を目的とするもの)があり現に夫々職業の紹介をなしてゐる。

然しながら、國家が職業紹介事業を管掌し勞務の適正なる配置を圖らうとする以上、國家以外のものの職業紹介事業は原則として認めないことにしなければ、其の圓滑なる運用を期し得ないことは云ふまでもない。依て改正職業紹介法に於ては其の第二條で政府以外の者が職業紹介事業を行ふことを原則として禁止することとしたのであるが、特殊の職業紹介事業で國家が行ふに適しないもの、即ち藝妓、酌婦等の如き風俗上の取締を要するものの紹介の如きものについては、法の規定に依る禁止の適用がないものとし、又前記の如き現に許可を受けてゐる職業紹介事業に付ては其の無料有料たると營利を目的とするとを問はず從來通行ふことを認めたのである。

三　勞務供給事業及勞務者の募集に關する事項

勞務供給事業と勞務者の募集とは、前者は他人の需めに應じ勞務者を供給する事業であり、後者は勞務者を雇傭しようとする者が、自ら又は他人をして不特定多數の者に對して被傭者になるやうに勸誘し、又は勸誘させることであつて、其の作用乃至機能が職業紹介事業のそれと殆んど差がないので、之を自由に放任することは職業紹介事業の運營を圓滑ならしめる所以でないばかりか、其の事業又は行爲に伴ひ易い弊害の防止の必要もあると考へられるので、改正職業紹介法では勞務供給事業及勞務者の募集は行政官廳の許可を受けるに非ざればこれを行ふことを得ないものとした。而して勞務者の募集に付ては從來勞働者募集取締令があつたが、之に依れば募集そのものは自由とし募集從事者の身許素行等に眼目を置いて之を取締る立前となつてゐたのを、勞務調整の見地から募集そのものをも規制することとしたのであり、勞務供給事業については從來若干地方廳令で取締をしてゐたにすぎなかつたが、改正法では新に之に規制を加へることにしたのである。

四　職業紹介事業概況

本邦職業紹介事業は古くは德川時代より肝煎、口入業の形式を以て民間の營利事業として行はれて來たが、之が公益事業として行はれるに至つたのは明治三十九年東京市芝區の救世軍本部に設けられた職業紹介所を以て嚆矢とする其の後漸次私設公益團體の手に依つて經營されて來たが、明治四十四年始めて東京市が芝、淺草の二職業紹介所を設置し、公共團體の公益職業紹介事業への進出の先驅をなして以來漸次全國に普及し、國家も亦此の事業の普及奬勵を行ひつゝあつたが、大正十年七月職業紹介法の施行と共に國家の事業として行はれる事となり、越えて大正十二年四月職業紹介事務局の設置を見、全國的に聯絡統一ある事業の體系が樹立せられ逐年發展を遂げ、社會的にも、産業的にも重要なる意義を有する事業となつた。而して昭和十一年九月職業紹介法の一部改正に依り、從來の職業紹介事務局は廢止せられ、職業紹介所の事業の聯絡統一は內務大臣及地方長官之を管掌することゝなつたが、更に、改正職業紹介法の實施に伴ひ、本年七月一日より、勞務の適正なる配置を圖る爲職業紹介事業は政府の管掌するところとなつた。

今其の事業狀況を見るに左の如く職業紹介所數及其の取扱數共に逐年增加を示してゐる。

㈠職業紹介所數

全國職業紹介所數は昭和十二年十二月末現在で總數七百四十五箇所を數へるが之を道府縣別經營主體別に見れば次の如くである。(尙、下欄に附記せるは昭和十三年十一月二十日現在國營職業紹介所の數である)

職業紹介所經營主體別調　(昭和十二年十二月現在)

道府縣別＼經營主體別	公立 道府縣立	公立 市立	公立 町立	公立 村立	公立 町村立	公立 小計	私立 法人	私立 其他	私立 小計	合計	(附記)國營職業紹介所數
北海道	—	八	一七	一四	—	三九	二	—	二	四一	一七
東京	一	四五	一	—	—	四七	五	四	九	五六	一三

京都	|	七	九	四	|	二〇	|	|	|	二〇	九
大阪	|	一八	七	六	|	三一	六	一	七	三八	一三
神奈川	|	七	七	五	|	一九	|	|	|	一九	一一
兵庫	|	八	九	一	六	二四	|	|	|	二四	一五
長崎	|	三	二	|	|	五	|	|	|	五	九
新潟	|	四	五	二四	一八	五一	三	|	三	五四	一二
埼玉	|	四	一一	|	|	一五	|	|	|	一五	八
群馬	|	三	五	|	|	八	|	|	|	八	一〇
千葉	|	四	二	|	|	六	|	一	一	七	九
茨城	|	一	九	|	|	一〇	|	|	|	一〇	九
栃木	|	三	四	|	|	七	|	|	|	七	七
奈良	|	一	四	一	|	六	|	|	|	六	四
三重	|	五	一	|	|	六	一	|	一	七	八
愛知	|	一二	三	|	|	一五	二	|	二	一七	八
静岡	|	五	七	二	|	一四	|	|	|	一四	一〇
山梨	|	一	四	一	|	六	|	|	|	六	四
滋賀	|	三	一一	一〇	|	二四	|	|	|	二四	五
岐阜	|	三	八	一	一	一三	|	|	|	一三	七
長野	|	五	六	一	|	一二	|	|	|	一二	一一
宮城	|	二	一四	一	|	一七	|	|	|	一七	七
福島	|	四	二	|	|	六	|	|	|	六	九
岩手	|	二	一二	九	|	二三	|	|	|	二三	九
青森	|	三	一三	一二	|	二八	|	|	|	二八	七
山形	|	四	一四	七	|	二五	一	|	一	二六	八

道府縣別＼經營主體別	公立 道府縣立	公立 市立	公立 町立	公立 村立	公立 町村立	公立 小計	私立 法人	私立 其他	私立 小計	合計	（附記）國營職業紹介所數
秋田	―	一	二六	八	一	三六	―	―	―	三六	八
福井	―	二	一	一	三	七	―	―	―	七	五
石川	―	一	一三	九	―	二三	―	―	―	二三	四
富山	―	二	八	一	二	一三	―	―	―	一三	四
鳥取	―	二	一	―	―	三	―	―	―	三	三
島根	―	一	六	―	一	八	―	―	―	八	五
岡山	―	三	一七	一	―	二一	―	―	―	二一	八
廣島	―	六	八	四	―	一八	―	―	―	一八	一二
山口	―	六	四	―	―	一〇	一	―	一	一一	八
和歌山	―	三	六	四	―	一三	―	―	―	一三	七
德島	―	二	六	―	―	八	―	―	―	八	五
香川	―	二	五	―	―	七	―	―	―	七	五
愛媛	―	五	八	―	―	一三	一	―	一	一四	七
高知	―	一	五	―	―	六	―	―	―	六	四
福岡	―	一二	―	―	一	一三	―	―	―	一三	一八
大分	―	三	一	一	―	五	―	―	―	五	八
佐賀	―	二	―	―	―	二	―	―	―	二	五
熊本	―	一	七	二	―	一〇	―	―	―	一〇	一一
宮崎	―	三	二	―	―	五	―	―	―	五	六
鹿兒島	―	二	一三	二	―	一七	―	―	―	一七	九
沖繩	―	二	―	―	―	二	―	―	―	二	三
計	一	二二七	三二四	一三二	三三	七一七	二二	六	二八	七四五	三八四

(二)一般職業紹介成績

日傭勞働紹介を除く其の他の勞務者、俸給生活者、戸内使用人等の職業紹介はすべて一般職業紹介所に於て之を取扱つて居り、地方によつては、製絲女工、酒造勞働者、漁夫等所謂季節的出稼者を多數取扱ふ所もあり、又毎年三月小學校卒業期には小學校との聯絡、道府縣に設置の就職指導職員の活動等に依り、多數の卒業兒童を夫々適所に就職せしめてゐる。更に昨年七月事變勃發以來各種軍需勞務要員の充足、軍人家族遺族、歸鄉軍人及傷痍軍人の就職斡旋等の爲組織的活動を續けてゐることは前述の通である。

大正十二年職業紹介法公布當初よりの累年成績を示せば左表の如くである。

一般職業紹介取扱成績 (日傭勞働紹介を含まず)

年別 ＼ 取扱別	求人數 男	求人數 女	求人數 計	求職者數 男	求職者數 女	求職者數 計	就職者數 男	就職者數 女	就職者數 計
大正十二年	六七四、八〇九	一四二、六一八	八一七、四二七	六七四、一八七	四六、二五一	七二〇、四三八	二八六、九六七	二五、五八三	三一二、五五〇
同十三年	八八六、一五九	二〇九、四〇八	一、〇九五、五六七	八九六、五八一	八二、七六五	九七九、三四六	三九七、八九六	四六、四八六	四四四、三八二
同十四年	六八二、三〇二	一七一、六四八	八五三、九五〇	七八五、八二六	九二、一五六	八七七、九八二	二四〇、七七二	四二、八二六	二八三、五九八
同十五年 昭和元年	五六四、七九四	一六四、九二六	七二九、七二〇	六八六、五一九	九四、〇九六	七八〇、六一五	一八〇、〇七四	四二、四八九	二二二、五六三
同二年	四六四、〇八〇	一六〇、四七〇	六二四、五五〇	六七九、九七八	一一四、七〇八	七九四、六八六	一六四、六八二	五〇、九二六	二一五、六〇八
同三年	四八九、二六四	二〇一、〇一一	六九〇、二七五	六二一、六五六	一二九、一三五	七五〇、七九一	一五九、三六〇	五六、三五七	二一五、七一七
同四年	四八五、九七九	二三四、五四二	七二〇、五二一	七〇二、九二三	一七九、五六九	八八二、四九一	一七八、七九四	八四、八七五	二六三、六六九
同五年	五五一、二五四	三五三、四七六	九〇四、七三〇	八八四、四一六	二八三、六九八	一、一六八、一一四	二一九、四六五	一一六、七三二	三三六、一九七

年別＼取扱別	求人數 男	求人數 女	求人數 計	求職者數 男	求職者數 女	求職者數 計	就職者數 男	就職者數 女	就職者數 計
同六年	六四八、三五八	四六八、五九二	一、一一六、九五〇	九二八、三六四	四三七、七九七	一、三六六、一六一	二七七、九二六	二〇三、三六七	四八一、二九三
同七年	六六八、六五二	五四八、八〇五	一、二一七、四五七	一、〇一三、四二八	四八九、〇四〇	一、五〇二、四六八	三一一、三一八	二三九、四〇七	五四〇、七二五
同八年	八〇八、〇八六	六四三、九一二	一、四五一、九九八	一、〇〇二、四七三	五三五、八一八	一、五二八、二九一	三七一、三二七	二六一、九八八	六三三、三一五
同九年	九五六、〇八九	八三七、九五三	一、七九四、〇四二	一、〇六八、二五四	五〇一、七二八	一、五六九、九八二	四二五、八六三	二四六、五九七	六七二、四六〇
同十年	一、〇七二、〇二〇	八四五、九六三	一、九一七、九八三	一、九一七、九八三	五三七、一五六	二、四五五、一三九	四七五、〇〇六	二六六、六三六	七四一、六四二
同十一年	一、三三二、九四六	九六四、二六五	二、二九七、二一一	一、二一八、七四八	五五九、三九七	一、七七八、一四五	五二五、五〇九	二八六、八一八	八一二、三二七
同十二年	一、七五一、四七七	一、〇五二、六八五	二、八〇四、一六二	一、五三三、三二九	五六九、〇一九	二、〇九二、三四八	六六四、二八三	三〇一、八五八	九六六、一四一

(三)日傭勞働紹介

土工、人夫、工場雜役等の日傭勞働者の爲特別專門の紹介所が特に大都市に於て發達してゐる。之等の紹介所に於ては每日早朝短時間の中に數百名至乃千名に餘る勞働者を各就勞先に紹介し、夕刻にはそれらの就勞者のため賃銀の繰替支拂を行ふを普通としてゐるが、最近は特に登錄勞働者の素質向上を圖り、之を可及的速かに常傭化する目的を以て敎化訓練を行ふの外、貯蓄奬勵、勤勞奉仕作業等に付夫々工夫實施されつゝある狀況である。大正十年以降每年の取扱延人員を示せば次の如くである。

日傭勞働紹介

年別	求人數	求職者數	就職者數	年別	求人數	求職者數	就職者數
大正十二年	一、一五八、一三四	一、三一八、六四八	一、〇九一、〇四七	同六年	一一、八六一、六五〇	一四、一九六、六九一	一一、七四八、一一八
同十三年	一、三三五、六七三	一、五三五、四九六	一、二六三、七一二	同七年	一三、八七〇、二八九	一七、三九一、三四一	一三、七七八、一〇三
同十四年	一、二八二、〇二六	一、六二〇、四三八	一、二七〇、五七一	同八年	一六、八九七、一四三	二〇、一二四、二七二	一六、七七九、一五九
同十五年昭和元年	二、五三二、一七七	二、七九三、三八四	二、四七七、七四六	同九年	一四、五二八、二九六	一六、八九三、二三二	一四、三七一、三三二
同二年	二、三八六、三三一	二、七五二、六四三	二、三七四、四七一	同十年	一二、九八八、七一一	一四、四六三、七三〇	一二、八六七、二九五
同三年	二、九七七、二〇八	三、三七三、三三七	二、九七三、二四二	同十一年	一二、五六〇、六五六	一三、六六〇、三七五	一二、二七〇、一九四
同四年	三、〇一五、一九五	三、四七三、三三七	三、〇一〇、二八〇	同十二年	一〇、五九八、七七九	一一、三〇七、九三〇	一〇、一九六、〇六一
同五年	五、一二八、三四五	六、一七四、九七三	五、一一三、一一〇				

第四　職業部關係委員會概要

一　職業紹介委員會

職業紹介委員會は職業紹介法第六條の規定に基き職業紹介委員會官制（昭和十三年勅令第四百五十三號）により設置せられたもので、中央職業紹介委員會及道府縣職業紹介委員會の二とし、職業紹介法第三條に規定する事業に關し關係行政廳の諮問に應じ意見を開申し及同上の事業に關し關係行政廳に建議することを得る權限を有する。中央職業紹介委員會は厚生大臣の監督に屬し厚生省に之を置き、會長（厚生大臣）及委員二十人以内を以て組織し道府縣職業紹介委員會は地方長官の監督に屬し道府縣毎に之を設け道府縣の名を冠し會長（地方長官）及厚生大臣の定める員數の委員を以て組織し兩者とも必要あるときは臨時委員を置くことを得ることゝなつてゐる。

二 學校卒業者使用制限委員會

學校卒業者使用制限委員會は近時技術者及基幹職工の不足に伴ひ之等の爭奪が行はれると共に工鑛關係の學校卒業者の採用に付て激烈なる競爭を生じ種々の不都合があるので國策上最も必要とする方面に配當する爲、國家總動員法第六條に基き昭和十三年八月勅令第五百九十九號を以て學校卒業者使用制限令が制定せられたることは前記の通であるが之が學校卒業者の使用を制限するに當り其の制限に關する事項に付調査審議せしむる爲昭和十三年十月七日閣議決定に依り設置せられたるものである。

本委員會は厚生大臣の監督に屬し會長（厚生大臣）及委員若干人を以て組織され、特別の事項を審議する爲必要あるときは臨時委員を置くことが出來る。

第八章　失業對策部主管事務

失業對策部は支那事變特に物資需給調整に伴ひ發生する失業者の救濟乃至防止に關する事務を掌理する爲昭和十三年十月五日設置された。

昨年七月支那事變勃發以來軍需工業部門に於ては飛躍的發展を遂げつゝある半面平和產業部門殊に貿易品關係及奢侈品關係の產業に於ては多大の打擊を受け之が爲失業又は失業狀態に置かれる者が一時相當の數に上つたのであるが幸ひこの事變當初の失業は軍需工場其他時局產業に於て夥しい勞働需要のあつたこと、占據地に親日政權が誕生して對支貿易の一部回復を見たこと、又職業紹介所の活潑な活動があつたこと等の爲殆ど解消するまでになつたのである。然るに事變は進展して長期體制を執るに至り戰爭に必要なる物資の需給調整を强化する必要を生じ各種の統制法令を公布した。其の結果これ等の生產部門竝に配給部門に於ては廢業、休業又は失業の狀態に陷る者が時日と共に增加した。政府に於ては問題の重要性に鑑み、失業對策委員會を設置して各種の對策を考究すると共に之が實施に必要なる行政機構を整備する爲、原生省に失業對策部を、商工省に轉業對策部を設置するに至つたのである。

而して失業對策部は總務課、轉職課及事業課の三課に分れ、事務を分擔せしめてゐる。

第一　總務課主管事務

總務課は（一）失業狀況の査察に關する事項（二）失業對策の企畫に關する事項（三）失業對策委員會に關する事項（四）他課の主管に屬せざる事項等であつて其の大要は左の如くである。

一　失業狀況の査察に關する事項

失業對策の適正を期するには先づ失業狀況を明瞭にする必要がある。この爲に失業狀況の調査を行ひ或は失業狀況に關する各種の報告を徵し其の他建議、請願、陳情等を處理して絕へず失業の狀況竝に推移の把握に努めてゐる。

二　失業對策の企畫に關する事項

失業の防止並に救濟に關する各種の方策を調査考究して政府として採るべき有效且適切なる對策の樹立に努める一方道府縣に於ける失業對策に付ても之が指導督勵に努めてゐる。尙當面の物資需給調整に伴ふ失業の對策に止らず復員時に於ける失業の對策に付ても今より充分の考慮を拂ひつつあるのである。

三　失業對策委員會に關する事項

失業對策委員會は中央失業對策委員會及道府縣失業對策委員會より成り前者は厚生大臣、後者は地方長官の諮問に應じ支那事變に伴ふ失業對策に關する重要事項の調査審議に當るのである。木戸厚生大臣は八月一日中央失業對策委員會に對し支那事變特に今次の物資動員に伴ひ發生すべき失業の防止及救濟の爲施爲すべき方策を諮問したる處同委員會では愼重審議の結果、同月十八日答申するところあつたが之が當面の失業對策の根幹となつてゐる。

四　他課の主管に屬せざる事項

他課の主管に屬せざる事項としては（イ）失業對策關係廳との聯絡に關する事項（ロ）地方駐在機關の聯絡統制に關する事項（ハ）諸會議に關する事項（ニ）失業對策部關係豫算の經理に關する事項（ホ）預金部資金の融通に關する事項（ヘ）

殷賑産業關係者及不振産業關係者の精神的指導に關する事項等が主なる事柄である。而して右の中預金部資金は差當つて遠隔地就職者保護資金四十萬圓、賃銀繰替資金百六十萬圓及生業資金四百萬圓が融通されることゝなつてゐる。

第二　轉職課主管事務

轉職課は　(一)豫備登錄に關する事項　(二)轉職指導に關する事項　(三)解雇及雇入の調整に關する事項を主管するものである。以下各事項に付て事務の内容を略敍すれば左の如くである。

一　豫備登錄に關する事項

失業者を適當なる方面に迅速に斡旋する爲には失業し又は失業の虞ある者を克く調査の上之を登錄して置くことが便宜である。從つて其の有效なる登錄方法を硏究し之が實施に當つては指導監督を充分にして效果を擧げるべく準備を進めてゐる。

二　轉職指導に關する事項

今次の失業は景氣の變動に基くものでなく事變の影響、換言すれば平時經濟體制より戰時經濟體制へ移行する過程の産物として發生したものであり、この影響を受けた不振産業の半面には殷賑を極める時局産業があり一面失業、他面勞力不足の對蹠的なる現象を呈してゐる。從つて從來失業對策として第一に考慮された救濟土木事業の如きは之を避けて極力軍需産業、輸出産業又は代用品産業に斡旋し失業救濟と同時に國防經濟の强化に當ることを根本方針としてゐる。而して職業紹介所に於ては離職者職業相談部を特設して失業者の職業相談に當つてゐる。次に就職後の保護輔導に付ても充分指導督勵を加へつゝあるのである、尙又事情に依り歸農又は移民を適當とする者に對しては夫々之が斡旋指導に努めてゐる。

三　解雇及雇入の調整に關する事項

不振産業關係者に對しては就業時間の短縮、休日の增加等の方法に依り能ふ限り失業者を出さゞる措置を講じ已むを得ず解雇を爲すに當つては從業者の個人的事情を斟酌して解雇の順位を附する等の方法に依り一時に多量の失業者を出さゞる樣指導し又軍需工場其の他殷賑産業關係者に對しては交替制を採用する等の方法に依り速に能ふ限り雇傭の量を增加すると共に其の採用標準等を緩和して失業者を優先的に採用する樣指導に努めてゐる、尙府縣相互間に於ける雇傭口の適當なる配分に付ても考慮し又必要に應じ雇傭の强制を爲す方途に付ても一應の研究を進めてゐる。

第三　事業課主管事務

事業課は（一）職業補導施設に關する事項（二）授産及內職の施設に關する事項（三）其の他救濟施設に關する事項であるが其の事務概要は左の通である。

一　職業補導施設に關する事項

失業者にして年齡其の他の關係よりして其の儘就職困難と認めらるゝ求職者に對し就職上必要なる技術又は智識を授與して其の職業能力を補ひ就職を容易ならしむる爲職業紹介所をして豫算總額二、二三一、八九六圓を以て概ね左の如き職業補導施設を行はしむることゝなり、目下二、三の縣を除き夫〻打合を了し實施着手中である。

(イ)職業補導新設

補導種目		補導箇所	一ケ所一回ノ補導人員	一回ノ補導期間	一ケ所五ケ月間ノ經費概算	備考
製圖		道府縣ヲ通ジ 二〇	五〇	一ケ月半	七、〇〇〇円	
機械	A	同 三	一五〇	三月	一二〇、〇〇〇	
	B	同 二〇	五〇	三月	五〇、〇〇〇	旋盤工、フライス工、熔接工、仕上工等ノ技術補導
簡易軍需作業補導竝訓練施設		同 三〇	五〇	一月	一一、〇〇〇	補導所ニ收容起居セシメ手仕上工ノ如キ簡單ナル技術ヲ補導スルト共ニ心身ノ訓練ヲ行フコト
事務補導		同 二〇	五〇	二月	四、六〇〇	謄寫、タイプライテング、珠算簿記、書記的事務補導

(ロ)既存設備利用施設

既存の工業學校試驗場等中利用し得べき設備を有するものを選び夜間又は放課後失業者に對し機械、電氣、木工等の簡單なる技術を補導するの外道府縣市町村等の既存職業補導施設に委託補導せしむ。

二 授產及內職の施設に關する事項

失業者中坐業者、高齡者等他に轉職し得ざる者の生活保護の爲、道府縣市町村又は社會事業團體をして協同作業場(授產場)を設けしめ又は之等の既存授產場を擴充して陸海軍作業廳其の他民間軍需工場、殷賑產業關係工場等の下請作業等を爲さしめ又市町村をして同一市町村內に居住し同種の內職に從事せんとする者の協同作業組合(內職組合)を作らしめ右工場の下請品等中家内作業に適するものを選び授産す。
右協同作業場新設費、既存授産場擴充費及協同作業組合設置費に對し豫算總額五〇〇、〇〇〇圓の範圍內に於て補助することゝなり目下補助指令手續中である。

三　其の他救濟施設に關する事項

其の他救濟施設の一としては陸海軍作業廳民間軍需工場等の下請品の受註斡旋調整に當り、殊に府縣間に厚薄のなき樣努めつゝある、尙失業救濟土木事業の如きは今次失業の特質に鑑み之を避けてゐるが事態の推移如何に依ては補充的に考慮を要するものと考へてゐる。

第四　失業對策部關係委員會概要

一　失業對策委員會

失業對策委員會は今次事變に關聯して發生すべき失業の問題がその影響するところ極めて重大なものがあるのに鑑み之が對策につき重要の事項を調査審議する爲(失業對策委員會官制昭和十二年七月十六日勅令第五百七號)設置されたもので、中央失業對策委員會と道府縣失業對策委員會の二とし中央失業對策委員會は厚生大臣の監督に屬し厚生省に之を置き會長(厚生大臣)及委員(四十人以內)を以て組織されてゐる。道府縣失業對策委員會は地方長官の監督に屬して厚生大臣の指定する道府縣毎に之を置き道府縣の名を冠し會長(地方長官)及委員(三十人以內)を以て組織し兩者とも必要あるときは臨時委員を置くことが出來る、道府縣失業對策委員會の設置を指定された府縣は左の通である。

東京府　大阪府　京都府　神奈川縣

愛知縣　兵庫縣　福岡縣　埼玉縣
新潟縣　富山縣　石川縣　靜岡縣
岡山縣　秋田縣　宮城縣　福島縣
廣島縣　山口縣　群馬縣　和歌山縣

第九章　臨時軍事援護部主管事務

臨時軍事援護部に於ては軍事扶助法の施行、軍人遺族の保護、其の他軍事援護に關する事務を管掌し、軍事扶助課及遺族援護課の二課に於て之等の事務を取扱つて居る、事務の內容を概記すれば次の如くである。

第一　軍事扶助課主管事務

一　軍事扶助法の施行に關する事項

軍事扶助法は大正六年七月法律第一號を以て公布、同七年七月一日より施行されたが、昭和六年三月法律第二十七號に依り傷病兵の範圍と扶助の種類とが擴張せられた。更に昭和十二年三月には法律第二十號を以て再び改正せられ軍事救護法を軍事扶助法と改め、傷病兵、下士官兵又は傷病兵の家族の範圍が擴張せらると同時に、扶助を受け得べき場合の條件を緩和せられ又下士官兵の家族の扶助期間が延長せられた。

而して本法に依り扶助を受け得る者は傷病兵、其の家族遺族又は現役兵及應召中の下士官の家族若は遺族であつて生活することが困難な者である。扶助の種類は生活扶助、醫療、助產、生業扶助及災害の場合に於ける臨時生活の扶助であるが、被扶助者が死亡した場合には埋葬を行ひ、又は埋葬を行ふ者に對しては埋葬費を給與し得ることゝなつてゐる。扶助の程度竝に方法は生活に必要なる限度に於て扶助を受くる者の住所地地方長官が勅令の定むる處に依つて決定するのである。

本法に依る扶助費は平時に於ては從來概ね一ヶ年約三百萬圓乃至四百萬圓程度であつたが、昭和十二年度は今次支那事變の影響を受けて其の豫算實に三千三百九十一萬圓餘の多きに達したのである。而して本法施行に要する費用は全部國費負擔と言ふことになつてゐる。

二　其の他軍事援護に關する事項

(一)軍人援護事業の助成に關する事項

出動又は應召軍人の家族遺族に對し援護の萬全を期することは喫緊の要務である。然し乍ら今次事變が勃發してみると軍事扶助法のみを以てしては事實完全なる援護を遂行することは困難となつた。即ち法の及ばざる方面例へば內緣關係の家族の援護を始め、軍事扶助法には該當するに至らざるも事實上援護を要する者、又は中小商工業者、農山漁家等にして家業の經營困難に陷る者に對する生業援護等の必要が切實に要求されることになつた。而して之等の者に對する援護事業は道府縣、市町村及其等の銃後後援會其の他各種援護團體等に於て夫〻實施されて居るのであるが、政府は本事業の重要なるに鑑み之が助成費として

昭和十二年度	一、〇〇〇、〇〇〇圓
昭和十三年度	一〇、〇〇〇、〇〇〇圓

を計上して道府縣に交付し、一層之が强化擴充を圖り援護事業の遂行に遺憾なきを期して居るのである。

(二)召集解除者の生業援護に關する事項

召集解除又は除隊となつた歸鄕軍人をして速に生業に就かしめ、其の生活の安定を得せしむることは最も緊要なことである。政府に於ては之等歸鄕軍人をして支障なく生業に復歸せしむる方針の下に生業の援護を行ふこと

ゝし、道府縣に國庫助成金を交付して本事業を行はしめることゝなつたのである。

事業內容の大要は左記の通である。

(イ)援護を受け得る者の範圍

其の家族が軍事扶助法該當者たると否とを問はず、苟も召集解除者にして生業に復歸する爲又は新なる職業に就く爲援護を必要とする者の全部

(ロ)援護の種類

生業費の給與

生活費の補給

醫療費の給與

(ハ)援護の程度

給與額の限度は都鄙に依つて多少相違あるが生業費、生活費、醫療費を合して五十圓乃至七十圓以內であるが、然し眞に必要ある特別の場合は右限度を超過しても援護し得る途が開かれてゐるのである。而して昭和十三年度に於ては助成金として七百萬圓の豫算が計上せられて居る。

(三)軍事援護相談所に關する事項

事變の長期に亘るに伴ひ軍事援護事業の內容は益〻複雜多岐となり、軍人の家族遺族の身上或は家事上萬般に亘る相談指導機關の必要が痛切に感ぜられ、一面出動又は應召軍人の家族遺族の間に於て賜金や扶助料等の恩典を繞つて紛議が發生し漸次增加の傾向にあるので、之等の紛議を穩密裡に且情誼に基いて圓滿なる解決を圖るこ

とが極めて肝要となつた。仍て政府は昭和十三年度に於て金百萬圓の豫算を計上し、道府縣に對し助成金を交付して軍事援護相談所の設置を勸奬することゝした。其の結果道府縣廳に中央相談所、市區町村に各〻市區相談所町村相談所が設置されその數は一萬二千三百十九箇所に達してゐる。

(四)道府縣軍人援護資金に關する事項

道府縣には夫〻特別會計として軍人援護資金を有して居るが、此の資金はもと戰時に在つて出征應召軍人の遺族家族竝に傷病兵等を援護し、出征者をして後顧の憂なからしめんことを期する爲の恤兵金であつたが、明治三十九年八月帝國軍人援護會より此の殘餘金の全部を擧げて道府縣に分配し、長く其の精神を傳へ軍事援護事業に供せしめたき旨の申出でありたるにより、内務大臣は同年八月十四日訓令を發して之を道府縣に分配したのである。道府縣に於ては其の利子收入を以て、直接に或は民間軍事援護團體等に補助し、軍事扶助法適用範圍外の者の援護費に充當して居たのであるが、今次事變に際し其の元本の二分の一迄は事業費に充當することが出來ることになつた。昭和十二年四月一日現在の軍人援護資金總額は貳百貳拾七萬九千九百三拾九圓である。

(五)恩賜財團軍人援護會に關する事項

昭和十三年十月三日畏くも　天皇陛下より内閣總理大臣に對し優渥なる勅語を賜はり且軍人援護の資として巨額の御内帑金を下賜あらせられたので政府に於ては　聖旨を奉戴し十一月五日恩賜金を以て恩賜財團軍人援護會を設立したのである。右恩賜財團は目的を同ふする軍事援護團體はなるべく之を統合する方針の下に既に社團法人帝國軍人後援會、財團法人大日本軍人援護會及財團法人振武育英會の三團體を統合して之等諸團體の事業を繼承實施してゐるのであるが今後更に統制の實を擧ぐると共に一般國民の協力をも得て其の基礎を鞏固にし强力なる軍事援護の中央團體として各種の援護事業を行ひ、政府の施設と相俟て銃後々援の完壁を期し道府縣には夫々各種軍事援護團體を統合して其の支部を設け（支部は可成財團法人となす方針）全國的に連絡統制ある活動を爲すことゝなつた。尙政府に於ても該財團の資金造成事業施行及財政經理に就ては特別の援助を與ふるの方針を採り本恩賜財團の機能を十分發揮せしめ以て　聖旨の貫徹に努めんことを期して居る。

(六)民間軍事援護事業の聯絡統制に關する事項

軍事援護事業は其の性質上官民一致之を行ふ必要あるに鑑み、民間に於ては法制に依る扶助よりも其の範圍を一層擴大したる軍人及遺族家族の援護を目的とする團體を中央、地方に多數組織し、各々其の存立の目的に從つて軍人及家族の援護を始めとし、慰問弔慰或は勞力援護等物質的精神的の兩方面に亘る援護事業を行ひ、以て軍人をして眞に後顧の憂なからしむることに努めてゐる。而して之等團體の事業實施に就ては、從來團體相互間に連絡なく遺憾の點もないわけでもなかつた。仍て昭和九年三月內務省陸軍省及海軍省協力の下に援護の遺漏重複なからしめ事業の圓滑なる實施を圖る趣旨を以て、當時主なる中央團體十團體をして事業の連絡統制に關する協定を爲さしめたが、之等團體は軍事扶助中央委員會及地方委員會を組織し、關係省の指導に依り一定の計畫の下に統制ある活動を爲して居る。

(七)軍事援護事業資金關係寄附金に關する事項

今次事變發生以來軍事援護の爲厚生省に寄託せられたる寄附金は、本年七月二十五日現在にて二、九六七、八二〇圓の多きに達し、內一、〇〇〇、〇〇〇圓を陸、海軍兩省取扱の恤兵金六〇〇、〇〇〇圓を合せ各道府縣に一〇、〇〇〇圓を外務省に夫々配分し寄託者の意思に副ふこととした。右配付金の內譯を示すと次の通である。

一、〇〇〇、〇〇〇圓　軍事扶助の及ばざる部分に對する援護費（内四〇〇、〇〇〇圓は陸、海軍兩省取扱の恤兵金）

五〇〇、〇〇〇圓　召集解除者の生業援護費（内二〇〇、〇〇〇圓は陸、海軍兩省取扱の恤兵金）

一〇〇、〇〇〇圓　六月二十九日以降七月五日に至る水害罹災者中軍事援護を要するものの援護費

一〇、〇〇〇圓　在支警察官の遺族慰問費

計　一、六一〇、〇〇〇圓

一　昭和十一年度軍事扶助狀況調

（イ）總括

（扶助種類別）

扶助種類	戸數	人員	金額
生活扶助 現金給與	三五、〇九七戸	一一七、七九六人	二、八七九、三四九円
生活扶助 現品給與	ー	ー	ー
醫療	一二八（一、三四八）	一三四（一、四六四）	八四、五三九
助産	（二六）	（二六）	二〇四
生業扶助	二（一）	五（一）	二五〇

扶助種類	戸数	人員	金額
臨時生活扶助	二戸（七）	八人（三〇）	二六〇円
埋葬	（四二〇）	（四二五）	四、二三六
計	三五、二二九（一、八〇二）	一一七、九四三（一、九四六）	二、九六八、八三八

備考　括弧内の數字は同一人にして二種以上の扶助を受けたるものを示す（以下各表に付同じ）

（被扶助者別）

被扶助者	戸数	人員	金額
傷病兵	一九七戸（二）	△八六三　一九九人（二）	一八、三三六円
傷病兵及其ノ家族	一、四三三（一三一）	五、七五九（一五四）	二〇〇、二一九
下士官兵ノ家族	三二、七一四（一、五九三）	一〇九、八九二（一、七一三）	二、六五七、七八二
傷病兵ノ遺族	三九三（三七）	一、〇六六（三九）	四八、五一九
下士官兵ノ遺族	四九二（一九）	一、〇二七（一九）	四三、九八二
計	三五、二二九（一、八〇二）	一一七、九四三（一、九四六）	二、九六八、八三八

備考　傷病兵にして家族と共に扶助を受けたるものは「傷病兵及其の家族」欄に傷病兵の分を加へたるものを掲げ傷病兵の人員は更に「傷病兵」の人員欄に△印を附して再掲す（以下各表に付同じ）

(ロ) 道府縣別（扶助種類別）

道府縣	生活扶助 戸數	生活扶助 人員	生活扶助 金額	醫療 戸數	醫療 人員	醫療 金額	助産 戸數	助産 人員	助産 金額	生業扶助 戸數	生業扶助 人員	生業扶助 金額	臨時生活扶助 戸數	臨時生活扶助 人員	臨時生活扶助 金額	埋葬 戸數	埋葬 人員	埋葬 金額	計 戸數	計 人員	計 金額
北海道	八九四	三、一五三	一一三、二六三	(三三)八	(三三)八	六、一二一	—	—	—	(一)	(一)	四〇	—	—	—	(四)	(四)	二四	九〇二(三七)	三、一六一(三七)	一一九、四五八
東京	三、〇三七	一〇、六二六	三四五、九八二	(八六)九	(八六)九	五、六六〇	(六)	(六)	六二	一	四	一五〇	(三)	(一六)	六〇	(三〇)	(三〇)	三三一	三、〇四七(一二四)	一〇、六三九(一三八)	三五二、二四五
京都	七五七	二、六六六	五三、八九一	(二四)四	(二四)四	四、〇五七	(一)	(一)	一〇	—	—	—	—	—	—	(一三)	(一三)	一三〇	七六一(三八)	二、六七〇(四二)	五八、〇八八
大阪	一、六六四	五、八四三	一九一、四二九	(八九)一九	(九三)二五	七、五三三	(三)	(三)	二〇	—	—	—	—	—	—	(三三)	(三三)	三七九	一、六八三(一三三)	五、八六八(一二七)	一九九、三五二
神奈川	九三〇	三、一六五	一〇九、四四一	(四四)六	(四六)六	二、五〇三	(三)	(三)	三三	—	—	—	(一)	(三)	二〇	(七)	(七)	六六	九三六(五五)	三、一七一(五八)	一一三、〇五三
兵庫	一、六七〇	五、六九六	一九三、五三八	(六八)四	(八二)四	六、七一〇	—	—	—	—	—	—	(三)	(一〇)	六〇	(三一)	(三四)	三九二	一、六七四(一〇二)	五、七〇〇(一二五)	二〇〇、七〇〇
長崎	四八五	一、六五九	四一、〇〇五	(三)七	(三)七	四七三	(一)	(一)	八	—	—	—	—	—	—	(四)	(四)	三三	四九二(八)	一、六六六(八)	四一、五一八
新潟	八五〇	二、〇二五	七〇、二四六	(六八)九	(七二)九	二、九二六	—	—	—	—	—	—	—	—	—	(七)	(七)	七〇	八五九(七五)	二、〇三四(七八)	七三、二四二
埼玉	八九五	三、〇九九	四四、〇七四	(三六)三	(三六)三	九三四	—	—	—	—	—	—	—	—	—	(一三)	(一三)	一一七	八九八(三八)	三、一〇二(三八)	四五、一三五
群馬	四四五	一、四三六	三四、五三四	(一六)一	(一六)一	一四一	—	—	—	—	—	—	—	—	—	(七)	(七)	四一	四四六(三三)	一、四三七(三三)	三四、七一六
千葉	三九七	八九三	三三、七四八	(一一)	(一一)	六二〇	(一)	(一)	四	—	—	—	—	—	—	(五)	(五)	四七	三九七(一七)	八九三(一七)	三三、四一九
茨城	九八九	二、四一五	六八、三七四	(一一)一	(一三)一	九〇四	—	—	—	—	—	—	—	—	—	(一一)	(一一)	一一〇	九九〇(三三)	二、四一六(二四)	六九、三八八
栃木	七三〇	二、六六八	四五、四四五	(二〇)	(二〇)	四三〇	—	—	—	—	—	—	—	—	—	(四)	(四)	三二	七三〇(二四)	二、六六八(二四)	四五、九〇六
奈良	三一四	一、〇九一	一六、〇一六	(三)	(三)	七六	—	—	—	—	—	—	(一)	(一)	三〇	(六)	(七)	七〇	三一四(一〇)	一、〇九一(一一)	一六、一九二

道府縣	生活扶助 戸數	生活扶助 人員	生活扶助 金額	醫療 戸數	醫療 人員	醫療 金額	助産 戸數	助産 人員	助産 金額	生業扶助 戸數	生業扶助 人員	生業扶助 金額	臨時生活扶助 戸數	臨時生活扶助 人員	臨時生活扶助 金額	埋葬 戸數	埋葬 人員	埋葬 金額	計 戸數	計 人員	計 金額
三重	八六一	三、三四六	五六、一二九	(二三)	(二三)	七〇〇	(一)	(一)	八	—	—	—	—	—	—	(七)	(七)	四七	八六一(三一)	三、三四六(三一)	五六、八八四
愛知	一、二三八	二、九五九	八六、〇〇四	(五四)	(五五)	二、一五四	—	—	—	—	—	—	—	—	—	(二七)	(二七)	三一六	一、二三八(八一)	三、九五九(八二)	八八、四七四
靜岡	八七三	三、四一四	六八、〇一四	(六)	(六)	一七三	(一)	(一)	五	—	—	—	—	—	—	(六)	(六)	四五	八七三(一三)	三、四一四(一三)	六八、二三六
山梨	二〇五	六四五	一三、九二七	(九)	(一〇)	五八九	—	—	—	—	—	—	—	—	—	(三)	(三)	三〇	二〇五(一三)	六四五(一三)	一三、五四六
滋賀	五七三	二、〇七一	三三、三七五	(一九)	(一九)	五六九	(三)	(三)	一三	—	—	—	—	—	—	(五)	(五)	五〇	五七三(二六)	二、〇七一(二六)	三三、〇〇六
岐阜	八六九	二、三六九	五〇、八七九	(三九)六	(四二)六	二、二九三	—	—	—	—	—	—	—	—	—	(一五)	(一五)	一三六	八七五(五四)	二、三七五(五七)	五三、二九八
長野	四四七	一、一五二	三三、六三七	(五一)	(五一)	七六三	—	—	—	—	—	—	—	—	—	(八)	(八)	五六	四四七(五九)	一、一五二(五九)	三四、四五六
宮城	一、三八二	六、三〇〇	八八、九六三	(九四)八	(一一六)八	八、三七四	—	—	—	—	—	—	—	—	—	(一〇)	(一〇)	九二	一、三九〇(一〇四)	六、三〇八(一二六)	九七、四二九
福島	五七八	二、一九三	四〇、七九七	(九)	(九)	三五四	—	—	—	—	—	—	—	—	—	(五)	(五)	四三	五七八(一四)	二、一九三(一四)	四一、一九四
岩手	一、一六三	五、〇九二	六八、四三〇	(六六)四	(七二)四	三、七六四	—	—	—	—	—	—	一	三	三〇	(一五)	(一五)	一三三	一、一六七(八一)	五、〇九九(八七)	七二、三四六
青森	七九〇	二、六三五	八五、七四〇	(三九)	(三二)	五八〇	—	—	—	—	—	—	—	—	—	(七)	(七)	四九	七九〇(三六)	二、六三五(三九)	八六、三六九
山形	一、〇一〇	二、六三七	七三、七五二	(一一一)	(一二五)	四、七八二	—	—	—	—	—	—	(一)	(一)	三〇	(一)	(一)	一〇	一、〇一〇(一二三)	二、六三七(一二七)	七八、五七四
秋田	九一五	四、〇〇一	五一、六八二	(五一)六	(五五)六	三、六八一	(二)	(二)	八	—	—	—	—	—	—	(九)	(九)	九〇	九二一(六一)	四、〇〇七(六五)	五五、四六一
福井	四〇〇	一、二〇二	二五、四〇九	(七)三	(八)三	三八三	—	—	—	—	—	—	—	—	—	(七)	(七)	八四	四〇三(一四)	一、二〇五(一五)	二五、八七五
石川	六九六	一、九六〇	五七、三七一	(九)六	(九)六	三六三	—	—	—	—	—	—	—	—	—	(一〇)	(一〇)	一〇〇	七〇二(一九)	一、九六六(一九)	五七、八三四
富山	六八二	一、九二〇	四七、三八六	(六)二	(六)二	五二七	—	—	—	—	—	—	—	—	—	(九)	(九)	八六	六八四(一五)	一、九二三(一五)	四七、九九九

鳥取	三三八	一、〇九四	二一、五一七	(五)	(二二)	六八	—	—	—	—	—	—	—	—	—	—	—	—	三三八(五)	一、〇九四(二三)	二一、五八五
島根	七八四	二、八五五	七三、三五六	(四三)	(四三)	二、四七七	—	—	—	—	—	—	—	—	—	(六)	(六)	五四	七八四(四九)	二、八五五(四九)	七四、八八七
岡山	八九一	三、〇七五	六三、二〇八	六(三一)	六(三三)	一、九九八	(一)	(一)	六	—	—	—	一	五	三〇	(一八)	(一八)	二一二	八九八(五〇)	三、〇八六(五二)	六五、四五四
廣島	七七六	二、五六九	七七、六八六	五(四七)	五(五四)	三、六九一	—	—	—	—	—	—	—	—	—	(一一)	(一一)	一三四	七八一(五八)	二、五七四(六五)	八一、五一一
山口	三五四	、〇九三	三〇、八四三	(六)	(六)	一〇七	—	—	—	—	—	—	—	—	—	(六)	(六)	四五	三五四(一三)	一、〇九三(一三)	三〇、九九四
和歌山	四三八	一、〇一四	二八、一二八	(七)	(七)	六五八	—	—	—	—	—	—	—	—	—	(三)	(三)	二三	四三八(九)	一、〇一四(九)	二八、八〇九
徳島	五七八	一、二七五	三三、九六四	(一九)	(三三)	一六八	(三)	(三)	一八	—	—	—	—	—	—	(一)	(一)	八	五七八(三三)	一、二七五(二七)	三四、一五八
香川	二五六	六六五	一七、二八〇	(一)	(一)	二〇	—	—	—	—	—	—	—	—	—	(四)	(四)	三四	二五六(五)	六六五(五)	一七、三三四
愛媛	二一五	七一〇	一三、九四六	一(一)	一(一)	三七	—	—	—	—	—	—	—	—	—	(四)	(四)	四〇	二一六(五)	七一一(五)	一三、〇二三
高知	二三三	六五六	一五、五〇二	一(一三)	一(一三)	七六七	—	—	—	—	—	—	—	—	—	(三)	(三)	二〇	二三三(一五)	六五七(一五)	一六、二八九
福岡	八〇八	二、八三一	七九、〇〇三	(一六)	(一六)	一、三三八	(一)	(一)	一〇	—	—	—	—	—	—	(一〇)	(一一)	一三三	八〇八(二七)	二、八三一(二八)	八〇、四七三
大分	二〇四	五八一	一六、〇七二	二(三)	二(三)	二六八	—	—	—	—	—	—	—	—	—	(八)	(八)	八二	二〇六(一一)	五八三(一二)	一六、四二三
佐賀	三三二	一、一四八	二五、七〇五	二(一四)	二(一四)	七七九	(一)	(一)	四	—	—	—	—	—	—	(四)	(四)	三九	三三四(一九)	一、一五〇(一九)	二六、五二七
熊本	五一七	一、七四二	四八、九三九	(七)	(七)	四三六	—	—	—	—	—	—	—	—	—	(六)	(六)	四四	五一七(一三)	一、七四二(一三)	四九、四一九
宮崎	四〇〇	一、四九四	三〇、〇八四	三(三一)	三(三三)	九四二	(一)	(一)	六	一	一	六〇	—	—	—	(七)	(七)	五六	四〇四(三九)	一、四九八(四〇)	三一、一四八
鹿児島	六六五	二、二一五	三八、〇〇二	一	一(一一)	四〇一	—	—	—	—	—	—	—	—	—	(三)	(三)	一八	六六六(一一)	二、二一六(一四)	三八、七九一
沖縄	五〇六	一、二一三	二六、五〇一	(三)	(三)	一九	—	—	—	—	—	—	—	—	—	(七)	(七)	六一	五〇六(一〇)	一、二一三(一〇)	二六、五八一
朝鮮	九	二九	一、八五三	(一)	(一)	六一	—	—	—	—	—	—	—	—	—	—	—	—	九(一)	二九(一)	一、九一四

道府縣	生活扶助 戸數	生活扶助 人員	生活扶助 金額	醫療 戸數	醫療 人員	醫療 金額	助產 戸數	助產 人員	助產 金額	生業扶助 戸數	生業扶助 人員	生業扶助 金額	臨時生活扶助 戸數	臨時生活扶助 人員	臨時生活扶助 金額	埋葬 戸數	埋葬 人員	埋葬 金額	計 戸數	計 人員	計 金額
樺太	四八	一五九	七、三一三	(四)	(四)	四〇八	—	—	—	—	—	—	—	—	—	(四)	(四)	四八	四八(八)	一五九(八)	七、七六八
臺灣	一一	三五	一、八八〇	一(四)	一(四)	四七一	—	—	—	—	—	—	—	—	—	—	—	—	一三(四)	三六(四)	二、三五一
關東州	八	一三	一、〇一八	—	—	—	—	—	—	—	—	—	—	—	—	—	—	—	八	一三	一、〇一八
南洋	—	—	—	—	—	—	—	—	—	—	—	—	—	—	—	—	—	—	—	—	—
計	三五、〇九七	一一七、七九六	二、八七九、三四九	一三八(一、三四八)	一三四(一、四六四)	八四、五三九	(三六)	(三六)	二〇四	二(一)	五(一)	二五〇	二(七)	八(二八)	二六〇	(四二〇)	(四二五)	四、二三六	三五、二三九(一、八〇二)	一一七、九四三(一、九四六)	二、九六八、八三八

（被扶助者別）

道府縣	傷病兵 戸數	傷病兵 人員	傷病兵 金額	傷病兵及其ノ家族 戸數	傷病兵及其ノ家族 人員	傷病兵及其ノ家族 金額	下士官兵ノ家族 戸數	下士官兵ノ家族 人員	下士官兵ノ家族 金額	傷病兵ノ遺族 戸數	傷病兵ノ遺族 人員	傷病兵ノ遺族 金額	下士官兵ノ遺族 戸數	下士官兵ノ遺族 人員	下士官兵ノ遺族 金額	計 戸數	計 人員	計 金額
北海道	五	五	八四六	一七	六三	三、〇五三	八六四	三、〇五七	一一三、七五四	六	一八	六九九	一〇	一九	一、一〇六	九〇二	三、一六一	一一九、四五八
東京	一〇	一〇	一、四四三	一六八	七二六	二七、〇八六	二、七七八	九、六三四	三〇九、五三六	六五	二〇八	二一、〇九五	二六	六一	三、〇九五	三、〇四七	一〇、六三九	三五二、二四五
京都	—	△二五	—	二六	一二〇	三、六三一	七一八	二、五一四	五二、七一八	五	一〇	四九八	一三	二六	一、二四一	七六一	二、六七〇	五八、〇八八
大阪	一三	二四	二、四〇五	六六	二七六	一三、九二八	一、五五一	五、四六七	一七七、七五六	二二	七二	三、八五六	一三	三〇	二、四〇六	一、六八三	五、八六八	一九九、三五一
神奈川	八	八	七四一	七五	二七五	一一、七七三	八三七	二、八五五	九七、三二七	四	一〇	六一九	一三	二三	一、五九三	九三六	三、一七二	一一三、〇五三
兵庫	二四	二四	三、〇三三	一四六	六〇九	三〇、七七〇	一、四六二	四、九八五	一六〇、六二九	二三	五一	三、七八〇	二〇	三一	二、四八九	一、六七四	五、七〇〇	二〇〇、七〇〇

長崎	六	△一〇	六	四二八	一三	五三	一、六六四	四四一	一、五〇七	三五、三七一	九	二七	一、一七七	一三	七三	二、八七八	四九二	一、六六六	四一、五一八
新潟	五		五	九一一	三〇	九三	三、六一二	八〇九	一、九〇〇	六七、一三〇	九	二四	一、一〇四	六	一三	四八五	八五九	二、〇三四	七三、二四二
埼玉	四		四	二四四	二四	一三五	二、七四九	八三五	二、九〇九	四〇、〇三三	八	一七	一、〇〇五	一七	三七	一、〇九四	八九八	三、一〇二	四五、一三五
群馬	—	△四		—	八九	三四四	一〇、三二一	三四三	一、〇六八	三三、四六九	一二	一八	七一〇	二	七	二二六	四四六	一、四三七	三四、七一六
千葉	—	△五		—	八	二四	八九三	三七六	八三三	二一、六七九	七	二五	五一八	六	一一	三二九	三九七	八九三	二三、四一九
茨城	五		五	三三九	二三	七八	二、九八五	九四六	二、三〇〇	六四、七五〇	七	二〇	七一五	九	一三	五九九	九九〇	二、四一六	六九、三八八
栃木	四		四	二三八	二三	八六	一、七六〇	六九四	二、五五五	四三、二六六	三	七	二〇四	六	一六	四三八	七三〇	二、六六八	四五、九〇六
奈良	二	△七	二	一三五	一〇	三六	一、二九六	二九三	一、〇三二	一三、九七八	六	一六	五三八	三	四	二四五	三一四	一、〇九一	一六、一九二
三重	—	△一三		—	一二	五一	一、七三六	八三八	三、二六四	五四、二九〇	六	一三	五一一	五	九	三六一	八六一	三、三四六	五六、八八四
愛知	—	△三六		—	三六	一三六	四、一七二	一、一七六	三、七六七	八一、七五八	—	—	—	二六	五六	二、五四四	一、二三八	三、九五九	八八、四七四
静岡	三	△二三	三	一六一	三三	一〇五	三、二六六	八二三	三、二三七	六二、二一三	六	二五	八九九	一九	四四	一、六九七	八七二	三、四一四	六八、二三六
山梨	—	△六		—	六	三三	五二五	一九五	六〇〇	一三、七〇六	二	六	一六八	二	六	一四七	二〇五	六四五	一三、五四六
滋賀	四	△四	四	二五二	七	二六	八一〇	五五二	二、〇〇四	三〇、八五二	七	二五	八九一	三	一三	二〇一	五七三	二、〇七一	三三、〇〇六
岐阜	六		六	五五六	二六	九三	三、五四七	八三二	二、二四四	四八、一三六	七	二〇	五五二	四	一三	五〇七	八七五	二、三七五	五三、二九八
長野	三		三	二一九	二二	六六	二、一五四	四一四	一、〇六九	三一、三一一	五	七	三三七	四	七	四三五	四四七	一、一五三	三四、四五六
宮城	—	△二五		—	二七	一四一	三、二九二	一、三四二	六、一三一	九一、四〇九	一三	三三	二、〇八六	八	一四	五七三	一、三九〇	六、三〇八	九七、四二九
福島	一	△二六	一	四五	二六	一三五	二、四七七	五三二	一、九九九	三七、一二一	七	一七	五二九	一三	四一	一、〇二三	五七八	二、一九三	四一、一九四
岩手	四		四	二一〇	三三	一一〇	二、五〇五	一、一一七	四、九二五	六七、八五八	五	一九	三六二	一九	四一	一、四一一	一、一六七	五、〇九九	七二、三四六

道府縣	傷病兵 戸數	傷病兵 人員	傷病兵 金額	傷病兵及其ノ家族 戸數	傷病兵及其ノ家族 人員	傷病兵及其ノ家族 金額	下士官兵ノ家族 戸數	下士官兵ノ家族 人員	下士官兵ノ家族 金額	傷病兵ノ遺族 戸數	傷病兵ノ遺族 人員	傷病兵ノ遺族 金額	下士官兵ノ遺族 戸數	下士官兵ノ遺族 人員	下士官兵ノ遺族 金額	計 戸數	計 人員	計 金額
青森	｜	｜	｜	九	二六	一、一七一	七七三	二、五九五	八四、四七四	三	八	三九二	五	六	三三三	七九〇	二、六三五	八六、三六九
山形	｜	｜	｜	二七	五三	二、五二六	九七二	二、五六四	七五、一一三	七	一三	七四四	四	九	一八二	一、〇一〇	二、六三七	七八、五七四
秋田	｜	｜	｜	一八	九二	二、四九四	八九八	三、八九六	五三、六四四	三	一三	一六三	二	七	一六一	九二一	四、〇〇七	五五、四六一
福井	一	△二五 一	七三	二五	八九	二、一七一	三五九	一、〇八一	三三、五七六	一〇	二五	八六三	八	九	一九二	四〇三	一、二〇五	二五、八七五
石川	一二	△五六 一一	四二六	五七	二〇三	七、四二八	五九一	一、六七六	四六、六六八	一六	三四	一、五二四	二七	四二	一、七八八	七〇三	一、九六六	五七、八三四
富山	四	△一三 四	三五八	一七	六三	二、四三四	六五四	一、八三一	四四、四二一	六	一九	五八八	三	五	二〇八	六八四	一、九二三	四七、九九九
鳥取	｜	△五	｜	一〇	五六	七八六	三二六	一、〇三三	二〇、七二四	二	五	七五	｜	｜	｜	三三八	一、〇九四	二一、五八五
島根	五	△二八 五	三〇二	五三	二一八	六、九七一	六九三	二、五五八	六四、一四一	一八	四二	二、四〇五	一五	三三	一、〇六八	七八四	二、八五五	七四、八八七
岡山	四	△三〇 四	四七〇	三〇	一三六	三、〇七八	八二六	二、八七四	五九、〇九七	六	一五	五〇六	三二	六七	二、三〇三	八九八	三、〇八六	六五、四五四
廣島	一二	△七五 一一	一、二九一	七五	三三四	八、九五三	六五八	二、一五〇	六六、五一五	二七	六七	三、四八七	一〇	二三	一、二六五	七八一	二、五七四	八一、五一一
山口	三	三	二七九	九	三六	一、四五八	三三三	一、〇三一	二八、二四一	四	一三	四四八	六	一〇	五六八	三五四	一、〇九三	三〇、九九四
和歌山	三	三	二五六	一四	三八	一、九七八	四一三	九五八	二五、七〇〇	五	九	五四六	四	六	三二九	四三八	一、〇一四	二八、八〇九
德島	八	△九 八	五三三	一六	五五	二、二四九	五四六	一、二〇二	三〇、九五四	四	六	二〇七	四	四	二一五	五七八	一、二七五	三四、一五八
香川	一七	△三三 一七	一、二〇九	三八	一四六	四、〇四七	一八二	四五四	一〇、二五三	九	三〇	九六六	一〇	一八	八五九	二五六	六六五	一七、三三四
愛媛	二	△二 二	一六八	三	九	二九九	二一〇	六九九	一三、五〇一	｜	｜	｜	一	一	五五	二一六	七一一	一三、〇二三
高知	二	△二 二	七九	一一	二七	八二五	二〇四	六一五	一五、〇一一	｜	｜	｜	六	一三	三七四	二三三	六五七	一六、二八九

	福岡	大分	佐賀	熊本	宮崎	鹿兒島	沖縄	朝鮮	樺太	臺灣	關東州	南洋	計
	二	—	—	—	三	一	二	一	—	一	—	—	一九七
	二 △一三	△三	—	△一〇	三 △一〇	一 △一一	二 △四	一	—	一 △二	—	—	一九九 △九三八
	四七	—	—	—	一九五	二一一	九九	一一〇	—	二五	—	—	一八、三三六
	二三	四	九	一〇	二三	一一	五	—	一	二	—	—	一、四三三
	一一八	一四	四三	四五	八九	四六	二一	—	三	七	—	—	五、七五九
	四、一七四	五四六	一、一三八	一、六七九	二、四五六	八五一	六八六	—	二九九	五二六	—	—	二〇〇、二一九
	七三六	一九四	三一三	四九四	三七〇	六四九	四八五	八	四六	八	八	—	三二、七一四
	二、五九四	五五五	一、〇六七	一、六六七	一、三九二	二、一五八	一、一六五	二八	一五三	二六	一三	—	一〇九、八九二
	七一、六二六	一五、三四三	二四、四〇八	四六、四九九	二七、八八四	三七、三一七	二四、七八五	一、八〇四	七、三〇七	一、六六四	一、〇一八	—	二、六五七、七八二
	一三	七	二	二	一	三	三	—	—	—	—	—	三九三
	四〇	一三	八	二	三	八	一〇	—	—	—	—	—	一、〇六六
	一、四三四	四五二	九四	一一七	八〇	二三三	三四三	—	—	—	—	—	四八、五一九
	三四	一	一〇	一一	七	二	一一	—	一	一	—	—	四九二
	七七	一	三三	二八	一一	三	一四	—	三	二	—	—	一、〇二七
	三、一九二	八一	八八七	一、一二四	五三三	一七九	六六八	—	一六二	一三六	—	—	四三、九八二
	八〇八	二〇六	三三四	五一七	四〇四	六六六	五〇六	九	四八	一二	八	—	三五、二二九
	二、八三一	五八三	一、一五〇	一、七四二	一、四九八	二、二一六	一、二一二	二九	一五九	三六	一三	—	一一七、九四三
	八〇、四七三	一六、四二三	二六、五二七	四九、四一九	三一、一四八	三八、七九一	二六、五八一	一、九一四	七、七六八	二、三五一	一、〇一八	—	二、九六八、八三八

二　昭和十一年度軍事扶助團體事業實施狀況調

（事業種目別）

區分		戸數	人員	金額	實施分擔狀況：帝國軍人後援會	愛國婦人會	帝國在郷軍人會	恩賜財團濟生會	日本赤十字社	大日本國防婦人會	地方團體	軍人援護資金其他
生活扶助	罹災者ニ對スル臨時生活扶助	一、七〇四戸	七、五五三人	二九、五一八円	三、三三四円	四、五四三円	二五九円	—円	—円	一九六円	一三五円	二、〇七二円
	軍事救護法ニ依ル救護前ノ生活扶助	二、五〇二	七、七三七	三三、二六三	九、一七三	一五、一六二	一〇八	—	—	六、〇九八	六六六	一、〇五五
	軍事救護法ニ依ル救護廢止後ノ生活扶助	一、五四九	四、〇三五	二〇、九四七	一三、一二〇	六、三七三	四九五	—	—	一九二	四三一	三三六
	軍事救護法其他國公共團體ノ施設ニ依ル扶助ヲ受ケ得ザルモノノ生活扶助	九、三三七	六〇、九〇五	一五九、七九一	九三、六四九	五一、三七三	六九二	—	—	三、七一七	一、九三五	八、四二五
	一時的生活扶助	二、三三五	五、〇五五	二三、二八二	四、五二八	八、七八六	四〇〇	—	—	—	八、五六八	—
	計	一七、四二七	八五、二八五	二六四、八〇〇	一四二、七九四	八六、二三七	一、九五四	—	—	一〇、二〇三	一一、七二五	一一、八八七
醫療及助	居宅醫療	五、三五六	六、二九八	三六、二五三	四四三	一七二	—	一〇、三一六	三、八四六	一、三七九	—	一、〇九六
	入院醫療	五一五	五三三	六二、六七七	八〇〇	二〇	—	四、二九五	五七、五六二	—	—	—
	醫藥（賣藥）配給	一、五九二	一、五九二	一、四一一	—	一五〇	—	一、二四〇	一八	—	三	—
	醫療費ノ補助	四七〇	六〇四	四、〇〇三	二、八一八	九四一	一一四	—	—	—	一五〇	—
	温泉其ノ他療養費ノ補助（旅費ノ支給ヲ含ム）	二五	三〇	二〇一	一〇四	七八	—	—	一九	—	—	—
	身體支持具ノ給與修繕	六	六	五九〇	—	一〇	—	三八〇	—	二〇〇	—	—
	助產（居宅、入院）	一三四	一四三	六四七	—	五三六	—	四三	五〇	一八	—	—

産		生業扶助				其ノ他					合計	資金融通				慰安會慰靈祭ノ執行
助産費ノ補助	計	職業補導授産	職業再教育	小額生業資金ノ給與	計	弔慰金贈與	就學費補助	埋葬費ノ給與	其ノ他	計		恩給等ヲ受クル迄ノ生活扶助費ノ融通	低利生業資金ノ融通	恩給金ノ融通	計	
四二八	八、五三六	七一六	六	四七	七六九	一四、九二八	五三六	八九	九、六五六	二五、一九九	五一、九二二	五	三〇	一六	五一	三、四四〇
四二八	九、六三四	七一六	六	七一	七九三	二二、四八八	七四三	九六	一七、三九五	四〇、七二三	一三六、四三四	五	一〇二	一六	一二三	六三、五九三
一、四七五	一〇七、二七六	二六、六九〇	二三七	三、〇三一	二九、九五八	六九、五六五	一、九九四	五四一	四三、六七九	一一五、七七九	五一七、八一三	四五〇	二、〇七〇	二、六九六	五、二一六	一〇一、六八七
―	四、一六五	一、八六三	一八七	五四六	二、五九五	一二、一五三	六二	九七	三、〇四五	一五、三五七	一六四、九一〇	一二〇	二〇〇	―	三二〇	三九、四九八
一、〇四四	二、九五一	五、八五三	五〇	九一五	六、八一七	一八、六七五	一、八二二	六五	一〇、八八六	三一、四四七	一二七、四五三	三三〇	一、八七〇	二、六九六	四、八九六	二三、五四七
―	一二四	―	―	一六〇	一六〇	一、一九九	―	―	―	一、一九九	三、四二七	―	―	―	―	四、三七五
七九	一六、三五三	―	―	―	―	―	―	―	―	―	一六、三五三	―	―	―	―	―
三五二	八〇、八四七	―	―	二四〇	二四〇	三、一二〇	―	一六〇	―	三、二八〇	八四、三六七	―	―	―	―	一、三四一
―	一、五九七	二四〇	―	―	二四〇	五、九四一	三	―	七三二	六、六七六	一八、七一六	―	―	―	―	五、一六六
―	一五三	一八、六四六	―	一、一二〇	一九、七六六	二三、六一八	七五	二〇〇	二八、二五六	五一、一四九	八二、七九三	―	―	―	―	二三、三八六
―	一、〇九六	九〇	―	五〇	一四〇	五、八六〇	三	一九	七六〇	六、六一二	一九、七九五	―	―	―	―	四、三七四

第二　遺族援護課主管事務

遺族援護に付ては、豫てより國家公共團體又は軍事援護團體に於て其の萬全を期しつゝある處なるが、時局の推移は一段と遺族援後の擴大强化を期するの要あるに依り、昭和十三年十月二十日厚生省分課規程を改正し臨時軍事援護部內に遺族援護課が設立せられたのである。

而して其の所管事務は、遺族の援護に關する萬般の事項にして、概略は如の如くである。

一、遺族の生活安定に關する事項

遺族に對しては旣に法令其の他に依り各種の恩典が與へられてゐる。即ち恩給法に依る扶助料、金鵄勳章年金、死歿者特別賜金、行賞賜金、死亡賜金、埋葬料等の賜與又は給付、軍人遺族記章の授與、鐵道運賃の無賃及割引取扱、遺兒の小中學校授業料の減免、煙草收入印紙賣捌指定の優先的取扱又は扶助料收入に對する租稅の免除、臨時農村負債處理法に依る負債の整理等物質的並に精神的保護若は恩典が與へられてゐるのであるが、之等の保護若は恩典を最善の方法に依り活用して遺族をして名譽ある戰歿軍人の遺族として恥しからざる生活を爲さしむる樣指導することは最も必要な事である。雖然之等各種の恩典があつても尙且つ遺族の安定が脅さるる場合もあるので如斯場合は軍事扶助法による各種の扶助、軍人援護事業助成費に依る各種援護に依り遺族をして生活上の不安なからしむるに務めてゐる次第である。

尙遺族が身に一定の職を得、將來其の家庭の爲に生活の資料を得ることは極めて必要の事であるから之が授職補導に付ても目下考究中である。

更に死歿特別賜金は、戰歿者の功勞を特に賞せらるゝ御思召を以て賜與せらるゝものであるから徒に是を生活費等に消費するが如きことなく戰歿者の遺族として立派な生活をするの資に活用することが最も妥當であるので是を保護活用する爲に恩賜財團軍人援護會と緊密なる聯絡を採つて同財團の無利子、無手數料の扶助料の前貸立替事業を利用せしむるの方策を講じ、以て生活に不安を生ぜしめず死歿者特別賜金の保護活用を計らしむることに努めつゝある所である。

二 戰歿者遺兒の養育に關する事項

戰歿者遺兒の養育の問題は、遺族援護中最も緊要な事項である。此の點に付ては當局として特に重大な關心を拂つて居るのであるが差當り昭和十三年度より遺兒にして學資乏しき爲め中等教育を受くること能はざる者に對し、全額國庫負擔により道府縣をして育英事業を爲さしめ、遺兒に就學の便を與へ獨立自營の素地を作らしむることに努めてゐる。尙專問學校以上に就學せんとする遺兒に對しては恩賜財團軍人援護會に於て學資補助の方法を講じて居る。其の他高等小學校、青年學校等に入學せんとする遺兒に對しても目下愼重考究中である。

三 遺族の身上等相談に關する事項

遺族は一家の中心を失つたのであるから、眞に親身になつて身上其の他家事萬般に就て相談指導の必要がある。道府縣市區町村に設置せられたる軍事援護相談所は專ら是等のことに當つて居る。昭和十三年十一月四日調査に依るに軍事援護相談所に於て遺族家族を繞る此種相談の受理件數は一、七八八件にして其の內旣に一、三七八件は圓滿に解決されて居る。

尙軍事援護相談所の機能を遺憾なく發揮活用することに就ては考究中である。

四　精神教化等に關する事項

以上の如く遺族に對しては各種の援護が爲されてゐるのであるが遺族が是等國家其の他の援護に慣れることなく旺盛なる獨立自營の精神力を涵養せしむることは極めて緊要の事であるので、遺族の精神教化の方策に付ては特に愼重考究中である。

五　英靈顯彰に關する事項

戰歿軍人の名譽を顯彰すると共に一般國民の感謝の念を昂揚せしめ、延ては國民の精神教化に資することは極めて大切である。戰歿軍人が靖國神社に祀られ畏くも　天皇陛下の御親拜を辱ふし全國民の崇敬の的となつて居ることは畏き極みである。其の他地方に於て英靈を顯彰することは時機に適じたる方策であるから是等に付ては愼重考究中である。

六　結　　語

遺族援護に付ては國家を始め公共團體、援護團體に於て夫々機宜の援護方策を講じて居るのであるが遺族は一家の中心人物を失ひたる結果精神上、物質上の打撃多大なるのみならず遺族の多くは生活能力を缺く老人若は婦人子供なるを以て、是等の特種性を充分認識して眞に暖き援護の手を差延べる事が最も緊要である。且遺族は應召軍人の家族と異り其の身分關係が確定したのであるから之に即應する援護對策を講ずることが必要である。

尙遺族に對しては隣人の暖き援護が基調を爲すものであるから國民の隣保相扶に依る援護を切望して止まない次第である。

保險院

第一章 沿革

厚生省設置の理由が國民體力の向上及國民生活の安定を主眼として之に關する諸般の行政竝に施設の統合擴充を圖る爲に專管の一省を設けんとするにあつたことは既に述べた所であるが、今日の社會組織に於て人的保險の制度が如何に國民生活と緊密不可分の關係に置かれてあるかは贅言を要しないのみならず、國家の財政經濟上にも寄與する處極めて大きく且亦國民保健の增進に就ても頗る重要な役目を果してゐるのである。從つて新省設置の理由とするところは即ち保險院新設の理由でもあつて、各種の人的保險行政の綜合管掌に依つて厚生省の使命とする所をより徹底的に、より圓滿に遂行すべく、恰も唇齒輔車の關係に於て構成せらるべく、昨年來保健社會省の設置の準備と共に之が設置に就て種々調査準備が進められてきたのである。當初は人的保險行政の全面的統合を目的として從來政府の管掌する各種の社會保險及簡易保險は云ふ迄もなく、此等と併せて一聯の保險體系をなす民營の生命保險に就ても之が監督事務を新設の機關に併合する計畫であつたが、その間支那事變の勃發に依る實施の延期、移管範圍の變更等紆餘曲折を經た後昨年末遂に官制案の最後的決定を見て漸く本年一月十一日保險院官制を公布し、茲に厚生省の有力なる外局として誕生することゝなり、同時に從來の社會局官制及簡易保險局官制は廢止せられたのである。

保險院の構成は長官の下に總務局、社會保險局及簡易保險局の三局から成り卷頭事務分掌表の如くその管掌する事務は、從來內務省の社會局の主管に屬した健康保險（社會局保險部所管）竝に勞働者災害扶助責任保險（社會局勞働部所管）に關する事項と、遞信省の簡易保險局の主管に屬した簡易生命保險竝郵便年金に關する事項とを夫々移管し尙生命保險會社の監督行政に關しては昭和十三年勅令第二十九號に基き新に生命保險會社に對する監督事務中財產運用及保險料率に關する基準的事項は商工大臣、大藏大臣及厚生大臣之を協定することとし、生命保險會社の被保險者保健施設の監督に關する事務は之を商工大臣及厚生大臣に於て共管することとなつたのである。尤も右の內簡易生命保險及郵便年金事業に關しては其の業務運行方法に就て便宜第一線現業事務を遞信省に委託することとし、從來郵便局に於て取扱つた募集、集金及支拂等の事務及之に對する管理事務は遞信省に於て處理する建前に依り、郵便局は從來通りの事務を、遞信局はその監督奬勵に關する事務を分掌し、亦中央機關として同省內に新に管理局を設置することになつたのである。其の事務執行に要する經費は簡易生命保險特別會計及郵便年金特別會計より大體事業成績に應じ、之を通信事業特別會計に繰入れ最も適切に經理することになつたのである。併し斯樣に一個の事業を兩省に分割所管せしめる事に就ては、事業の經營上多少問題とさるべき點なしとしなかつたのであるが、國策遂行の大乘的見地に立つて斯く處理したものである。併しその後約半年に亘る經驗に徵して見ると事業成績は極めて順調なる經過を示し、將來兩省間の緊密なる連絡提携により圓滿なる運營を期待し得ることが立派に證明せられたのである。尙從前遞信局の主管に係る事項中積立金の地方貸付の調査に關する事項及健康相談所其他被保險者保健施設の實施に關する事項は保險院簡易保險局に移管せられ、之等の事務は遞信局の管轄區域に依り簡易保險局又は同支局に於て分掌することとし、新に名古屋、大阪、廣島及札幌の各都市に支局を設け新機構の體系を整ふることとしたのである。

昭和十三年四月一日法律第六十號を以て公布された國民健康保險法に關する事務は社會保險局に新設の國民健康保

險課に主管せしむることとし、同年七月一日より施行される事となつたのであるが現下の社會狀勢に鑑み、その效果は一段と期待される。

尚以上の各種社會保險の地方廳に於ける事務執行機關は健康保險は道府縣警察部（東京は警視廳保安部）健康保險課及健康保險出張所、勞働者災害扶助責任保險は同部工場課又は保安課、國民健康保險は學務部社會課が之に當り萬遺憾なきを期してゐる。

第二章　總務局主管事務

總務局は各種人的保險制度の企畫調査に關する事務、被保險者保健施設の企畫竝統括に關する事務、保險數理に關する事務及び生命保險會社の監督に關する商工、大藏兩省との共管事務等を掌り、直接現業部門は管理してゐないが專ら保險制度の綜合的發展を企畫する計畫機關であると云へる。亦人事、文書及會計に關する事務竝に他局の主管に屬さない事務等長官官房に該當する部門をも主掌してゐるのである。

第一　庶務課主管事務

庶務課は機密、人事、文書、會計及他の局課の主管に屬しない事項等に關する事務を掌り、庶務、會計の二係に分れて之等の事務を分掌し專ら院內外の連絡調整に當り長官官房事務を執行すると共に、總務局長書記室の事務をも併せ處理してゐる。

庶務係は主として人事竝に文書に關する事務を主管してゐるのであるが、人事に關しては判任官の身分、進退に關する事務に付官制に基き長官專決事項として當係に於て處理してゐる。文書に關しては保險院文書取扱規程に依り受發、審査及進達に關する事務（簡易保險局現業事務關係を除く）を取扱ふ。此の外機密竝に他の局課に屬せざる事項等に就ても庶務係が擔當してゐる。**會計係**は保險院に屬する一般會計の豫算、決算竝に會計に關する事務及營繕に關する事務を掌る外、關係各特別會計の豫算決算に關する事務の總括を行ひ併せて其經理の監査に關する事務を扱ふ。

第二　企畫課主管事務

企畫課は社會保險、簡易保險等各種の人的保險制度の企畫に關する事務を主として掌理してゐるのであるが、商工大藏兩省との共管に屬する生命保險會社の監督に關する事務をも分掌してゐるのであつてその概要は次の通である。

一　**保險制度の企畫に關する事項**　保險院設置前に於ては社會保險に關する企畫事務は主として社會局保險部規畫課（勞働者災害扶助責任保險に關しては勞働部勞務課、失業保險に關しては社會部職業課）、亦簡易生命保險及郵便年金等の國營任意保險に關する企畫事務は簡易保險局監理課及年金監理課の主管に屬して居つたが新機構實施と共に之等の事務を移管し兩者一體として企畫課の所管下に統合、兩制度の機能を益々發揮せしめ得るやうに圖つたのである。從つて企畫課に於ても此の新しき使命の重要性に鑑み殊に現下時局の戰時體制化に即應すべく同課設置以來全機能を擧げて活動してゐる狀況であつて、新種保險制度の創設は勿論現行の社會保險及簡易保險に就ても其の制度の企畫に關する事務は凡てその掌る所となつてゐる。尙小額所得者階級、事務所、商店等の職員使用人及船員等に關する社會保險制度の整備又は養老、癈疾及遺族の保護に關する保險制度の研究調査も將來漸次進められることゝならう。この爲に「保險調査彙報」（非公刊）を編纂月刊し、調査研究の資に供してゐる。又別項記載の保險院保險制度調査會に關する事務も管理することになつてゐる。

二　**生命保險會社の監督に關する事項**　昭和十三年勅令第二十九號「生命保險會社の監督に關する件」に依り生命保險會社の監督に關する事務の內財産運用及保險料率に關する基準的事項に關しては商工、大藏及厚生三當局が協定し商工省は此の協定に準據して生命保險會社の監督を行ふこととなつたので企畫課に於ては他の關係課と協力し、厚生精神を之に反映せしめ以て綜合的保險國策樹立上遺憾なきを期してゐる。

第三　數理課主管事務

數理課は保險料率の基礎計算其の他保險數理に關する事項、統計的觀察に關する事項及民營生命保險の保險料率の調査に關する事項等專ら數理に關する技術的分野を管掌してゐる。以下各項に付概說する。

一　保險料率の基礎計算其の他保險數理に關する事項　凡そ保險事業經營の基礎を爲すものは保險料率の算定であつて其の適否は事業の消長に重大な關係を持つてゐる。故に保險院の管掌する各種保險の保險料率の變更其他將來新に企畫せらるべき新種保險の保險料率の量定に關する事項竝に數理的事項の一切の事務を管掌するものである。而して保險料率の量定に關しては死亡生殘表、癈疾表、疾病表、豫定利率、事業費率等將來計畫すべき保險の形態に應じ諸般の資料を要するのみならず、之が計算方式に關しても海外の先例を參照し我國の實際に適合するものを調査するのである。又數理的事項としては責任準備金其他の積立金計算方式、解約還付金、長期繼續加入者に對する保險料の還付、契約變更に伴ふ保險金額、年金額及還付金の計算方式、剩餘又は缺損の原因別調査、剩餘金處分方法等の諸問題がある。

二　統計的觀察に關する事項　保險院の管掌する各種保險事業が國民の保健又は生活の安定上如何なる效果を齎したるかを知る爲には既往の實績に基く統計的の觀察を必要とする、又各保險事業の運營の適否如何を闡明する爲には事業統計の事實に付あらゆる方面から不斷の觀察を行ふことを要する。而して之等統計的觀察を基礎として得たる結果は之を事業の改善擴充を計るの資料とするは勿論一般社會及學界等にも參考となるべき統計に就ては之を公表することとしてゐる。

三　民營生命保險の保險料率の調査に關する事項　昭和十三年勅令第二十九號に基き生命保險會社の監督に關聯して民營生命保險の保險料率の基準的事項の調査に關する事務を掌るものである。生命保險事業に於ては其の經營主體の如何に拘らず保險料率の低率公正なことが利用階級にとつて最も望ましいことであると同時に亦監督當局としても之を以て事業運營上の最大要件と認めてゐるのであつて、民營の生命保險事業が政府管掌の各種人的保險制度と相俟つて合理的發展を遂げる爲には、保險院に於ても右の數理的方面に就て監督指導に關與するのが兩者の完全な調整を期し得る要因の一つである。而して數理課は右の技術的調査審議に當り關係當局とも協力して實效を擧げることに努力するものである。

第四　施設課主管事務

施設課は政府管掌各種保險の被保險者保健施設の企畫及統括に關する事項、生命保險會社の被保險者保健施設に關する事項を掌理するのである。以下事務の内容を概說する。

一　被保險者保健施設の企畫及統括に關する事項　被保險者保健施設とは被保險者の健康保護增進を圖る事に依つて其の日常生活の平安と幸福とに寄與し、以て保險制度本來の機能目的をより一層强化增大し併せて被保險者死亡率若くは傷病率の低下を計り、保險經濟を有利ならしめんとするものであつて、その主たる施設として現在健康相談所が各地に設置されてゐる。即ち簡易保險健康相談所は百九十六都市二百二十四ケ所、健康保險相談所は五十九都市六十七ケ所の數に達してゐるが、從來保險院創設に至るまでは夫々別個の行政機關に依つて設置運營せられてゐた關係から、現在に於ては兩者の間に何等連絡統制の途なく亦同一土地に重複して設けられてゐるものも尠くない狀態にあるので、施設課に於ては之が統括的立場から兩施設の連絡乃至機能の轉換、或は相談所の未設置地方に對する措置等攻究すべき事項が甚だ多く目下鋭意研究中である。

二 **生命保險會社の被保險者保健施設に關する事項** 商工省との共管に係るものであつて之に依り民間施設の創始、擴充、監督に當ることゝなつてゐる。現在生命保險會社設置の保健施設としては健康相談所七ヶ所、診療所一ヶ所の外別働團體に依る病院二ヶ所等が主たるもので從來餘りにも看過されてゐた狀態にあるが、將來は民間施設の擴充に關しては商工省との協力により國策順應の立場から指導すべきで目下その對策の研究準備に努力してゐる。

第五　總務局關係調査會概要

一 **保險院保險制度調査會** 本調査會は厚生大臣の監督に屬し其の諮問に應じて保險院の所管に屬する保險の制度に關する重要事項を調査審議する機關として昭和十三年十一月設置せられたものであつて、各種の人的保險行政が保險院に統合された現狀に對應せしめるため從來社會保險のみの調査審議機關に限られてゐた社會保險調査會を廢止して、その機構の擴大を圖つたものなのである。而して本調査會は會長一人、委員三十人以內を以て組織するが、特別の事項を調査審議する爲必要ある時は臨時委員を置くことが出來る。會長は厚生大臣之に當り委員及臨時委員は厚生大臣の奏請に依り關係各廳高等官及學識經驗ある者の中から內閣に於て任命する。學識經驗ある者の中から命ぜられた委員の任期は三年である。

目下厚生大臣から同會に諮問せられてゐる議案は職員健康保險制度案要綱並に船員保險制度案要綱である。

第三章　社會保險局主管事務

社會保險局は健康保險、國民健康保險及勞働者災害扶助責任保險に關する事務を掌り庶務課、監理課、醫務課、國民健康保險課及健康保險相談所の四課一所に於て其の事務を分掌してゐる。

健康保險法は歐洲戰爭後の我國勞働情勢に鑑み農商務省工務局勞働課に於て立案し、第四十五議會の協賛を經、大正十一年四月公布されたが同年十一月社會局新設と共に之に移管され、第二部保險課に於て之を管掌した。而して大正十二年四月より同法實施の豫定を以てその準備の爲大正十二年六月臨時健康保險部を設置したが、偶々大震火災に遭遇し施行の時期も暫く遷延せしめられ遂に大正十三年十二月に至り臨時健康保險部は廢止され社會局第二部中に健康保險課として存續することになつた。其の後大正十四年四月社會局第一部に移管される等幾多の變遷を經たが實施の機運漸く熟するに及び大正十五年七月一日を期して本法中保險給付及費用の負擔に關する規定を除き施行する旨大正十五年三月法律第三十四號を以て公布せられ、同年四月保險部を新設同年七月全國に五十箇所の健康保險署を設置し法の一部實施を見たが、昭和二年一月一日漸く全面的に施行された。その後內務行政事務統合の爲健康保險署を廢止し、地方廳に移管することゝなり昭和四年八月一日社會局官制竝道府縣廳の官制が改正されたが、昭和十三年一月保險院設置と共に社會保險局に移管され今日に及んでゐる。

勞働者災害扶助責任保險法は勞働者災害扶助法、工場法及鑛業法の適用を受ける事業につき勞務者扶助の圓滿な履行を確保する爲事業主の扶助責任を政府が保險すると云ふ保險制度を制定する目的を以て社會局勞働部監督課に於て立案され第五十九議會の協賛を經、昭和六年四月一日法律第五十五號を以て公布翌年一月一日より勞働者災害扶助法と共に實施されたものである。之に關する事務は同年八月分課規程改正に依り監督課から勞務課に移管されたが保險院官制施行に伴つて社會保險局監理課の主管に屬せしめられることになつた。尙現在に於ては本法中勞働者災害扶助法の適用を受くるものゝ內一部分の土木建築工事の事業主につき强制加入の規定があるのみで他の工事については未だ本制度の適用を見るに至つてゐない。

國民健康保險法は農山漁村居住民、小商工業者等國民大衆の醫療費負擔の問題を社會保險的方法に依つて解決しその經濟生活の安定と健康の保護增進を圖る目的を以て昭和九年來社會局保險部規畫課に於て調査硏究し、昭和十二年成案を得て第七十議會に提出したが衆議院解散の爲不幸成立の一歩手前に於て通過を見ずして了つた。その後所謂代行機關の問題を解決して第七十三議會の協賛を經、昭和十三年四月一日法律第六十號を以て公布せられ同年七月一日より施行され同日附新設の國民健康保險課に於て之が事務を主管してゐる。

社會保險局に於ける各課の主管事務を述ぶれば左の通である。

第一　庶務課主管事項

庶務課は健康保險に關する事務中、健康保險組合に關する事項、健康保險審査會に關する事項及他課の主管に屬せざる事項を主管する。以下各項に付概要を述べる。

一　健康保險組合に關する事項　健康保險組合は常時三百人以上の被保險者を使用する事業主が厚生大臣の認可を得て設立した公法上の法人であつて、政府の監督の下に其の組合員たる被保險者に對する保險者として保險事業を掌るのである。健康保險組合の監督に付ては專ら庶務課が之に當り組合の設立、解散、分割、合併、規約變更、保險料率變更、每年度の收支豫算及豫算の追加更正、每年度一時借入金限度、準備金管理方法等の認可を行ひ、其の他二以上の道府縣に跨る健康保險組合に對し事實に關する報告を爲さしめ、事業及財產狀況の檢査を行ふ等嚴重に監督してゐる。事實に關する報告、事業及財產狀況の檢査等に就ては以前は組合が一道府縣内にのみある場合でも本省(當時は保險部監査課)が直接監督の衝に當つてゐたのであるが、昭和十年一月內務省令第一號により之等の監督權は一定の範圍內に於て地方長官(東京府にあつては警視總監)に委任されたのである。但し庶務課(當時は監査課)に於ては委任事項についても、適宜地方より報告を徵し組合監督上遺憾なきを期してゐることは勿論である。又組合實務者をして法令に通曉させ事務取扱上過誤なからしめる爲、時に實務者會同して講習會を開き、又は事務打合會を催す等の方法を講じて組合の健全なる發達に努力してゐる。

尙組合管掌の保險給付件數を示せば次の如くである。

健康保險組合管掌の保險給付件數(昭和十一年度分)

給付ノ種類		給付件數
傷病ニ關スル給付	療養	三、五九五、五八六
	療養費	九、五一三
	傷病手當金	四七六、八九四
	計	四、〇八一、九九三

給付ノ種類		給付件數
死亡ニ關スル給付	埋葬料	七、〇三七
	埋葬費	二五五
	計	七、二九二
分娩ニ關スル給付	分娩費	五、八一八
	出産手當金	六、三五五
	産院收容	三二
	助産手當	三、〇七七
	計	一五、二八二
合	計	四、一〇四、五六七

二　健康保險審査會に關する事項　健康保險審査會は健康保險に關する爭議を簡易迅速に決定する爲に設けられた機關であつて（別項參照）、庶務課に於ては健康保險審査會委員の任免に關する調査、第二次又は第三次の健康保險審査會に對する審査事件附議等の事務を掌る。

三　他課の主管に屬せざる事項　以上の外社會保險局に於ける他課の主管に屬しない事項として取扱つてゐる主なる事務は健康保險の法令に關する事項、健康保險組合を代行する官業共濟組合の指定、保險統計に關する事項、健康保險時報の發行等である。

官業共濟組合は健康保險法施行令第七條の指定を受けたときは健康保險事業を代行し得るのであつて、右の規定に基いて既に指定を受けた共濟組合は土木事業從業員、林野現業員、遞信部內職員、國有鐵道、陸軍、海軍、內閣印刷局、專賣局及造幣局の九組合である。

保險統計に關する事項としては廳府縣及健康保險組合から每月報告する事業狀況及び每年報告する一箇年度の事業狀況等に基き詳細な統計を作成し之等は健康保險事業年報及健康保險時報其他適當の方法に依り發表してゐる。尙其の他隨時廳府縣、健康保險組合、事業主、勞働團體等の關係方面に就き各種の事項を調査し、之に依つて統計を作成してゐる。

健康保險時報は健康保險の機關誌として每月一回發行し廳府縣、健康保險組合其他關係官廳等に配付してゐる。

第二　監理課主管事務

監理課は政府の管掌する健康保險に關する事項、健康保險特別會計に關する事項、勞働者災害扶助責任保險に關する事項、勞働者災害扶助責任保險特別會計に關する事項を主管する。

一　政府の管掌する健康保險に關する事項　保險官署の事業監督竝に健康保險の事業改善に關する事項である。以下各事項に付き事務の內容を概說する。

(一)　保險官署の事業監督に關する事項　政府の管掌する健康保險即ち健康保險組合の組合員でない被保險者の保險に關する事務は北海道及各府縣（東京府は警視廳）の健康保險課竝に北海道廳函館、旭川、釧路、警視廳麴町、兩國、龜戶、王子、新宿、品川、八王子、長野縣岡谷、愛知縣豐橋、大阪府大手前、天滿、淀川、泉尾、玉出、貝塚の各健康保險出張所に於て掌つてゐる。而して健康保險課竝に健康保險出張所に於て爲す事業中健康保險組合の監督及び保健施設以外の事項に關しては事業狀況報告、收入支出に關する報告其の他定時又は隨時に各種の報告を徵して調査監督をするの外實地に就いても仔細に視察し事業の運營と經理の二方面に亘つて監督を爲すのである。尙每年健康保險課長、同出張所長の會同を行ひ之に關する事務を掌つてゐる。

(二) 健康保險の事務改善に關する事項 健康保險法は大正十五年七月一日より實施せられたのであるが、實施後の經驗に徵し保險官署に於ける業務の改善に留意し本法の圓滿なる發達を期し常に調査研究してゐる。

二 健康保險特別會計に關する事項 健康保險特別會計は健康保險事業經營の爲、特に設けられた會計であつて昭和二年一月一日より實施された。本會計に於ける歲入の主なるものは保險料、一般會計より受入れる國庫負擔金及運用收入で、歲出の主なるものは保險給付費、事業取扱費及保健施設費である。監理課に於てはこの特別會計の豫算の編成竝經理及び決算の作成等會計事務一般を掌つてゐる。昭和十三年度に於ける其の豫算額は三千七百七十三萬六千餘圓である。而して每年度の支拂豫算は保險院長官、地方長官、(東京府は警視總監以下同じ)及各健康保險出張所長に分配される。歲入の徵收に付ても保險料其の他健康保險法に依る徵收金の賦課徵收に關しては地方長官及健康保險出張所長が之を掌る。各支出官は差當り支拂に必要な資金を除いて歲入金の受入に依る支拂元受高を保險院長官たる支出官の支拂元受高に轉換することになつてゐる。

斯の如く健康保險特別會計は全國に共通する一個の會計をなすのであるから監理課は常に經理の總括をなし健康保險特別會計の聯絡統一を計り、不斷に收支の狀況を明にしてゐる。尙餘裕金又は積立金は之を大藏省預金部に預託し又は國債の引受等にあてゝ成るべく有利に運用管理してゐる。

政府管掌健康保險の保險給付狀況は次の通りである。

政府管掌健康保險の保險給付概況（昭和十二年度）

給付ノ種類		金額
傷病ニ關スル給付	療養ノ給付	二一、九七八、二二四圓
	療養費	一六〇、一九五
	傷病手當金	九、二四七、七五一
死亡ニ關スル給付	埋葬料	七九四、七六八
	埋葬費	
分娩ニ關スル給付	分娩費	四四七、一二三
	出產手當金	六四八、六二七
	產院收容及助產手當	二二八、九三三
合計		三三、五〇五、六二一

三　勞働者災害扶助責任保險に關する事項　現在本制度の實施せられてゐるのは勞働者災害扶助法、工場法及鑛業法の適用を受ける事業の內一部分の土木建築工事に過ぎない、即ち勞働者災害扶助法第一條第一項第二號(ハ)の工事の事業主に對し强制加入の規定があるのみである。

監理課に於ては本制度に關する事務一般を主管してゐるのであつて、保險契約の締結、保險料の徵收及保險金の支拂等の現業的事務は總て取扱ふのみならず、本保險の法令に關する事務、業務改善に關する事務、統計に關する事務及別項記載の勞働者災害扶助責任保險審査會に關する事務を掌つてゐるのである。又道府縣警察部（東京府は警視廳保安部）に勞働者災害扶助責任保險特別會計所屬の職員を配置して實地調査、療養の監督及視察等の事務に當らしめてゐる。昭和十一年度に於ける保險契約狀況及保險金支拂狀況は左の如くである。

保險契約狀況

年度	契約工事數	請負金額	使用勞働者延人員數	概算保險料
昭和七年度	五、一四四	二〇八、〇二六、九一四・八三円	四三、四二七、〇二四	一、二〇四、五二六・六六円
同八年度	六、一三七	二六五、九七一、〇〇九・九一	四四、一九五、六九六	一、二九七、一三六・三四
同九年度	七、一二六	三一八、七三〇、五三三・四七	五三、九九〇、四六〇	一、四四五、〇三二・一五
同十年度	八、〇〇〇	三七三、一八八、九〇三・〇三	六二、二八四、八八三	一、九〇六、六一九・〇九
同十一年度	九、六〇四	五四一、六一〇、三三二・八三	八四、三五三、九一八	二、七七八、三一四・〇八
同上内譯				
隧道工事	一四五	五六、一五一、六五一・一五	一六、〇八六、一六一	六八五、二六五・六七
地下鐵道建設工事	一	二、四八七、二五三・二五	二〇〇、〇〇〇	五二、九七八・四九
水力發電用建設土木工事	四	一三三、九八二・四〇	五八、二二四	三、二一八・九八
道路鋪裝工事	二九	三九二、九一四・三九	四四、六九五	九〇三・五七
工作物ノ破壞工事	一九	一〇一、七〇八・〇〇	三〇、〇七四	一、一三九・八二
建築工事	五、〇三一	三一七、九〇二、四七四・三三	三〇、七八五、七七六	九〇三、二一六・六四
鐵骨鐵筋又ハ鐵筋混凝土造家屋建築工事	三六一	四四、二三九、九四四・〇〇	三、六八一、八二一	一五三、四一九・四五
橋梁工事	五八九	一八、五七一、八九三・一三	三、八八二、八五三	一二九、八〇四・九一

年度	契約工事数	請負金額	使用勞働者延人員數	概算保險料
其ノ他ノ工事	三、四二五	一〇一、六四八、五二二・一八円	二九、五八四、三二四	八四九、一六六・五五円

扶助種類別金額

扶助種類別　年度別	金額
昭和七年度	一四三、五七二・六八円
同八年度	六五三、五六八・六五
同九年度	一、一七六、三六六・八四
同十年度	一、五七四、二六〇・五五
同十一年度	一、七九三、〇二四・一一
內譯	
休業扶助料	四一五、二八五・八三
療養費	八八一、〇六四・七六
障害扶助料	二六二、〇三九・五二
遺族扶助料	二二五、一三〇・〇〇
打切扶助料	九、五〇四・〇〇

四　勞働者災害扶助責任保險特別會計に關する事項　本事業の施行に要する經費は特別會計を以て賄ふことゝし昭和六年四月法律第五十六號を以て公布された勞働者災害扶助責任保險特別會計法を本保險法の施行に先立ち昭和六年九月一日より實施してゐる。この特別會計に關する豫算の編成竝經理及決算の作成は監理課に於て司掌してゐる。歲

入の主なるものは保險料及運用收入で、歳出の主なものは保險金及保險料精算返還金、事業取扱費竝災害豫防施設費である。豫算の執行に關する手續は大體健康保險特別會計に於けると同樣であるから此處には說明を省略するが、保險料の徵收及保險金竝返還金の支拂等は保險院長官が專任し、地方長官（東京府は警視總監）に委任してあるものは俸給、事務費の支出及恩給法納金の受入等に限られてゐる。尙餘裕金及積立金を大藏省預金部に預託し有利に運用することも健康保險と同樣である。

第三　醫務課主管事務

醫務課は醫療に關する事項及健康保險の保健施設の實施に關する事項を主管するもので其の事務の概要を說明すれば左の通である。

一　醫療に關する事項　健康保險に於ける主たる目的は被保險者の負傷、疾病に對し療養の給付卽ち醫療を施す事にある。從つて此の療養給付組織の整否如何は保險實施上至大の影響を有する。政府の管掌する健康保險の醫療組織の大要は次の通である。

政府の管掌する健康保險の被保險者の診療及藥劑支給は、日本醫師會、日本齒科醫師會及日本藥劑師會に委囑してゐる。今其の昭和十三年度に於ける診療契約の內容を示せば大略左の通である。

(一)　日本醫師會との診療契約による被保險者一人當診療報酬月額は金七圓五十錢七厘一毛の十二分の一に相當する金額に其の月初日現在被保險者數を乘じて得たる額より政府に於て直接診療を委囑したる官公立病院及藥劑師に支拂ふべき其の月分の報酬額を控除したる額である。而して右に依り支拂を受けたる診療報酬の一割二分相當額は入院に要する費用に充つることゝしてゐる。又危險率多き炭鑛被保險者に付ては右の報酬の外に被保險者一人に付年額金二圓の割合に於て診療報酬を支拂ふものとしてゐる。尙被保險者の診療内容の向上を期する爲に別に被保險者一人に付年額金十錢の割合にて診療報酬を支拂ふことゝしてゐる。

右契約に依り政府の指定した保險醫は三二、〇四〇人（昭和十三年一月末現在）で日本醫師會は此の保險醫をして健康保險法令の規定及政府の定めたる診療方針に從つて診療を取扱はしめてゐる。

（二）療養の給付中齒科診療に關し日本齒科醫師會との診療契約による被保險者一人當年額は金八拾四錢であつて右契約内容は日本醫師會に對するものと殆んど同一内容である。昭和十三年一月末現在に於ける保險齒科醫の數は一三、一九九人である。

（三）保險醫の交付した處方箋に依る藥劑の支給に關しては政府は日本藥劑師會と契約し、之が報酬は政府と日本藥劑師會との間に協定した計算方法により算出することゝした。右契約に基き政府が指定した保險藥劑師の昭和十三年一月末現在數は七、〇六七人である。

（四）右の外診療の完全を期する爲政府は傳染病研究所、十五ケ所の大學附屬醫院及四十二ケ所の公立病院に其の診療を委囑してゐる。（昭和十三年五月現在）

（五）尙女子被保險者の分娩に關する給付の爲地方廳をして當該府縣又は郡市産婆會等と協定せしめ保險給付に支障なからしむる樣努めてゐる。

右診療契約の圓滑なる遂行を期する爲比較的醫療事務が多い地方廳に醫師たる技師を配置し健康保險の醫療、保險醫指導竝保健施設事務に從事せしめ、又必要により有給囑託醫を配置することゝした。尙地方廳に於ては便宜地方醫師會員中の適當な者に對し、醫療給付及保健施設に關する事務取扱を囑託し以て醫療事務の完全なる遂行に努めてゐる。

二 健康保險の保健施設の實施に關する事項 政府管掌被保險者に對する保健施設は經費の許す範圍で十全の效果を擧ぐることに努めてゐるが現在に至るまでに地方廳をして實施せしめたものゝ主なるものは左の如くである。

一、保健衞生に關する講演會の開催、一、活動寫眞の映寫實施、一、衞生展覽會開催、一、ポスター、パンフレット、リーフレット等印刷物の作成配付、一、體育競技會、體育講習會の開催、一、寄生蟲檢査の實施、一、健康診斷の實施、一、榮養改善運動、一、外科後處置施設、一、健康者表彰、一、有害工場健康診斷の實施、一、糞尿喀痰檢査の實施、一、健康保險相談所の設置（レントゲン、人工太陽燈の附設）一、健康相談施設。

第四　國民健康保險課主管事務

國民健康保險課に於ては國民健康保險に關する一切の事務を主管する。本制度は一般國民の健康保險を目的としてゐる。卽ち一般國民の疾病負傷に際し必要な醫療を與へることを主眼としてゐるのであるが分娩及死亡に際して給付を爲すことも認められてゐる。

此の國民健康保險法令に基き、その施行に關する事務が國民健康保險課に屬するのであるが、便宜上事務內容の主なるものを分類すれば左の通である。

一 國民健康保險組合、代行法人及組合聯合會の監督に關する事項 組合の設立、豫算、診療機關の範圍、規約の變更、組合の分合解散等は原則として地方長官に於て之を認可し、且組合の決議の取消、役員の解職、組合の解散命令等の監督事項も原則として地方長官が之に當るのであるが、國民健康保險課に於ても適當に地方長官から報告を徵して本制度の圓滿なる運營に遺憾なきを期してゐる。二以上の道府縣に跨る組合に付ては右の諸事項は厚生大臣が直接之に當り、又組合より事業及財産に關する報告を提出せしめ、その狀況を檢査し、規約變更を命ずる等の行政命令又は處分は、二以上の道府縣に跨ると否とに拘らず、厚生大臣も地方長官も之を爲し得るのであつて、以上厚生大臣の監督に屬するものが國民健康保險課の主管事項となるのである。尙代行法人及組合聯合會に對する監督に付ても同樣である。尙本年十一月末現在の國民健康保險組合設立認可數九十、被保險者概數三十萬人に及んでゐる。

二　國庫補助金に關する事項　組合及代行法人に對する國庫補助金に關しては、專ら國民健康保險課に於て主管する。即ち組合及代行法人は國民健康保險國庫補助金交付規則の規定により、每年度厚生大臣宛に補助金の申請を爲し、厚生大臣は被保險者數、組合員の資力その他の事情を參酌して補助金額を決定し、之を年二期に分つて交付するのである。

三　國民健康保險委員會に關する事項　國民健康保險委員會は厚生大臣の監督に屬し、その委員及臨時委員は厚生大臣が任命する。即ち委員會に關する諸報告、委員及臨時委員の命免內申等に關する事務を主管してゐるのである。

第五　健康保險相談所主管事務

健康相談所は東京市深川區白河町三丁目五番地の一號に、同支所を大阪市東成區勝山通八丁目四十番地に置き政府の管掌する健康保險の被保險者の健康保持に關する施設を分掌してゐる。而して其の取扱事項は　一、健康上の相談

一、太陽燈の照射　一、レントゲン檢査　一、屎尿、喀啖、血液其の他の臨床檢査　一、負傷又は疾病治癒後の身體機能の檢査及之が恢復に關する相談　一、疾病の豫防に關する相談及實地調査　一、住宅の衞生學的檢査及住宅の改善に關する相談　一、榮養及病者の食餌に關する相談　一、作業場の産業衞生學的檢査及有害物に因る危害の防除に關する相談等一般保健衞生相談の外被保險者の傷病豫防に關する研究に主力を注いでゐる。

目下實施中に係る調査研究事項は　一、被保險者の黴毒反應檢査　一、作業場の産業衞生學的檢査　一、工場營養に關する講習竝指導　一、廳府縣健康保險相談所の技術的指導　一、太陽燈浴に關する光線の研究　一、ワッセルマン氏反應の規格研究　一、地方的特殊疾病の現況調査竝に研究　一、被保險者の健康狀態調査　一、人造絹絲工場に於ける職業病豫防調査研究　一、被保險者の黴毒血清反應に關する統計的研究　一、保健施設の效果の研究　一、職業性疾患の發見、原因、豫防及治療方法の檢討　一、スキー講習竝に體育の指導　一、工場食の改善指導等であつて被保險者の健康保持竝増進及び傷病の豫防に最善の努力を拂つてゐる。

第六　社會保險局關係審査會、委員會概要

一　**健康保險審査會**　健康保險審査會は健康保險に關する紛議を簡便に處理し以て關係者の權利を救濟する爲に設けられた機關であつて、第一次、第二次、第三次の三種に分れてゐる。第一次健康保險審査會は保險給付に關する決定に不服ある者の請求に對し審査決定を爲し、第二次健康保險審査會は第一次健康保險審査會の決定に不服ある者の請求に對し審査決定を爲し、第三次健康保險審査會は保險料其の他健康保險法の規定に依る徵收金の賦課又は徵收の處分に不服ある者が厚生大臣に訴願した場合に、厚生大臣より裁決上の意見に付ての諮問に對し答申するもの

である。

而して健康保險審査會は厚生大臣の監督に屬し會長及委員を以て組織し、第一次健康保險審査會は道府縣に、第二次及第三次健康保險審査會は保險院に置かれてゐる。尙管轄區域は第一次健康保險審査會に付ては道府縣の區域に同じく、第二次及第三次健康保險審査會は全國を管轄してゐる。

委員は第一次健康保險審査會に六人又は九人宛、第二次健康保險審査會に九人、第三次健康保險審査會に十五人を定め孰れも被保險者を使用する事業主側、被保險者側、官公吏又は學識經驗あるものより各同數宛選拔して命ずるものである。尙第一次健康保險審査會の會長は官公吏又は學識經驗ある委員中より之を命ずるが、第二次及第三次健康保險審査會は委員外の者、即ち第二次健康保險審査會の會長は厚生部内の高等官より之を命じ、第三次健康保險審査會の會長は保險院長官を以て之に充てる。

二　**勞働者災害扶助責任保險審査會**　勞働者災害扶助責任保險の保險契約者又は保險金受取人が本保險に關する事項に付き政府に對し、民事訴訟を提起するには勞働者災害扶助責任保險審査會の審査を經ることを要する。
本審査會は勞働者災害扶助責任保險審査會規程（昭和六年十二月二十八日勅令第二九五號）に依り會長一人及委員十人を以て組織する。會長は保險院長官とし委員は關係官吏、學識經驗ある者並に事業主側の利益を代表する者の內から任命する。

審査請求の手續に付ては同審査會規程施行規則（昭和六年十二月二十八日內務省令第三六號）により規定されてゐる。

三　**國民健康保險委員會**　國民健康保險委員會は各道府縣に設置せられ（一）保險給付に關する決定に不服ある者の爲に審査決定をなすこと（二）監督官廳の附議する組合又は代行法人の定める醫療機關の範圍に付意見を答申すること（三）組合、代行法人又は組合聯合會と醫療機關との間に起つた保險給付に關する契約上の紛爭に就てその解決につき斡旋をする機關である。

本委員會は厚生大臣の監督に屬し會長及委員十二名を以て組織する。會長は地方長官を以て充て、委員は（一）關係官吏（二）組合、代行法人又は組合聯合會の役員（三）被保險者（四）醫師（五）齒科醫師（六）藥劑師等各方面の利益を代表するもの各二名宛を以て充てるが必要に依り臨時委員を置くことがある。委員及臨時委員は厚生大臣が命免する。委員の任期は官吏として委員たる者を除いて孰れも三年である。尚この委員會の組織及各種の議事の手續は國民健康保險委員會規程（昭和十三年六月勅令第四三四號）を以て定められてゐる。

第四章　簡易保險局主管事務

簡易保險局は簡易生命保險及郵便年金に關する事務を掌り監理課外十八課に於て其の事務を分擔する外福岡、仙臺、名古屋、大阪、廣島及び札幌の各地に支局を設けその管轄區域內の事務を分掌せしめてゐる。

我が國に生命保險事業の創設せられたのは明治十四年のことであつて、その後生命保險事業も漸次普及されて來たが之は主に中產以上の人々を對象としてゐたので、生命保險の利用を最も必要とする中產以下の一般民衆は未だ之を充分に理解し利用する機會を與へられてゐない狀態であつた。然るに日清、日露の兩役に於ける戰捷は我が國力の伸展を齎し社會經濟事情も亦急速に推移して、一般民衆も生命保險制度に無關心であり得なくなり且又政府當局としても國民に對し最も合理的な生命保險制度利用の機會を與へる事を眞面目に考へるに至つた。豫て遞信省に於ては日清戰役後早くも小口保險制度に就て調査を進めて居つたが時期尙早の故を以て直に實現を見るには至らなかつたがその後明治四十四年一月省內に郵便保險年金制度調査會を組織し、學者、實務家をも加へて之が經營に關する調査を進めた。大正三年大隈內閣は小口生命保險の實施を施政方針の一に數へ、法制局長官を委員長として內閣及關係各省から委員を選び同年五月內閣に小口保險調査會を設けて法案の作成に努めた。斯くて種々檢討推敲を加へた後成案を得て第三十七議會に簡易生命保險法及簡易生命保險特別會計法の兩法案を提出したのである。同議會は保險金の最高限度三百圓を二百五十圓に修正の上協贊した。依つて政府は大正五年七月兩法の公布と共に簡易生命保險令以下の施行法規を制定九月には爲替貯金局に保險部を設けて事業の管理に當らしめ同年十月一日より施行することとしたのである。大正九年十月には簡易保險局を新設して簡易保險事務の主管廳とし大正十一年二月南洋廳管內に又同年十一月には關東廳管內に於て簡易生命保險の業務取扱を開始させた。大正十一年三月保險金額の最高限度二百五十圓を三百五十圓に引上げる改正法律案を第四十五議會に提出、兩院の協贊を經、同年九月一日から實施した。大正十五年三月再び最高保險金額の四百五十圓引上げ改正法律案を第五十一議會の協贊を得て公布し同年五月一日から實施した。大正十五年十月樺太廳管內に簡易生命保險業務の取扱を開始し昭和二年十月臺灣總督府管內に於て簡易生命保險の業務取扱を開始した。昭和六年二月簡易生命保險法中加入年齡の範圍擴張等に關する改正法律案を第五十九議會に提出その協贊を經て所謂小兒保險として同年十月一日から實施した。昭和九年三月事業の發展に伴つて福岡市に簡易保險支局を設け、九州一圓、臺灣及關東州を管轄地域として簡易生命保險に關する事務を分掌せしめて處務の簡捷化を圖り關係地方の加入者の利便を增進せしめることとした。又昭和十一年三月仙臺市に簡易保險支局を設置して東北六縣、北海道及樺太を管轄區域として簡易生命保險に關する事務を分掌せしめた。同十二年八月北支事變特別取扱規則を制定して簡易生命保險加入者の利便を圖ることとした。又同年十二月滿鐵沿線附屬地行政權の滿洲國移讓に伴ひ同管內の簡易生命保險及郵便年金に關する事務取扱を滿洲國に委託することとした。昭和十三年一月保險院官制制定と共に從來の簡易保險局官制は廢止せられ簡易生命保險及郵便年金事業は保險院簡易保險局に移管、同時に名古屋、大阪、廣島及札幌の各地に新に簡易保險支局が設置され、既設の福岡、仙臺兩支局と共に從來遞信局に於て處理されて來た積立金運用竝に被保險者保健施設に關する地方的事務を分掌する事となつた。次で同年三月第七十三議會の協贊を經て保險金最高制限額の七百圓引上げに關する改正法律を公布し同年十月一日から實施のこととなつたが、之に伴つて成人保險の保險料率の引下げ、小兒保險加入範圍の擴張、保險種類及保險料拂込期間の整理等制度竝手續上にも幾多の改善を加へ一層銃後社會の要望に應ふることゝした。その結果最近の事業成績は國民貯蓄奬勵運動と並行して頓に擧り遂に十一月末現在を以て保険金額五十億圓を突破するに至つた。又同年十月一日中華民國臨時政府郵政總局と協定の上北支在住日本人に對する簡易生命保険の業務取扱を同政府に委託し十月十一日より取扱を開始することゝなつた。

郵便年金制度は中産以下の階級に對する養老防貧の問題を保険的方法に依つて解決することを目的として簡易生命保険制度と共に夙に遞信省に於て調査研究せられ郵便保険年金制度調査委員會に於て一應成案を得たのであるが種々の事情に依り一先づ提案を見合せ、その後大正十五年に至つて簡易生命保険の十年滿期養老保険の保険金支拂開始を機會に實施することを適當と認めて郵便年金法案を第五十一議會に提出し、その協賛を經て大正十五年十月一日から施行することになつたのである。而して關東廳管内に於ても同日を以て郵便年金の業務取扱を始めることとし、昭和二年十月には臺灣總督府管内に於てもその業務取扱を開始、續いて昭和三年十月には樺太廳管内に於て、亦昭和十二年一月には南洋廳管内に於て郵便年金業務の取扱を開始することになつたのである。尙同十二年八月には簡易生命保険の北支事變特別取扱に呼應して北支事變特別取扱規則を制定、又同年十二月には滿鐵沿線附屬地域内帝國郵便官署

簡易生命保険竝郵便年金契約狀況　（年度末現在數）

年次	簡易生命保険		郵便年金	
	契約件數	保険金額	契約件數	年金額
大正五年度	二六一、四六九	二四、五〇八、五六〇・〇〇円	—	—円
同十年度	三、〇〇四、六一〇	三三六、七六一、二四五・四〇	—	—
同十五年度	一〇、〇五一、四五五	一、二八六、五〇七、八九九・八〇	六八、六一八	七、〇五〇、八一八・七〇
昭和六年度	一六、七九三、四八五	二、二五三、一三六、三八七・一〇	三三八、二二四	一七、〇九〇、〇七〇・八三

年次	簡易生命保險		郵便年金	
	契約件數	保險金額	契約件數	年金額
昭和十二年度	二八、三五六、七五六	四、二〇二、八一四、七三五・九〇	三九四、三三九	三一、〇〇二、一三四・〇〇

に於ける郵便年金に關する事務取扱を滿洲國に委託することとした。

次に各課の主管事務を說明する。簡易保險局及同支局分掌規程を制定し、課に係を置き事務を分掌せしめてゐる。

第一　監理課主管事務

監理課は主として事業管理と被保險者保健施設に關する事務を掌り、庶務係、調査係、監理係、業務係、施設係の五係に分けて事務を分掌せしめてゐる。

庶務係は大體局長書記室に該當するもので簡易保險局及簡易保險支局職員八千有餘名の人事に關する事務の連絡統括に當る外一般庶務事務及局中他課に屬せざる事務を主管してゐる。

調査係は事業の改良計畫等の調査事務を分掌してゐるのであるが總務局企畫課と聯絡をとり各種調査資料の蒐集提供等にも當つてゐる。又制度の周知宣傳のため種々の印刷物等の刊行を行ひ、亦契約の募集維持に付て遞信省との聯絡に當る等事業の運營に關する事務を掌つてゐる。

監理係は專ら簡易生命保險及郵便年金事業の監督、簡易生命保險の法令に關する事項及業務の改良に關する事項を掌り併せて保險業務に關し遞信省との聯絡に當つてゐる。尙簡易生命保險審査會に關する事務も主管してゐるのである。

業務係は專ら現業事務取扱方法の制定及改正に關する事務を分掌してゐる。現在三千二百萬件の簡易生命保險契約に關する現業事務の運行を圓滑ならしめるのは、現業事務取扱手續を整備することにあるので業務係をして常にその調査立案に當らしめてゐるのである。

施設係は簡易保險被保險者の保健施設に關する事項及簡易保險健康相談所囑託醫に關する事項を主管してゐる。

簡易保險被保險者に對する保健施設の現況は次の通である。

(一) 簡易保險健康相談所　簡易保險福祉事業の中心は健康相談所施設である。この施設は大正十一年九月公布された簡易保險健康相談所規則に依り、同年度中に東京、名古屋、大阪、廣島、熊本、仙臺、札幌の各都市に開設されたのが最初であつて同所に於て實施した一般健康相談及訪問看護は、當時我が國では極めて嶄新な試みとされたが幸ひにも被保險者階級の要望に適合したため開設後の利用狀況は頗る良好でその他の地方に於ても設置を要求する聲が漸次昂つてきたのである。以後每年各都市に增設し昭和十二年度末には全國を通じて合計二百二十四ヶ所の健康相談所の設置を見るに至つた。昭和十二年度の利用者累計は約七百九十餘萬人の多數に上り國民保健の改善增進に多大の寄與してゐる所以である。

(二) 巡回健康相談並災害救護施設　巡回健康相談は醫師及看護婦から成る巡回健康相談班を以て、健康相談所の直接利用を困難とする土地又は醫療機關の乏しい農山漁村方面に居住する被保險者の爲に定期又に臨時に巡回して健康相談を取扱ふ施設であるが、その利用成績は極めて良好で其の效果も亦甚だ大なるものがある。昭和十二年度に於ては全國五千七百餘個所に實施し、利用者は二十八萬餘人に達してゐる。尙一般の巡回相談の外大正十四年以來地震、火災、水害其他不時の災害に因つて一地方に一時に多數の傷病者を發生した場合には臨時救護班を派遣して、被保險者始め一般傷病者の應急救護に當つてゐる。創始以來昭和十一年度末までに至る救護班派遣回數は二百七十餘回に上つてゐる。

（三）羅病者に對する醫療保護 簡易保險健康相談所は疾病豫防の立場から健康相談を主眼とする施設であるが、實際の狀況は利用者の九五％は羅病者で醫療を必要とする者である。簡易保險加入者階級の生計事情に照して之等の羅病者に對して何等か適當な醫療保護を加へることが緊要である。仍て簡易保險當局では昭和九年四月日本醫師會と、昭和十年四月日本齒科醫師會と夫々診療協約を結び、全國に簡易保險醫又は簡易保險齒科醫を指定し診療料金割引の特約を實施し、又更に日本藥劑師會とも藥價割引の協約を實行する等、あらゆる方面から被保險者の健康保護に努めてゐる。

（四）保健衞生敎化 保健思想の敎化向上に資する爲、各種の傳染性疾患、慢性的疾患、季節的疾患其他一般保健衞生に關する印刷物又は映畫を調製して被保險者を始め一般民衆の敎化に多大の效果を擧げてゐる。

（五）國民保健體操（ラヂオ體操） 國民保健體操は國民大衆の體位向上を目的とし御大典記念事業として簡易保險局に於て創案を提唱し、文部省體育研究所にその考案を委囑して制定したものであつて、生命保險會社協會及日本放送協會の協力を得て實施普及に努めたものである。ラヂオ放送を開始して以來、國民生活の中に採り入れられ今日の盛大を見るに至つたのである。尚靑壯年向の體操として昭和七年七月第二國民保健體操を發表し好評を博してゐる。

以上の保健施設の總括的管理事務を施設係で擔當し個々の實施に就ては地方課又は支局の福祉課に分掌せしめてゐる。

第二　經理課主管事務

經理課は簡易生命保險特別會計竝郵便年金特別會計に關する事務を主掌してゐる。簡易生命保險竝郵便年金事業は國庫の收入を目的として經營されるものでなく、社會政策的意義に於て加入者階級一般の利益を目標として非營利に經營されるものであるから、一般の國家財政の影響に左右されない樣に之等の事業に屬する會計は特別會計として事業上の收支は專ら加入者の利益增進を原則として經理されなければならない。簡易生命保險特別會計の歲入の主なるものは（一）保險料（二）積立金運用による收入（三）雜收入で、歲出の主なるものは（一）保險金及還付金（二）事業取扱費（三）營繕費その他で、郵便年金特別會計の歲入の主なるものは（一）掛金（二）積立金運用による收入（三）雜收入で、歲出に就ては（一）年金及返還金（二）事業取扱費（三）營繕費その他が主なるものである。以上の收支差引の剩餘は凡て積立金として主管課に於て有利に運用することになつてゐるのである。又若し歲入不足を生じた場合は積立金から補塡することになつてゐる。この兩特別會計の豫算の執行は勅令（簡易生命保險特別會計規則及郵便年金特別會計規則）の定める所に依つて簡易保險局長に委任されてゐる。歲入の徵收及歲出の支出は簡易保險局長及同支局長が之に當つてゐるのであるが、歲入の內保險料及運用收入、歲出の內保險金、還付金の支拂等は簡易保險局長の專行に委ねてゐるのである。尙既述の如く遞信省委託業務に對する經費は簡易生命保險特別會計竝郵便年金特別會計から遞信省に於ける取扱業務の實績に應じて遞信省所管通信事業特別會計へ繰入れることになつてゐる。この繰入金の算定は一定の取扱料率を協定し之に實際の取扱數量を乘じて得たる金額に依ることになつてゐる。

經理課には豫算係、計理係、服務係、出納係、檢查係、購買係、調理係の七係を置いて兩特別會計の事務を併せて分掌せしめてゐる。

豫算係は豫算の編成及決算の作成、豫備金の支出、支拂元受金の管理、國有財産の管理、通信事業特別會計に對する繰入金の算定等に關する事項を分掌してゐる。

計理係は歳出豫算の實行計理に關する事項及び事業の原價計算に關する事項を掌つてゐる。

服務係は人件費豫算の經理を分掌してゐる。簡易保險局の如く多數現業員を擁する事業官廳にあつては、人事管理の徹底を期するため一般豫算計理と分離して專門的に之を處理せしめる必要からこの係が設けられてゐるのである。從つて現業事務に從事する職員定員の配置計畫、現業事務の能率增進に關する研究實施、現業職員の服務規定の制定及び現業職員に對する勤勉手當其他諸給與の配算等に關する事務を根幹として凡て職員服務の統制に關する事務を擔當してゐる。

出納係は歳入歳出の出納に關する事務を、**檢査係**は會計事務の檢査に關する事務及收入支出に關する計算證明に關する事務を、**購買係**は購買其他會計事務に屬する諸契約に關する事務及び製本、印刷等局內生產に關する事務を、**調理係**は物品に關する經理事務を夫々分掌してゐるのである。

第三　積立金運用課主管事務

簡易生命保險竝郵便年金の積立金の貸付に關する事務は契約者に對する貸付事務を除いて、積立金運用課及積立金監査課の主管に屬してゐる。

積立金は收支計算の剩餘額を將來の支拂に充てるため積立てたものであつて、厚生大臣が事業の經營者として加入者階級の利益の爲管理するのであるから、政府自體の必要のため之を自由に使用することは絶對に避けなければならない性質のものである。從つてこの積立金の運用方針は（一）加入者の利益の爲に有利確實に運用すること（二）公共の利益の爲に社會公共事業に放資すること（三）各地の契約高に應じて資金を地方に還元することを原則としてゐるのであつて簡易生命保險法竝郵便年金法に基きその一部分を契約者自身の金融救濟の爲貸付をなす外、大部分は社會公共事業への貸付及公債の引受等に充てられてゐる。而してこの公共事業の範圍は相當廣く、又時代によつて必ずしも同一でない。故に各年度に於ける積立金貸付をなす事業の選擇に當つては貸付原資の關係やその時々の社會事情等を考慮して貸付の目的たり得べき各種の事業の中、最も喫緊のものから順次撰擇されることになるのである。因みに將來は厚生省設置の使命に鑑み國民體力の向上、銃後の施設及社會事業への放資に一層重點を置くこととならう。現在では貸付事業の種類は約六十種の多きに達してゐる。尙この貸付に就ては飽く迄その適正を期するため、簡易生命保險積立金運用委員會に諮問しその答申に俟つて貸付決定を爲してゐるのである。右の公共事業融資の外有價證券への放資も相當多數になされてゐるが、現下時局に應じて財政經濟國策に協力するため極力國債の引受を擴大し、亦生產力の擴充に資するため各般の產業資金の供給、特殊會社社債の引受に努めてゐる。

尙郵便年金積立金の貸付に就ては事業の本質が積立金運用の有利安全性を特に必須要件とする關係から、公共利益の爲の放資は勢ひ第二義的とならざるを得ないのであつて、その放資先は有利確實にして放資に簡便なる公債に主眼を置かれることになつてゐる。大藏大臣との協定に基き積立金編入前の餘裕金を以て直ちに公債の放資に充てゝゐることも右の事由に因るのである。

最近の積立金運用狀況を示せば左表の通である。

積立金運用状況（昭和十三年三月末）

區別	簡易保險放資額	郵便年金放資額	合計
契約者貸付	円 一四六、七一〇、七四四・〇〇〇	円 一、六八九、一三六・〇〇〇	円 一四八、三九九、八八〇・〇〇〇
公共貸付（地方債ヲ含ム）	七〇四、六三五、四一五・〇〇〇	六三、五〇二、一四五・〇〇〇	七六七、一三七、五六〇・〇〇〇
有價證券	四二八、二五九、三〇四・〇〇〇	四九、七七五、三八〇・〇〇〇	四七八、〇三四、六八四・〇〇〇
内譯 國債	二五七、五五八、九〇〇・〇〇〇	四九、七七五、三八〇・〇〇〇	三〇七、三三四、二八〇・〇〇〇
内譯 社債	一六二、八六四、九〇四・〇〇〇	—	一六二、八六四、九〇四・〇〇〇
内譯 滿洲國々債	七、八三五、五〇〇・〇〇〇	—	七、八三五、五〇〇・〇〇〇
其他（預金等）	一九、二四二、九四〇・〇〇〇	七四一、二〇八・〇〇〇	一九、九八四、一四八・〇〇〇
合計	一、二九八、八四八、四〇三・〇〇〇	一一四、七〇七、八六九・〇〇〇	一、四一三、五五六、二七二・〇〇〇
（地方債再掲）	三九五、三九八、三九五・〇〇〇	五八、九八四、四八五・〇〇〇	四五四、三八二、八八〇・〇〇〇

公共貸付事業別放資状況（地方債を含む）昭和十三年三月末

事業種別	貸付現在金額	事業種別	貸付現在金額
公立病院	円 三、〇五五、二七九	耕地整理事業	円 六五六、八六六
傳染病院	二、一〇九、四九二	小學校	六八、三二〇、一八〇
實費診療	一、一二六、〇八四	其他ノ學校	四、五二八、八三一
結核療養所	七七三、三二八	道路	三三、五九九、八八九
汚物掃除施設	七九三、一四三	河川改修事業	一一、三九二、〇七三

公設火葬場及墓地	七七八、一六六
上水道	八七、二二二、九四一
下水道	二一、七〇七、六〇九
住宅	四、五五九、三八三
共同宿泊所	三〇五、二六七
卸賣市場	三、四四〇、五一七
小賣市場	四、九九三、三八六
公設質屋	八七〇、四三八
小口産業資金	四五四、二五六
其他社會事業施設	五七二、六三八
農業共同施設	七〇八、一六一
畜産共同施設	三四〇、一〇〇
水産共同施設	九七〇、七一八
其他産業共同施設	六一、七五五
自作農創設維持資金	一五八、八五九、四二四
港灣修築事業	一八、二六一、八六一
都市計畫事業	四六、二八八、九〇七
各種土木事業	四、七四五、五六七
水利事業	一、六三八、八五一
災害復舊事業	三四、〇三七、八六九
電氣事業	六七、六五六、二四四
電車、鐵道、自動車事業	六四、四九三、〇四七
運河	九、二〇八、七四二
公共用建物	三、一〇一、四四四
其ノ他	四三、〇〇二、九五六
計	七〇四、六三五、四一五

貸付利率

(一) 地方自治團體に對する貸付利率

内地

イ、貸付期間五年内のもの（年賦及半年賦償還に在りては据置期間を含む）　年四分

ロ、貸付期間五年を超え二十年内のもの（同　）　年四分一厘

ハ、貸付期間二十年を超ゆるもの（同　）　年四分二厘

ニ、自作農創設維持　年四分五厘

外　地　年四分三厘

(二) 地方自治團體に非ざる者に對する貸付利率　年　五　分

但し社會事業に對する貸付利率は地方自治團體に對する貸付利率に同じ。

以上積立金運用の概要を述べたのであるがその內積立金運用課の分掌事項の主なるものは運用計畫及放資內定等に關する事務であつて、計畫係、資金係、運用係の三係を置いて夫々主管事務を分掌せしめてゐる。

計畫係は積立金運用計畫に關する事務全般を掌つてゐる。卽ち積立金貸付方針、有價證券購入方針、資金還元の標準、運用原資の算定、運用原資の配分、貸付目的となる公共事業の選擇、貸付利率の下調等に關する事務がその主なるものであるが、この外積立金運用に關聯して一般金融經濟及金利利廻の調査に關する事務を主管して運用計畫の適正妥當化に努めてゐる。尙簡易生命保險積立金運用委員會に關する事務もその分掌する所である。

資金係は配分された有價證券放資原資を以て公債及社債の購入、引受に關する事務を掌るのであるが、右の原資の外貸付未濟金、餘裕金、預金等短期貸付に應じ得る手許資金がある場合には直ちに之を運轉して利殖すると云ふ所謂短期金融に關する事務をも掌つてゐるのである。又有價證券の放資に關聯して一般證券市場の狀況調査に關する事務もその主管に屬してゐる。

運用係は公共貸付に關する貸付計畫及貸付內定に關する事項を分掌してゐる。卽ち每年配分された公共貸付原資に基いて個々の貸付申込に對して貸付要件に適合するや否やを審査の上適當のものを選擇して之を積立金運用委員會に附議して貸付內定を行ふのである。又貸付金三萬圓未滿のもので簡易保險局長に貸付の專行を委任せられてゐるものに付ては積立金運用委員會に諮らず直接貸付内定を行ふ。尙公共貸付の對象となるべき諸般の社會政策的施設の調査も常に行つて貸付計畫の參考としてゐる。

第四　積立金監査課主管事務

積立金監査課は貸付契約の締結、貸付後の監査、有價證券の保管及積立金の計理に關する事務を掌理してゐるのであつて、貸付係、事業監査係、資金監査係、管理係及證券係の五係に分れて夫々事務を分掌してゐる。

貸付係は公共事業に對する貸付内定せるもの丶貸付契約の締結に關する事務を分掌してゐる。卽ち本支局の地方課又は運用課から送付される貸付内定濟の借入申込書類に就て更に貸付適否を審査の上、貸付契約を結び申込者に對して貸付金を交付するのである。貸付金五萬圓以上のものに就ては管理係に廻付して現金交付を行ひ、五萬圓未滿のものに對しては直接振替貯金に依つて交付する。

事業監査係及資金監査係は貸付後の債權確保及回收に關する事務を主管し、併せて債權確保及事業目的履行の有無を看視するため貸付後の事業内容を常時監査する。監査は借入團體より隨時事業報告書等の書面を徵する外實地に關係職員を派遣して之を行つてゐるが、事業成績不良のもの、貸付資金の適正ならざる使用をなすもの等に對しては直ちに繰上償還を命ずる等適當な保全手段を講じる。又償還期間の延伸、短縮等貸付契約の變更に關する事務もその主管に屬してゐる。尙事業監査係及資金監査係の事務取扱範圍は夫々貸付事業の種類に依つて主管を定めてゐる。卽ち建設事業に對するものを前者が、流通資金又は轉貸資金の供給を事業目的とする貸付に對しては後者が分擔してゐるのである。

管理係は積立金全般の計理事務を掌つてゐる。從つて積立金に關する一切の收支關係を明かにするため諸帳簿、貸付原簿等を備へ之が計算記帳の事務を執つてゐる。貸付金の交付、償還元金及利息金の受入、預金の管理はこの係に於て擔當してゐる。尚積立金運用に關する統計的資料の取纒も計理事務と並行して行はれてゐる。

證券係は有價證券の受拂、保管に關する事務竝有價證券の償還元金及利息金の受入に關する事務を掌つてゐる。有價證券の保管は日本銀行に登錄、寄託又は保管せしめて之を行つてゐる。

第五　年金課主管事務

年金課は郵便年金事業の管理に關する事務の大部分（即ち郵便年金特別會計に關する事務及郵便年金積立金の運用に關する事務を除く）と郵便年金の現業事務一般を掌つてゐる。右の管理事務に就ては年金監理係を置き、現業事務に關しては契約係、支拂係及原簿係を設けて夫々事務を分掌せしめてゐる。

年金監理係の分掌事項は簡易生命保險事業に於ける監理課監理係及業務係の分掌事項と大體同樣であるから說明を省略する。

第六　地方課主管事務

地方課は既述の如く保險院設置に伴つて從來遞信局保險課の主管事務の內、積立金貸付の下調に關する事務及被保險者保健施設の運營に關する事務を移管し、之を主管せしめる爲新設したものであつて、運用係及福祉係の二係を置いて事務を分掌せしめてゐる。

運用係は積立金借入申込に對する實地下調に關する事務、積立金貸付後の債權確保の實地下調に關する事務及積立金借入團體に對する實地監査の事務等を主管してゐる。恰も積立金貸付事務に關する地方機關の如き役割を擔任してゐる。尙支局地方課の運用係、又は運用課の分掌事項は全く同樣であつて、唯地域的に受持を異にしてゐるのである。

福祉係は監理課施設係の指示に基いて實地に簡易保險健康相談所其他保健施設の運營に關する事務を掌つてゐる。即ち健康相談所に關する一般の庶務的事務の總括、巡回健康相談の計畫竝實施、災害發生時に於ける救護班編成派遣の措置、保健衞生思想啓發の周知宣傳及休養所の設置等に關する事務を取扱つてゐるのである。尙支局地方課の福祉係又は福祉課の分掌事項は之と同樣であり、唯管轄區域を異にするのみであることは前述の運用係の場合と同じである。

第七　業務課主管事務

業務課は現業事務全般の統括に關する事務を主として掌つてゐる。

人事係は現業事務に從事する職員の進退（判任官五級俸以上のものを除く）に關する事務を、**監査係**は現業事務の監査及運行に關する事務を、**事故係**は現業事務に關する申告其他重要と見らるる事故の處理に關する事務を、**養成係**は現業職員の訓育に關する事務を、**保健係**は現業職員の保健慰安及共濟に關する事務を、**廳舍係**は赤羽町所在簡易保險局廳舍の管理、廳內取締及諸傭人に關する事務を、**文書係**は主として現業事務に關する文書及證據書類の受發、保管に關する事務を夫々分掌してゐるのである。此の外審査係、總算係の二係があり、現業事務を分掌してゐる。

以上を以て簡易保險局に於ける管理事務系統各課の主管事務を概説したのであるが、この外現業事務主管課として簡易保險局に十二課、福岡及仙臺簡易保險支局に各二課を置いて夫々簡易生命保險（郵便年金に就ては既述の年金課に於て處理する）の個々の契約に關する事務を分掌せしめてゐる。その主管事務の概要は分課規程によることとし、此處には說明を省略することにする。

第八　簡易保險局關係委員會概要

一　簡易生命保險積立金運用委員會　本委員會は簡易生命保險及郵便年金の積立金運用の適正を期するため勅令（簡易生命保險積立金運用規則第二條、第七條乃至第十條）によつて設置せられたもので契約者貸付以外の積立金運用の重要事項を審議する諮問機關である。本委員會は厚生大臣の監督に屬し、會長及委員若干名を以て組織せられてゐる。

會長は厚生大臣とし、委員は關係官廳の高等官及簡易保險事業につき特別の學識經驗ある者等の內から厚生大臣の奏請に依つて內閣に於て任命することになつてゐる。最近までに會議を開催すること七十餘回に及び積立金管理のため非常に貢献してゐる。

二　簡易生命保險審査會　簡易生命保險審査會は簡易生命保險竝郵便年金に關し加入者と政府との間に紛議が起つた場合民事訴訟を提起する負擔を解決する爲設けられた審査機關で、事業本來の趣旨に鑑み權利の救濟を迅速簡易になさんとする一種の特別裁判である。從つて審査會の決定に不服ある者がその決定後に於て始めて民事訴訟を提起し得ることは勿論である。

本審査會は厚生大臣の監督に屬し會長一人及委員十二人を以て組織する。會長は保險院長官を以て充て委員は關係官廳の高等官七名及學識經驗ある者を厚生大臣の奏請に依つて內閣に於て任命する。尙委員會の組織及審査の手續は大正五年勅令第二百七號簡易生命保險審査會規程に依つて定められてゐる。

傷兵保護院

第一　沿革

今次の支那事變勃發以來、出征軍人の家族、戰死者の遺族の援護及傷病將兵の保護問題等が社會の重大關心事となり之に伴ふ事務も亦遽に輻輳して來たので、政府は昭和十二年十一月社會局に臨時軍事援護部を設け、同部に軍事扶助課、傷兵保護課、勞務調整課の三課を置いて其の對策に遺憾無きを期したのであるが、昭和十三年一月厚生省の新設と同時に該事務も同省に移管された。而して傷痍軍人の保護に關しては前記傷兵保護課に於て專ら其の對策を調査研究したのであるが、元來此の對策は極めて重要な問題であり、而も其の內容は複雜多岐に亘り、之が樹立には特別な智識と經驗を有する者の意見を聽くを必要とするので、本年一月專門委員及傷痍軍人保護對策審議會を設置して其の萬全を期することゝしたのである。政府は此の審議會の調査研究に基き更に愼重審議の結果、厚生省の外局として傷兵保護院を創設することに決し、昭和十三年度追加豫算に於て傷痍軍人保護諸費三千五百三十萬六千七百二十五圓を計上して議會の協贊を經た。

斯くて四月十八日勅令第二百五十八號を以て傷兵保護院官制が公布せられ傷痍軍人の保護一般に關する中央機關として傷兵保護院が設置さるゝに至つたのである。

第二　組　織

傷兵保護院は總裁（親任）副總裁一人（勅任）の下に左の通一課二局を置き更に事業實施の萬全を期する爲顧問五名、參與十五名、專門委員若干名を置いてゐる。

總裁官房總務課

計畫局　計畫課　指導課　工營課

業務局　業務課　補導課　醫療課

第三　事　業

傷痍軍人保護事業の内容は物心兩方面に亘り複雜多岐、其の間專門的な取扱を要する事項も多く、且傷痍軍人各個の傷痍の程度、境遇等夫々事情を異にする場合が多いので、其の具體的措置は極めて多種多樣に亘るのであるが、傷兵保護院に於て實施せんとする事項を大別すれば概ね左の通である。

(一) 教養教化に關する事項
(二) 醫療保護に關する事項
(三) 職業保護に關する事項
(四) 優遇其の他に關する事項

一 教養教化に關する事項

(一) 實施方針

傷痍軍人をして自奮自勵、名譽と矜持を保持しつゝ再び君國に報ずるの志操を涵養堅持せしむると共に、一般國民に對し傷痍軍人の名譽を尊重し、その再起奉公に協力支援するの念を涵養し之を日常生活に具現永續せしむる樣道府縣、民間諸團體と協力して指導教化に努めんとするのである。

(二) 實施內容

(イ) 傷痍軍人の教養
精神指導講師の派遣
講演會、共同見學、修養會等の開催
映畫の製作、回覽
修養に資する印刷物の配布等

(ロ) 一般國民の教化
講演會の開催

感謝週間の實施

「ポスター」「ビラ」琺瑯製掲示板の配布

傷痍軍人に對する感謝の念を起さしむべき各種文藝作品の奬勵等

（ハ）其の他

傷痍軍人の名譽表彰、教化團體等の事業奬勵等

二　醫療保護に關する事項

（一）實施方針

陸、海軍病院退院後に於ける傷痍軍人の醫療保護の措置を講ぜんとするものにして家庭の關係等を考慮して出來得る限り本人の居住地方に於て加療し得る樣施設する方針である。

（二）實施内容

（イ）精神療養所

一箇所を設置する豫定

（ロ）溫泉療養所

適當なる溫泉地を選び大體一〇箇所を設置する豫定であるが既に位置決定したものは栃木、靜岡、鳥取、山口、長崎、北海道、岩手、和歌山の八縣である。（十一月七日現在）

（ハ）結核療養所

全國各地に大體一五箇所を設置する豫定であるが既に位置の決定した府縣は左の通である。北海道、東京、

京都、大阪、兵庫、新潟、千葉、愛知、長野、宮城、秋田、石川、福井、岡山、廣島、愛媛、福岡、鹿兒島、德島、宮崎、佐賀、三重の二十二府縣である。

(ニ) 委託療養

(イ)(ロ)(ハ)の三施設建設に至る迄の間、患者を可成最寄の公私立病院、溫泉等に於て委託療養せしめ、又建設後と雖も特別の事情に依り施設に收容し得ざる場合若は收容するを不適當とする場合等に於ては委託療養に依らしめる。

(ホ) 居宅醫療

病狀比較的輕度にして收容の必要なき者に對しては最寄の公私立病院開業醫等に就き醫療を受けしむ。

(ヘ) 介護要具支給

三　職業保護に關する事項

(一) 實施方針

傷痍軍人をして夫々の環境に應じ適職に就かしめ、前途に希望と光明とを與へて愈々奉公報國せしむることを目的とし職業の指導、再教育、就職の斡旋等を行はんとするのである。而して職業の保護に關しては原則として原職復歸の方針を採り、其の復歸し難き者及原職無き者には新職業への就職を圖るのである。此の場合傷痍軍人と家族を一體として考慮することの肝要なるは勿論である。

(二) 實施內容

(イ) 職業再教育施設

大阪、福岡に職業再教育施設を建設し一箇所に約二〇〇人を收容する外、東京に於ては財團法人啓成社に補助し其の施設を擴充し約一〇〇人を收容教育せしむ。更に各道府縣に補助して職業再教育施設を設置經營せしめ、短期の職業教育を行ひ其の徹底を圖る見込である。

尙ほ失明傷痍軍人の職業教育に關しては其の精神的衝擊の甚大なると生活方法の激變とに鑑み特別の保護對策を講ずることとし取敢へず失明軍人教育所及同寮舍を開設し高等普通教育を實施しつゝある。

此の外職業教育の爲學校教育を受けんとする者に對しては之に對し國家に於て助成する豫定である。

(ロ) 職業指導

傷痍疾患と適業、本人の希望、將來の職業分野等の問題に關して傷痍軍人に對し適切なる指導を行ふ爲職業紹介機關の活動を促進すると共に、各道府縣に此種事務を擔當する專任職員を配置し又斯業の專門家に職業顧問を委囑し專ら職業保護に當らしめ其の適正を期して居る。

(ハ) 自營業者に對する生業資金の融通

傷痍軍人たる自營業者に對して適當なる指導を與ふると共に、恩賜財團軍人援護會に助成して之等の者に對し生業資金の融通を爲さしむる豫定である。

(ニ) 作業義肢、補助要具の配給

職業再教育施設に於て身體部位に缺損ある者及機能に障碍ある者に對しては適當なる作業義肢又は補助要具を支給して、生産能率の向上、就職の進路開拓の一助たらしむる方針である。

(ホ) 雇傭の促進

傷痍軍人に適職を確保せしむる爲國及公共團體等に於て率先して之を雇傭するは固より、民間産業界にも之を促進するの方途を講究すると共に、雇傭主に於て傷痍軍人の就業に利便を與ふる目的を以て傷痍疾患に適應せる作業設備の改善を爲さしめ、之に對し補助金を支給する。

四　優遇其の他に關する事項

(一)　實施方針

傷痍軍人に對しては官民擧つて感謝の至情を致し之を優遇すべきことは勿論であるが、之が爲將來却つて弊害を釀すこと無きことを期すると共に、傷痍軍人をして克く其の名譽を發揚せしむるやう深く留意するを要する。尙優遇に關しては他省又は民間團體等に於て夫々實施せらるゝ所尠からず、今次事變に方り旣に改善せられ又今後改善せられんとする重なるものは恩給法の改正、軍人傷痍記章令の改正、各種の特典附與等であるが傷兵保護院の行はんとする所を掲ぐれば左の通である。

(二)　實施內容

(イ)　傷痍軍人子弟の育英助成

傷痍軍人の重大關心事の一は其の子弟の教育なるに鑑み道府縣に補助し中等學校程度の育英を實施せしむることとした。

(ロ)　大日本傷痍軍人會の施設

傷痍軍人の相互修養團體たる大日本傷痍軍人會の機構を擴充整備することとし、曩に畏くも　皇太后陛下より傷痍軍人保護資金として御下賜あらせられたる有難き懿意を體し更に厚生陸軍及海軍三省の醵出を併せ大日本傷痍軍人會を財團法人に改め國策と相表裏して名實共に理想的なる傷痍軍人の精神修養團體として其の本旨の達成に邁進せしむることとなつたのである。而して各府縣の支部をして傷痍軍人身上相談所及其の出張所を設けしめ一切の身上相談に應ぜしむる外、優遇保護の徹底、手續、斡旋等を行はしめ、又傷痍軍人の門戸に掲ぐる標識を無償給與せしむる等の方法を講ずることとした。

(ハ) 其の他軍人傷痍記章令の改正に伴ひ道府縣廳に傷痍軍人臺帳を備附けしめ、或は傷痍軍人死亡の際地方長官より弔辭を呈する等の優遇方法を行ふ豫定である。

第四　傷兵保護院關係官署及審議會概要

一　傷兵院

明治三十九年四月法律第二十九號廢兵院法に基いて同年九月東京豫備病院澁谷分院の一部を以て廢兵院に充てたが同四十年男爵三井八郎右衞門氏より前所在地東京市豐島區巣鴨六丁目に於ける敷地及建物の寄附を受けたので茲に設備を整へ、翌四十一年六月移轉した。而して同院は大正十一年度迄は陸軍省所管であつたが、大正十二年四月一日より內務省に移管した。而して廢兵院法中改正法案は第六十五回帝國議會の協贊を經て昭和九年三月二十四日之が公布を見、其の名稱を傷兵院法と改められた。此の改正法は昭和九年六月二十日より實施せられ廢兵院の名稱も傷兵院と改稱され昭和十一年六月現所在地神奈川縣足柄下郡大窪村風祭に移轉した。而して昭和十三年一月十日勅令第七號を以て厚生省官制公布せられ傷兵院は其の所管となつた。

傷兵院に收容せらるべき者は戰鬪又は公務の爲傷痍を受け若は疾病に罹り軍人又は準軍人として恩給法に依り增加

恩給を受ける者で精神又は身體の著しき障碍ありて收容保護を要する時家族、資產其の他の狀況に因り適當なる介護を受くることの出來ない者である。職員の定員は院長以下五人、傷兵の收容定員は百人である。

在院者數　三十八人（昭和十三年五月一日現在）

傷兵院所在地　神奈川縣足柄下郡大窪村風祭（電話小田原一八三番）

院長　事務官　原田武

二　傷痍軍人保護對策審議會

傷痍軍人保護對策審議會は傷痍軍人保護對策審議會官制（昭和十三年一月十五日勅令第三十六號）に依り設置せられたもので厚生大臣の監督に屬し其の諮問に應じて傷痍を受け又は疾病に罹りたる軍人の保護對策に關する重要事項を調査審議し、且前記事項に付關係各大臣に建議する權限をも有し、會長一人（厚生大臣）及委員若干人（關係各廳高等官及學識經驗ある者）を以て組織して居る。

附録

厚生省官制

昭和十三年勅令第七號
昭和十三年勅令第二五四號改正

第一條　厚生大臣ハ國民保健、社會事業及勞働ニ關スル事務ヲ管理ス

第二條　厚生省ニ左ノ五局ヲ置ク

體力局
衞生局
豫防局
社會局
勞働局

第三條　體力局ニ於テハ左ノ事務ヲ掌ル

一　體力向上ノ企畫ニ關スル事項
二　體力向上ノ施設ニ關スル事項
三　體力調査ニ關スル事項
四　體育運動ニ關スル事項
五　姙産婦、乳幼兒及兒童ノ衞生ニ關スル事項

第四條　衞生局ニ於テハ左ノ事務ヲ掌ル

一　衣食住ノ衞生ニ關スル事項
二　衞生指導ニ關スル事項
三　醫事及藥事ニ關スル事項
四　其ノ他國民保健ニ關スル事項ニシテ他ノ主管ニ屬セザルモノ
第五條　豫防局ニ於テハ左ノ事務ヲ掌ル
一　傳染病、地方病其ノ他ノ疾病ノ豫防ニ關スル事項
二　檢疫ニ關スル事項
三　精神病ニ關スル事項
四　民族衞生ニ關スル事項
第六條　社會局ニ於テハ左ノ事務ヲ掌ル
一　社會福利施設ニ關スル事項
二　救護及救療ニ關スル事項
三　母子及兒童ノ保護ニ關スル事項
四　其ノ他社會事業ニ關スル事項
第七條　勞働局ニ於テハ左ノ事務ヲ掌ル
一　勞働條件ニ關スル事項
二　工場及鑛山ニ於ケル勞働衞生ニ關スル事項

三　國際勞働事務ニ關スル統轄事項

四　其ノ他勞働ニ關スル事項

第八條　厚生省ニ勞働局參與十五人以內ヲ置キ勞働局ノ局務ニ參與セシム

勞働局參與ハ厚生大臣ノ奏請ニ依リ關係各廳勅任官及學識經驗アル者ノ中ヨリ內閣ニ於テ之ヲ命ズ

學識經驗アル者ノ中ヨリ命ゼラレタル參與ノ任期ハ三年トス但シ特別ノ事由アル場合ニ於テハ任期中之ヲ解任スルコトヲ妨ゲズ

參與ハ勅任官ノ待遇トス但シ本官ヲ有スル者ニ付テハ本官ノ受クル待遇ニ依ル

第九條　厚生省書記官ハ專任十六人ヲ以テ定員トス

第十條　厚生省ニ事務官專任二十五人及理事官專任三人ヲ置ク奏任トス上官ノ命ヲ承ケ事務ヲ掌ル

第十一條　厚生省ニ技師專任三十一人ヲ置ク奏任トス但シ內一人ヲ勅任ト爲スコトヲ得

技師ハ上官ノ命ヲ承ケ技術ヲ掌ル

第十二條　厚生省ニ體育官專任五人ヲ置ク奏任トス上官ノ命ヲ承ケ體育運動ニ關スル事務ヲ掌ル

第十三條　厚生屬ハ專任百二十一人ヲ以テ定員トス

第十四條　厚生省ニ技手專任二十四人ヲ置ク判任トス上官ノ指揮ヲ承ケ技術ニ從事ス

第十五條　厚生省ニ體育官補專任五人ヲ置ク判任トス上官ノ指揮ヲ承ケ體育運動ニ關スル事務ニ從事ス

第十六條　厚生省ニ工場監督官、鑛務監督官及調停官ヲ置キ書記官、事務官、理事官又ハ技師ヲ以テ之ニ充ツ

工場監督官ハ上官ノ命ヲ承ケ工場法施行、鑛業及砂鑛業以外ノ事業ニ於ケル工業勞働者最低年齡法施行竝ニ工場法

ノ適用ヲ受クル工場ニ於ケル退職積立金及退職手當法施行ニ關スル事務ヲ掌ル
鑛務監督官ハ上官ノ命ヲ承ケ鑛夫ニ關スル事務、鑛山ニ於ケル勞働衛生ニ關スル事務、鑛業及砂鑛業ニ於ケル工業勞働者最低年齢法施行ニ關スル事務竝ニ鑛業法ノ適用ヲ受クル事業ニ於ケル退職積立金及退職手當法施行ニ關スル事務ヲ掌ル調停官ハ上官ノ命ヲ承ケ勞働爭議調停ニ關スル事務ヲ掌ル

第十七條　厚生省ニ工場監督官補、鑛務監督官補及調停官補ヲ置キ屬又ハ技手ヲ以テ之ニ充ツ
工場監督官補ハ上官ノ指揮ヲ承ケ工場法施行、鑛業及砂鑛業以外ノ事業ニ於ケル工業勞働者最低年齢法施行竝ニ工場法ノ適用ヲ受クル工場ニ於ケル退職積立金及退職手當法施行ニ關スル事務ニ從事ス
鑛務監督官補ハ上官ノ指揮ヲ承ケ鑛夫ニ關スル事務、鑛山ニ於ケル勞働衛生ニ關スル事務、鑛業及砂鑛業ニ於ケル工業勞働者最低年齢法施行ニ關スル事務竝ニ鑛業法ノ適用ヲ受クル事業ニ於ケル退職積立金及退職手當法施行ニ關スル事務ニ從事ス
調停官補ハ上官ノ指揮ヲ承ケ勞働爭議調停ニ關スル事務ニ從事ス

附　則

本令ハ公布ノ日ヨリ之ヲ施行ス
社會局官制ハ之ヲ廢止ス

臨時厚生省ニ職業部ヲ設置スルノ件

昭和十三年勅令第二百五十七號
昭和十三年勅令第六百七十五號改正

第一條　職業ノ紹介、失業ノ救濟其ノ他勞務ノ需給ニ關スル事務ヲ掌ラシムル爲臨時厚生省ニ職業部ヲ置ク

第二條　厚生省ニ臨時左ノ職員ヲ置キ職業部ニ屬セシム

部　　長　　　　一人　　勅任

書　記　官　專任　二人

事　務　官　專任　一人

理　事　官　專任　三人

技　　師　專任　三人

屬　技手　專任　十九人

第三條　部長ハ厚生大臣ノ命ヲ承ケ部務ヲ掌理ス

第四條　職業紹介ノ聯絡統制ニ關スル事務ニ從事セシムル爲厚生省ニ職業官ヲ置キ職業部ニ屬セシム

職業官ハ事務官又ハ理事官ヲ以テ之ニ充ツ

附　則

本令ハ公布ノ日ヨリ之ヲ施行ス

臨時厚生省ニ失業對策部ヲ設置スルノ件

昭和十三年勅令第六百六十七號

第一條　支那事變ニ伴フ失業者ノ救濟等ノ失業對策ニ關スル事務ヲ掌ラシムル爲臨時厚生省ニ失業對策部ヲ置ク

第二條　厚生省ニ臨時左ノ職員ヲ置キ失業對策部ニ屬セシム

部長

書記官　專任　二人

事務官　專任　四人

屬　專任　二十二人

部長ハ厚生省職業部長ヲ以テ之ニ充ツ

第三條　部長ハ厚生大臣ノ命ヲ承ケ部務ヲ掌理ス

附則

本令ハ公布ノ日ヨリ之ヲ施行ス

臨時厚生省ニ臨時軍事援護部ヲ置クノ件

昭和十二年勅令第六百二十四號
昭和十三年勅令第五號改正
昭和十三年勅令第二十號改正
昭和十三年勅令第一二二號改正
昭和十三年勅令第二百五十六號改正

第一條　軍事扶助其ノ他軍事援護ニ關スル事務ヲ掌ラシムル爲臨時厚生省ニ臨時軍事援護部ヲ置ク

第二條　厚生省ニ左ノ職員ヲ置キ臨時軍事援護部ニ屬セシム

部長

書記官　專任　一人

事務官　專任　三人

理事官　專任　一人

技師　專任　一人

屬
技手　專任　十六人

部長ハ厚生省社會局長ヲ以テ之ニ充ツ

第三條　部長ハ厚生大臣ノ命ヲ承ケ部務ヲ掌理ス

附則

本令ハ昭和十二年十一月一日ヨリ之ヲ施行ス

厚生部内臨時職員設置制

昭和十三年勅令第八號
昭和十三年勅令第二五五號改正
昭和十三年勅令第六一一號改正

第一條　厚生省ニ左ノ職員ヲ置キ大臣官房ニ屬セシム

一　國立癩療養所建築ニ關スル事務ニ從事スル者

技　　手　　専　　任　　三人

二　國立結核療養所建築ニ關スル事務ニ從事スル者

技　　師　　専　　任　　一人

屬　　　　　専　　任　　一人

技　　手　　専　　任　　二人

第二條　厚生省ニ左ノ職員ヲ置キ體力局ニ屬セシム

一　國立公園ニ關スル事務ニ從事スル者

技　　師　　専　　任　　二人

屬
技　手　　専　　任　　五人

二　昭和十五年開催ノオリンピツク大會ニ關スル事務ニ從事スル者

事　務　官　専　　任　　一人

體　育　官　専　　任　　二人

屬　　　　　専　　任　　二人

體育官補　　専　　任　　二人

第三條　厚生省ニ左ノ職員ヲ置キ衛生局ニ屬セシム

一　保健衛生調査ニ關スル事務ニ從事スル者

技　　師　　専　　任　　二人

屬
技手 專任 三人

二 醫療關係者ノ職業能力ニ關スル事項ノ申告及其ノ登錄ニ關スル事務ニ從事スル者

事務官 專任 一人
技師 專任 一人
屬 專任 二人
技手 專任 一人

第四條 地方改善ニ關スル事務ニ從事セシムル爲厚生省ニ左ノ職員ヲ置キ社會局ニ屬セシム

技師 專任 一人
屬 專任 二人
技手 專任 二人

第五條 工場ノ災害豫防調査竝ニ工場及鑛業ノ衞生調査ニ關スル事務ニ從事セシムル爲厚生省ニ左ノ職員ヲ置キ勞働局ニ屬セシム

技師 專任 三人
屬 專任 一人
技手 專任 三人

第六條 醫藥品ノ製造試驗竝ニ藥用植物栽培ノ試驗及指導ニ關スル事務ニ從事セシムル爲衞生試驗所ニ左ノ職員ヲ置ク

技師　専任　十人
技手　専任　十六人
書記　専任　四人

附　則

本令ハ公布ノ日ヨリ之ヲ施行ス
内務部内臨時職員設置制中第三條、第三條ノ六乃至第八條ヲ削リ第三條ノ二ヲ第三條、第三條ノ三ヲ第三條ノ二、第三條ノ四ヲ第三條ノ三、第三條ノ五ヲ第三條ノ四トス
文部部内臨時職員設置制中第九條ヲ削リ第十條ヲ第九條トス

防疫職員官制

明治四十五年勅令第百二號
改正
大正二年第一四六號
大正十年第一五〇號
大正十二年第二五八號
大正十四年第三〇九號
昭和四年第七三號
大正九年第四八八號
大正十年第二四六號
大正十三年第三二三號
昭和十五年第八八號
昭和十三年第二〇八號

第一條　傳染病豫防ノ事務ニ從事セシムル爲厚生省ニ左ノ職員ヲ置ク
防疫官　専任　八人　奏任
防疫官補　専任　三人　判任
第二條　厚生大臣ハ防疫官ニ帝國領事館附ヲ命ジ傳染病豫防ニ關スル事務ニ從事セシムルコトヲ得

第三條　厚生大臣ハ傳染病豫防上必要アリト認ムルトキハ臨時廳府縣ニ左ノ職員ヲ置クコトヲ得

防疫監吏　判任官待遇

防疫醫　奏任官待遇又ハ判任官待遇

防疫獸醫　判任官待遇

前項ノ規定ニ依ル奏任官待遇ノ防疫醫ノ數ハ通ジテ八十人以內トス

防疫監吏ハ上官ノ命ヲ承ケ傳染病豫防ニ關スル事務ニ從事シ防疫醫及防疫獸醫ハ上官ノ命ヲ承ケ傳染病豫防ニ關スル技術ニ從事ス

防疫監吏、防疫醫及防疫獸醫ヲ置クベキ廳府縣及其ノ定員ハ厚生大臣之ヲ定ム

附　則

本令ハ公布ノ日ヨリ之ヲ施行ス

明治三十三年勅令第九十七號、明治三十六年勅令第二號、同年勅令第百七十八號、明治三十八年勅令第二百四十三號及同年勅令第二百八十二號ハ之ヲ廢止ス

保險院官制

昭和十三年勅令第九號
昭和十三年勅令第四四二號改正

第一條　保險院ハ厚生大臣ノ管理ニ屬シ左ニ揭グル事務ヲ掌ル

一　健康保險、國民健康保險、勞働者災害扶助責任保險其ノ他ノ社會保險ニ關スル事項

二　簡易生命保險及郵便年金ニ關スル事項

三　前二號ニ掲グル保險ノ制度ノ企畫竝ニ被保險者保健施設ノ企畫及統轄ニ關スル事項

第二條　保險院ニ左ノ職員ヲ置ク

長官			勅任
局長		三人	勅任
理事	專任	一人	勅任
書記官	專任	十二人	奏任
事務官	專任	十五人	奏任
理事官	專任	三人	奏任
簡易保險事務官	專任	二十五人	奏任
技師	專任	十一人	奏任
屬	專任	三百三人	判任
簡易保險書記	專任	千四百十二人	判任
技手	專任	四十五人	判任
簡易保險書記補	專任	二千三百八十六人	判任

前項職員ノ外保健技師專任六十五人ヲ置ク奏任官ノ待遇トス

第三條　保險院ニ左ノ三局ヲ置ク

総務局
社會保險局
簡易保險局
總務局ニ於テハ人事、文書及會計ニ關スル事務、保險數理ニ關スル事務、第一條第三號ニ掲グル事務竝ニ他ノ主管ニ屬セザル事務ヲ掌ル
社會保險局ニ於テハ第一條第一號ニ掲グル事務ヲ掌ル
簡易保險局ニ於テハ第一條第二號ニ掲グル事務ヲ掌ル
厚生大臣ハ簡易保險局ノ事務ヲ分掌セシムル爲必要ト認ムル地ニ簡易保險局ノ支局ヲ設クルコトヲ得
簡易保險局ノ支局ノ名稱、位置、管轄區域及事務取扱ノ範圍ハ厚生大臣之ヲ定ム
支局長ハ書記官、事務官又ハ簡易保險事務官ヲ以テ之ニ充ツ
第四條　長官ハ厚生大臣ノ指揮監督ヲ承ケ院務ヲ統理シ部下ノ職員ヲ指揮監督シ判任官以下ノ進退ヲ專行ス
第五條　局長ハ長官ノ命ヲ承ケ局務ヲ掌理ス
第六條　理事ハ上官ノ命ヲ承ケ簡易生命保險及郵便年金ニ關スル事務ヲ掌理ス
第七條　書記官、事務官及理事官ハ上官ノ命ヲ承ケ事務ヲ掌ル
第八條　簡易保險事務官ハ上官ノ命ヲ承ケ簡易生命保險及郵便年金ニ關スル事務ヲ掌ル
第九條　技師ハ上官ノ命ヲ承ケ技術ヲ掌ル
第十條　屬ハ上官ノ指揮ヲ承ケ事務ニ從事ス

第十一條　簡易保險書記及簡易保險書記補ハ上官ノ指揮ヲ承ケ簡易生命保險及郵便年金ニ關スル事務ニ從事ス
第十二條　技手ハ上官ノ指揮ヲ承ケ技術ニ從事ス
第十三條　保健技師ハ上官ノ指揮ヲ承ケ醫務ヲ掌ル

附　則

本令ハ公布ノ日ヨリ之ヲ施行ス
簡易保險局官制ハ之ヲ廢止ス

傷兵保護院官制

昭和十三年勅令第二五八號
昭和十三年勅令第六九九號改正

第一條　傷兵保護院ハ厚生大臣ノ管理ニ屬シ軍人又ハ之ニ準ズベキ者トシテ戰鬪其ノ他ノ公務ニ因リ傷痍ヲ受ケ又ハ疾病ニ罹リタル者（傷痍軍人）ノ療養、職業保護其ノ他ノ保護ニ關スル事務ヲ掌ル
第二條　傷兵保護院ニ左ノ職員ヲ置ク

總裁		親任
副總裁	一人	勅任
局長	二人	勅任
秘書官	一人	奏任
書記官　專任	五人	奏任

事務官　専任　五人　奏任
理事官　専任　五人　奏任
技　師　専任　十人　奏任
属
技手　専任　九十人　判任
總裁ハ名譽官トス
秘書官ハ書記官又ハ事務官ヲシテ之ヲ兼ネシム
第三條　前條ノ職員ノ外厚生大臣ノ奏請ニ依リ關係各廳高等官ノ中ヨリ内閣ニ於テ事務官ヲ命ズルコトヲ得
第四條　傷兵保護院ニ總裁官房及左ノ二局ヲ置ク
計畫局
業務局
總裁官房ニ於テハ人事、文書及會計ニ關スル事務竝ニ他ノ主管ニ屬セザル事務ヲ掌ル
計畫局ニ於テハ保護事業ノ企畫及工營ニ關スル事務竝ニ業務局ノ主管ニ屬セザル保護事業ニ關スル事務ヲ掌ル
業務局ニ於テハ療養及職業補導、就職援護其ノ他ノ職業保護ニ關スル事務ヲ掌ル
第五條　傷兵保護院ニ顧問五人以内ヲ置キ傷痍軍人ノ保護ニ關スル重要事項ニ參畫セシム
顧問ハ厚生大臣ノ奏請ニ依リ之ヲ勅命ス
第六條　傷兵保護院ニ參與十五人以内ヲ置キ院務ニ參與セシム
參與ハ厚生大臣ノ奏請ニ依リ關係各廳勅任官又ハ學識經驗アル者ノ中ヨリ内閣ニ於テ之ヲ命ズ

學識經驗アル者ノ中ヨリ命ゼラレタル參與ノ任期ハ三年トス但シ特別ノ事由アル場合ニ於テハ任期中之ヲ解任スルコトヲ妨ゲズ

第七條　傷兵保護院ニ專門委員ヲ置キ專門ノ事項ヲ調査セシム

專門委員ハ厚生大臣ノ奏請ニ依リ學識經驗アル者ノ中ヨリ內閣ニ於テ之ヲ命ズ

專門委員ノ任期ハ二年トス但シ特別ノ事由アル場合ニ於テハ任期中之ヲ解任スルコトヲ妨ゲズ

第八條　總裁ハ厚生大臣ノ監督ヲ承ケ院務ヲ統理シ所部ノ職員ヲ指揮監督シ判任官以下ノ進退ヲ專行ス

第九條　副總裁ハ總裁ヲ佐ケ院務ヲ掌理ス

第十條　局長ハ上官ノ命ヲ承ケ局務ヲ掌理ス

第十一條　秘書官ハ總裁ノ命ヲ承ケ機密ニ關スル事務ヲ掌ル

第十二條　書記官、事務官及理事官ハ上官ノ命ヲ承ケ事務ヲ掌ル

第十三條　技師ハ上官ノ命ヲ承ケ技術ヲ掌ル

第十四條　屬ハ上官ノ指揮ヲ承ケ庶務ニ從事ス

第十五條　技手ハ上官ノ指揮ヲ承ケ技術ニ從事ス

第十六條　厚生大臣ハ傷兵保護院ノ事務ノ一部ヲ分掌セシムル爲職業補導所又ハ療養所ヲ設クルコトヲ得其ノ名稱及位置ハ厚生大臣之ヲ定ム

第十七條　前條ノ職業補導所又ハ療養所ノ事務ニ從事セシムル爲傷兵保護院ニ左ノ職員ヲ置ク

傷兵保護主事　專任　二十一人　奏任官待遇

傷兵保護技師	専任	四人		奏任官待遇
傷兵保護醫	専任	百二十九人	内 九十五人 三十四人	奏任官待遇 判任官待遇
傷兵保護調劑員	専任	五十一人	内 十七人 三十四人	奏任官待遇 判任官待遇
傷兵保護書記	専任	八十人		判任官待遇
傷兵保護技手	専任	二人		判任官待遇
傷兵保護看護婦長	専任	十七人		判任官待遇

職業補導所又ハ療養所ノ長ハ傷兵保護主事又ハ傷兵保護醫ヲ以テ之ニ充ツ

第十八條　傷兵保護主事ハ上官ノ命ヲ承ケ事務ヲ掌ル

第十九條　傷兵保護技師ハ上官ノ命ヲ承ケ技術ヲ掌ル

第二十條　傷兵保護醫ハ上官ノ命ヲ承ケ療養ヲ掌ル

第二十一條　傷兵保護調劑員ハ上官ノ命ヲ承ケ調劑ヲ掌ル

第二十二條　傷兵保護書記ハ上官ノ指揮ヲ承ケ庶務ニ從事ス

第二十三條　傷兵保護技手ハ上官ノ指揮ヲ承ケ技術ニ從事ス

第二十四條　傷兵保護看護婦長ハ上官ノ指揮ヲ承ケ看護ニ從事ス

附　則

本令ハ公布ノ日ヨリ之ヲ施行ス

厚生省分課規程

昭和十三年一月
昭和十三年四月改正
昭和十三年九月改正
昭和十三年十月改正
昭和十三年十一月改正
昭和十三年十二月改正

大臣官房

秘書課

一　官吏ノ進退身分及賞罰ニ關スル事項
一　官吏ノ服務ニ關スル事項
一　恩給ニ關スル事項
一　敍位敍勳及褒賞ニ關スル事項
一　儀式禮典ニ關スル事項
一　大臣ノ官印及省印ノ管守ニ關スル事項
一　機密ニ關スル事項

文書課

一　文書ノ接受、發送、編纂及保存ニ關スル事項
一　成案文書ノ審査及進達ニ關スル事項
一　官報掲載ニ關スル事項
一　統計ノ編纂及報告ニ關スル事項
一　圖書ノ分類及管理ニ關スル事項

一　資源ノ調査及統制運用計畫ニ關スル統轄的事項
一　各局課ノ主管ニ屬セザル事項

會　計　課

一　一般會計及特別會計ニ關スル經費及諸收入ノ豫算決算竝ニ會計ニ關スル事項
一　本省所管會計ノ監督ニ關スル事項
一　國有財產及物品ニ關スル事項
一　營繕ニ關スル事項
一　省中取締ニ關スル事項
一　傭人ノ進退及監督ニ關スル事項

體　力　局

企　畫　課

一　體力向上ノ企畫ニ關スル事項
一　體力調查ニ關スル事項
一　他課ノ主管ニ屬セザル事項

體　育　課

一　體育運動ノ調查研究及指導ニ關スル事項
一　體育運動指導者ノ教養ニ關スル事項

一　體育運動團體ニ關スル事項
一　其ノ他體育運動ニ關スル事項

施設課

一　國立公園其ノ他公園ニ關スル事項
一　體力向上施設ニ關スル事項
一　姙産婦、乳幼兒及兒童ノ衞生ニ關スル事項

衞生局

保健課

一　水道及下水道ニ關スル事項
一　飮食物及飮料水ニ關スル事項
一　屠畜及屠場ニ關スル事項
一　淸掃衞生ニ關スル事項
一　鑛泉場、海水浴場、療養地等ニ關スル事項
一　衞生技術員ノ敎養ニ關スル事項
一　衞生統計ニ關スル事項
一　他ノ主管ニ屬セザル國民保健ニ關スル事項

指導課

一　保健所ニ關スル事項
一　榮養ノ改善ニ關スル事項
一　衣服、住宅ノ改良及住宅ノ供給ニ關スル事項
一　其ノ他ノ衛生指導ニ關スル事項

醫務課

一　醫師、齒科醫師、産婆及療屬ニ關スル事項
一　藥劑師、製藥者及藥種商ニ關スル事項
一　醫師會、齒科醫師會及藥劑師會ニ關スル事項
一　醫師試驗、齒科醫師試驗及藥劑師試驗ニ關スル事項
一　診療所及齒科診療所ニ關スル事項
一　藥品、賣藥及賣藥部外品ニ關スル事項
一　阿片及痲藥ニ關スル事項
一　毒物、劇物其ノ他有害物ニ關スル事項
一　藥草栽培及製藥奬勵ニ關スル事項
一　其ノ他醫事及藥事ニ關スル事項

豫防局

優生課

一　民族衛生ニ關スル事項
一　精神病ニ關スル事項
一　慢性中毒ニ關スル事項
一　脚氣、癌其ノ他慢性病ニ關スル事項
一　他課ノ主管ニ屬セザル事項

豫　防　課

一　結核、「トラホーム」、癩、花柳病其ノ他慢性傳染病ニ關スル事項
一　寄生蟲病、原蟲病及地方病ニ關スル事項

防　疫　課

一　急性傳染病ニ關スル事項
一　海港檢疫及航空檢疫ニ關スル事項
一　痘苗、血淸其ノ他細菌學的豫防治療品ニ關スル事項

社　會　局

保　護　課

一　救護及救療ニ關スル事項
一　罹災救助ニ關スル事項
一　社會事業ノ助成ニ關スル事項

一 方面委員ニ關スル事項
一 社會事業統計ニ關スル事項
一 恩賜財團濟生會ニ關スル事項
一 他課ニ屬セザル社會事業ニ關スル事項

福利課

一 公益質屋ニ關スル事項
一 公設ノ市場、宿泊所其ノ他社會福利施設ニ關スル事項
一 地方改善ニ關スル事項
一 協和事業ニ關スル事項
一 低利資金融通ニ關スル事項

兒童課

一 母子保護ニ關スル事項
一 少年敎護ニ關スル事項
一 兒童虐待防止ニ關スル事項
一 其ノ他母性及兒童ノ保護ニ關スル事項

勞働局

勞政課

一　一般勞働政策ニ關スル事項
一　勞働爭議ニ關スル事項
一　勞働運動其ノ他勞働事情ノ調査ニ關スル事項
一　他課ノ主管ニ屬セザル勞働ニ關スル事項

勞務課

一　國際勞働ニ關スル事項
一　勞働者災害扶助法ノ施行ニ關スル事項
一　勞働者ノ福利ニ關スル事項

監督課

一　工場法ノ施行ニ關スル事項
一　工業勞働者最低年齢法ノ施行ニ關スル事項
一　鑛夫ニ關スル事項
一　鑛業及砂鑛業ニ於ケル勞働衛生ニ關スル事項
一　退職積立金及退職手當法ノ施行ニ關スル事項
一　商店法ノ施行ニ關スル事項
一　其ノ他勞働者保護ニ關スル事項

職業部

職業課

一　入營者職業保障法ノ施行ニ關スル事項

一　職業適性ノ研究ニ關スル事項

一　國民登錄制ニ關スル事項

一　失業ノ救濟ニ關スル事項

一　他課ノ主管ニ屬セザル事項

監理課

一　職業紹介所ノ監理ニ關スル事項

一　職業紹介所職員ノ養成ニ關スル事項

一　職業紹介委員會ニ關スル事項

紹介課

一　職業紹介所ノ業務及職業紹介ノ聯絡統制ニ關スル事項

一　私營職業紹介事業ニ關スル事項

一　勞務供給事業及勞務者ノ募集ニ關スル事項

失業對策部

總務課

一　失業狀況ノ查察ニ關スル事項

一　失業對策ノ企畫ニ關スル事項
一　失業對策委員會ニ關スル事項
一　他課ノ主管ニ屬セザル事項
轉職課
一　豫備登錄ニ關スル事項
一　轉職指導ニ關スル事項
一　解雇及雇入ノ調整ニ關スル事項
事業課
一　職業補導施設ニ關スル事項
一　授產及內職ノ施設ニ關スル事項
一　其ノ他救濟施設ニ關スル事項
臨時軍事援護部
軍事扶助課
一　軍事扶助法ノ施行ニ關スル事項
一　他課ノ主管ニ屬セザル軍事援護ニ關スル事項
遺族援護課
一　遺族ノ援護ニ關スル事項

保險院分課規程

（昭和十三年一月
昭和十三年七月改正）

第一條　總務局ニ左ノ四課ヲ置ク

庶務課
企畫課
數理課
施設課

第二條　總務局庶務課ハ左ノ事務ヲ掌理ス

一　機密ニ關スル事項
二　人事ニ關スル事項
三　官印ノ管守ニ關スル事項
四　文書ノ受授發送竝ニ編纂保存ニ關スル事項
五　經費及諸收入ノ豫算決算竝ニ會計ニ關スル事項
六　營繕ニ關スル事項
七　他ノ局課ニ屬セザル事項

第三條　總務局企畫課ハ左ノ事務ヲ掌理ス

一　保險制度ノ企畫ニ關スル事項
二　生命保險會社ノ監督ニ關スル事項
第四條　總務局數理課ハ左ノ事務ヲ掌理ス
一　保險料率ノ基礎計算其ノ他保險數理ニ關スル事項
二　統計的觀察ニ關スル事項
三　民營生命保險ノ保險料率ノ調査ニ關スル事項
第五條　總務局施設課ハ左ノ事務ヲ掌理ス
一　被保險者保健施設ノ企畫統括ニ關スル事項
二　生命保險會社ノ被保險者保健施設ニ關スル事項
第六條　社會保險局ニ左ノ四課及健康保險相談所ヲ置ク
庶　務　課
監　理　課
醫　務　課
國民健康保險課
第七條　社會保險局庶務課ハ左ノ事務ヲ掌理ス
一　健康保險組合ニ關スル事項
二　健康保險審査會ニ關スル事項

三　他課ノ主管ニ屬セザル事項
第八條　社會保險局監理課ハ左ノ事務ヲ掌理ス
一　政府ノ管掌スル健康保險ニ關スル事項
二　健康保險特別會計ニ關スル事項
三　勞働者災害扶助責任保險ニ關スル事項
四　勞働者災害扶助責任保險特別會計ニ關スル事項
第九條　社會保險局醫務課ハ左ノ事務ヲ掌理ス
一　醫療ニ關スル事項
二　健康保險ノ保健施設ノ實施ニ關スル事項
第九條ノ二　社會保險局國民健康保險課ハ國民健康保險ニ關スル事務ヲ掌理ス
第十條　社會保險局健康保險相談所ハ第九條第二號ニ揭グル事務ノ中被保險者ノ健康保持ニ關スル施設ヲ分掌ス
第十一條　簡易保險局ニ左ノ十九課ヲ置ク
監　理　課
經　理　課
積立金運用課
積立金監査課
年　金　課

地方課
業務課
統計課
契約課
第一支拂課
第二支拂課
第三支拂課
貸付課
辨濟課
第一徵收課
第二徵收課
第三徵收課
第四徵收課
第五徵收課

第十二條　簡易保險局監理課ハ左ノ事務ヲ掌理ス

一　簡易保險局及同支局ノ職員ノ統括ニ關スル事項

二　事業ノ監督ニ關スル事項

三　事業ノ運營及改良計畫ニ關スル事項
四　保險事業ノ法令ニ關スル事項
五　保險事業ノ訴訟及簡易生命保險審査會ニ關スル事項
六　被保險者保健施設ニ關スル事項
七　局中他課ニ屬セザル事項

第十三條　簡易保險局經理課ハ左ノ事務ヲ掌理ス
一　歳入歳出ノ豫算、決算及經理ニ關スル事項
二　收入、支出及現金ノ出納ニ關スル事項
三　職員ノ定員、定率、給與及服務ニ關スル事項
四　物品ノ經理ニ關スル事項
五　土地、建物又ハ工作物ノ工事、貸借及管理ニ關スル事項
六　通信事業特別會計ニ對スル繰入金ニ關スル事項
七　技工ニ關スル事項

第十四條　簡易保險局積立金運用課ハ左ノ事務ヲ掌理ス
一　積立金運用計畫ニ關スル事項
二　積立金ノ貸付竝ニ有價證券ノ購入、引受及之が離權ニ關スル事項
三　積立金運用ニ關聯スル金融經濟及金利利廻竝ニ社會政策的施設ノ調査ニ關スル事項

四　簡易生命保險積立金運用委員會ニ關スル事項

第十五條　簡易保險積立金監査課ハ左ノ事務ヲ掌理ス

一　積立金ノ貸付契約ニ關スル事項

二　積立金貸付後ノ監査ニ關スル事項

三　積立金ノ債權確保ニ關スル事項

四　積立金ノ管理ニ關スル事項

五　有價證券ノ保管ニ關スル事項

第十五條ノ二　簡易保險局年金課ハ左ノ事務ヲ掌理ス

一　年金事業ノ改良計畫ニ關スル事項

二　年金事業ノ法令ニ關スル事項

三　年金事業ノ訴訟ニ關スル事項

四　年金契約ノ締結ニ關スル事項

五　郵便年金證書ノ作成ニ關スル事項

六　年金契約締結ニ伴フ各種原簿類ノ調製ニ關スル事項

七　返還金ノ計算ニ關スル事項

八　年金及返還金ノ支拂ニ關スル事項

九　年金契約ノ異動變更ニ關スル事項

十　年金契約ノ解除ニ關スル事項
十一　年金契約者及年金受取人ニ對スル貸付金ニ關スル事項
十二　年金契約ニ關スル證書類ノ再度發行ニ關スル事項
十三　年金事業ニ屬スル受拂金ノ總計算ニ關スル事項
十四　年金事業ニ屬スル振替及繰替受拂ニ係ル歲入金、歲出金及歲入歲出外現金ノ計理ニ關スル事項
十五　年金事業ニ屬スル繰替拂ニ係ル歲出金證據書類ノ計理ニ關スル事項
十六　年金假受金證據書類ノ計理ニ關スル事項
十七　掛金及年金雜收入受入證據書類ノ計理ニ關スル事項
十八　掛金受入原簿ノ登記ニ關スル事項
十九　掛金拂込豫告書及督促ノ發送ニ關スル事項
二十　延滯金ノ監査ニ關スル事項
第十六條　簡易保險局地方課ハ左ノ事務ヲ掌理ス
一　積立金貸付ノ調査ニ關スル事項
二　積立金ヲ貸付タル事業ノ狀況調査ニ關スル事項
三　積立金貸付ニ係ル債權確保ノ調査ニ關スル事項
四　簡易保險健康相談所其ノ他保健施設ノ運營ニ關スル事項
第十七條　簡易保險局業務課ハ左ノ事務ヲ掌理ス

一　現業事務（簡易保險支局現業事務ヲ除ク以下之ニ同ジ）ニ從事スル職員ノ進退、賞罰及身分ニ關スル事項
二　現業員勤勉手當ノ支給ニ關スル事項（技工ニ對スルモノヲ除ク）
三　現業員ノ訓育、保健、慰安及共濟ニ關スル事項
四　現業事務ノ監査ニ關スル事項
五　現業事務ニ關スル申告其ノ他事故ノ處理ニ關スル事項
六　電話機、電燈及煖房ノ管守保存ニ關スル事項
七　國有財産ノ管守保存ニ關スル事項
八　諸傭人（技工ヲ除ク）ニ關スル事項
九　人夫、船車ノ供給ニ關スル事項
十　廳中取締ニ關スル事項
十一　保險契約締結竝ニ保險金支拂ニ伴フ醫的審査ニ關スル事項
十二　保險事業ニ屬スル受拂金ノ總計算ニ關スル事項
十三　保險事業ニ屬スル振替及繰替受拂ニ係ル歳入金、歳出金及歳入歳出外現金ノ計理ニ關スル事項
十四　現業事務ニ關スル文書及各種證據書類ノ收受、發送及保存ニ關スル事項

第十八條　簡易保險局ニ業務長ヲ置ク
業務長ハ左ノ課ノ事務ヲ統理ス

監　理　課

經理課
積立金運用課
積立金監査課
年金課
地方課
業務課

第十九條　簡易保險局統計課ハ左ノ事務ヲ掌理ス
一　責任準備金ノ計算ニ關スル事項
二　更正保險金額及還付金額ノ計算（支拂課掌理ニ屬スルモノヲ除ク）ニ關スル事項
三　更正年金額ノ計算ニ關スル事項
四　事業ノ統計ニ關スル事項

第二十條　簡易保險局契約課ハ左ノ事務ヲ掌理ス
一　保險契約ノ締結ニ關スル事項
二　保險契約ノ復活ニ關スル事項
三　保險契約締結ニ伴フ保險證書ノ作成ニ關スル事項
四　保險契約締結ニ伴フ保險料領收帳及同受入票類ノ調製ニ關スル事項

第二十一條　簡易保險局第一支拂課ハ左ノ事務ヲ掌理ス

一　東京都市及東京地方遞信局管內保險契約竝ニ本局管內ニ異動シタル支局管內保險契約ニ對スル保險金及還付金ノ支拂決定ニ關スル事項
二　保險金及還付金ノ局待拂ニ關スル事項
三　東京都市及東京地方遞信局管內保險契約竝ニ本局管內ニ異動シタル支局管內保險契約ノ異動變更ニ關スル事項
四　東京都市及東京地方遞信局管內保險契約竝ニ本局管內ニ異動シタル支局管內保險契約ノ解除ニ關スル事項
五　東京都市及東京地方遞信局管內保險契約竝ニ本局管內ニ異動シタル支局管內保險契約ニ對スル證書類ノ再度發行ニ關スル事項
六　東京都市及東京地方遞信局管內保險契約竝ニ本局管內ニ異動シタル支局管內保險契約ニ對スル更正保險金額及還付金額ノ計算（一時拂純保險料表、還付金額表、積立金額表、乘率表及保險金額表ニ依リ計算シ得ザルモノ竝ニ再度變更ノモノヲ除ク）ニ關スル事項
七　保險事業ニ屬スル繰替拂ニ係ル歲出金證據書類ノ計理ニ關スル事項

第二十二條　簡易保險局第二支拂課ハ左ノ事務ヲ掌理ス
一　名古屋、廣島各遞信局及南津廳管內保險契約ニ對スル保險金及還付金ノ支拂決定ニ關スル事項
二　名古屋、廣島各遞信局及南洋廳管內保險契約ノ異動變更ニ關スル事項
三　名古屋、廣島各遞信局及南洋廳管內保險契約ノ解除ニ關スル事項
四　名古屋、廣島各遞信局及南洋廳管內保險契約ニ對スル證書類ノ再度發行ニ關スル事項
五　名古屋、廣島各遞信局及南洋廳管內保險契約ニ對スル更生保險金額及還付金額ノ計算（一時拂純保險料表、還

付金額表、積立金額表、乘率表及保險金額表ニ依リ計算シ得ザルモノ竝ニ再度變更ノモノヲ除ク）ニ關スル事項

第二十三條　簡易保險局第三支拂課ハ左ノ事務ヲ掌理ス

一　大阪遞信局管内保險契約ニ對スル保險金及還付金ノ支拂決定ニ關スル事項

二　大阪遞信局管内保險契約ノ異動變更ニ關スル事項

三　大阪遞信局管内保險契約ノ解除ニ關スル事項

四　大阪遞信局管内保險契約ニ對スル證書類ノ再度發行ニ關スル事項

五　大阪遞信局管内保險契約ニ對スル更正保險金額及還付金額ノ計算（一時拂純保險料表、還付金額表、積立金額表、乘率表及保險金額表ニ依リ計算シ得ザルモノ竝ニ再度變更ノモノヲ除ク）ニ關スル事項

六　保險金及還付金支拂通知書ノ發行ニ關スル事項

第二十四條　簡易保險局貸付課ハ左ノ事務ヲ掌理ス

一　保險契約者ニ對スル貸付ニ關スル事項

二　保險契約者ニ對スル貸付金ノ局待拂ニ關スル事項

三　保險契約者ニ對スル貸付金額ノ計算（一時拂純保險料表、還付金額表、積立金額表、乘率表及保險金額表ニ依リ計算シ得ザルモノ竝ニ再度變更ノモノヲ除ク）ニ關スル事項

四　保險契約者ニ對スル保險貸付金拂渡證據書類ノ計理ニ關スル事項

五　保險契約者ニ對スル貸付通知書ノ再度發行ニ關スル事項

第二十五條　簡易保險局辨濟課ハ左ノ事務ヲ掌理ス

一　保險契約者ニ對スル貸付金ノ辨濟ニ關スル事項
二　保險契約者ニ對スル貸付現在高ノ監査ニ關スル事項
三　保險契約者ニ對スル保險貸付金受入證據書類ノ計理ニ關スル事項
第二十六條　簡易保險局第一徵收課ハ左ノ事務ヲ掌理ス
一　東京都市遞信局管內契約者ニ對スル保險歲入金證據書類ノ計理ニ關スル事項
二　東京都市遞信局管內契約者ニ對スル保險料及延滯料ノ受入監査ニ關スル事項
三　東京都市遞信局管內契約者ニ對スル保險料及延滯料受入報告書ノ整理保管ニ關スル事項
四　東京都市及東京地方遞信局管內振替貯金振替拂込契約者ニ對スル失效豫告及失效通知ニ關スル事項
五　東京都市遞信局管內契約者ニ對スル保險假受金證據書類ノ計理ニ關スル事項
六　東京都市遞信局管內契約者ニ對スル保險料領收帳及同受入票ノ再度發行ニ關スル事項
七　管外異動登錄簿ノ整理及保管ニ關スル事項
八　既成契約ニ對スル保險料併合拂込及團體取扱ニ係ル保險料領收帳及同受入票ノ發行ニ關スル事項
第二十七條　簡易保險局第二徵收課ハ左ノ事務ヲ掌理ス
一　東京地方遞信局管內契約者ニ對スル保險歲入金證據書類ノ計理ニ關スル事項
二　東京地方遞信局管內契約者ニ對スル保險料及延滯料ノ受入監査ニ關スル事項
三　東京地方遞信局管內契約者に對スル保險料及延滯料受入報告書ノ整理保管ニ關スル事項
四　東京地方遞信局管內契約者ニ對スル保險假受金證據書類ノ計理ニ關スル事項

五　東京地方遞信局管内契約者ニ對スル保險料領收帳及同受入票ノ再度發行ニ關スル事項

第二十八條　簡易保險局第三徵收課ハ左ノ事務ヲ掌理ス

一　名古屋遞信局管內契約者ニ對スル保險歲入金證據書類ノ計理ニ關スル事項

二　名古屋遞信局管內契約者ニ對スル保險料及延滯料ノ受入監査ニ關スル事項

三　名古屋遞信局管內契約者ニ對スル保險料及延滯料受入報告書ノ整理保管ニ關スル事項

四　名古屋遞信局管內振替貯金振替拂込契約者ニ對スル失效豫告及失效通知ニ關スル事項

五　名古屋遞信局管內契約者ニ對スル保險假受金證據書類ノ計理ニ關スル事項

六　名古屋遞信局管內契約者ニ對スル保險料領收帳及同受入票ノ再度發行ニ關スル事項

第二十九條　簡易保險局第四徵收課ハ左ノ事務ヲ掌理ス

一　大阪遞信局管內契約者ニ對スル保險歲入金證據書類ノ計理ニ關スル事項

二　大阪遞信局管內契約者ニ對スル保險料及延滯料ノ受入監査ニ關スル事項

三　大阪遞信局管內契約者ニ對スル保險料及延滯料受入報告書ノ整理保管ニ關スル事項

四　大阪遞信局管內振替貯金振替拂込契約者ニ對スル失效豫告及失效通知ニ關スル事項

五　大阪遞信局管內契約者ニ對スル保險假受金證據書類ノ計理ニ關スル事項

六　大阪遞信局管內契約者ニ對スル保險領收帳及同受入票ノ再度發行ニ關スル事項

第三十條　簡易保險局第五徵收課ハ左ノ事務ヲ掌理ス

一　廣島遞信局及南洋廳管內竝ニ朝鮮、外國在住契約者ニ對スル保險歲入金證據書類ノ計理ニ關スル事項

二　廣島遞信局及南洋廳管內竝ニ朝鮮、外國在住契約者ニ對スル保險料及延滯料ノ受入監査ニ關スル事項

三　廣島遞信局及南洋廳管內竝ニ朝鮮、外國在住契約者ニ對スル保險料及延滯料受入報告書ノ整理保管ニ關スル事項

四　廣島遞信局及南洋廳管內竝ニ朝鮮、外國在住振替貯金振替拂込契約者ニ對スル失效豫告及失效通知ニ關スル事項

五　廣島遞信局及南洋廳管內竝ニ朝鮮、外國在住契約者ニ對スル保險假受金證據書類ノ計理ニ關スル事項

六　廣島遞信局及南洋廳管內竝ニ朝鮮、外國在住契約者ニ對スル保險料領收帳及同受入票ノ再度發行ニ關スル事項

第三十一條　削除

第三十二條　簡易保險支局ニ左ノ課ヲ置ク

庶務課（福岡及仙臺簡易保險支局ニ限ル）

地方課（福岡及仙臺簡易保險支局ニ限ル）

運用課（名古屋、大阪、廣島及札幌簡易保險支局ニ限ル）

福祉課（名古屋、大阪、廣島及札幌簡易保險支局ニ限ル）

契約課（福岡及仙臺簡易保險支局ニ限ル）

徵收課（福岡及仙臺簡易保險支局ニ限ル）

第三十三條　簡易保險支局庶務課ハ左ノ事務ヲ掌理ス

一　職員ノ進退、賞罰及身分ニ關スル事項

二　現業員勤勉手當ノ支給ニ關スル事項

三　職員ノ訓育、保健、慰安及共濟ニ關スル事項
四　現業事務ノ監査ニ關スル事項
五　現業事務ニ關スル申告其ノ他事故ノ處理ニ關スル事項
六　文書及各種證據書類ノ收受、發送及保存ニ關スル事項
七　國有財産ノ管守保存ニ關スル事項
八　會計ニ關スル事項
九　局中他課ニ屬セザル事項

第三十三條ノ二　簡易保險支局地方課ハ左ノ事務ヲ掌理ス
一　積立金貸付ノ調査ニ關スル事項
二　積立金ヲ貸付シタル事業ノ狀況調査ニ關スル事項
三　積立金貸付ニ係ル債權確保ノ調査ニ關スル事項
四　簡易保險健康相談所其ノ他保健施設ノ運營ニ關スル事項

第三十四條　簡易保險支局運用課ハ左ノ事務ヲ掌理ス
一　積立金貸付ノ調査ニ關スル事項
二　積立金ヲ貸付タル事業ノ狀況調査ニ關スル事項
三　積立金貸付ニ係ル債權確保ノ調査ニ關スル事項

第三十五條　簡易保險支局福祉課ハ左ノ事務ヲ掌理ス

一　簡易保險健康相談所其ノ他保健施設ノ運營ニ關スル事項
二　局中他課ニ屬セザル事項
第三十六條　簡易保險支局契約課ハ左ノ事務ヲ掌理ス
一　保險契約ノ締結ニ關スル事項
二　保險契約ノ復活ニ關スル事項
三　保險證書ノ作製ニ關スル事項
四　保險契約締結ニ伴フ保險料領收帳及同受入票類ノ調製ニ關スル事項
五　保險假受金證據書類ノ計理ニ關スル事項
六　統計票ノ調製ニ關スル事項
七　普通三等局取扱費支給資料ノ調製ニ關スル事項
八　保險金及還付金ノ支拂ニ關スル事項
九　保險金ノ局待拂ニ關スル事項
十　保險契約ノ異動變更ニ關スル事項
十一　保險契約ノ解除ニ關スル事項
十二　保險證書類ノ再度發行ニ關スル事項
十三　契約變更ニ係ル保險金額、還付金額及貸付金額ノ計算ニ關スル事項
十四　保險契約ノ締結竝ニ保險金支拂ノ醫的審査ニ關スル事項

十五　保險契約者ニ對スル貸付ニ關スル事項
十六　保險契約者ニ對スル保險貸付金受拂證據書類ノ計理ニ關スル事項
十七　保險契約者ニ對スル貸付通知書ノ再度發行ニ關スル事項
十八　保險契約者ニ對スル貸付金ノ辨濟ニ關スル事項
十九　保險契約者ニ對スル貸付現在高ノ監査ニ關スル事項

第三十七條　簡易保險支局徵收課ハ左ノ事務ヲ掌理ス
一　保險歲入金證據書類ノ計理ニ關スル事項
二　保險料及延滯料ノ受入監査ニ關スル事項
三　保險料及延滯料受入報告書ノ整理保管ニ關スル事項
四　振替貯金振替拂込契約者ニ對スル失效豫告及失效通知ニ關スル事項
五　管外異動登錄簿ノ整理及保管ニ關スル事項
六　各種受拂金ノ計算總括ニ關スル事項
七　振替及振替受拂ニ係ル歲入金、歲出金及歲入歲出外現金ノ計理ニ關スル事項
八　繰替拂ニ係ル歲出金證據書類ノ計理ニ關スル事項
九　保險料領收帳及同受入票ノ再度發行ニ關スル事項
十　既成契約ニ對スル保險料併合拂込及團體取扱ニ係ル保險料領收帳及同受入票ノ發行ニ關スル事項

傷兵保護院分課規程

（昭和十三年四月）

第一條　總裁官房ニ左ノ一課ヲ置ク

總　務　課

第二條　總務課ニ於テハ左ノ事務ヲ掌ル

一　人事ニ關スル事項

二　總裁及副總裁ノ官印竝ニ院印ノ管守ニ關スル事項

三　文書ノ接受及發送ニ關スル事項

四　文書ノ編纂及保管ニ關スル事項

五　經費及諸收入ノ豫算決算竝ニ會計ニ關スル事項

六　統計ニ關スル事項

七　他ノ局課ノ主管ニ屬セザル事項

第三條　計畫局ニ左ノ三課ヲ置ク

計　畫　課

指　導　課

工　營　課

第四條　計畫課ニ於テハ左ノ事務ヲ掌ル
一　傷痍軍人保護事業ノ企畫調査ニ關スル事項
二　傷兵院法ノ施行ニ關スル事項
三　傷痍軍人保護施設ノ監察ニ關スル事項
四　傷痍軍人保護團體ノ助成監督ニ關スル事項
五　身上相談ニ關スル事項
六　他ノ局課ノ主管ニ屬セザル保護事業ニ關スル事項
第五條　指導課ニ於テハ左ノ事務ヲ掌ル
一　傷痍軍人ノ指導教化ニ關スル事項
二　傷痍軍人ノ優遇表彰ニ關スル事項
三　一般國民ノ教化ニ關スル事項
四　育英助成ニ關スル事項
第六條　工營課ニ於テハ左ノ事務ヲ掌ル
一　營繕ニ關スル事項
第七條　業務局ニ左ノ三課ヲ置ク
業務課
補導課

醫　療　課

第八條　業務課ニ於テハ左ノ事務ヲ掌ル

一　雇傭制度ニ關スル事項

二　職業指導ニ關スル事項

三　作業設備及作業方法ノ改善ニ關スル事項

四　介護要具ニ關スル事項

五　他課ノ主管ニ屬セザル事項

第九條　補導課ニ於テハ左ノ事務ヲ掌ル

一　職業再教育ニ關スル事項

二　職業再訓練ニ關スル事項

三　義肢及作業補助具ニ關スル事項

第十條　醫療課ニ於テハ左ノ事務ヲ掌ル

一　醫療ニ關スル事項

昭和十三年十二月十日印刷
昭和十三年十二月十二日發行

厚生省

印刷人　東京市芝區西芝浦三丁目二番地　川口芳太郎

印刷所　東京市芝區西芝浦三丁目二番地　川口印刷所
電話三田(45)二、一一一番代表
二、一一二番
二、一一三番

歩け・泳げ

歩け・泳げ

歩け・目次

——終——

泳げ・目次

――終――

歩け

「徒歩」運動の提唱

近時《きんじ》國家《こくか》の根基《こんき》たる國民體力《こくみんたいりよく》の低下《ていか》が論議《ろんぎ》せらるゝに至《いた》つた事《こと》は洵《まこと》に深憂《しんいう》に堪《た》えぬところであるが、思《おも》ふに機《き》械文明《かいぶんめい》の進歩《しんぽ》は人間《にんげん》を機械《きかい》の下《もと》に壓迫《あつぱく》し交通機關《かうつうきくわん》の發達《はつたつ》は人體《じんたい》を虚弱《きよじやく》ならしめ、而《しか》も從來體育運動《じうらいたいいくうんどう》といへば一部《ぶ》の愛好者《あいかうしや》に限《かぎ》られ、國民《こくみん》の大部分《だいぶぶん》は殆《ほと》んど無關心《むくわんしん》の狀態《じやうたい》で、一般《ぱん》に——特《とく》に都會生活者《とくわいせいくわつしや》にとつて——運動不足《うんどうふそく》となつた事《こと》が其《そ》の原因《げんいん》の一つであると考《かんが》へられる。

從《したが》つて今日《こんにち》の急務《きふむ》は國民全般《こくみんぜんぱん》に體育運動《たいいくうんどう》に對《たい》する注意《ちうい》を喚起《くわんき》し、自分自身《じぶんじしん》の心身《しんしん》を鍛錬《たんれん》し、體力《たいりよく》を向上《かうじやう》せしめることが即《すなは》ち國家《こくか》に對《たい》する御奉公《ごほうこう》の道《みち》であり國民《こくみん》の義務《ぎむ》であることを自覺《じかく》せしめ、體育運動《たいいくうんどう》を日常生活《にちじやうせいくわつ》の中《なか》に織《おり》込《こ》み、之《これ》を生活化《せいくわつくわ》せしむるにある。之《これ》に依《よ》つて日常《にちじやう》の生活《せいくわつ》なり仕事《しごと》と云《い》ふものが明朗《めいらう》な氣持《きもち》を以《もつ》て終始《しうし》し、成果《せいくわ》を收《おさ》め得《う》ると云《い》ふことを國民全般《こくみんぜんぱん》に體驗《たいけん》して貰《もら》ひ度《た》いと思《おも》ふのであるが、さて老若男女誰《らうにやくなんによたれ》にでも出來《でき》る運動《うんどう》となると先《ま》づ歩《ある》くことが一番簡單《ばんかんたん》であり普遍的《ふへんてき》である。

殊《こと》に機械文明《きかいぶんめい》の下《もと》に住《す》む人々《ひと〱》、云《い》ひ換《か》へれば都會《とくわい》に住《す》む人々《ひと〱》は段々《だん〱》と歩《ある》くことに遠《とほ》ざかつて行《ゆ》く。さうして、運動《うんどう》したくても時間《じかん》がなく運動不足《うんどうふそく》だとか云《い》ふ。斯《か》う云《い》ふ人達《ひとたち》に對《たい》しては兎《と》に角歩《かくある》くことを奬勵《しやうれい》し度《た》いのである。歩行《ほかう》こそ自然《しぜん》が人間《にんげん》に與《あた》へた最上《さいじやう》の健康法《けんかうはふ》である。凡《あら》ゆる人《ひと》が凡《あら》ゆる機會《きくわい》を利用《りよう》して歩《ある》くことそれ自體《じたい》が立《りつ》派《ぱ》な體育《たいいく》である。

學生《がくせい》、生徒《せいと》の通學《つうがく》に、官廳《くわんちやう》、銀行《ぎんかう》、會社《くわいしや》、工場等《こうぢやうとう》の通勤《つうきん》に、或《あるひ》は郊外散步《かうぐわいさんぽ》、遠足《ゑんそく》、或《あるひ》は團體的强行軍等《だんたいてききやうかうぐんとう》盛《さかん》に「歩《ある》け」を奬勵《しやうれい》したい。歩《ある》くことに依《よ》つて實踐《じつせん》の德《とく》を味《あぢは》ひ、追進《つゐしん》の氣魄《きはく》を養《やしな》ふことが出來《でき》る　又時節柄燃料節約《またじせつがられうせつやく》の國策《こくさく》にも順應《じゆんおう》することが出來《でき》ると信《しん》ずるのである。殊《こと》に靑少年《せいせうねん》の歩行力《ほかうりよく》が兵《へい》の行軍力《かうぐんりよく》と聯關《れんくわん》し兵力《へいりよく》と至大《しだい》の關係《くわんけい》を持《も》つものなることは此度《このたび》の事變等《じへんとう》に於《おい》ても證明《しようめい》せられるものである。

歩行の効果

歩行《ほかう》の身體《しんたい》に及《およ》ぼす保健上《ほけんじやう》の効果《かうくわ》は極《きは》めて大《だい》なるものがある。即《すなは》ち歩行《ほかう》は主《しゆ》として脚筋《あしすぢ》で營《いとな》まれる運動《うんどう》ではあるが脚筋《あしすぢ》は全身《ぜんしん》の筋肉系統中《きんにくけいとうちう》その大半《たいはん》をしめてゐるものでその運動時《うんどうじ》には上體《じやうたい》の腹筋《はらすぢ》、脊筋《せすぢ》、胸筋等《むなすぢとう》の諸筋肉《しよきんにく》も之《これ》に參加《さんか》するものであるから殆《ほと》んど全身運動《ぜんしんうんどう》となる譯《わけ》である。而《しか》して心臟《しんざう》より遠《とほ》い距離《きより》にある脚《あし》の郡筋《ぐんきん》を働《はたら》かせるために全身《ぜんしん》の血行《けつかう》を中等度《ちうとうど》に高《たか》め新陳代謝《しんちんたいしや》を盛《さか》んにし呼吸《こきふ》を促進《そくしん》し呼吸器《こきふき》、循環器《じゆんくわんき》に甚《はなは》だ良好《りやうかう》なる影響《えいきやう》を與《あた》へることになるのである。

運動《うんどう》に於《おい》て呼吸《こきふ》する空氣量《くうきりやう》の增《ま》すことは運動《うんどう》の種類《しゆるゐ》と實施《じつし》の程度《ていど》にもよるが歩行《ほかう》は平常時《へいじやうじ》の二—三倍《ばい》となり走《はし》る場合《ばあひ》は六—七倍《ばい》、競走《きやうそう》では約《やく》十倍《ばい》、自轉車競爭《じてんしやきやうそう》、登山《とざん》は約《やく》六倍《ばい》、水泳《すゐえい》は約《やく》八倍《ばい》、徒手體操《としゆたいさう》三—四倍《ばい》となつてゐるが歩行《ほかう》が最《もつと》も自然《しぜん》に近《ちか》くすべての者《もの》に適《てき》してゐる理由《りいう》もこゝにある。

特《とく》に徒歩《とほ》は半《なか》ば自働的運動《じどうてきうんどう》である爲《ため》、運動《うんどう》する爲《ため》に大腦皮質《だいなうひしつ》を殆《ほと》んど使用《しよう》せぬから腦《なう》の充血《じうけつ》を去《さ》り血液《けつえき》を脚《あし》の方《はう》に誘導《いうだう》し得《う》るので歩行《ほかう》は精神勞働者《せいしんらうどうしや》の保健的體育運動《ほけんてきたいいくうんどう》として最適當《さいてきたう》といはれてゐる。歩行《ほかう》は極《きは》めて自然的《しぜんてき》な運《うん》動法《どうはふ》で僅《わづ》か五分《ふん》か十分《ふん》の歩行《ほかう》でも全身《ぜんしん》に心持《こゝろもち》よき適量《てきりやう》の運動量《うんどうりやう》を與《あた》へ、又假令《またたとへ》これが長時間《ちやうじかん》に亘《わた》つて行《おこな》はれても之《これ》によつて過勞《くわらう》に導《みちび》かれるやうな憂《うれひ》は先《ま》づ無《な》いといつて良《よ》い。

歩行《ほかう》の精神上《せいしんじやう》に與《あた》へる影響《えいきやう》も又看過《またかんくわ》することは出來《でき》ぬ。元來人間《ぐわんらいにんげん》の精神活動《せいしんくわつどう》の量《りやう》の旺盛《わうせい》な狀態《じやうたい》は全身《ぜんしん》の血行《けつかう》が適度《てきど》に促進《そくしん》され呼吸《こきふ》が整《とゝの》ひ心身共《しんしんとも》に爽快《さうくわい》になつてゐる時《とき》である。輕《かる》い程度《ていど》の運動《うんどう》した後《あと》とか五分《ふん》か十分位《ふんぐらゐ》歩《あゆ》んで幾分身體《いくぶんしんたい》が溫《あたゝ》まつた時《とき》が一番《ばん》精神作用《せいしんさよう》が活潑《くわつぱつ》で、能率《のうりつ》のあがる時《とき》で之《こ》れは實驗心理《じつけんしんり》等《とう》に於《たい》ても、いろ〳〵證明《しようめい》されてゐるのである。通學《つうがく》、通勤等《つうきんとう》に於《たい》て其《そ》の勉學執務前《べんがくしつむぜん》に一定時間《ていじかん》の歩行《ほかう》をなすといふことはそうした意味《いみ》に於《たい》ても必要《ひつえう》である。又歩行《またほかう》は他《た》の運動《うんどう》と違《ちが》つて歩行中半《ほかうちうなか》ば自働的《じどうてき》に、反射的《はんしやてき》に働《はたら》き、リズム的《てき》に反覆《はんぷく》されるものである爲《ため》歩行中《ほかうちう》思索《しさく》を續《つゞ》けることも出來《でき》る樣《やう》である。

「歩行《ほかう》は魂《たましひ》を培《つちか》ふものだ」と言《い》はれ古今《ここん》の哲人詩人中《てつじんしじんちう》にも歩行《ほかう》を愛好《あいかう》し之《これ》を實行《じつかう》した人《ひと》は尠《すくな》くなかつた。歩行《ほかう》が雜沓《ざつたふ》の巷《ちまた》で行《おこな》はれる場合《ばあひ》は別《べつ》であるが街路樹《がいろじゆ》の整然《せいぜん》たる歩道《ほだう》や靜《しづ》かな田舍道《ゐなかみち》さては湖沼《こせう》のほとり等《とうし》自然《ぜん》を背景《はいけい》とした所《ところ》で行《おこな》はれゝば、心氣《しんき》自《おのづか》ら一轉《てん》して精神《せいしん》の爽快《さうくわい》を感《かん》じ浩然《かうぜん》の氣《き》を養《やしな》ふことが出來《でき》る そして不知《しらず》不識《しらず》の裡《うち》に自然《しぜん》の大《おほ》きい感化《かんくわ》を享《う》けることも事實《じじつ》である。又歩行《またかう》には何等《なんら》の衒氣《げんき》もなく歩法《ほはふ》にも何等《なんら》の奇《き》もなく技巧《ぎかう》もなく極《きは》めて簡素《かんそ》な運動《うんどう》である爲《ため》自《おのづか》ら質實剛健《しつじつがうけん》の氣風《きふう》を養《やしな》ふことになる。とかく人間《にんげん》にあり勝《が》ちな勞力《らうりよく》を厭《いと》ひ努《つと》めて樂《らく》をしたいといつた一面《めん》の氣持《きもち》から歩《ある》いてもすぐの所《ところ》をつい自動車《じどうしや》に乘《の》り電車《でんしや》を利用《りよう》するが人情《にんじやう》のやうでもあるがそれを押《お》して自《みづか》らが歩《ある》いた時《とき》の氣《き》持《も》ちには言《い》ひ知《し》れぬ實行《じつかう》の喜《よろこ》びと自信《じしん》が湧《わ》いて來《く》るものである。

歩行は實行容易

世《よ》にはよく運動《うんどう》をしたくとも機會《きくわい》がないとか、やる場所《ばしよ》がないとか、或《あるひ》は相手《あひて》がないからと言《い》ふ者《もの》も相當《さうたう》あるが、之等《これら》は表面運動《へうめんうんどう》を肯定《こうてい》しながらも實行《じつかう》しない人達《ひとたち》が用《もち》ひる常套語《じやうたうご》である。又運動《またうんどう》といふものを非常《ひじやう》に狹《せま》く考《かんが》へて陸上競技《りくじやうきやうぎ》とか、フットボールとか、庭球《ていきう》とか、ゴルフとかでなければ運動《うんどう》でないやうな考《かんが》へ方《かた》をするものもある。而《しか》し歩行《ほかう》に對《たい》してはそうした口實《こうじつ》は理由《りいう》にならないし誰《たれ》でもが極《きは》めて容易《ようい》に直《す》ぐにも實行《じつかう》の出來《でき》る自然的《しぜんてき》な運動《うんどう》の一つである。

卽《すなは》ち人間《にんげん》の日常生活《にちじやうせいくわつ》に身體《しんたい》の移動《いどう》を伴《ともな》はないものはないがそれが歩行《ほかう》を實行《じつかう》する機會《きくわい》で之《これ》を全然乘物《ぜんぜんのりもの》に委《ゆだ》ねるか、歩行《ほかう》を加《くは》へるかといふことになるのである。勿論《もちろん》「時《とき》は金《かね》なり」と言《い》ふ目《め》まぐるしい生活《せいくわつ》、殊《こと》に都會人《とくわいじん》にとつて身體移行《しんたいいかう》の總《すべ》てを歩行《ほかう》を以《もつ》てするといふことは困難《こんなん》である場合《ばあひ》が多《おほ》い。而《しか》し乍《なが》ら一日中約《にちぢうやく》四十分《ぷん》、距離《きより》にして三、四粁位《キロぐらゐ》の所《ところ》を歩行《ほかう》を以《もつ》てするやうに一日《にち》の生活《せいくわつ》の中《なか》に歩行《ほかう》を織込《おりこ》み努《つと》めて之《これ》を實行《じつかう》することは保健上極《ほけんじやうきは》めて有效《いうかう》なる方法《はうはふ》である。

然《しか》るに歩行實行《ほかうじつかう》に當《あた》つて、問題《もんだい》になるのは道路《だうろ》の問題《もんだい》である。

都會《とくわい》の日常生活《にちじやうせいくわつ》に於《おい》て常《つね》に乘物《のりもの》を利用《りよう》して歩《ある》くことをしないのは時間《じかん》を惜《を》しんでの場合《ばあひ》もあるが、交通頻繁《かうつうひんぱん》な所《ところ》では危險《きけん》の惧《おそ》れのある所《ところ》もあり、特《とく》に此《こ》の事《こと》は兒童《じどう》、老人等《らうじんとう》に於《おい》てはそうした危險《きけん》は相當考《さうたうかんが》へられるので交通《かうつう》事故《じこ》が益々《ますます》多《おほ》くなつて行《ゆ》く現狀《げんじやう》から見《み》て當然《たうぜん》のことである。又《また》場所《ばしよ》によつては不快《ふくわい》な感《かん》じを伴《ともな》ふ様《やう》な道路等《だうろとう》もある爲《ため》、自《おのづか》ら乗物《のりもの》を用《もち》ふる結果《けつくわ》ともなるのである。

之《これ》が爲《ため》には特定《とくてい》の道《みち》を撰《えら》んで徒歩者《とほしや》のみの專用道路《せんようだうろ》として、自動車《じどうしや》、自轉車等《じてんしやとう》の交通《かうつう》を禁《きん》ずるとか、特《とく》に通勤者《つうきんしや》、通學者《つうがくしや》の多《おほ》く通《とほ》る道路《だうろ》に於《おい》ては一定時間《ていじかん》を限《かぎ》つて乗物《のりもの》の乗入《のりい》れを禁《きん》ずるやうにするのも一方法《はうはふ》であらう。

歐米都市《おうべいとし》に於《おい》ては歩道《ほだう》、自轉車道《じてんしやだう》、車道《しやだう》と分《わ》けた道《みち》や、歩行專用《ほかうせんよう》に並木《なみき》を實《じつ》に氣持《きもち》よく植《う》えた庭園《ていゑん》のやうな道《みち》もあり、大都市《だいとし》には逍遙道路等《せうえうだうろとう》も設《まう》けられてゐる。

日本《にっぽん》の歩道《ほだう》は狹《せま》い裏道等《うらみちとう》で自動車等《じどうしやとう》が乗《の》り入《い》れられぬ所《ところ》を自然《しぜん》の結果《けつくわ》、歩道《ほだう》となしたり軒先《のきさき》の狹《せま》い雜然《ざつぜん》たる所《ところ》を歩道《ほだう》としてゐるが、一般的《ぱんてき》には自轉車《じてんしや》や荷物等《にもつとう》が店先《みせさき》に亂雜《らんざつ》に置《お》かれて事實氣持《じじつきもち》よく歩《ある》けるやうな歩道《ほだう》は尠《すくな》い。歩道《ほだう》の設定《せつてい》、道路《だうろ》の整理《せいり》、自轉車《じてんしや》の處理《しより》、街路樹《がいろじゆ》の殖植《しよくしよく》、綠化等《りよくくわとう》歩行《ほかう》を國民《こくみん》に奬勵《しやうれい》する先《さき》に解決《かいけつ》を要《えう》すべき問題《もんだい》も多々《たた》ある。

野外歩行

摘草《つみぐさ》、蕨取《わらびと》り、松茸狩《まつたけがり》、花見《はなみ》、觀月《くわんげつ》、汐干狩《しほひがり》、蜆取等《しじみとりとう》我國《わがくに》には昔《むかし》からかうした野外行樂《やぐわいかうらく》は一般國民《ぱんこくみん》の慰安娯樂《ゐあんごらく》の目的《もくてき》のために都會人《とくわいじん》には勿論田舍《もちろんゐなか》の者《もの》にも盛《さか》んに四季折々《しきをりをり》に行《おこな》はれてきたものである。之等《これら》は自然《しぜん》に保健上《ほけんじやう》にも役立《やくだ》ち精神《せいしん》の保養《ほやう》ともなり、又《また》家族制度《かぞくせいど》の美《うつく》しき一面《めん》の國民和樂《こくみんわらく》の行事《ぎやうじ》とされてゐたものである。

然《しか》るに近代文化《きんだいぶんくわ》の影響《えいきやう》をうけ、近代的娯樂機關《きんだいてきごらくきくわん》の發達《はつたつ》に伴《ともな》ひ一般《ぱん》の興味《きようみ》はその方面《はうめん》に吸收《きふしう》され、又《また》そうした近《きん》郊《かう》の名所《めいしよ》も自然《しぜん》淋《さび》れ、又《また》一般《ぱん》からからうした風習《ふうしふ》も忘《わす》れられやうとしてゐる現状《げんじやう》である。

而《しか》し乍《なが》ら國民保健《こくみんほけん》の見地《けんち》よりしても、又國民《またこくみん》の健全《けんぜん》なる娯樂《ごらく》としても、之《これ》が復活《ふくくわつ》を圖《はか》ることは緊要《きんえう》のことである。素朴《そぼく》なる服裝《ふくさう》に簡單《かんたん》なる辨當《べんたう》を提《ひつさ》げて老若男如《らうにやくなんによ》相伴《あひともな》つて大自然《だいしぜん》の懐《ふところ》に飛《と》び込《こ》み、團欒《だんらん》の樂《たの》しさの中《なか》に保健《ほけん》の増進《ぞうしん》を圖《はか》る。此《こ》の運動《うんどう》は是非《ぜひ》提唱《ていしやう》したいものである。

徒歩通勤

官廳《くわんちやう》、銀行《ぎんかう》、會社《くわいしや》、工場等《こうぢやうとう》に通勤《つうきん》する勤務者《きんむしや》が徒歩區間《とほくかん》を定《さだ》めて一定時間《ていじかん》の歩行《ほかう》を實行《じつかう》することは保健《ほけん》の上《うへ》からも又精神上《またせいしんじやう》の効果《かうくわ》からいつても極《きは》めて大切《たいせつ》なことである。勿論全距離《もちろんぜんきより》を徒歩《とほ》のみとは限定《げんてい》し難《がた》きも徒歩《とほ》の區間《くかん》を出來得《できう》る限《かぎ》り延長《えんちやう》するやうに此際奬勵《このさいしやうれい》したいものである。二、三キロ位《ぐらゐ》の所《ところ》であれば勿論往復共徒歩通勤《もちろんわうふくともとほつうきん》は結構《けつこう》であるが相當遠距離《さうたうゑんきより》で乘物《のりもの》を利用《りよう》せねばならぬ場合《ばあひ》にしても、往《ゆ》きは乘《の》つて歸《かへ》りは徒歩《とほ》にするとか、家《うち》から乘車場《じようしやぢやう》までの一定《てい》の區間《くかん》を必《かなら》ず歩《ある》くとかいふ風《ふう》に心懸《こころが》けるやうにしたいものである。之《これ》が實行方法《じつかうはうはふ》として夫々官廳《それぞれくわんちやう》銀行《ぎんかう》、會社《くわいしや》、工場《こうぢやう》の通勤者相互《つうきんしやさうご》の間《あひだ》に一定區間内《ていくかんない》は必《かなら》ず歩行《ほかう》を嚴守《げんしゆ》する申合《まをしあは》せをするとか、合意《がふい》の徒歩通勤實行《とほつうきんじつかう》團體《だんたい》をつくるやうなことも面白《おもしろ》いことで現《げん》に實行《じつかう》してゐる所《ところ》もあるが之等《これら》は是非奬勵《ぜひしやうれい》したいものである。而《しか》して之《これ》が個人《こじん》の生活習慣《せいくわつしふくわん》に迄導《までみちび》き歩行《ほかう》を日常生活《にちじやうせいくわつ》の中《なか》に織込《おりこ》むやうにまで成《な》したきものである、又《また》その組織《そしき》の如《ごと》きも之《これ》を延長《えんちやう》して、或《あるひ》は休暇休日等《きうかきうじつとう》を利用《りよう》して、或《あるひ》は郊外遠足《かうぐわいゑんそく》とか山野跋渉《さんやばつせふ》とか、登山等《とざんとう》の運動實行團體《うんどうじつかうだんたい》にまで導《みちび》くやうにすれば何《なに》よりである。

友邦《いうはう》獨逸人《ドイツじん》の徒歩《とほ》好きは有名《いうめい》なものであるが其《そ》の一例《れい》に昨年《さくねん》より東京《とうきやう》オリンピック組織委員會《そしきゐゐんくわい》に技術顧問《ぎじゆつこもん》として招聘《せうへい》された獨逸人《ドイツじん》クリムグベルグ氏《し》は毎日《まいにち》の通勤《つうきん》に赤坂《あかさか》の自宅《じたく》から虎《とら》の門《もん》まで歩《ある》いて來《き》て其《そ》れ丈《だ》けではなほ不足《ふそく》の爲更《ためさら》に芝公園《しばこうゑん》を廻《まは》つて約《やく》三、四十分位《ぷんぐらゐ》の歩行《ほかう》を日課《につくわ》としてせつせと歩《ある》いて事務所《じむしよ》に出勤《しゆつきん》するやうであるが此《こ》のことは獨逸國民《ドイツこくみん》の習性《しふせい》のあらはれであり、保健生活《ほけんせいくわつ》の一面《めん》を物語《ものがた》るものであるといふことになる。

徒歩通學

學生生徒《がくせいせいと》の通學《つうがく》も交通機關《かうつうきくわん》の不充分《ふじうぶん》であつた頃《ころ》は、二里《り》三里《り》の道《みち》も何等《なんら》の苦痛《くつう》もなく徒歩《とほ》で通學《つうがく》したものである。處《ところ》が交通機關《かうつうきくわん》の發達《はつたつ》と共《とも》に何《なに》かと便利《べんり》になつた關係《くわんけい》からほんの一、二町位《ちやうぐらゐ》の所《ところ》でも電車《でんしや》バス等《とう》を利用《りよう》する者《もの》多《おほ》く將《まさ》に都會《とくわい》では徒歩《とほ》で通學《つうがく》する者《もの》は極《きは》めて僅少《きんせう》の狀態《じやうたい》にある。

斯樣《かやう》なことが都市學生生徒《としがくせいせいと》の體力《たいりよく》の低下《ていか》を導《みちび》く直接原因《ちよくせつげんいん》の一つをなすものであることは明《あきら》かなことである。かゝる見地《けんち》より學校《がくかう》に於《おい》て一定距離《ていきより》の徒歩《とほ》通學區間《つうがくくかん》を定《さだ》めて總《すべ》ての學生生徒《がくせいせいと》を歩《ある》かせるやうに大《おほ》いに奬勵《しやうれい》してゐる地方《ちはう》もあつて夫々《それぞれ》効果《かうくわ》の認《みと》むべきものがあるやうである。大體其距離《だいたいそのきより》は二キロより四キロ位《ぐらゐ》の所《ところ》が適當《てきたう》してゐるやうである。徒歩《とほ》を奬勵《しやうれい》する爲《ため》には學生生徒《がくせいせいと》が一寸《ちよつと》した處《ところ》へでも乘物《のりもの》を利川《りよう》せんとする理由《りいう》の一つとして考《かんが》へられるものに學習用品《がくしふようひん》の徒《いたづ》らに過重《くわぢう》で持《も》ち運《はこ》びに困《こま》つてゐることや、學習《がくしふ》の家庭《かてい》での課題《くわだい》が過多《くわた》にすぎる爲寸刻《ためすんこく》を惜《をし》んで當面《たうめん》の勉强《べんきやう》を餘儀《よぎ》なくされる場合《ばあひ》もあるからこうした一面《めん》を充分考慮《じうぶんかうりよ》する必要《ひつえう》がある。又學校生徒《またがくかうせいと》の寄宿舍《きしゆくしや》の如《ごと》きも校舍《かうしや》より二、三キロ離《はな》れた所《ところ》に之《これ》を設《まう》け徒歩《とほ》通學《つうがく》を勵行《れいかう》することは極《きは》めて保健上有効《ほけんじやういつかう》のことである。

生徒《せいと》の病氣《びやうき》缺課《けつくわ》缺席《けつせき》が多《おほ》くて困《こま》つた或《ある》師範學校《しはんがくかう》で寄宿舍《きしゆくしや》を校舍《かうしや》より三、四キロ離《はな》れた所《ところ》に設《まう》けた爲《ため》生徒《せいと》の健康《けんかう》が著《いちじる》しく良好《りやうかう》に向《むか》つた例《れい》もあるが之《これ》は通學《つうがく》の保健上《ほけんじやう》の効果《かうくわ》を證明《しようめい》するものである。

都市生活者の戸外運動

都會生活者《とくわいせいくわつしや》の體力《たいりよく》の劣位《れつゐ》にあることは、壯丁《さうてい》の徴兵檢査《ちやうへいけんさ》に於《おい》て充分察知《じうぶんさつち》することが出來《でき》る。卽《すなは》ち壯丁《さうてい》百人中甲《にんちうかふ》種合格者數《しゆがふかくしやすう》田舍《ゐなか》育《そだ》ち三五人《にん》に比《ひ》し都會育《とくわいそだ》ち二三人《にん》にして丙種丁種《へいしゆていしゆ》は田舍育《ゐなかそだ》ち二三人《にん》に對《たい》し都會育《とくわいそだ》ちは四一人《にん》となつてゐる。又職業別《またしよくげふべつ》に比較《ひかく》して見《み》ると壯丁《さうてい》百人中《にんちう》の丙丁《へいてい》に該當《がいたう》する者《もの》の數《すう》、學生《がくせい》五七・四、無職《むしよく》五〇・三、工《こう》業《げふ》四五・六、商業《しやうげふ》四四・四となり、農業《のうげふ》三八、漁業《ぎよげふ》三四といふ數《すう》を示《しめ》してゐるが此《こ》のことは明《あき》らかに都會生活《とくわいせいくわつ》の非健康的《ひけんかうてき》であることをも說明《せつめい》してゐるものである。而《しか》して之《これ》が原因《げんいん》は複雜多岐《ふくさつたき》にして一概《がい》には云《い》ひ難《がた》きも主《おも》なる原因《げんいん》は都會生活者《とくわいせいくわつしや》が自然《しぜん》から遠《とほ》ざかり紫外光線《しぐわいくわうせん》の多《おほ》き陽光《やうくわう》に照《て》らされることも少《すくな》く、林立《りんりつ》する近代的大厦《きんだいてきたいか》高樓《かうろう》のもと、煤煙塵埃《ばいえんぢんあい》に汚染《をせん》せられたる雜沓《ざつたふ》の空氣中《くうきちう》に生活《せいくわつ》してゐることゝ、今《いま》一つは都會生活《とくわいせいくわつ》に於《おい》て一般的《はんてき》には身體《からだ》を動《うご》かし生活則《せいくわつすなは》ち體育《たいいく》となる樣《やう》な機會《きくわい》が極《きは》めて尠《すくな》く、假令《たとへ》身體《からだ》を動《うご》かす場合《ばあひ》があつても往々《わうわう》にして之《こ》れは單《たん》なる反射的運動《はんしやてきうんどう》が多《おほ》く、積極的《せききよくてき》に鍛錬的《たんれんてき》に身體《からだ》を使《つか》ふ場合《ばあひ》が甚《はなは》だ少《すくな》い、之等《これら》が自然《しぜん》都會生活者《とくわいせいくわつしや》の健康《けんかう》を低下《ていか》せしめてゐる一面《めん》の有力《いうりよく》なる原因《げんいん》をなしてゐると考《かんが》へられるのである。隨《したが》つて之《これ》が對策《たいさく》として都會人《とくわいじん》の健康增《けんかうぞう》進方法《しんぱうはふ》は都會生活《とくわいせいくわつ》から脫《のが》れて、自然《しぜん》の風物《ふうぶつ》に接《せつ》し新鮮《しんせん》なる空氣《くうき》を滿喫《まんきつ》し燦々《さんさん》たる太陽《たいやう》を全身《ぜんしん》に浴《あ》びることである。

更《さら》に其上《そのうへ》望《のぞ》ましきことは徒《いたづ》らに乗物等《のりものとう》を利用《りよう》することなく自《みづか》らの足《あし》をもつて大《おほ》いに歩《ある》き汗《あせ》を流《なが》すことである。之《これ》が都會人《とくわいじん》に與《あた》へられた最《もつと》も自然《しぜん》な効果多《かうくわおほ》き保健法《ほけんはふ》である。

然《しか》るに往々《わうわう》にして商店《しやうてん》、會社《くわいしや》、工場《こうぢやう》、官廳等《くわんちやうとう》の勤務者《きんむしや》にして休暇《きうか》、公休日等《こうきうびとう》を徒《いたづ》らに喧噪《けんさう》にして、強烈《きやうれつ》なる精《せい》神刺戟《じんしげき》の強《つよ》き慰安《ゐあん》や娯樂《ごらく》を求《もと》めんとする傾向《けいかう》が一般《ぱん》にあるが、之等《これら》は保健的見地《ほけんてきけんち》より是非改善《ぜひかいぜん》を要《えう》すべき點《てん》である。都市生活者《としせいくわつしや》がたとへ一週《しう》の中半日《うちはんにち》でも郊外《かうぐわい》に出《い》で大自然《だいしぜん》の懐《ふところ》にとけ込《こ》み心《こころ》ゆくまで運動《うんどう》もし、青少年《せいせうねん》の潑《はつ》溂《らつ》たる元氣《げんき》と浩然《かうぜん》の氣《き》を養《やしな》ふことは全《まつた》く生命《いのち》の洗濯《せんたく》ともいふべきである。

都會人《とくわいじん》が單《たん》に郊外《かうぐわい》に出《で》る丈《だ》けでも効果多《かうくわおほ》き保健方法《ほけんはうはふ》であるが、更《さら》に之《これ》に興味《きやうみ》を加《くは》へ鍛錬《たんれん》を目的《もくてき》として行《おこな》ふ山野《さんや》跋渉《ばつせふ》、登山《とざん》、天幕旅行《てんとりよかう》、舟遊《ふなあそ》び、釣等《つりとう》いづれも良《よ》く殊《こと》に夏季《かき》の海水浴《かいすゐよく》、水泳《すゐえい》の如《ごと》きは最適《さいてき》の體力向上《たいりよくかうじやう》の方法《はうはふ》である。

都會《とくわい》の一般勤務者《ぱんきんむしや》が就業時間《しうげふじかん》の餘暇《よか》を以《もつ》て或《あるひ》は晝食後等必《ちうしよくごとうかなら》ず戸外《こぐわい》に出《で》て陽光《やうくわう》にあたり又《また》は散歩《さんぽ》するやうな習慣《しふくわん》をつけることは國民保健上眞《こくみんほけんじやうしん》に望《のぞ》ましいことである。其他體操《そのたたいさう》、キャツチボール、繩跳《なはとび》、輪投《わな》げ、野球《やきう》、庭球等《ていきうとう》を僅《わづ》かの時間《じかん》を利用《りよう》して實施《じつし》するのも効果《かうくわ》が多《おほ》い。

由來日本人《ゆらいにつぽんじん》には皮膚《ひふ》をあらはし又太陽《またたいやう》にあたることを避《さ》ける習慣《しふくわん》があり特《とく》に女子《ぢよし》に於《おい》て戸外《こぐわい》に出《で》て運動《うんどう》することを好《この》まず室內娯樂《しつないごらく》を樂《たの》しむ風《ふう》があつたが保健的見地《ほけんてきけんち》より改善《かいぜん》を要《えう》すべき一つである。

家庭婦人と徒歩

我國《わがくに》に於《お》ける一般《ぱんか》家庭婦人《ていふじん》の生活様式《せいくわつやうしき》を觀《み》るに農漁村《のうぎよそん》、山村等《さんそんとう》の婦人《ふじん》は一般男子《ぱんだんし》と大體同様《だいたいどうやう》に勤勞《きんらう》に從事《じうじ》する者多《ものおほ》く自然身體《しぜんからだ》を使用《しよう》する機會《きくわい》もあるし又《また》その生活《せいくわつ》の必要上《ひつえうじやう》から歩《ある》くことも相當多《さうたうおほ》いやうである。而《しか》しそれに比《ひ》して都會《とくわい》の家庭婦人《かていふじん》にあつては大體《だいたい》に於《おい》て身體《からだ》をつかふことは少《すこ》なく職業婦人等《しよくげふふじんとう》にしても筋肉勞働《きんにくらうどう》をなす者《もの》は殆《ほと》んど僅少《きんせう》にしてそれが爲或《ためあるひ》は運動不足《うんどうふそく》に陥《おちい》り或《あるひ》は都會生活《とくわいせいくわつ》の不自然《ふしぜん》な生活環境《せいくわつくわんきやう》から影響《えいきやう》される身體《からだ》の偏頗《へんぱ》な發達《はつたつ》とか固癖《こへき》とかを生《しやう》ずる場合《ばあひ》も尠《すくな》くないのである。其所《そこ》で都會生活《とくわいせいくわつ》をする婦人《ふじん》に對《たい》しいくらかでも自然《しぜん》への接觸《せつしよく》と適當《てきたう》なる運動《うんどう》の實施《じつし》が必然的《ひつぜんてき》に要求《えうきう》されるといふことになるのである。併《しか》し乍《なが》ら我國民《わがこくみん》の生活程度《せいくわつていど》や生活様式《せいくわつやうしき》や或《あるひ》は慣習等《くわんしふとう》から現在《げんざい》の家庭婦人《かていふじん》に特《とく》に體育運動實施《たいいくうんどうじつし》の特定《とくてい》の方法《はうはふ》を要求《えうきう》することも困難《こんなん》であるし、たゞ一つ殘《のこ》されたものは萬人向《まんにんむ》きの保健法《ほけんはふ》たる歩行《ほかう》の勵行《れいかう》である。之《これ》なれば特《とく》に時間《じかん》を割《さ》くこともなく實行《じつかう》の容易《ようい》な動作《どうさ》の簡《かん》易《い》な歩行《ほかう》を日常生活《にちじやうせいくわつ》の中《なか》に織込《おりこ》み努《つと》めて歩《ある》くことを勵行《れいかう》する之《これ》が都會婦人《とくわいふじん》の唯一《ゆゐ》の積極的保健方法《せききよくてきほけんはうはふ》である。

歩行《ほかう》は婦人《ふじん》に最《もつと》も適度《てきど》の運動量《うんどうりやう》を與《あた》へ極《きは》めて自然《しぜん》に呼吸循環《こきふじゆんくわん》を促進《そくしん》し又外氣《またぐわいき》に觸《ふ》れ太陽《たいやう》に當《あた》る爲生理的機能《ためせいりてききのう》を旺盛《わうせい》にして保健上《ほけんじやう》の効果甚大《かうくわじんだい》なる許《ばか》りでなく精神《せいしん》を爽快《さうくわい》にし潑剌《はつらつ》たる元氣《げんき》と若々《わか〳〵》しさを保《たも》つことになり且《か》つ姿勢《しせい》を端整《たんせい》ならしめるにも恰好《かつかう》の運動《うんどう》である。都市《とし》の家庭婦人《かていふじん》が忙《いそが》しき生活《せいくわつ》の中《なか》にも或《あるひ》は買物《かひもの》に、お使《つか》ひに或《あるひ》は訪問《はうもん》等《とう》の際《さい》も能《あた》ふ限《かぎ》り徒歩《とほ》を實施《じつし》し零碎《れいさい》な時間《じかん》を有効《いうかう》に利用《りよう》し或《あるひ》は寸暇《すんか》をぬすんで散歩《さんぽ》をするとか體操《たいさう》をするとかいふことは一生《しやう》の健康《けんかう》に對《たい》する尊《たふと》き投資《とうし》であり次代國民《じだいこくみん》への有意義《いういぎ》なる餞《はなむ》けであるといふことになる。母強《はゝつよ》くして兒《こ》強《つよ》く、かくてこそ國民體力《こくみんたいりよく》の向上《かうじやう》が期《き》せられることになるのである。

神社佛閣への徒歩參詣

最近全國各地《さいきんぜんこくかくち》に歩行會《ほかうくわい》、アルコウ會《くわい》、登山會《とざんくわい》、ワラヂ會等々《くわいとう〳〵》と徒歩《とほ》、遠足《ゑんそく》、登山《とざん》、山野跋渉等《さんやばつせふとう》を實行《じつかう》し、徒歩《とほ》を通《つう》じての心身鍛錬《しんしんたんれん》をする運動團體《うんどうだんたい》が著《いちゞる》しく多《おほ》く出來《でき》て來《き》たことは國民保健《こくみんほけん》の上《うへ》より眞《まこと》に慶賀《けいが》すべきことである。併《しか》し乍《なが》ら我國《わがくに》には昔《むかし》から名《な》こそ異《こと》なれかうした徒歩旅行《とほりよかう》を實行《じつかう》するものは存在《そんざい》してゐたもので、而《しか》もそれが國民生活《こくみんせいくわつ》の中《なか》に根《ね》づよく植《う》ゑこまれ極《きは》めて廣《ひろ》い範圍《はんゐ》に各層《かくそう》に亙《わた》つて行《おこな》はれて來《き》たのである。

勿論今日《もちろんこんにち》の如《ごと》く國民體育《こくみんたいいく》といふやうな言葉《ことば》ではそれは表現《へうげん》されなかつたが事實上久《じじつじやうひさ》しい間《あひだ》そうした役割《やくわり》を行《おこな》つて來《き》たものであることは間違《まちが》ひない。昔《むかし》の老若男女《らうにやくなんによ》が或《あるひ》は講《かう》をつくり團體《だんたい》を組《く》んで諸方《しよはう》の神社佛閣《じんじやぶつかく》を巡錫《じゆんしやく》したのである。それが直接《ちよくせつ》の目的《もくてき》は言《い》ふまでもなく神社《じんじや》に對《たい》する信仰《しんかう》にあるが間接的《かんせつてき》には保健的効果《ほけんてきかうくわ》と更《さら》に精神修養《せいしんしうやう》の上《うへ》にも至大《しだい》の影響《えいきやう》を與《あた》へてゐたことゝ思《おも》はれる。

最初《さいしよ》は手近《てぢか》の神社佛閣《じんじやぶつかく》から始《はじ》め漸次遠距離《ぜんじゑんきより》に及《およ》ぶ巡錫《じゆんしやく》のコースは地方《ちはう》〳〵で定《さだ》まつてゐるもので之《これ》を時期《じき》を一定《てい》し、或《あるひ》は一日《にち》で或《あるひ》は數日《すうじつ》で、中《なか》には數旬《すうじゆん》に亙《わた》つて行《おこな》はれるコースもあつたものである。巡路遍歷《じゆんろへんれき》の今《いま》に殘《のこ》る著《ちよ》名《めい》なるものは例《たと》へば伊勢詣《いせまい》り、熊野權現詣《くまのごんげんまうで》、出雲大社參詣《いづもたいしやさんけい》、西國《さいごく》三十三ヶ所詣《しよまうで》、四國《こく》八十八ヶ所參詣《しよさんけい》、高野山詣《かうやさんまうで》等《とう》、大峯山《おほみねさん》、大《おほ》山詣等《まうでとう》、又地方《またちはう》〳〵に或《あるひ》は大師詣《だいしまい》り役《やく》の行者詣等無數《ぎやうじやまうでとうむすう》にさうしたものが實施《じつし》されてゐたものである。之等《これら》は歩《ある》くことによつて自己《じこ》を磨《みが》き民族《みんぞく》の發展《はつてん》を祈《いの》る行願《ぎやうぐわん》の一《ひと》つとなつてゐたものである。唯渡《たゞわた》り鳥《どり》の如《ごと》く自由《じいう》な朗《ほがら》かな併《しか》し明確《めいかく》な目標《もくへう》を持《も》たない逍遥《せうえう》や散歩《さんぽ》とは異《こと》つて何《なに》か意志《いし》と行願《ぎやうぐわん》とそれに嚴肅《げんしゆく》さの感《かん》じを加《くは》へた歩《ある》きがそれである。

最近《さいきん》そうした運動《うんどう》が漸次《ぜんじ》地方《ちはう》に起《おこ》つてゐることは注目《ちうもく》に値《あたひ》すべきことで歩行《ほかう》による國民訓練《こくみんくんれん》の一部面《ぶめん》として喜《よろこ》ぶべきことである。

强行軍の奬勵

青年團《せいねんだん》、婦人會《ふじんくわい》、會社工場員《くわいしやこうぢやうゐん》、店員等《てんゐんとう》が團體《だんたい》を組《く》んで簡素《かんそ》なるいでたちで相當遠距離《さうたうゑんきより》に乘物《のりもの》を利用《りよう》することなく徒歩《とほ》を以《もつ》て相扶《あひたす》け相勵《あひはげ》まし合《あ》ひ乍《なが》ら强行軍《きやうかうぐん》するといふことは我國《わがくに》現下《げんか》の諸狀勢《しよじやうせい》から見《み》て特《とく》に青少年《せいせうねん》に奬勵《しやうれい》すべき體育運動《たいいくうんどう》の一《ひと》つである。如何《いか》なる苦痛《くつう》があつても何等《なんら》の不平不滿《ふへいふまん》を述《の》べることなく團體《だんたい》と行動《かうどう》を共《とも》にし共同體《きようどうたい》の一員《ゐん》としての責務《せきむ》を遂行《すゐかう》する精神《せいしん》を養《やしな》ひ質實剛健《しつじつがうけん》にして不撓不屈《ふたうふくつ》の精神《せいしん》を涵養《かんやう》し自己《じこ》の體力氣力《たいりよくきりよく》に對《たい》する自信《じしん》を與《あた》へることにもなり今後《こんご》の心身修練《しんしんしうれん》のよき反省《はんせい》ともなるものである。又强行軍《またきやうかうぐん》を神社佛閣《じんじやぶつかく》の參詣《さんけい》や史蹟名所等《しせきめいしよとう》を訪《たづ》ねることゝ一緒《いつしよ》にして實行《じつかう》する場合《ばあひ》は前述《ぜんじゆつ》の外《ほか》に敬神崇祖《けいしんすうそ》と自然愛護《しぜんあいご》の精神《せいしん》とが結《むす》びつき一層《そう》効果的《かうくわてき》にもなるわけである。强行軍《きやうかうぐん》において眞《しん》に苦《くる》しんで其《そ》の時得《ときえ》たる尊《たふと》き體驗《たいけん》はいつまでも實生活《じつせいくわつ》に役立《やくだ》つものであり、又《また》印象《いんしやう》の深《ふか》いものである。乘物《のりもの》の不充分《ふじうぶん》であつた頃《ころ》は殆《ほと》んど總《すべ》ての男子《だんし》は皆《みな》十里《り》や十五里《り》位《ぐらゐ》の道《みち》を歩《ある》きおはせた經驗《けいけん》を持《も》つて居《を》つたものであるが漸次《ぜんじ》汽車《きしや》、汽船《きせん》、自動車等《じどうしやとう》の發達《はつたつ》に伴《ともな》ひ旅行《りよかう》も便利《べんり》となり從《したが》つて遠距離《ゑんきより》の徒歩《とほ》、行軍《かうぐん》をなして苦《くる》しみを經驗《けいけん》しやうとする者《もの》は殆《ほと》んど尠《すくな》くなつて來《き》た、而《しか》し乍《なが》ら行軍《かうぐん》の體驗《たいけん》をすべての國民《こくみん》に是非《ぜひ》經驗《けいけん》させることが望《のぞ》ましいことである。

男子《だんし》の青年《せいねん》で一日《にち》廿キロから卅キロ位女子《くらゐぢよし》に於《おい》ても十キロから十五キロ位《ぐらゐ》を見當《けんたう》に終日《しうじつ》歩《あゆ》み終《をは》せる行軍能力《かうぐんのうりよく》は日頃《ひごろ》から養成《やうせい》すると共《とも》にそうした經驗《けいけん》を國民《こくみん》の總《すべ》てに持《も》たせたきものである。

勿論之《もちろんこれ》が實施《じつし》に當《あた》つては豫備的歩行練習《よびてきほかうれんしふ》として最初《さいしよ》に近距離《きんきより》を歩《ある》かせ自然《しぜん》に其《そ》の距離《きより》を延《の》ばして身體《しんたい》を充分《じうぶん》馴《な》らしておくやうにすることは當然《たうぜん》のことで特《とく》に長距離《ちやうきより》行軍《かうぐん》を實施《じつし》の場合《ばあひ》は一應《おう》醫者《いしや》の診斷《しんだん》をうけることなども大切《たいせつ》なことである。

よき歩き方

歩《ある》くことは、元來《ぐわんらい》、人間《にんげん》の生得的《せいとくてき》な運動形式《うんどうけいしき》で、殊更《ことさら》に、特別《とくべつ》な歩《ある》き方《かた》を修練《しうれん》する必要《ひつえう》もなく、又《また》、どんな形《かたち》で歩《ある》かねばならぬと云《い》ふこともあるまい、只《たゞ》、一定距離《ていきより》を歩《ある》きさへすれば、保健的効果《ほけんてきかうくわ》のあることは、前《まへ》にも述《の》べた通《とほ》りである。

併《しか》し乍《なが》ら、特《とく》に、歩《ある》き方《かた》の拙《まづ》いと云《い》はれる日本人《につぽんじん》に、より正《たゞ》しき、より美《うつく》しき歩行《ほかう》の訓練《くんれん》をすることも、必要《ひつえう》なことであるから、よき歩《ある》き方《かた》について、説明《せつめい》を加《くは》へる。

歩行《ほかう》は、生《うま》れ付《つ》き備《そな》はつたものではあつても、後天的《こうてんてき》に、生活環境《せいくわつくわんきやう》又《また》は習慣《しふくわん》から、不自然《ふしぜん》な習性《しふせい》となつて、自然的《しぜんてき》な歩《ある》き方《かた》が、歪《ゆが》められ、不正《ふせい》な歩法《ほはふ》をなす者《もの》が多《おほ》く、日本國民《につぽんこくみん》は、特《とく》に、歩《ある》き方《かた》が拙《まづ》いと云《い》はれて居《ゐ》る。

服裝《ふくさう》、履物等《はきものとう》の關係《くわんけい》から、足尖《あしさき》が外轉《ぐわいてん》し、所謂《いはゆる》、外輪《そとわ》に歩《ある》くもの、足尖《あしさき》を内轉《ないてん》して、内輪《うちわ》に歩《ある》くものなどは、歩行能率《ほかうのうりつ》の上《うへ》からも、又《また》、形態上《けいたいじやう》から見《み》ても良《よ》くないことで、之《これ》は、可及的《かきふてき》に、足尖《あしさき》が進《すゝ》む方向《はうかう》と一致《ち》させることにせねばならぬ、又《また》、一般《ぱん》には、股《また》が擧《あ》がらないで、足《あし》を引《ひ》きづる癖《くせ》のあるものが多《おほ》いが、必要以上《ひつえういじやう》に股《また》を擧《あ》げる必要《ひつえう》もないが、足《あし》を引《ひ》きづらぬ程度《ていど》には擧《あ》げねばならぬ。

次《つぎ》に、歩行《ほかう》の缺點《けつてん》として、股關節《またくわんせつ》の柔軟性《じうなんせい》が、不充分《ふじうぶん》で、その爲《ため》、概《がい》して、歩幅《ほふく》が、狹《せま》くなり勝《が》ちである、歩《ほ》幅《ふく》の狹《せま》いことは、足《あし》が地《ち》に着《つ》く直前《ちよくぜん》に、膝《ひざ》の伸《の》びが充分《じうぶん》でないことに原因《げんいん》するもので、之等《これら》のことは、疊《たゝみ》の上《うへ》で生活《せいくわつ》して來《き》た日本人《につぽんじん》には、當然《たうぜん》のことの樣《やう》でもあるが、練習次第《れんしふしだい》では、容易《ようい》に伸《の》びるものである。次《つぎ》に、歩行《ほかう》は左右《さいう》の脚《あし》が、交互《かうご》に、支持脚《しぢきやく》となり、振動脚《しんどうきやく》となり、支持脚《しぢきやく》は、緊張《きんちやう》して全身《ぜんしん》を支《さゝ》へ、振動脚《しんどうきやく》は、反對《はんたい》に、すつかり、緊張《きんちやう》を解《と》き、自然《しぜん》に、前方《ぜんぱう》に振《ふ》り出《だ》される樣《やう》にする、其處《そこ》で、緊張《きんちやう》と脫力《だつりよく》とが繰《く》り返《かへ》され、比較的《ひかくてき》、疲勞《ひらう》することが尠《すくな》く、歩行《ほかう》の持續性《ぢぞくせい》がある、然《しか》るに、振動脚《しんどうきやく》についても、仲々《なか〳〵》、力《ちから》が拔《ぬ》け切《き》らないで、兩脚《りやうあし》とも、緊《きん》張《ちやう》してゐる樣《やう》な、歩《ある》き方《かた》をする者《もの》が、多《おほ》いので、之《これ》では、結局《けつきよく》、永續《ながつゞ》きが出來《でき》ないと云《い》ふことになる。又《また》、歩行《ほかう》に於《おい》て、上體《じやうたい》姿勢《しせい》の一般《ぱん》に陷《おちい》る缺點《けつてん》は、腰《こし》が後《うし》ろに引《ひ》け、上體《じやうたい》が、前屈《まへこゞ》みとなり、腭《あご》が前方《ぜんぱう》に出《で》て、頭《あたま》が沈《しづ》んだ姿勢《しせい》になることである、體《からだ》は正《たゞ》しく腰《こし》の上《うへ》に乘《の》せて、胸《むね》は幾分張《いくぶんは》つて、頭《あたま》を起《おこ》し、腕《うで》は、力《ちから》を特《とく》に入《い》れることなく、自然《しぜん》に肩《かた》のところから前後《ぜんご》に振《ふ》る樣《やう》にすべきである。

歩行《ほかう》の要領《えうりやう》を「確實《かくじつ》に、而《しか》も、滑《なめら》かに」と云《い》ふ言葉《ことば》があるが、よくその氣持《きもち》を現《あら》はして居《ゐ》る、速《はや》さとか、歩幅《ほふく》等《とう》に付《つ》いては、必要《ひつえう》に應《おう》じ、急《いそ》ぐ場合《ばあひ》とか、緩《ゆる》やかに歩《ある》く場合等《ばあひとう》で、一概《がい》には云《い》へないが、相當《さうたう》の速度《そくど》があり、威容《ゐよう》の備《そな》はつた而《しか》もエネルギーの浪費《らうひ》の少《すく》ない正《たゞ》しき歩《ある》き方《かた》と云《い》へば、以上《いじやう》の樣《やう》な條件《でうけん》が必要《ひつえう》となる。陸軍《りくぐん》の歩《ほ》兵操典《へいさうてん》では、一分間《ぷんかん》の歩數《ほすう》を一一五歩《ぽ》、歩幅《ほふく》を七五糎としてゐる樣《やう》であるが、之《これ》は、軍隊《ぐんたい》の集團的《しふだんてき》な特別《とくべつ》な歩法《ほはふ》で、一般的《ぱんてき》には、之《これ》よりも歩數《ほすう》は五、六歩《ぽ》多《おほ》く、一二〇歩《ぽ》から一二二、三歩《ぽ》位《ぐらゐ》の速《はや》さで、歩幅《ほふく》は、八四、五糎位《ぐらゐ》で、女子《ぢよし》は、歩數《ほすう》一二五、六歩《ぽ》で、歩幅《ほふく》は、八〇糎前後《ぜんご》が適當《てきたう》である樣《やう》である　身長《しんちやう》、年齢《ねんれい》、男女《だんぢよ》の差異等《さいとう》によつて、變化《へんくわ》のあることは、當然《たうぜん》であるが、大體《だいたい》に於《お》ける、大人《おとな》の標準《へうじゆん》は以上《いじやう》の樣《やう》なものであらう。

左表《さへう》は、文部《もんぶ》省大谷技師《しやうおほたにぎし》の、自然歩《しぜんぽ》の調査《てうさ》であるが、正《たゞ》しき歩行《ほかう》は、之《これ》より、幾分《いくぶん》、歩速及歩幅《ほそくおよびほふく》を加《くは》へる必要《ひつえう》がある樣《やう》である。

兒童自然歩（學年別及年齢別）

性	學年	歩數	歩幅
男	1	159	55
	2	150	58
	3	146	60
	4	139	61
	5	137	66
	6	134	69
女	1	154	50
	2	148	54
	3	141	57
	4	138	60
	5	138	65
	6	135	67

性	年齢	歩數	歩幅
男	7	161	53
	8	153	57
	9	148	59
	10	141	60
	11	138	64
	12	134	68
	13	131	70
女	7	154	50
	8	149	53
	9	144	56
	10	138	59
	11	138	63
	12	136	65
	13	139	69

中學校及高等女學校生徒自然歩（學年及年齢別）

性	學年	歩數	歩幅
男	1	124	77
	2	122	81
	3	121	84
	4	121	83
	5	121	84
女	1	130	72
	2	128	73
	3	126	74
	4	127	74
	5	126	76

性	年齢	歩數	歩幅
男	13	126	78
	14	125	80
	15	121	83
	16	121	84
	17	121	84
	18	123	84
	19	121	88
女	13	131	71
	14	129	72
	15	127	73
	16	127	74
	17	127	75
	18	125	76

教練《けうれん》の行進《かうしん》では、其《そ》の精神《せいしん》を強調《きやうてう》して、歩行《ほかう》により、勇往邁進《ゆうわうまいしん》の氣分《きぶん》を練《ね》り、濶達敢爲《くわつたつかんゐ》の性情《せいじやう》を養《やしな》ひ且《か》つ整齊《せいせい》なる歩法《ほはふ》に慣《な》れしむることを主眼《しゆがん》として居《ゐ》るが、一般《ぱん》の歩行《ほかう》にも、氣品《きひん》と精神《せいしん》とが自《おのづか》ら備《そな》はつた行進《かうしん》を國民全《こくみんぜん》體《たい》が是非《ぜひ》行《おこな》ふ様《やう》にしたいものである。

泳げ

體育としての水泳

體育運動《たいいくうんどう》の正《ただ》しき實施《じつし》は體力向上《たいりよくかうじやう》の上《うへ》に至大《しだい》の効果《かうくわ》あることは云《い》ふまでもなく又夫々《またそれぞれ》の運動《うんどう》には各獨自《かくどくじ》の特徴《とくちよう》のあるものであるがその一面《めん》に或《あるひ》は實施上《じつしじやう》の困難《こんなん》を伴《ともな》ふとか或《あるひ》は過激《くわげき》になるとか運動《うんどう》が偏頗《へんぱ》になるとか、又興味《またきやうみ》が薄《うす》いとかいふ様《やう》に一面《めん》の短所《たんしよ》は免《まぬが》れないのである。

而《しか》し乍《なが》ら水泳《すゐえい》は健康《けんかう》の上《うへ》からも又精神上《またせいしんじやう》の効果《かうくわ》からも興味《きやうみ》の上《うへ》から見《み》ても理想的《りさうてき》のものであり又實用上《またじつようじやう》からも眞《じん》に結構《けつこう》な體育運動《たいいくうんどう》である。而《しか》して泳《およ》ぎといつても單《たん》にプールの競泳《きやうえい》のみを指《さ》すのでなく廣《ひろ》く河川《かせん》、湖沼《こせう》より海《かい》濱《ひん》の海水浴《かいすゐよく》をも包含《はうがん》して考《かんが》へたい。

水泳の効果

水泳《すゐえい》に於《おい》ては常《つね》に軀幹《くかん》は伸展《しんてん》され背柱《はいちう》正《ただ》しく保《たも》たれ胸廓《きやうかく》は又擴張《またくわくちやう》の狀態《じやうたい》におかれて四肢《し》は豐富《ほうふ》に屈伸運動《くつしんうんどう》を永《えい》續《ぞく》するのである。而《しか》も之等《これら》の運動《うんどう》は總《すべ》て水《みづ》の抵抗《ていかう》を受《う》ける爲《ため》全身《ぜんしん》の骨格及筋肉《こつかくおよびきんにく》の理想的《りさうてき》な練習《れんしふ》を繰《く》り返《かへ》すことになるので其《そ》の結果《けつくわ》は全身《ぜんしん》の調和的發達《てうわてきはつたつ》を遂《と》げ姿勢《しせい》を優美端正《いうびたんせい》にするもので眞《しん》に合理的全身運動《がふりてきぜんしんうんどう》といふことになるのである。

水泳《すゐえい》は又皮膚《またひふ》を強《つよ》くすることの効果《かうくわ》が大《だい》である。即《すなは》ち冷水《れいすゐ》に入《い》る時皮膚《ときひふ》の毛細管《もうさいくわん》は急激《きふげき》な收縮《しうしゆく》をなし水《みづ》より上《あが》ると反對《はんたい》に強《つよ》く擴張《くわくちやう》する。之即《これすなは》ち皮膚《ひふ》の反應性充血《はんのうせいじうけつ》と稱《しよう》するもので之《これ》が皮膚《ひふ》の著《いちゞる》しき鍛錬《たんれん》となるもので水泳《すゐえい》・海水浴等《かいすゐよくとう》は之《これ》を何回《なんくわい》となく繰返《くりかへ》すことになるのである。また水面《すゐめん》より反射《はんしや》する光線《くわうせん》は化學光線《くわがくくわうせん》に富《と》んでゐるから日灼《ひや》けが強《つよ》く皮膚《ひふ》は著《いちゞる》しく黒褐色《こくかつしよく》となり、從《したが》つて抵抗力《ていかうりよく》を增《ま》すものである。

その結果《けつくわ》は急激《きふげき》なる氣溫《きをん》の冷却《れいきやく》に際《さい》しても體溫《たいをん》の喪失《さうしつ》に對《たい》して殆《ほとん》ど免疫《めんえき》となり、感冒及《かんばうおよ》び之《これ》に起因《きいん》する幾多《いくた》の疾病《しつぺい》に對《たい》する抵抗力《ていかうりよく》が非常《ひじやう》に強《つよ》くなる。

一夏水泳《ひとなつすゐえい》をしたり海水浴《かいすゐよく》に出《で》かけたりした結果《けつくわ》、冬《ふゆ》は風邪《かぜ》一《ひと》つ引《ひ》かず寒《さむ》さ知《し》らずに過《すご》せるといふのもその理由《りいう》に因《よ》るのである。

水泳《すゐえい》は活動量大《くわつどうりやうだい》にして精力《せいりよく》を消費《せうひ》することが多《おほ》いため、呼吸《こきふ》が著《いちゞる》しく促進《そくしん》されるから自然呼吸器《しぜんこきふき》が十分鍛錬《ぶんたんれん》されるものである。又水泳《またすゐえい》は水《みづ》に浮《うか》ぶ爲比重《ためひぢう》を減《げん》ずる必要上自《ひつえうじやうし》然吸氣《きふき》が深《ふか》く且《か》つ長《なが》くなるものであり、而《しか》も胸腹《きやうふく》部《ぶ》に加《くは》はる水壓《すゐあつ》に抵抗《ていかう》して吸筋《きふきん》の大努力《だいどりよく》を要《えう》する結果《けつくわ》から自然呼吸器及心臟《しぜんこきふきおよびしんざう》に効果《かうくわ》があり、殊《こと》に水上《すゐじやう》の空氣《くうき》は常《つね》に清淨《せいじやう》であるから一層《ぞう》其《そ》の効果《かうくわ》を大《だい》ならしむることになる。

次《つぎ》に水泳《すゐえい》は又心臟《またしんざう》の發達《はつたつ》を促進《そくしん》するにも効果《かうくわ》が大《だい》である。それは水泳《すゐえい》の際《さい》に消費《せうひ》する精力《せいりよく》が非常《ひじやう》に大《だい》である爲《ため》體內《たいない》に於《お》ける燃燒作用《ねんせうさよう》が旺盛《わうせい》となるから血液《けつえき》と共《とも》に大量《たいりやう》の酸素《さんそ》を筋肉《きんにく》に送《おく》る爲心臟《ためしんざう》は非常《ひじやう》に強《つよ》く働《はたら》くことになる

此《こ》の心臟《しんざう》の働《はたら》きによつて、皮膚《ひふ》の血管《けつくわん》が冷水《れいすゐ》の刺戟《しげき》により收縮《しうしゆく》し血行《けつかう》の抵抗《ていかう》が增《ま》してゐるから一層增加《ぞうぞうか》するわ

けである。即《すなは》ち冷水《れいすゐ》の刺戟《しげき》と反應性充血《はんのうせいじうけつ》と更《さら》に心臟勞作《じんざうらうさく》の著《いちゞる》しき増加《ぞうか》によつて血液《けつえき》は活潑《くわつぱつ》に循環《じゆんくわん》することになるのである。之《これ》が爲《ため》水泳《すゐえい》は心臟《しんざう》の發育促進《はついくそくしん》及《およ》び鍛錬《たんれん》に甚《はなは》だ有效《いうかう》である。水泳《すゐえい》は又《また》食慾《しよくよく》を増《ま》し消化器《せうくわき》の働《はたら》きを充分《じうぶん》ならしめ消化吸收《せうくわきふしう》を旺《さかん》にするもので、夏季《かき》に於《おい》ては何人《なにびと》も一般的《はんてき》に食慾《しよくよく》の減退《げんたい》に惱《なや》まされるものであるが、水泳《すゐえい》を行《おこな》へば暑熱《しよねつ》の影響《えいきやう》を感《かん》ずることが多大《ただい》であるほか運動《うんどう》そのものの效果《かうくわ》も加《くは》はるから食慾《しよくよく》を増《ま》し消化《せうくわ》を促進《そくしん》する上《うへ》に有效《いうかう》である。

水泳《すゐえい》は以上《いじやう》の如《ごと》く身體《しんたい》を强化《きやうくわ》ならしめる上《うへ》に效果《かうくわ》ある許《ばか》りでなく、その精神的方面《せいしんてきはうめん》に受《う》ける價値《かち》も又甚《またはなは》だ大《だい》なるものがある。就中其主《なかんづくそのおも》なるものを擧《あ》げれば、水泳《すゐえい》は自然《しぜん》に親《した》しみ暑熱《しよねつ》を征服《せいふく》し自《おのづか》ら精神《せいしん》を爽快剛毅《さうくわいがうき》ならしめるもので殊《こと》に遠泳《ゑんえい》は豪壯濶達《がうさうくわつたつ》、堅忍持久《けんにんぢきう》の精神《せいしん》を養《やしな》ひ自信《じしん》を與《あた》へると共《とも》に、競泳《きやうえい》は剛毅敏捷《がうきびんせふ》の性質《せいじつ》を養成《やうせい》し競技《きやうぎ》精神《せいしん》の涵養《かんやう》に有效《いうかう》なると共《とも》に飛込《とびこ》みは果斷勇氣《くわだんゆうき》の精神《せいしん》を養成《やうせい》するにも效果《かうくわ》がある。又水泳《またすゐえい》は水《みづ》に對《たい》する恐怖心《きようふしん》を除《のぞ》き水難等《すゐなんとう》に際《さい》して自他《じた》を救《すく》ひ得《う》る自信《じしん》を與《あた》へるの外《ほか》進《すゝ》んでは實用的效果《じつようてきかうくわ》のあるものである。支那事變《しなじへん》に於《おい》て皇軍《くわうぐん》が勇敢《ゆうかん》にクリークを泳《およ》ぎ渡《わた》つての偵察《ていさつ》に或《あるひ》は突撃《とつげき》の敢行《かんかう》に又《また》は架橋敵前上陸等《かけうてきぜんじやうりくとう》に大《おほ》いに應用《おうよう》せられ實用的價値《じつようてきかち》を最高度《さいかうど》に發揮《はつき》したものである。

水泳《すゐえい》が我《わ》が國《くに》に於《おい》て武藝《ぶげい》の一《ひと》つとして實用的《じつようてき》に發達《はつたつ》し昔《むかし》の武人《ぶじん》の嗜《たしな》みとして修業《しゆげふ》したものであることを想起《さうき》すれば全《まつた》く興味深《きようみぶか》い。

水泳の奬勵

水泳《すゐえい》の奬勵《しやうれい》——水泳《すゐえい》が其心身《そのしんしん》に及《およ》ぼす効果《かうくわ》は極《きは》めて大《だい》であるから廣《ひろ》く之《これ》を一般國《はんこく》民體力《みんたいりよく》の増進《ぞうしん》を圖《はか》ることになる。就中發育期《なかんづくはついくき》の青少年《せいせうねん》に對《たい》しては最《もつと》も適當《てきたう》な體育運動《たいいくうんどう》であり特《とく》に小學校兒童《せうがくかうじどう》から中學《ちうがく》二、三年生徒《ねんせいと》までの年齡《ねんれい》に於《おい》ては水《みづ》を好《この》む天性《てんせい》を持《も》つてゐるもので此《こ》の機會《きくわい》に水泳敎育《すゐえいけういく》を施《ほどこ》すことは水泳《すゐえい》の普及發達《ふきふはつたつ》のみならず體力《たいりよく》の基礎《きそ》を培《つちか》ふことにあるものである。

又水泳《またすゐえい》は關節《くわんせつ》の運動《うんどう》を滑《なめら》かにして姿勢《しせい》を優美《いうび》にし且《か》つ氣分《きぶん》を清新《せいしん》ならしめるものであるから女子《ぢよし》に對《たい》しても頗《すこぶ》る適切《てきせつ》な運動《うんどう》であるといつてよい。而《しか》して泳《およ》ぎは泳《およ》げない者《もの》から見《み》れば泳《およ》ぐといふことが如何《いか》にも大變《たいへん》なものゝやうに見《み》えるが子供《こども》の時《とき》から自然《しぜん》と水《みづ》に親《した》しんで居《を》れば別《べつ》に習《なら》ほうとして習《なら》つたのでなく殆《ほと》んど例外《れいぐわい》なく自然《しぜん》に泳《およ》ぐことを會得《ゑとく》するやうになるものである。若《も》し小學校《せうがくかう》三、四年以後《ねんいご》の子供《こども》に機會《きくわい》を與《あた》へて正《たゞ》しく水泳《すゐえい》を指導《しだう》するとしたら疾病不具者等《しつぺいふぐしやとう》は別《べつ》として殆《ほと》んど皆《みな》といつて良《よ》い位誰《くらゐたれ》でもが泳《およ》ぎ得《う》るやうになるものである。勿論水《もちろんみづ》によく浮《う》く人《ひと》と浮《う》かぬ人《ひと》との差《さ》はあり速《はや》く泳《およ》げる人《ひと》と遲《おそ》い人《ひと》の差異《さい》こそあるが殆《ほと》んど誰《たれ》でも泳《およ》げるやうになるもので人間生得《にんげんせいとく》のものであるといつても良《よ》い位《くらゐ》である。世上水泳《せじやうすゐえい》を心得《こゝろえ》ぬ者《もの》も相當《さうたう》あるが之等《これら》は泳《およ》ぎを稽古《けいこ》して泳《およ》ぐやうになれなかつた者《もの》に非《あら》ずして水《みづ》に親《した》しむ機會《きくわい》がなかつた結果《けつくわ》から來《き》てゐるものである。小學校《せうがくかう》四、五學年頃《がくねんごろ》から中學女學校《ちうがくぢよがくかう》三、四年頃《ねんごろ》までの年齡《ねんれい》では三日乃至《かないし》五日位《かぐらゐ》の稽古《けいこ》で泳《およ》げるやうになるもので年《とし》の多《おほ》い者程習得《ものほどしふとく》には多少《たせう》の困難《こんなん》はあるが殆《ほと》んど誰《たれ》でもが練習《れんしふ》さへすれば皆泳《みなおよ》げるやうになるものである。

元來人體《ぐわんらいじんたい》の比重《ひぢう》は固《もと》より個人《こじん》の體質《たいしつ》の相違《さうゐ》はあるから一樣《やう》ではないが普通大人《ふつうおとな》で相當吸氣《さうたうきふき》して居《を》れば手足《てあし》を勞《らう》せずして誰《たれ》でも水《みづ》に浮《うか》ぶべきものである。殊《こと》に比重《ひぢう》の大《だい》なる鹹水《かんすゐ》に於《おい》ては尙更浮《なほさらうか》び易《やす》いものである。概《がい》して胸廓《きやうくわく》の發育《はついく》に比《ひ》して筋肉《きんにく》の發育《はついく》の良好《りやうかう》なるものは比重《ひぢう》が大《だい》で浮《うか》び難《がた》いのであるが少《すこ》しく手足《てあし》を勞《らう》すればよく水《みづ》に浮《うか》び得《う》るものである。水《みづ》に浮《うか》ぶといふことは既《すで》に泳《およ》ぎの一歩《ぽ》で幼兒《えうじ》の歩《ある》く前《まへ》に先《ま》づ立《た》つといふのと同《おな》じく基本的《きほんてき》なものである。而《しか》して之《これ》に臂《ひぢ》の動作《どうさ》は泳法《えいはふ》の種類《しゆるゐ》によりて一様《やう》ではないが或《あるひ》は浮《う》くことを助《たす》け或《あるひ》は進行《しんかう》の力《ちから》を補《おぎな》ひ又《また》進行《しんかう》の主動力《しゆどうりよく》となり、脚《あし》の動作《どうさ》も臂《ひぢ》と同様《どうやう》或《あるひ》は水《みづ》を蹴《け》り或《あるひ》は抑《おさ》へて水壓《すゐあつ》を巧《たく》みに利用《りよう》し浮並《うきならび》に進行《しんかう》の主動力《しゆどうりよく》となつて水泳《すゐえい》の方法《はうはふ》が構成《こうせい》されるわけである、而《しか》して如何《いか》なる泳《およ》ぎを國民《こくみん》に廣《ひろ》く奬勵《しやうれい》するかといふことになるが之《これ》は土地《とち》の狀況《じやうきやう》、泳者《えいしや》の性《せい》、年齡《ねんれい》、發達《はつたつ》の程度《ていど》等《とう》によつて一概《がい》にはいひ難《がた》きもいづれにしても水《みづ》に親《した》しむといふこと其自體《それじたい》が既《すで》に大《だい》なる保健的效果《ほけんてきかうくわ》のあることを此處《ここ》に強調《きやうてう》したい。

我が國水泳の發達

日本《につぽん》の國土《こくど》が四邊海《へんうみ》に圍《かこ》まれ河川《かせん》、湖沼《こせう》多《おほ》く又其《またそ》の水《みづ》は美《うつく》しく、自然水泳《しぜんすゐえい》を行《おこな》ふ場所《ばしよ》と機會《きくわい》に惠《めぐ》まれて更《さら》に又《また》必要性《ひつえうせい》に迫《せま》られたといふ事《こと》に原因《げんいん》して居《ゐ》るものと思《おも》ふが、一面日本人《めんにつぽんじん》が他國民《たこくみん》に比《ひ》して水《みづ》を好《この》む性質《せいしつ》と水《みづ》に對《たい》する敬虔《けいけん》の氣持《きもち》を持《も》つてゐるといふことも事實《じじつ》である。

日本《につぽん》の水泳《すゐえい》は河川《かせん》、湖沼《こせう》、海濱等《かいひんとう》の狀況《じやうきやう》に適應《てきおう》して永年《ながねん》に亘《わた》りて發達《はつたつ》せしもので、或《あるひ》は立體《りつたい》の泳法《えいはふ》に或《あるひ》は横體《わうたい》の泳法《えいはふ》に或《あるひ》は平體《へいたい》の泳法《えいはふ》、潜水法等《せんすゐはふとう》多數《たすう》の流派《りうは》と多岐多樣《たきたやう》の泳法《えいはふ》を産《う》んだものでその種類《しゆるゐ》の多《おほ》いことゝ泳法《えいはふ》の精《せい》練《れん》されてゐる點《てん》は全《まつた》く世界無比《せかいむひ》のものである。

而《しか》して近代的泳法《きんだいてきえいはふ》たる競泳《きやうえい》が發達《はつたつ》するに至《いた》り益々《ます〱》其《そ》の本質《ほんしつ》を發揮《はつき》して、オリンピックには二回連續優勝《くわいれんぞくいうしよう》の榮譽《えいよ》を擔《にな》ひ又《また》多數《すう》の世界《せかい》記錄《きろく》を保持《ほぢ》する現狀《げんじやう》にあるものである。此輝《このかゞや》かしき日本水泳《にっぽんすゐえい》の優秀《いうしう》さは其《そ》の歴史《れきし》と國民皆泳《こくみんかいえい》の上《うへ》に根《ね》ざしたるものといふことが出來《でき》る。

水泳を行ふ時の注意

水泳《すゐえい》は非常《ひじやう》によい運動《うんどう》であるが實施《じっし》方法《はうはふ》を誤《あやま》らぬ事《こと》が肝要《かんえう》である。左《さ》に特《とく》に必要《ひつえう》なる注意事項《ちういじかう》を掲《かゝ》げて一般人《はんじん》の參考《さんかう》に資《し》することゝする。

(一)　水に入る前

(イ)　必ず清水で、頭、足、次いで全身を洗ふ事。（心臓痲痺の豫防）

(ロ)　次に輕く準備運動を行ふ事。ラヂオ體操程度でよいから何か輕い運動を實行しなければいけない。之を怠ると水泳中筋肉痙攣（コブラガヘリ）を起したり、心臓痲痺を起す事がある。

(ハ)　耳の注意。豫め耳垢はよく掃除して置かないと中耳炎を起すことがある。入水の場合には唾を付ける程度に習慣をつける方がよいが、ワセリンの類を普通の綿に塗って付ければ水が入らなくてよい。

(ニ)　水に不適當な人。

癲癇、腦貧血及腦充血を起し易い人、動脈硬化せる血壓亢進症、心臓病、腎臓病、糖尿病、脚氣、發熱者、膀胱カタル淋病ある者、睡眠不足甚だしい者、筋肉の容易に痙攣する者、中耳炎、姙娠中、月經中の者、湯に這入つた直後、汗の出る程運動した直後、飲酒後、食事の直前直後、過度の運動後疲勞して居る時。

（ホ）一人では絶對に泳がない事。

（ヘ）華美な水泳着等を用ひない事。

（ト）水温が攝氏二十度以上ない時は泳がない方がよい。

（二）水に入つてから

（イ）最初は輕く泳ぐ事。

急に跳び込んではいけない。足、手、頭、胸と心臓から遠い部分より漸次水に浸してからにした方がよい。

（ロ）目は開いて泳ぎ、又顏にかゝつた水を手で拭はない習慣をつける事が大切である。

（ハ）度々頭を濡らさなければならぬ。

日射病、頭痛眩暈を避けるためである。

（ニ）呼吸は口から吸つて、鼻から出す樣にする。

（ホ）フザケたり、笑つたり、溺れた眞似をしない事。

（ヘ）多勢かたまつて泳いでる所に面白がつて飛込まぬこと。

プールなどでよくあることであるが危險である。

（ト）寒くなつて慄へが來たら中止すること。

（チ）餘り長く水中に居ないで、十分泳いだら二十分休むと云ふ樣にし、初めの中はなるべく水中に居る時間を短くし次第に増して行く方がよい。

（リ）鼻をかむ時は、片方宛にしないと中耳炎を起す虞れがある。

（ヌ）初心者はなるべく岸に向ひ或は平行に泳ぐ様にする。大膽に沖に向つて行くと歸りは思ひの外長時間かゝるので危險な目に遭ふ事がある。河を横斷する樣なことも注意しなければいけない。

（ル）痙攣の起つた時は慌てゝはいけない。

手先や足先の筋肉がひきつゝて固くなり動かさうとすると痛む。之が痙攣の初期で、此の時に手當して置くと大事に至らないですむ。直ちに救ひを求むるのが一番よいが、自分で出來たら次の樣な手當をするのがよい。

若し手に起つたら背泳か立泳をし乍ら局部を揉み、足に來たら深く息を吸つて水中に沈み、足首を上に曲げるか又は握つたまゝで膝を伸す樣にして後充分揉んでやれば大抵癒るもので要するに落着きが肝要である。

（三）水から出たら

（イ）清水で身體と目を洗ひ含嗽をする。

（ロ）水が耳に入つたらその耳を下にし、その方の片足で跳んで出す樣にし、なるべく紙などを入れない方がよい。

（ハ）乾いたタオルで全身をよく拭ふこと。

裸體生活に慣れない中はタオルを肩にかけるか、日蔭に休むかして皮膚の炎症を防いだ方がよい。

（ニ）水泳直後には冷い飲物を避けること。

（ホ）水泳をした日ば夜深しをせず充分睡眠をとる事。

（四）其の他の注意

水泳場としては成可設備のよい所を選び未知の土地や設備の悪い場所では、流れの工合、潮の干滿、波の狀態、水溫、水底の狀況などを充分調べてから泳がなければいけない。上達すればする程斯る點を注意するものである。

（五）水上事故の防止に付いて

毎年日本全國で約一萬五千の人々が水上事故の爲貴い生命を失つてゐる。中には注意さへすれば避けられゝ場合もあるし人命が救助することが出來る場合もある。

大體の注意を列擧してみると

（イ）舟が轉覆した時

舟から泳ぎ去らず何んでもよいから、ものにつかまり、陸が近くても焦らず救ひを待つ事。なるべく長時間に耐へなければならぬから着物など慌てゝ脫がない方がよい。走つてゐる汽船やモーターボートから落ちたらなるべく急いで船の側から離れないとスクリウに卷き込まれる事がある。又定員以上舟に乘るのは禁物で渡舟などの時は特に注意が必要である。

（ロ）人が溺れようとしてゐるのを見付けた時

誰でも自分に助ける力のない時は勿論いくら自信があつても、いきなり水に跳び込まず舟を出すとか又は物（釣竿、木片、浮袋、丸太など）を投げ與ふるか、着物、帶、綱など投げて引寄せるか、又は一人でも多くの加勢を呼び集めて醫者に走らせ或は自分に手傳はせる事を考へねばならぬ。自分自身で跳込んで出掛ける迄にこれ丈の用意を欠いてはならぬ。

以上《いじやう》の諸注意《しよちうい》をよく念頭《ねんとう》に入《い》れたら、積極的《せききよくてき》に逡巡《しゆんじゆん》することなく泳《およ》ぎを練習《れんしふ》すべきである。

近世《きんせい》に於《お》ける水泳指南《すゐえいしなん》として聞《きこ》えた武田泰信《たけだやすのぶ》の水泳《すゐえい》に關《くわん》する歌《うた》を參考《さんかう》までにつけ加《くは》へる。

若《わか》きとき　泳《およ》ぎのわざを　ならはずて　老《お》ひて　悔《くや》める　人《ひと》もありけり

其《そ》の身《み》には　游《およぎ》を知《し》らで　過《す》ぐすとも　せめて　吾子《わがこ》に　敎《をし》ふべきなり

水泳場を撰ぶ際の注意

一、水《みづ》の溫度《をんど》は大人《おとな》二十度《ど》以上《いじやう》兒童《じどう》二十五度《ど》以上《いじやう》あることが大切《たいせつ》である。

一、山間《さんかん》の河《かは》、湖《みづうみ》等《とう》には極《きはめ》めて溫度《をんど》の低《ひく》いものがあるから注意《ちうい》を要《えう》する。

一、海岸《かいがん》は砂地《すなち》にて岩石《がんせき》、牡蠣殼《かきがら》等《とう》の多《おほ》くない所《ところ》を撰《えら》び湖沼《こせう》は泥深《どろふか》く藻《も》のある所《ところ》は之《これ》を避《さ》くべきである。水《みづ》は濁《にご》つてゐては面白《おもしろ》くない。

一、河口《かこう》、入江《いりえ》等《とう》の附近《ふきん》に於《お》いては海中《かいちう》にも流水《りうすゐ》の餘力《よりよく》が存在《そんざい》するから其《そ》の附近《ふきん》では水泳《すゐえい》を行《おこな》はぬが良《よ》い。海《うみ》のつもりで水泳《すゐえい》する中《うち》に遠《とほ》く沖《おき》へ流《なが》される危險《きけん》がある。

一、海岸《かいがん》は遠淺《とほあさ》でも波打際《なみうちぎは》が深《ふか》くなつてゐるやうな所《ところ》がある。干潮《かんてう》の時《とき》は難《なん》なく渡《わた》れてもいざ滿潮《まんてう》となれば背《せ》が立《た》たず危險《きけん》に瀕《ひん》することもあるから豫《あらかじ》め注意《ちうい》して、かゝる場所《ばしよ》の有無《うむ》を調査《てうさ》して撰《えら》ぶことが大切《たいせつ》である。

一、河《かは》の流《なが》れの強《つよ》き所《ところ》は靜水《せいすゐ》と異《こと》り水《みづ》の渦流《くわりう》が烈《はげ》しく身體《しんたい》を平靜《へいせい》に保《たも》つことが困難《こんなん》であり疲勞《ひらう》を感《かん》ずることも烈《はげ》しいから特《とく》に注意《ちうい》が必要《ひつえう》である。

一、八月下旬《ぐわつげじゆん》海月《くらげ》類《るゐ》等《とう》の來襲《らいしふ》する所《ところ》があるが、之等《これら》は水泳場《すゐえいぢやう》には適《てき》さない。

昭和十三年七月十三日印刷
昭和十三年七月十四日發行

歩け・泳げ

編者　厚生省體力局
東京市麴町區霞ヶ關三ノ一
（舊衆議院內）

發行者　瀨尾芳夫
東京市神田區三崎町二ノ四

印刷者　安藤斯郎
東京市麴町區霞ヶ關三ノ一（舊衆議院內）

發行所　國民精神總動員中央聯盟
電話銀座(57)｛六、二四九番　六、七七二番　六、七七三番｝
振替東京一四四七五番

（一匡印刷印行）

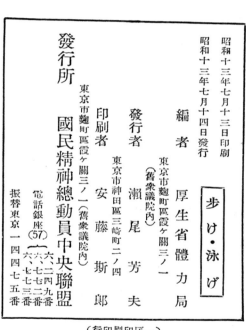

体育・スポーツ書集成
第Ⅲ回　国民体力向上関係書
　第一巻　厚生省の設置と業務
　　2018年 5 月25日　発行

編　集　民和文庫研究会
発行者　椛　沢　英　二
発行所　株式会社 クレス出版
東京都中央区日本橋小伝馬町 14-5-704
☎ 03-3808-1821　FAX 03-3808-1822
印刷・製本　株式会社 栄　光
乱丁・落丁本はお取り替えいたします。
ISBN978-4-86670-012-0　C3337　¥13000E